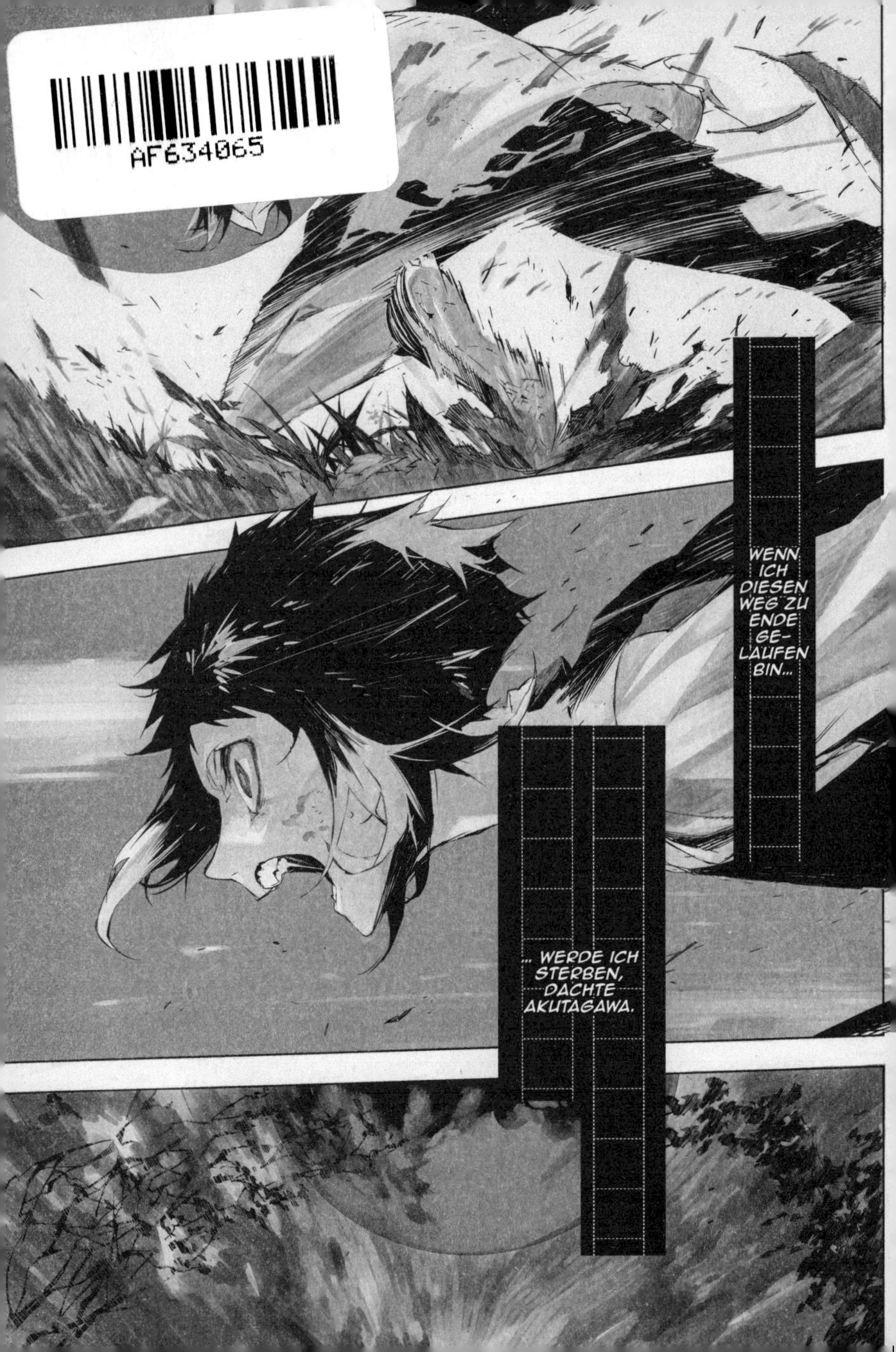

WENN ICH DIESEN WEG ZU ENDE GE-LAUFEN BIN...
... WERDE ICH STERBEN, DACHTE AKUTAGAWA.

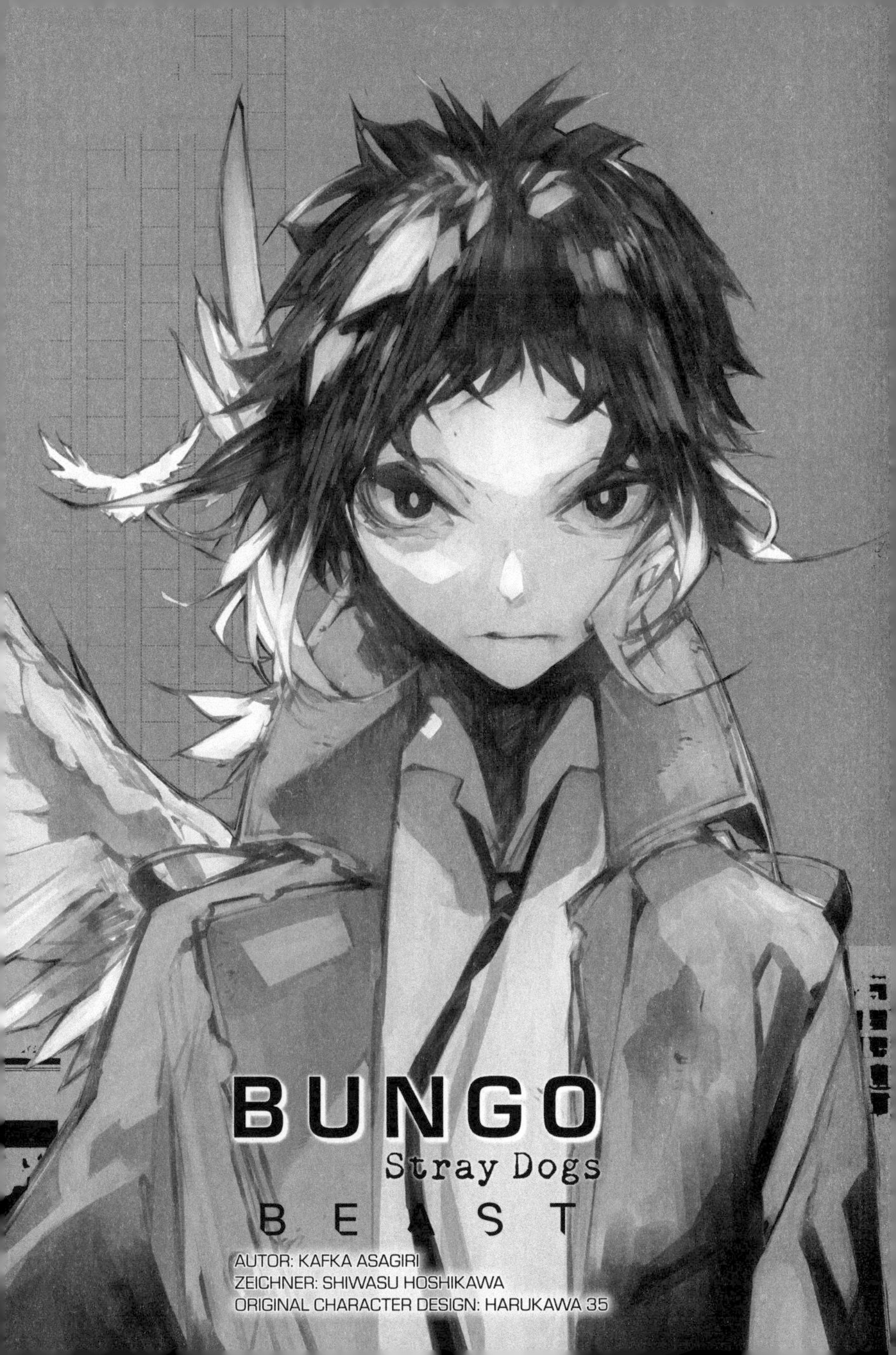
BUNGO
Stray Dogs
BEAST
AUTOR: KAFKA ASAGIRI
ZEICHNER: SHIWASU HOSHIKAWA
ORIGINAL CHARACTER DESIGN: HARUKAWA 35

#1 TOLLWÜTIGE HUNDE BELLEN NICHT

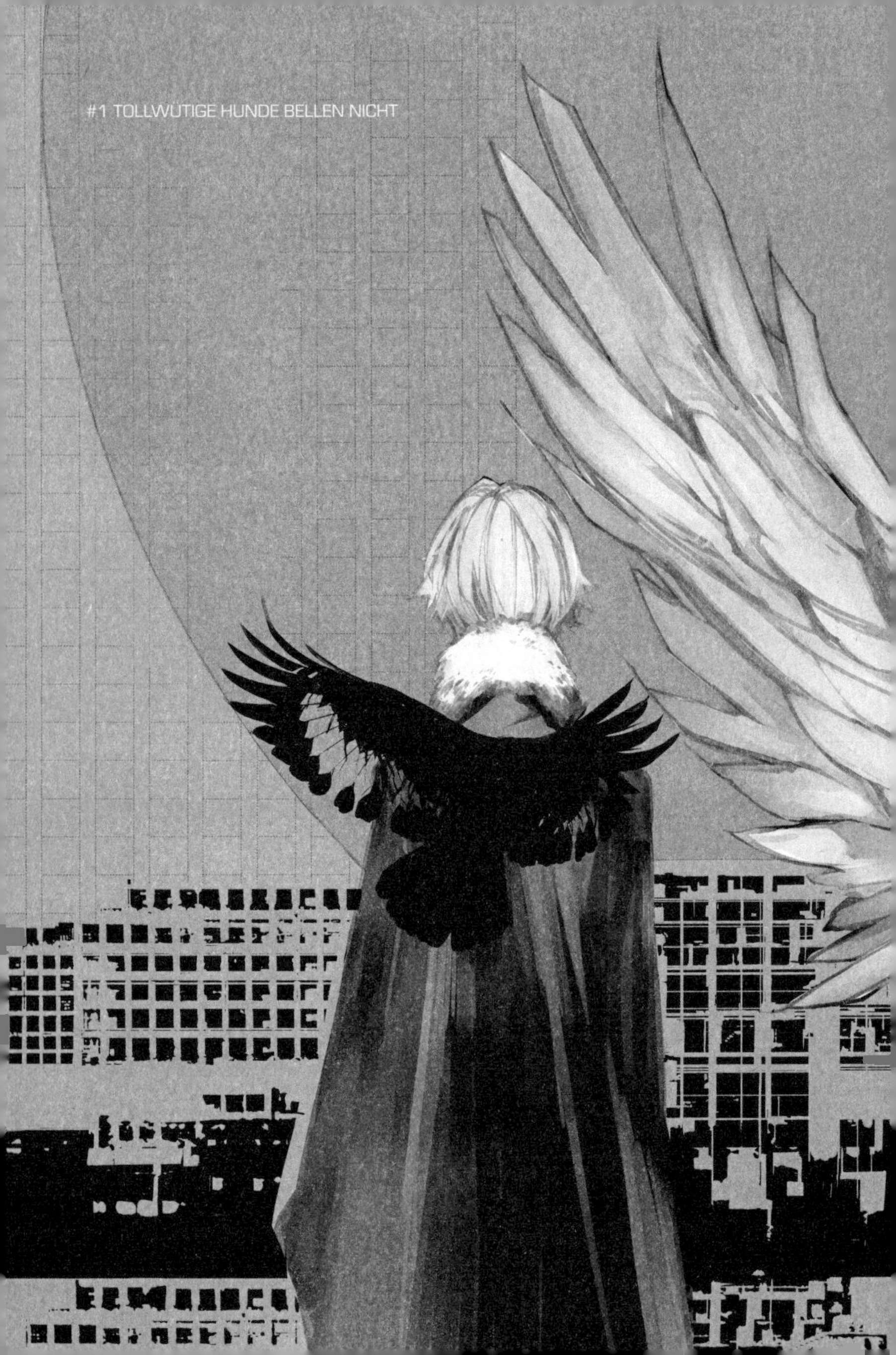

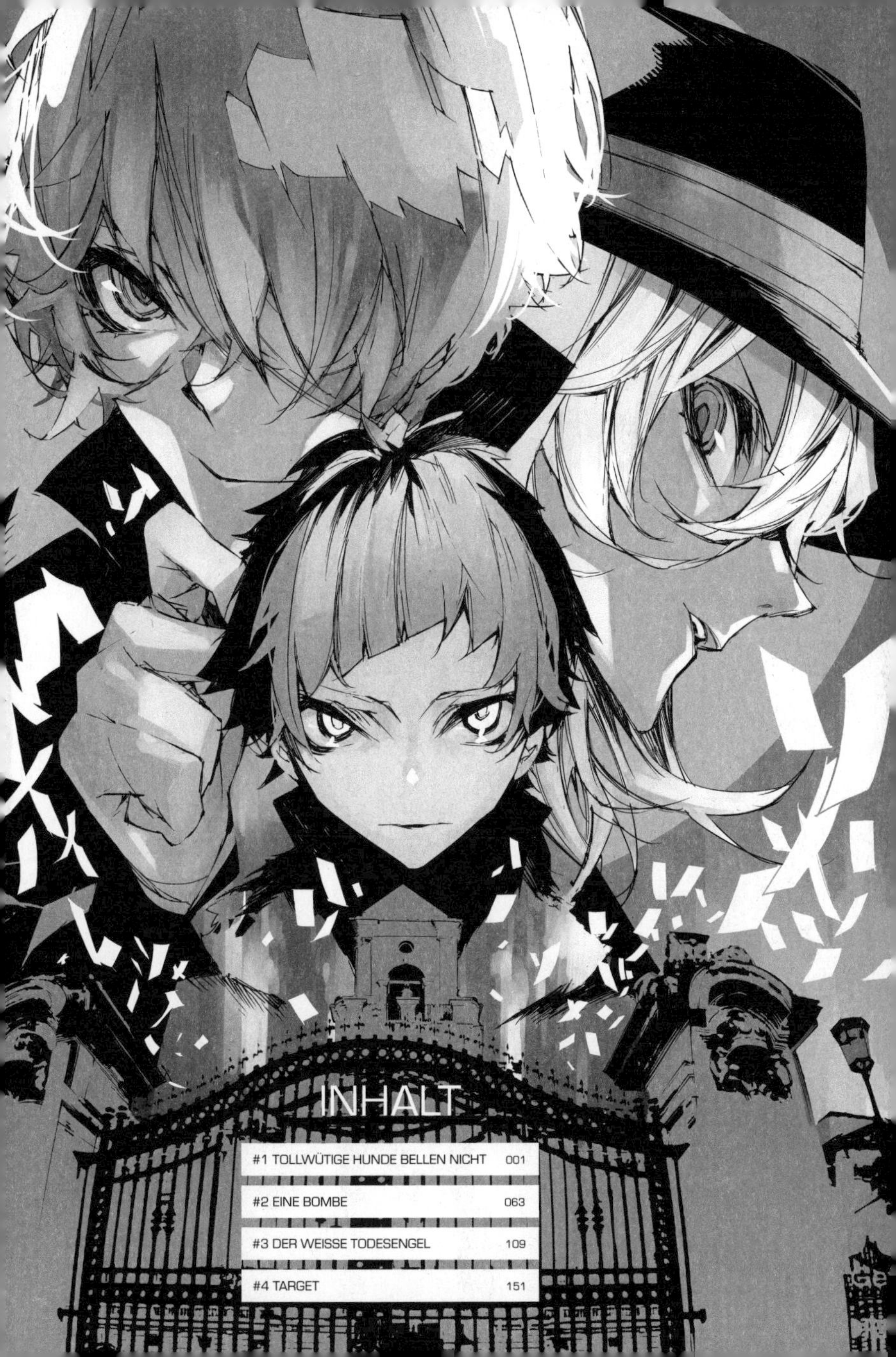

INHALT

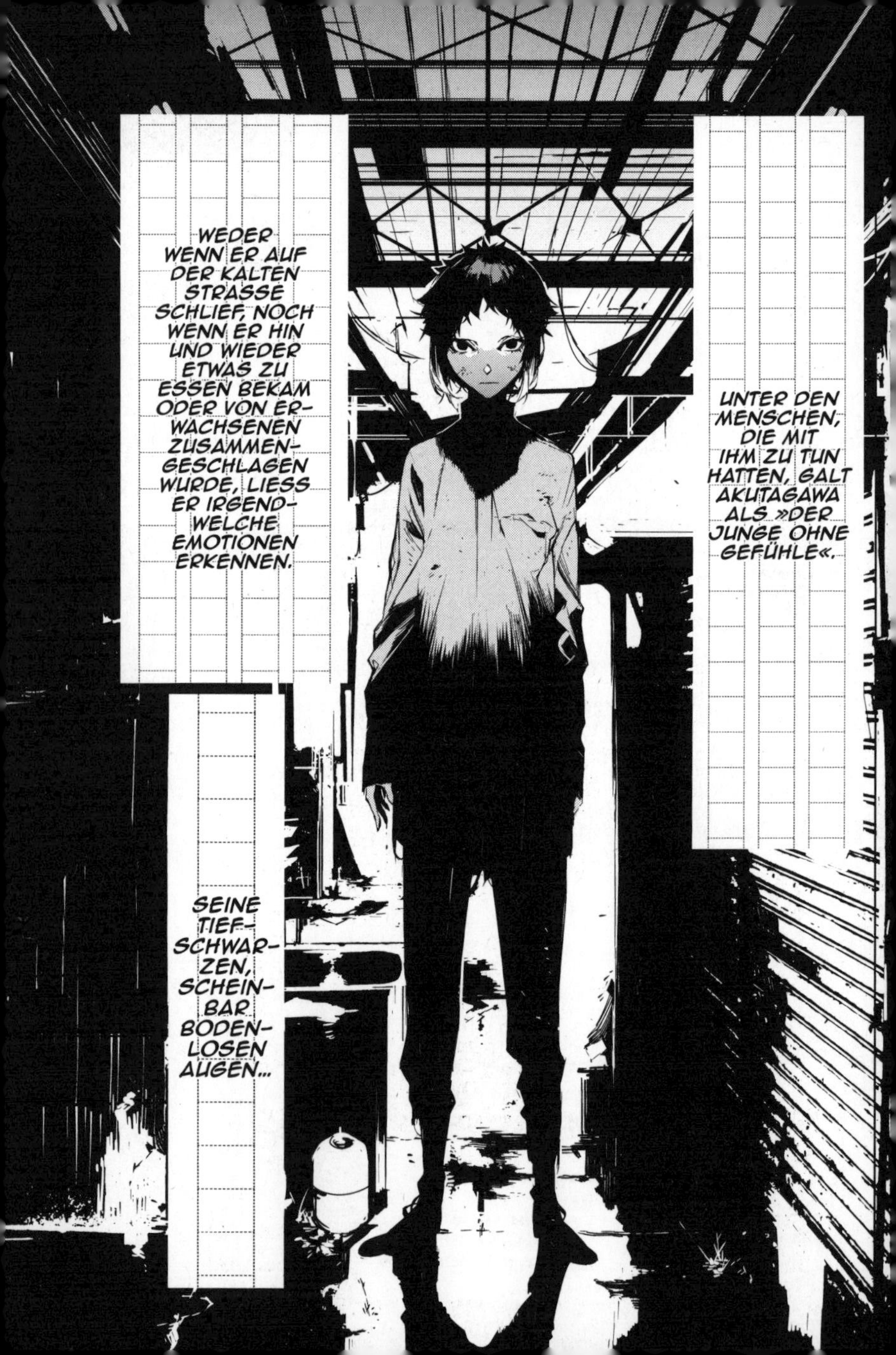
UNTER DEN MENSCHEN, DIE MIT IHM ZU TUN HATTEN, GALT AKUTAGAWA ALS »DER JUNGE OHNE GEFÜHLE«.
WEDER WENN ER AUF DER KALTEN STRASSE SCHLIEF, NOCH WENN ER HIN UND WIEDER ETWAS ZU ESSEN BEKAM ODER VON ERWACHSENEN ZUSAMMENGESCHLAGEN WURDE, LIESS ER IRGENDWELCHE EMOTIONEN ERKENNEN.
SEINE TIEFSCHWARZEN, SCHEINBAR BODENLOSEN AUGEN...

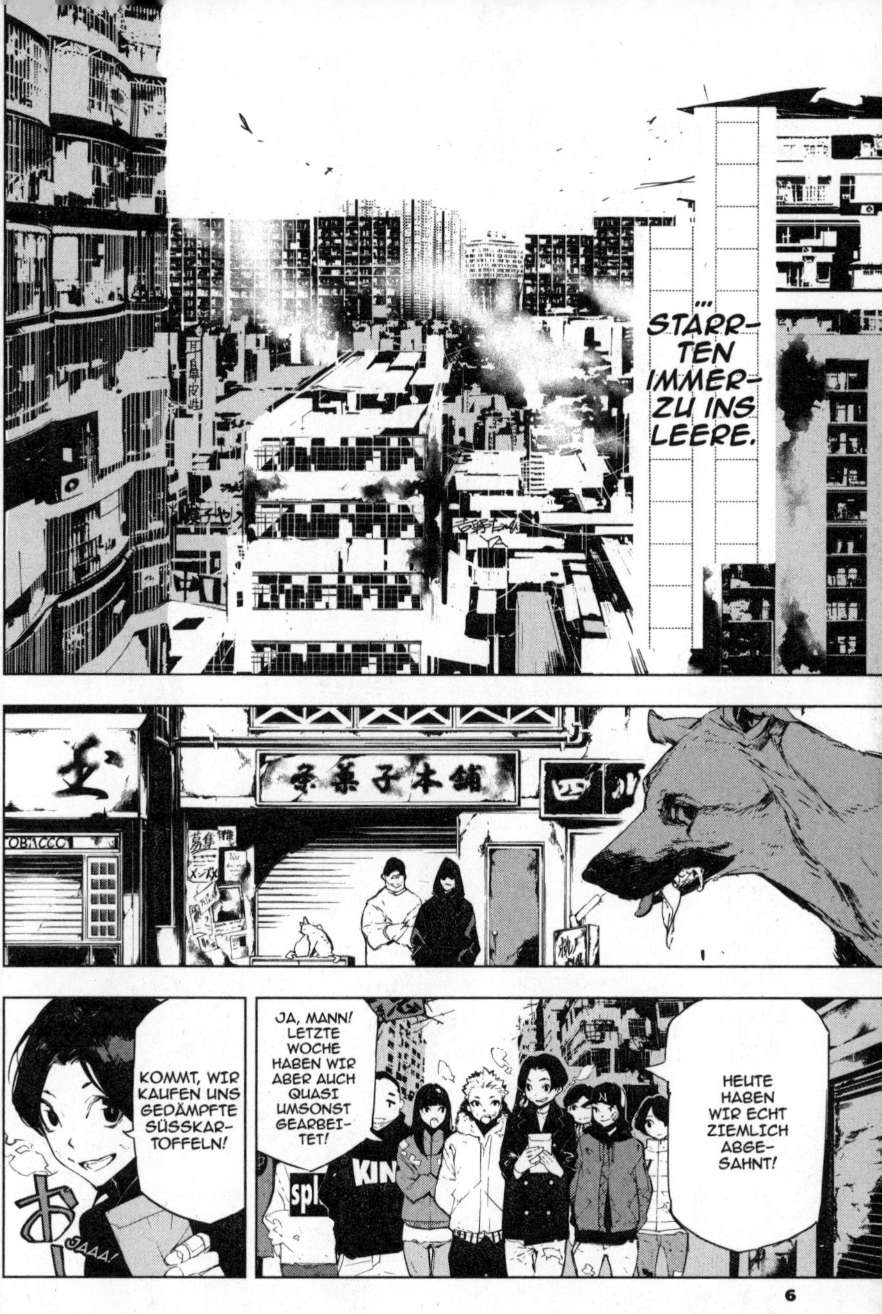
... STARR-TEN IMMER-ZU INS LEERE.
HEUTE HABEN WIR ECHT ZIEMLICH ABGE-SAHNT!
JA, MANN! LETZTE WOCHE HABEN WIR ABER AUCH QUASI UMSONST GEARBEI-TET!
KOMMT, WIR KAUFEN UNS GEDÄMPFTE SÜSSKAR-TOFFELN!
JAAA!

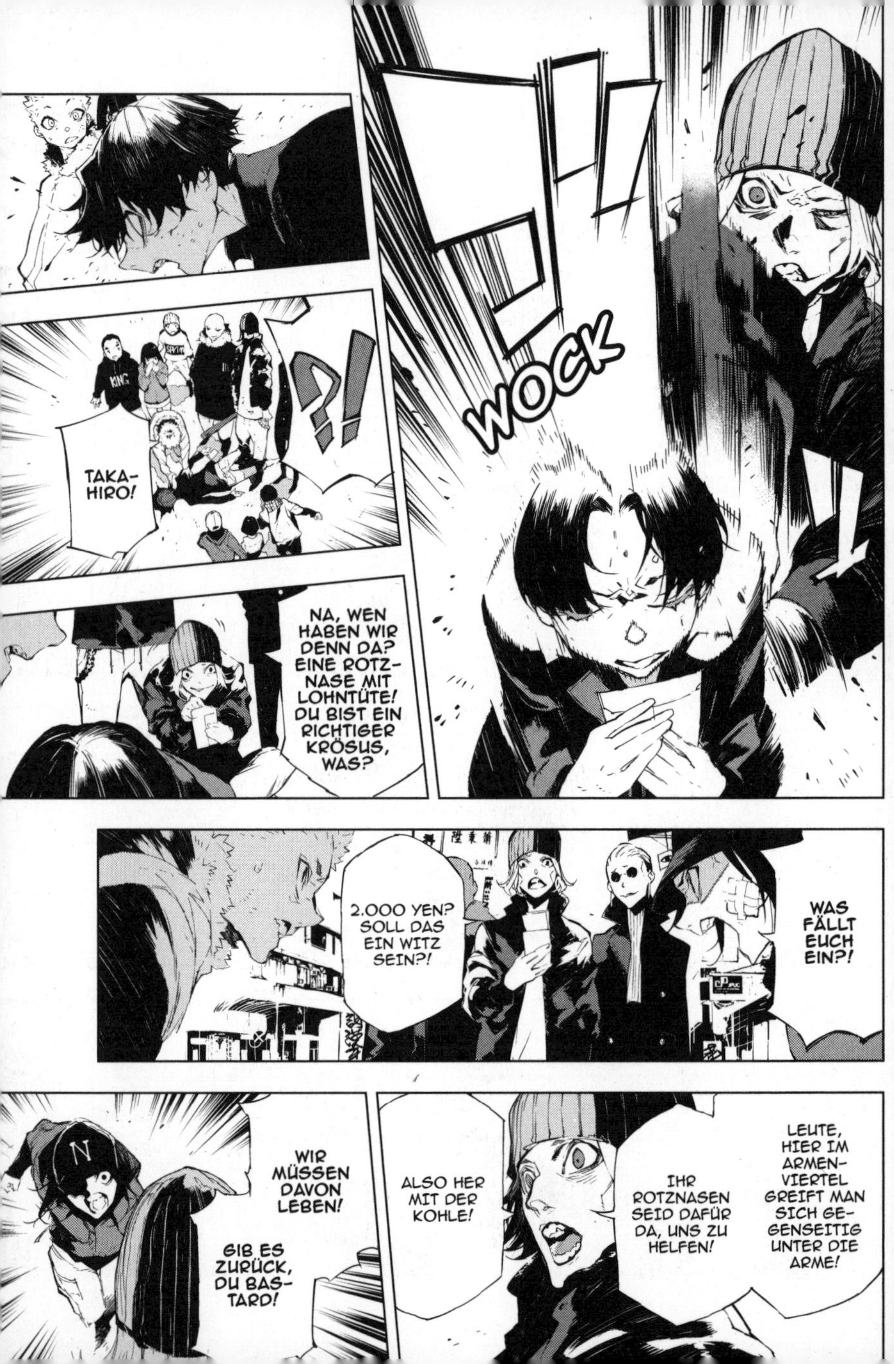
WOCK
?!
TAKA-HIRO!
NA, WEN HABEN WIR DENN DA? EINE ROTZ-NASE MIT LOHNTÜTE! DU BIST EIN RICHTIGER KRÖSUS, WAS?
WAS FÄLLT EUCH EIN?!
2.000 YEN? SOLL DAS EIN WITZ SEIN?!
LEUTE, HIER IM ARMEN-VIERTEL GREIFT MAN SICH GE-GENSEITIG UNTER DIE ARME!
IHR ROTZNASEN SEID DAFÜR DA, UNS ZU HELFEN!
ALSO HER MIT DER KOHLE!
WIR MÜSSEN DAVON LEBEN!
GIB ES ZURÜCK, DU BAS-TARD!

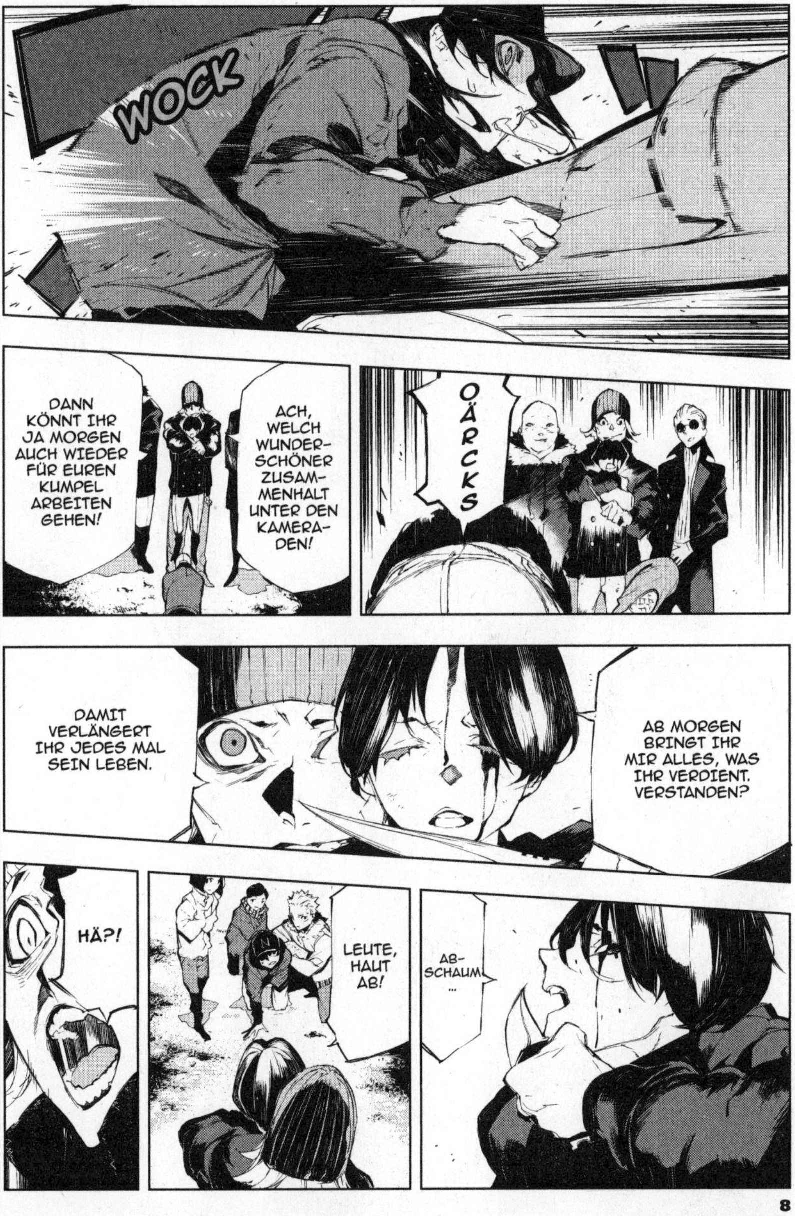
WOCK
OÄRCKS
ACH, WELCH WUNDERSCHÖNER ZUSAMMENHALT UNTER DEN KAMERADEN!
DANN KÖNNT IHR JA MORGEN AUCH WIEDER FÜR EUREN KUMPEL ARBEITEN GEHEN!
AB MORGEN BRINGT IHR MIR ALLES, WAS IHR VERDIENT. VERSTANDEN?
DAMIT VERLÄNGERT IHR JEDES MAL SEIN LEBEN.
ABSCHAUM ...
LEUTE, HAUT AB!
HÄ?!

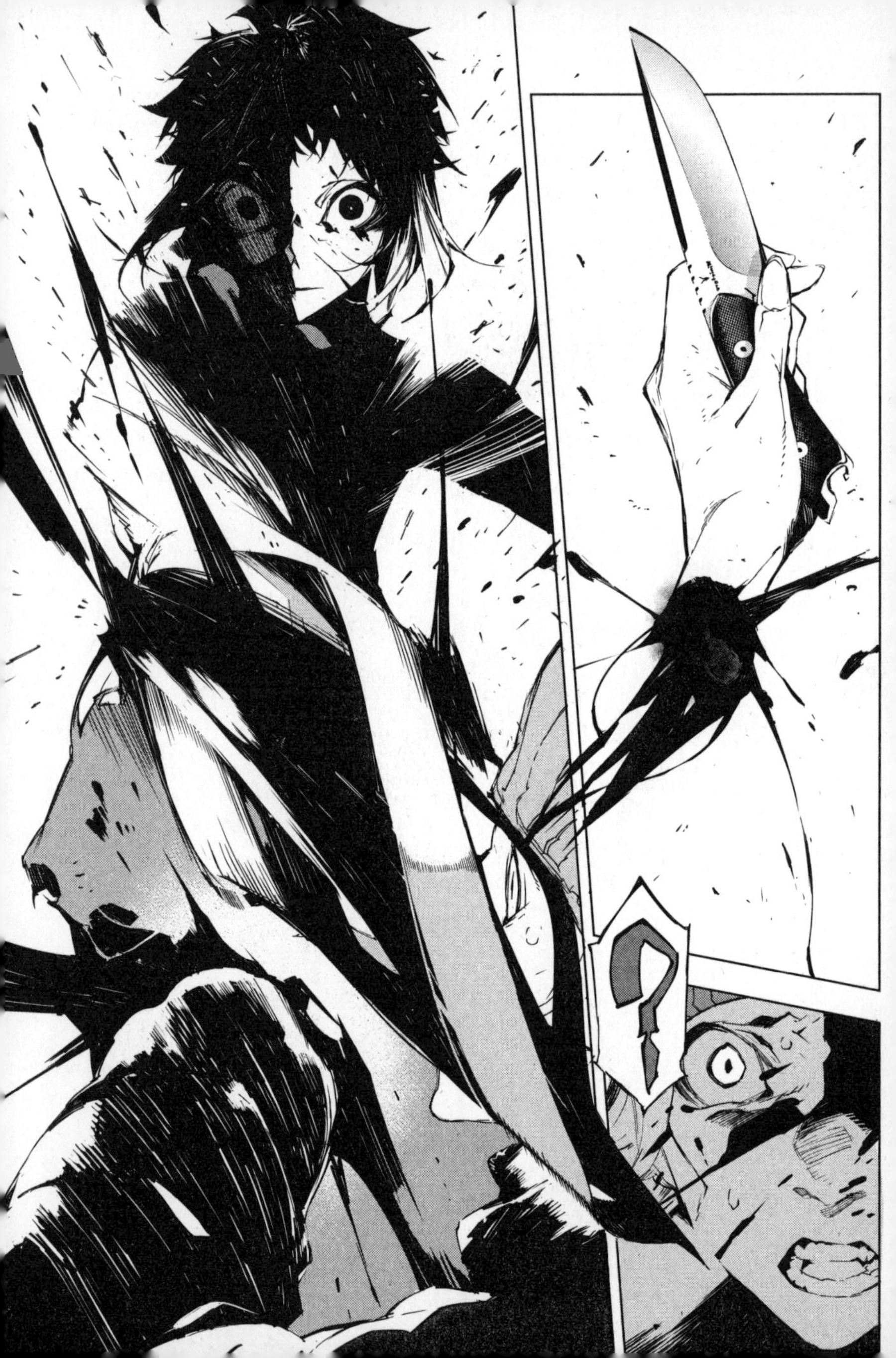

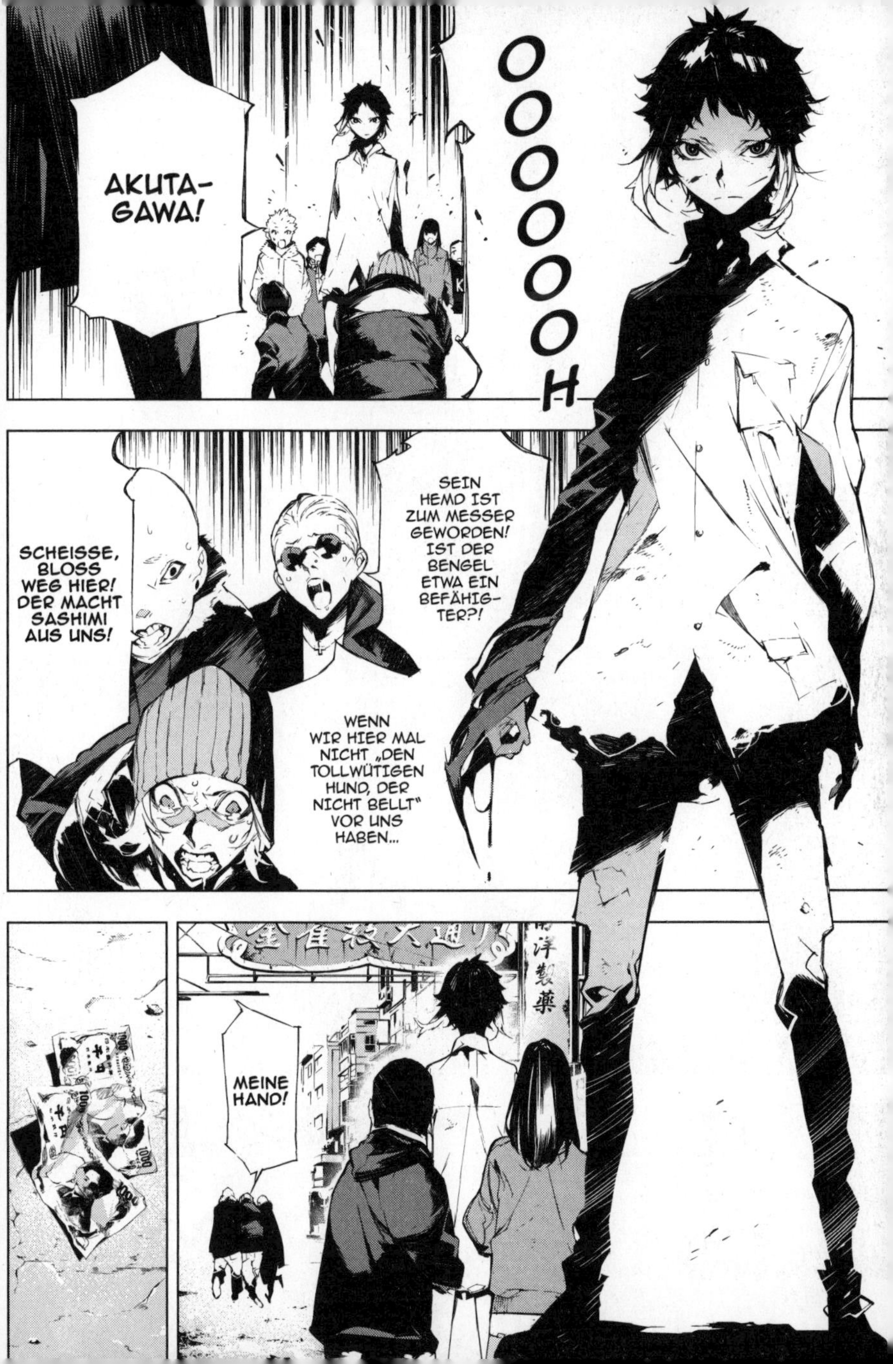
OOOOOOH
AKUTA-
GAWA!
SEIN
HEMD IST
ZUM MESSER
GEWORDEN!
IST DER
BENGEL
ETWA EIN
BEFÄHIG-
TER?!
SCHEISSE,
BLOSS
WEG HIER!
DER MACHT
SASHIMI
AUS UNS!
WENN
WIR HIER MAL
NICHT „DEN
TOLLWÜTIGEN
HUND, DER
NICHT BELLT“
VOR UNS
HABEN...
MEINE
HAND!

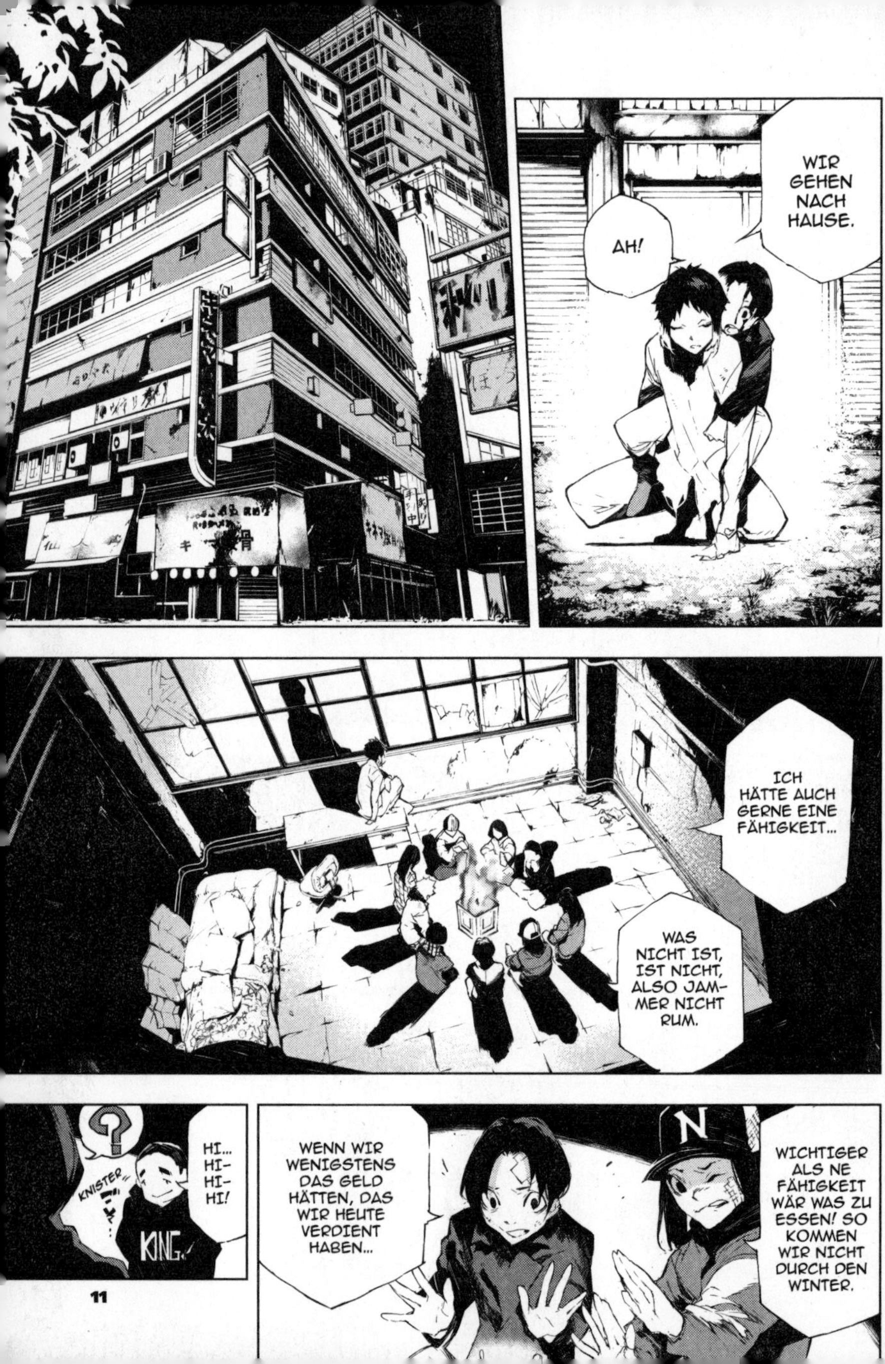
WIR GEHEN NACH HAUSE.
AH!
ICH HÄTTE AUCH GERNE EINE FÄHIGKEIT...
WAS NICHT IST, IST NICHT, ALSO JAMMER NICHT RUM.
WICHTIGER ALS NE FÄHIGKEIT WÄR WAS ZU ESSEN! SO KOMMEN WIR NICHT DURCH DEN WINTER.
WENN WIR WENIGSTENS DAS GELD HÄTTEN, DAS WIR HEUTE VERDIENT HABEN...
HI... HI-HI-HI!
KNISTER
KING

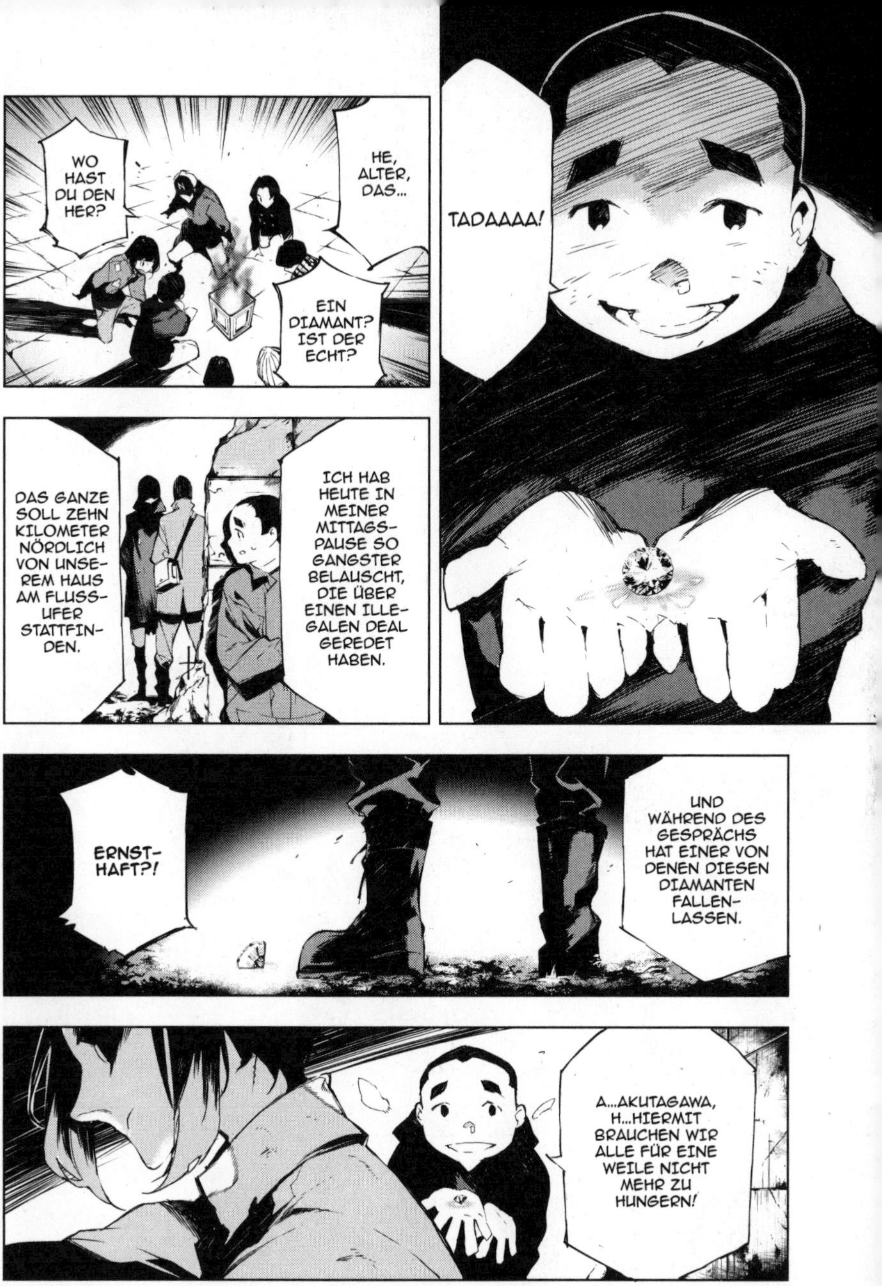

TADAAAA!
HE, ALTER, DAS...
EIN DIAMANT? IST DER ECHT?
WO HAST DU DEN HER?
ICH HAB HEUTE IN MEINER MITTAGS-PAUSE SO GANGSTER BELAUSCHT, DIE ÜBER EINEN ILLE-GALEN DEAL GEREDET HABEN.
DAS GANZE SOLL ZEHN KILOMETER NÖRDLICH VON UNSE-REM HAUS AM FLUSS-UFER STATTFIN-DEN.
UND WÄHREND DES GESPRÄCHS HAT EINER VON DENEN DIESEN DIAMANTEN FALLEN-LASSEN.
ERNST-HAFT?!
A...AKUTAGAWA, H...HIERMIT BRAUCHEN WIR ALLE FÜR EINE WEILE NICHT MEHR ZU HUNGERN!

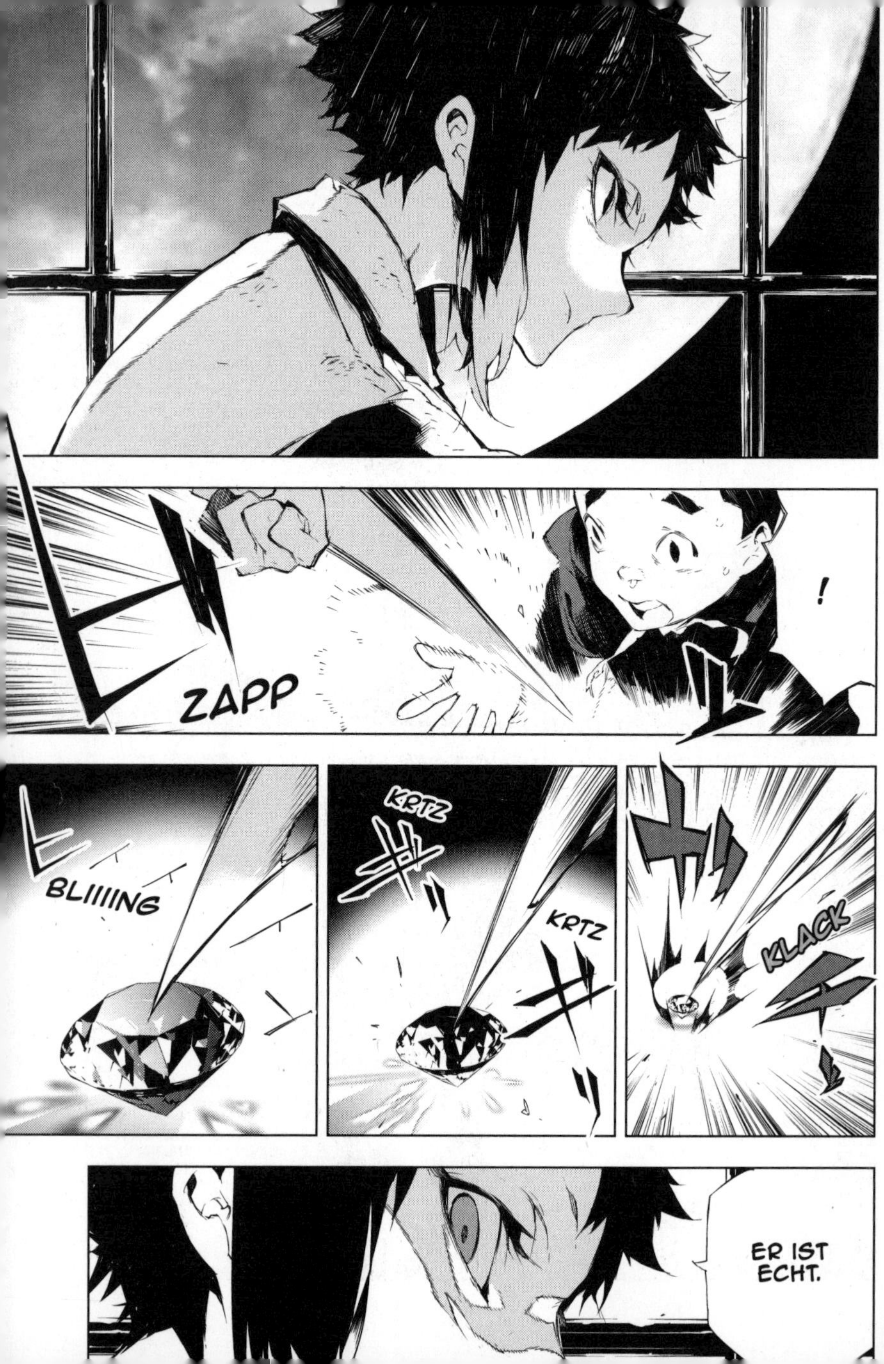
!
ZAPP
BLIIIING
KRTZ
KRTZ
KLACK
ER IST
ECHT.

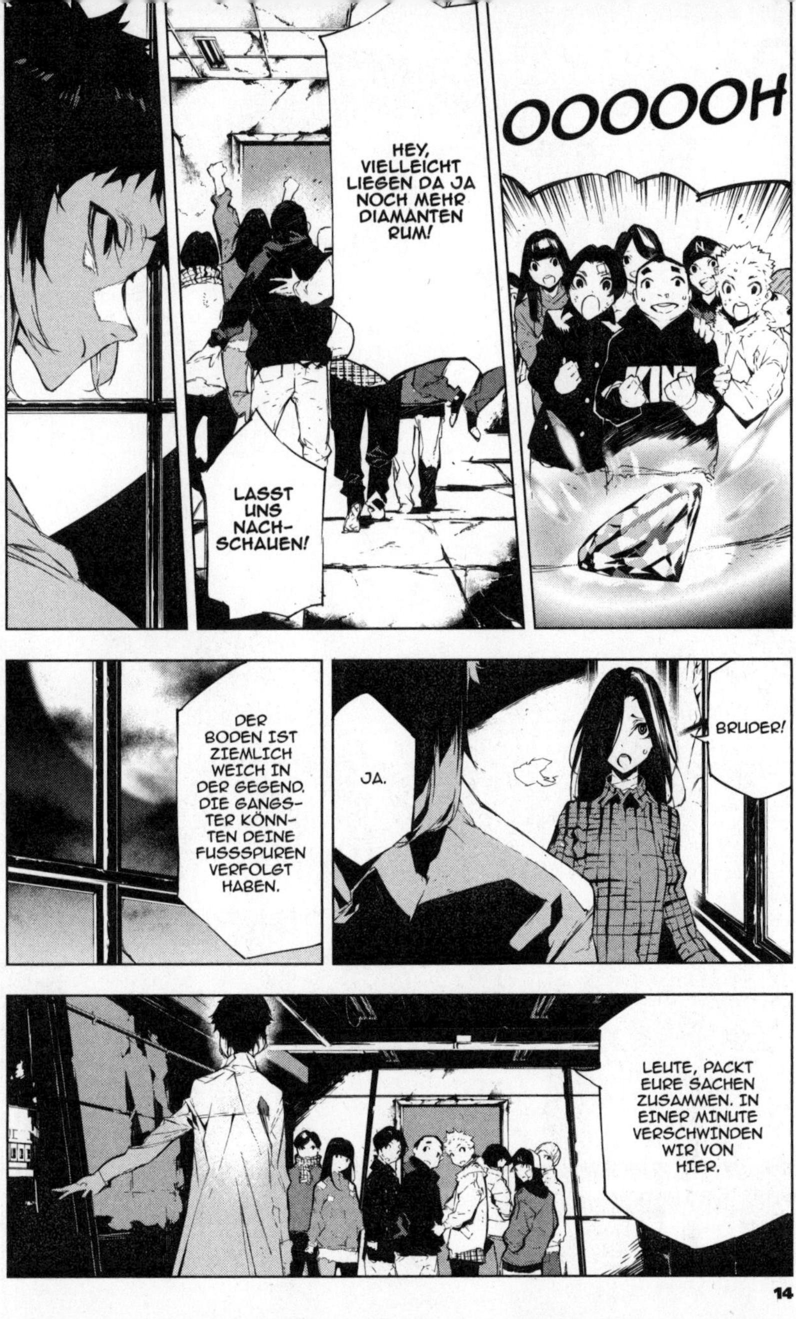
OOOOOH
HEY, VIELLEICHT LIEGEN DA JA NOCH MEHR DIAMANTEN RUM!
LASST UNS NACH-SCHAUEN!
BRUDER!
JA.
DER BODEN IST ZIEMLICH WEICH IN DER GEGEND. DIE GANGS-TER KÖNN-TEN DEINE FUSSSPUREN VERFOLGT HABEN.
LEUTE, PACKT EURE SACHEN ZUSAMMEN. IN EINER MINUTE VERSCHWINDEN WIR VON HIER.

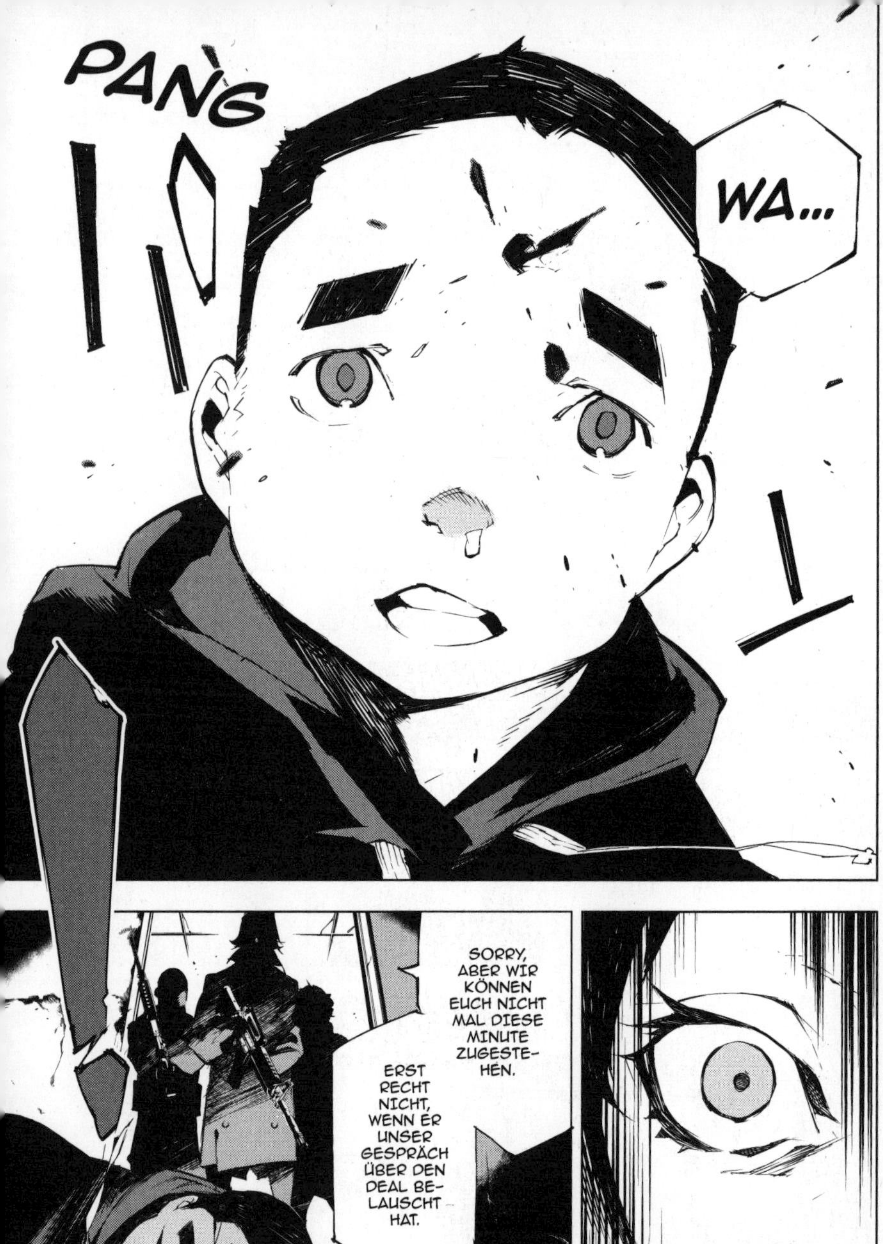
PANG
WA...
SORRY, ABER WIR KÖNNEN EUCH NICHT MAL DIESE MINUTE ZUGESTE-HEN.
ERST RECHT NICHT, WENN ER UNSER GESPRÄCH ÜBER DEN DEAL BE-LAUSCHT HAT.

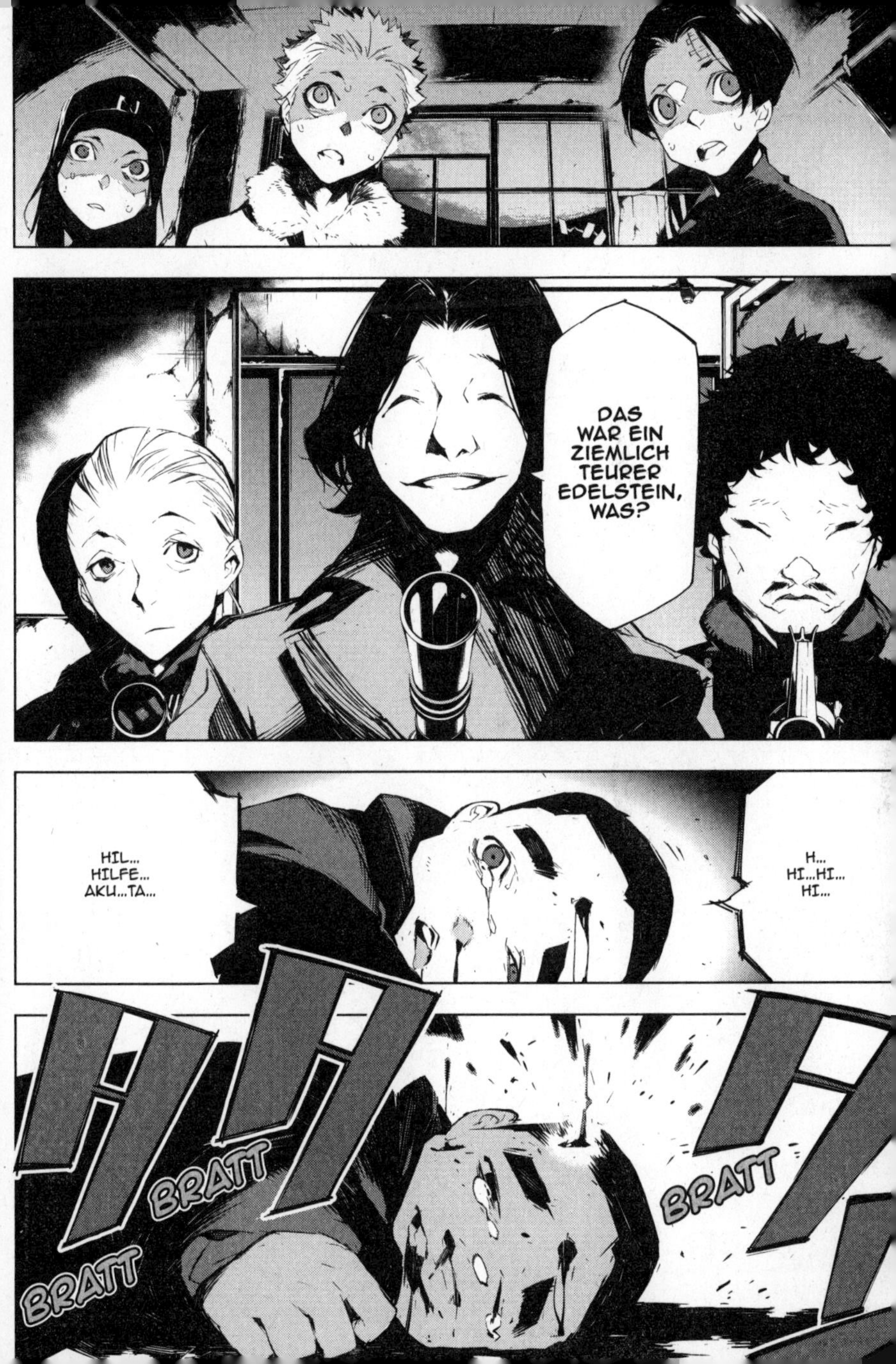
DAS WAR EIN ZIEMLICH TEURER EDELSTEIN, WAS?
H... HI...HI... HI...
HIL... HILFE... AKU...TA...
BRATT
BRATT
BRATT

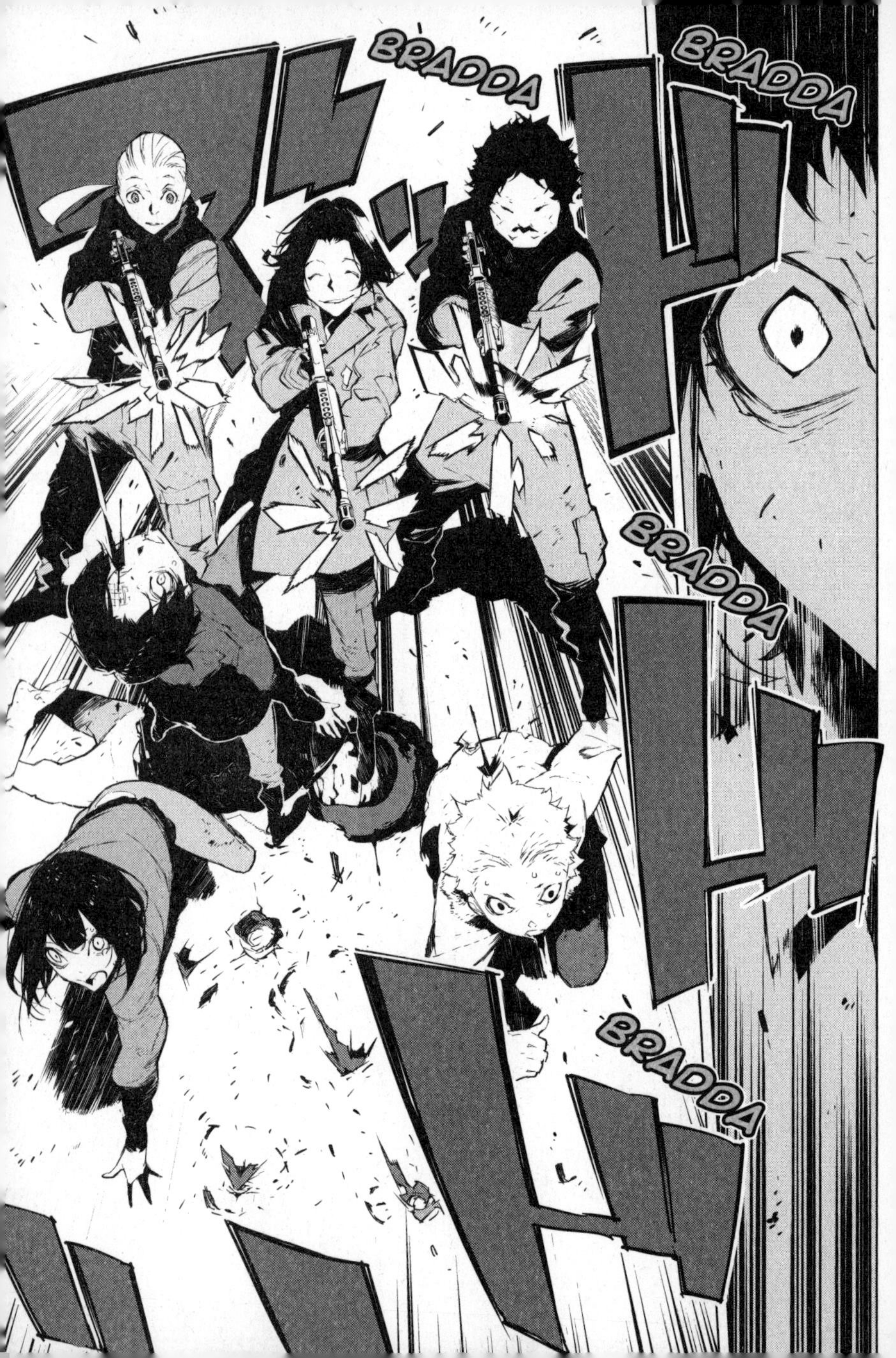

BRADDA
BRADDA
BRADDA
BRADDA

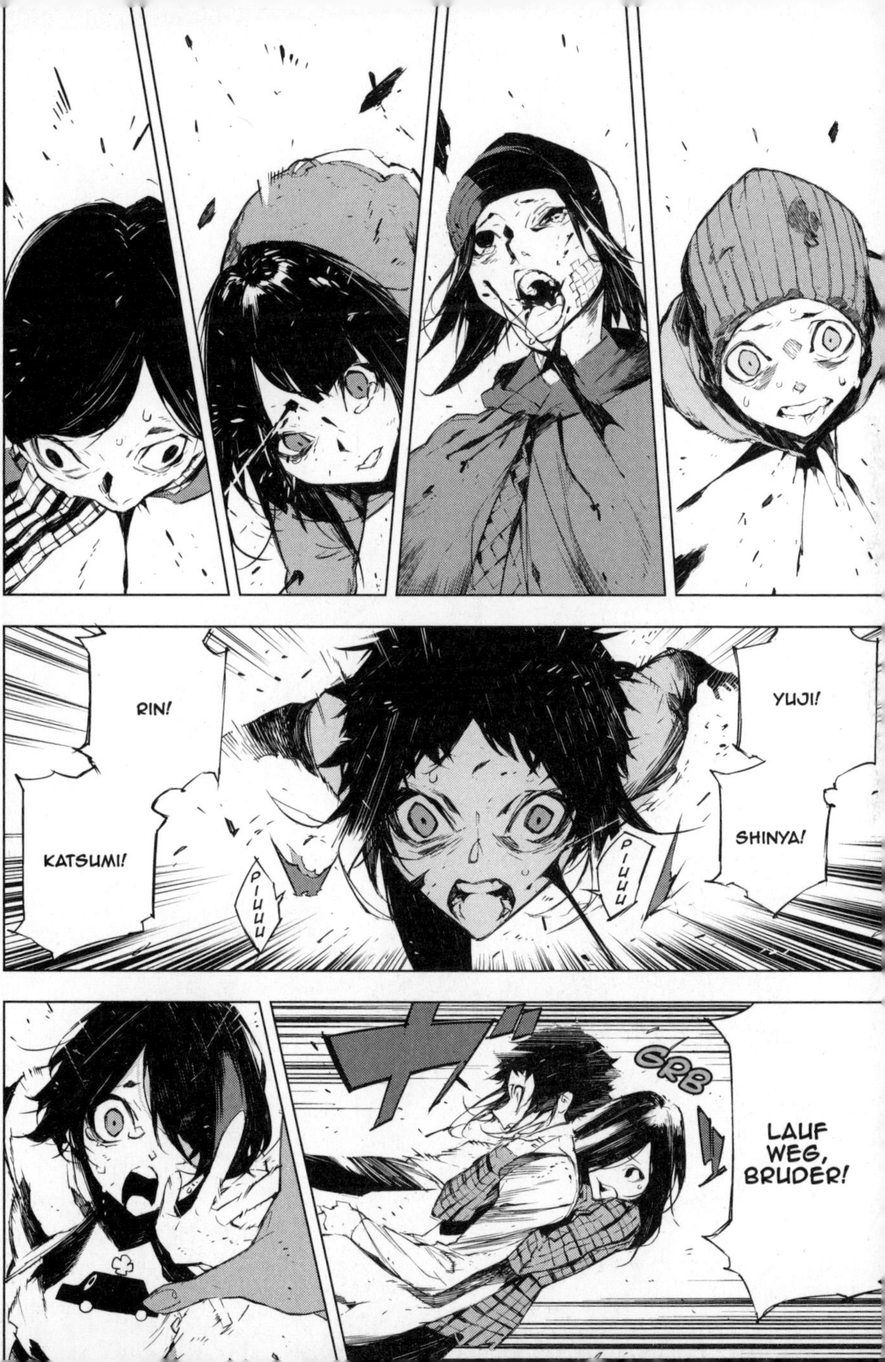
YUJI!
SHINYA!
PIUUU
PIUUU
RIN!
KATSUMI!
LAUF WEG, BRUDER!
GRB

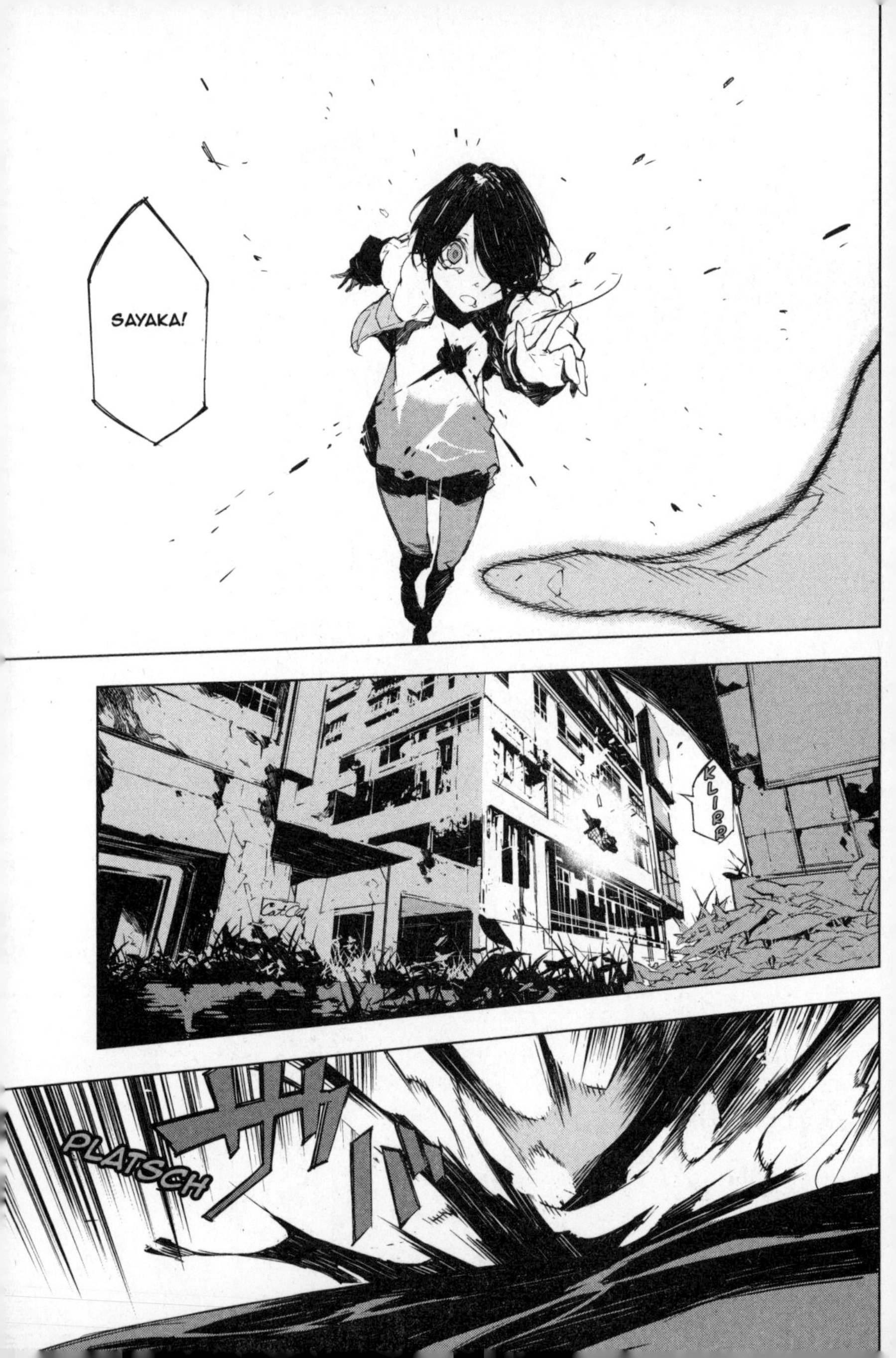
SAYAKA!
KLIRR
PLATSCH

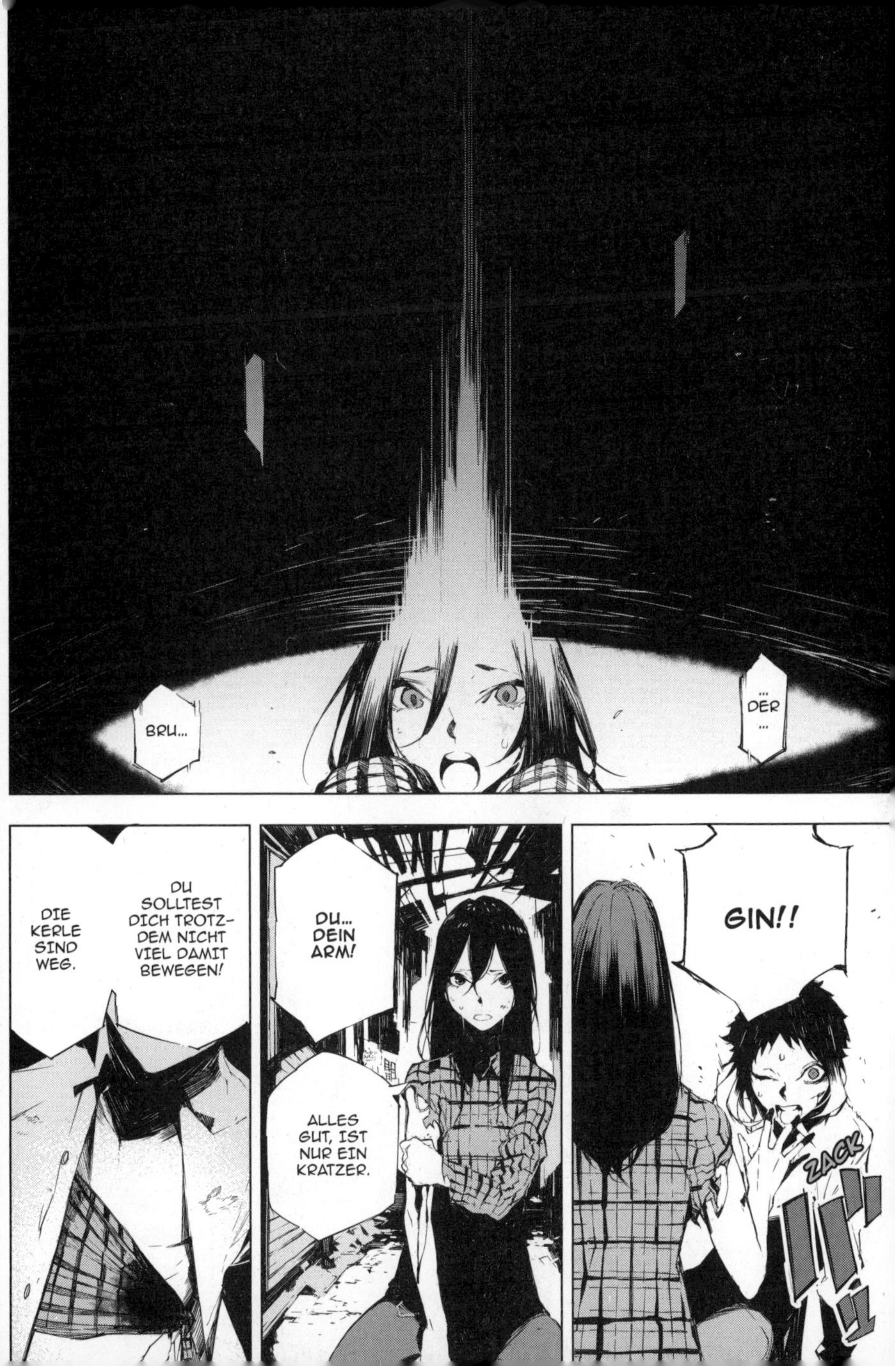
... DER ...
BRU...
GIN!!
ZACK
DU... DEIN ARM!
ALLES GUT, IST NUR EIN KRATZER.
DU SOLLTEST DICH TROTZ-DEM NICHT VIEL DAMIT BEWEGEN!
DIE KERLE SIND WEG.

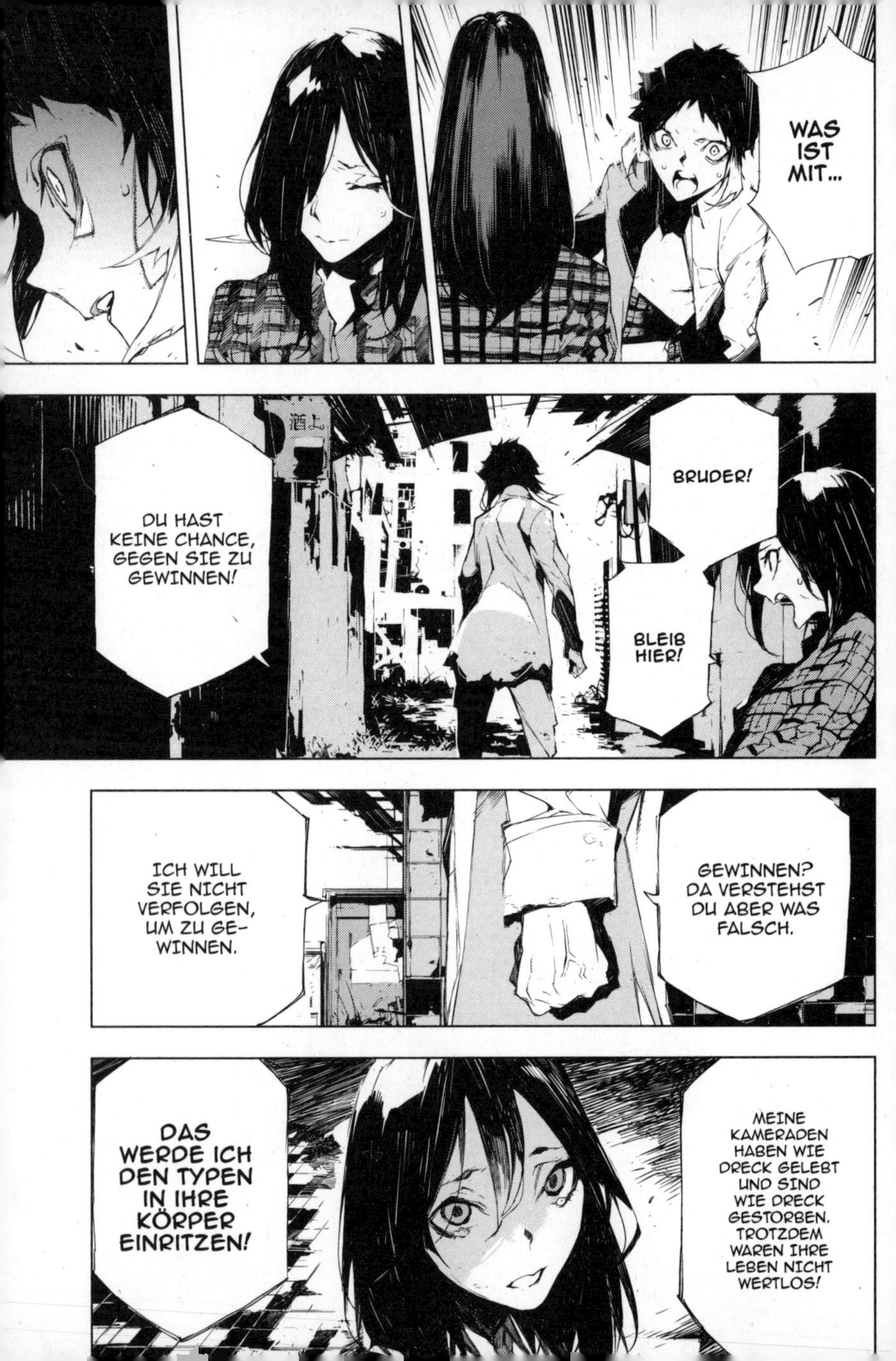
WAS IST MIT...
BRUDER!
BLEIB HIER!
DU HAST KEINE CHANCE, GEGEN SIE ZU GEWINNEN!
GEWINNEN? DA VERSTEHST DU ABER WAS FALSCH.
ICH WILL SIE NICHT VERFOLGEN, UM ZU GE-WINNEN.
MEINE KAMERADEN HABEN WIE DRECK GELEBT UND SIND WIE DRECK GESTORBEN. TROTZDEM WAREN IHRE LEBEN NICHT WERTLOS!
DAS WERDE ICH DEN TYPEN IN IHRE KÖRPER EINRITZEN!

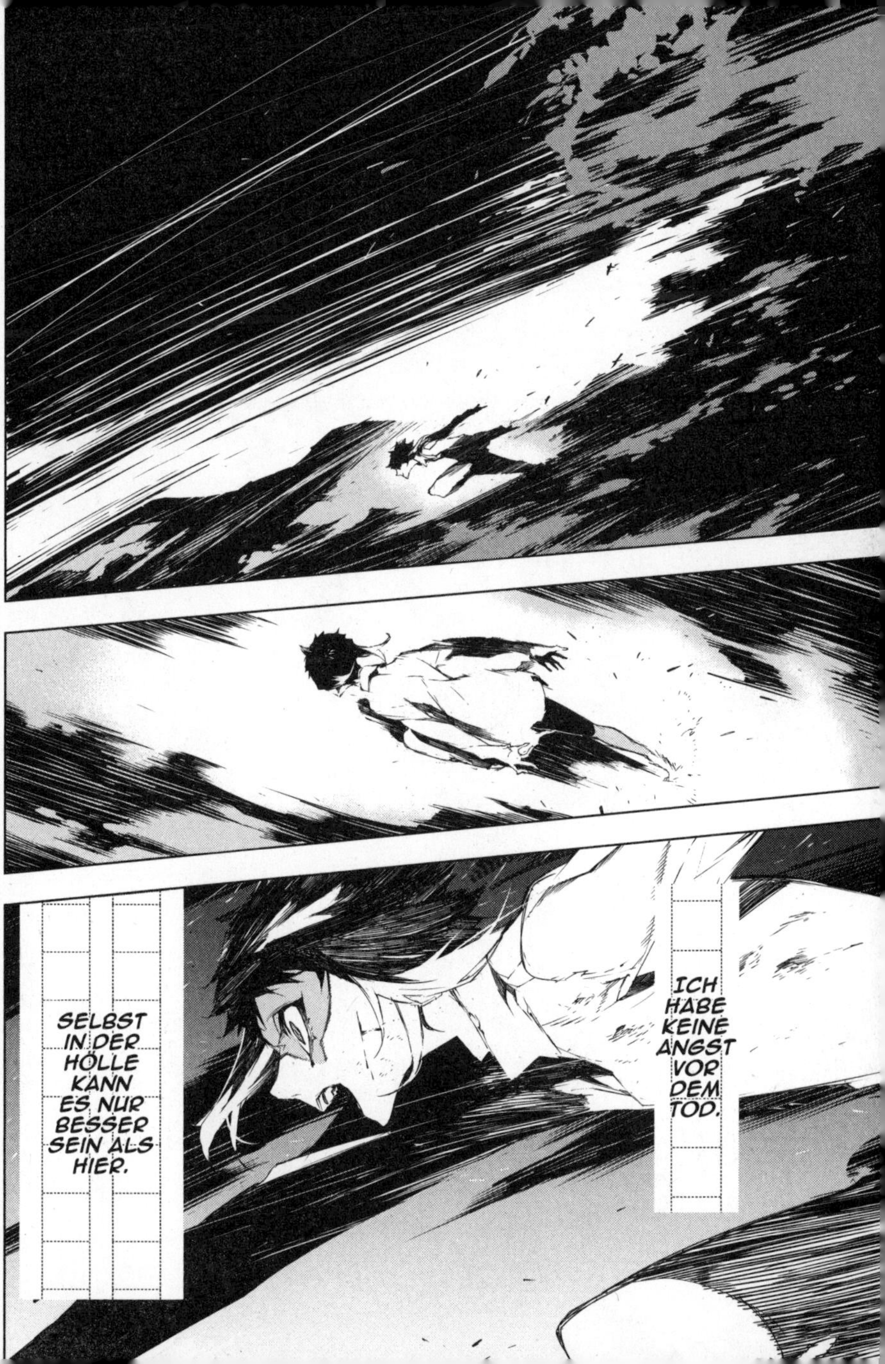
ICH HABE KEINE ANGST VOR DEM TOD.
SELBST IN DER HÖLLE KANN ES NUR BESSER SEIN ALS HIER.

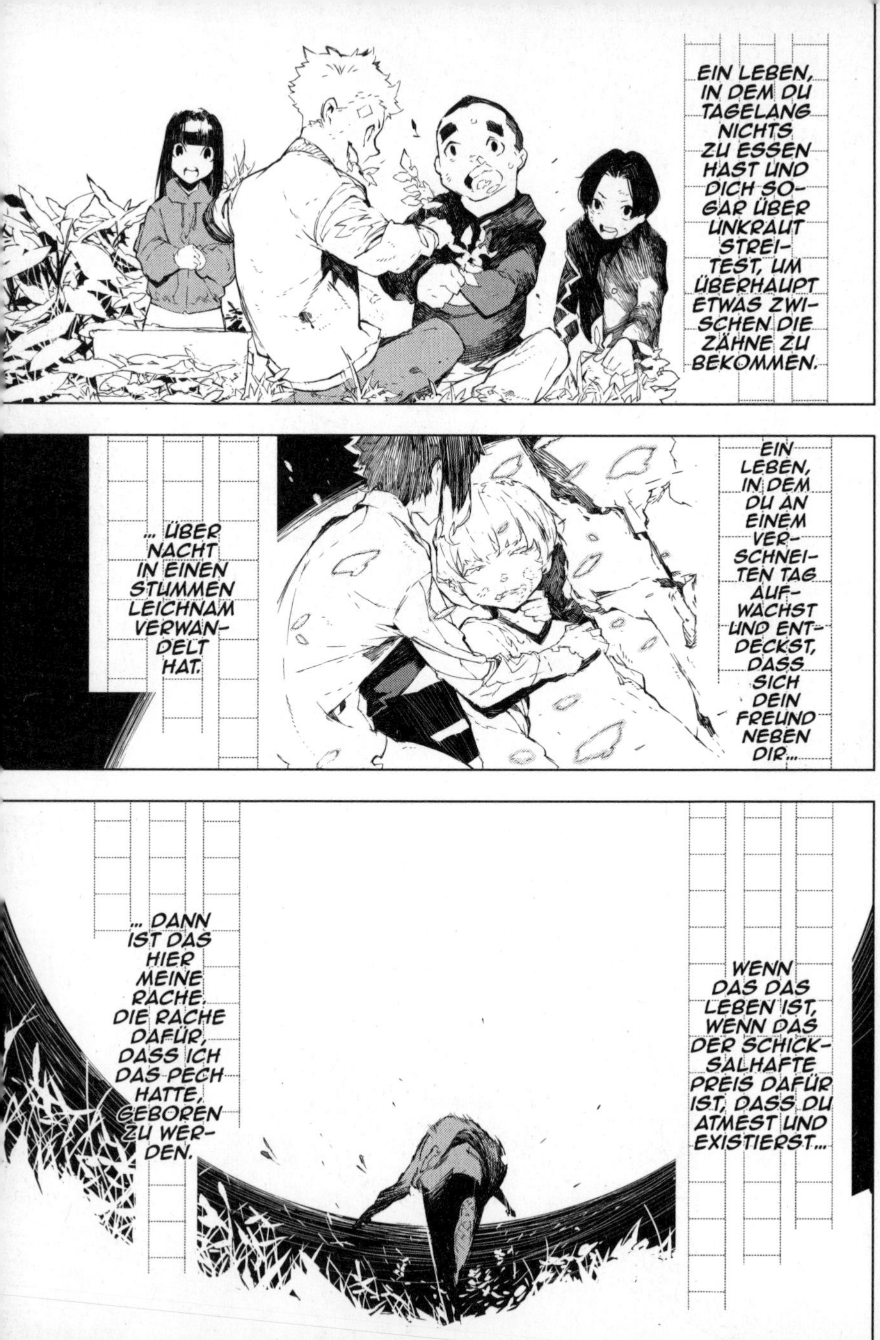
EIN LEBEN, IN DEM DU TAGELANG NICHTS ZU ESSEN HAST UND DICH SOGAR ÜBER UNKRAUT STREITEST, UM ÜBERHAUPT ETWAS ZWISCHEN DIE ZÄHNE ZU BEKOMMEN.
EIN LEBEN, IN DEM DU AN EINEM VERSCHNEITEN TAG AUFWACHST UND ENTDECKST, DASS SICH DEIN FREUND NEBEN DIR...
... ÜBER NACHT IN EINEN STUMMEN LEICHNAM VERWANDELT HAT.
WENN DAS DAS LEBEN IST, WENN DAS DER SCHICKSALHAFTE PREIS DAFÜR IST, DASS DU ATMEST UND EXISTIERST...
... DANN IST DAS HIER MEINE RACHE. DIE RACHE DAFÜR, DASS ICH DAS PECH HATTE, GEBOREN ZU WERDEN.

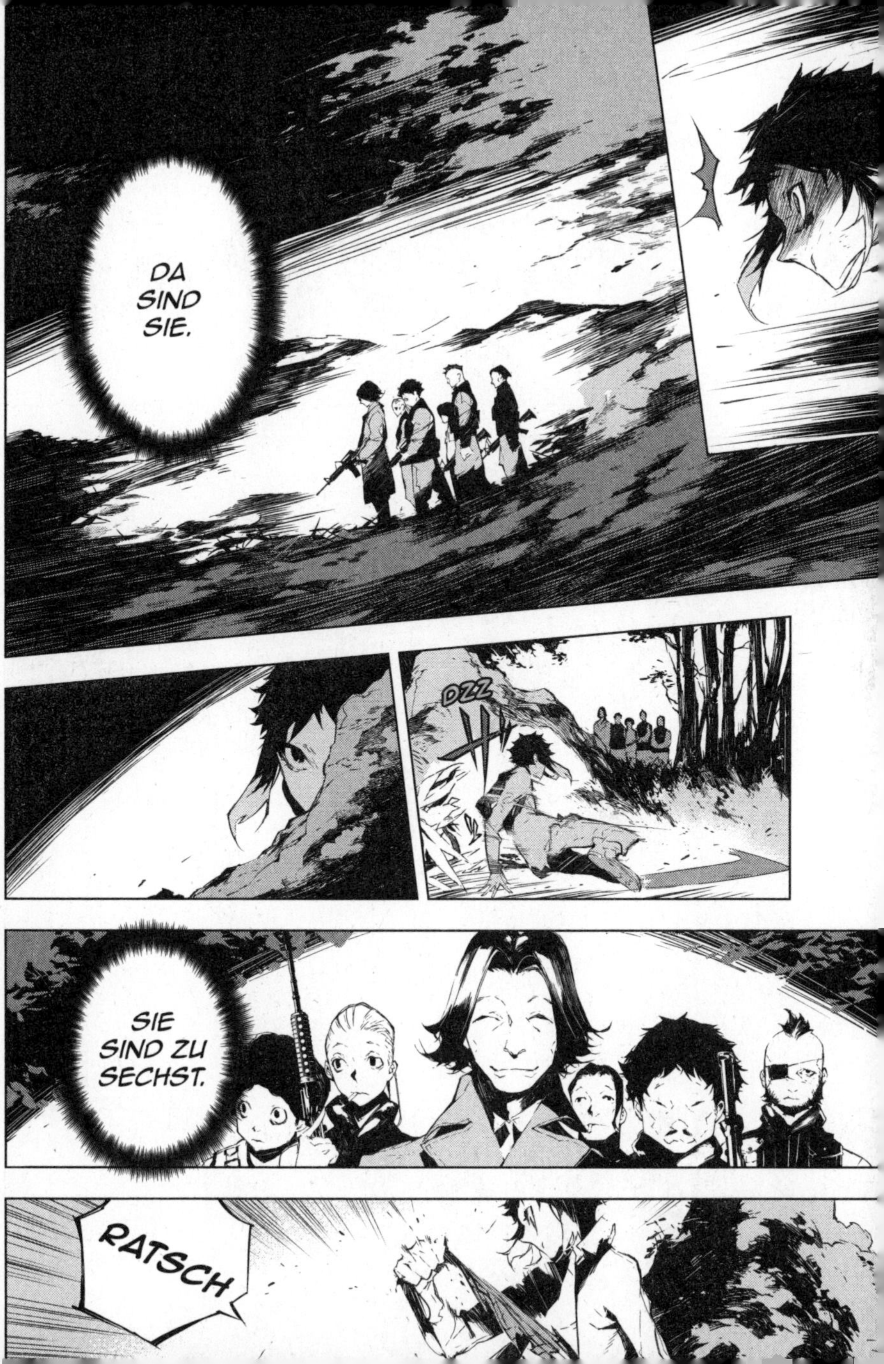
DA SIND SIE.
DZZ
SIE SIND ZU SECHST.
RATSCH

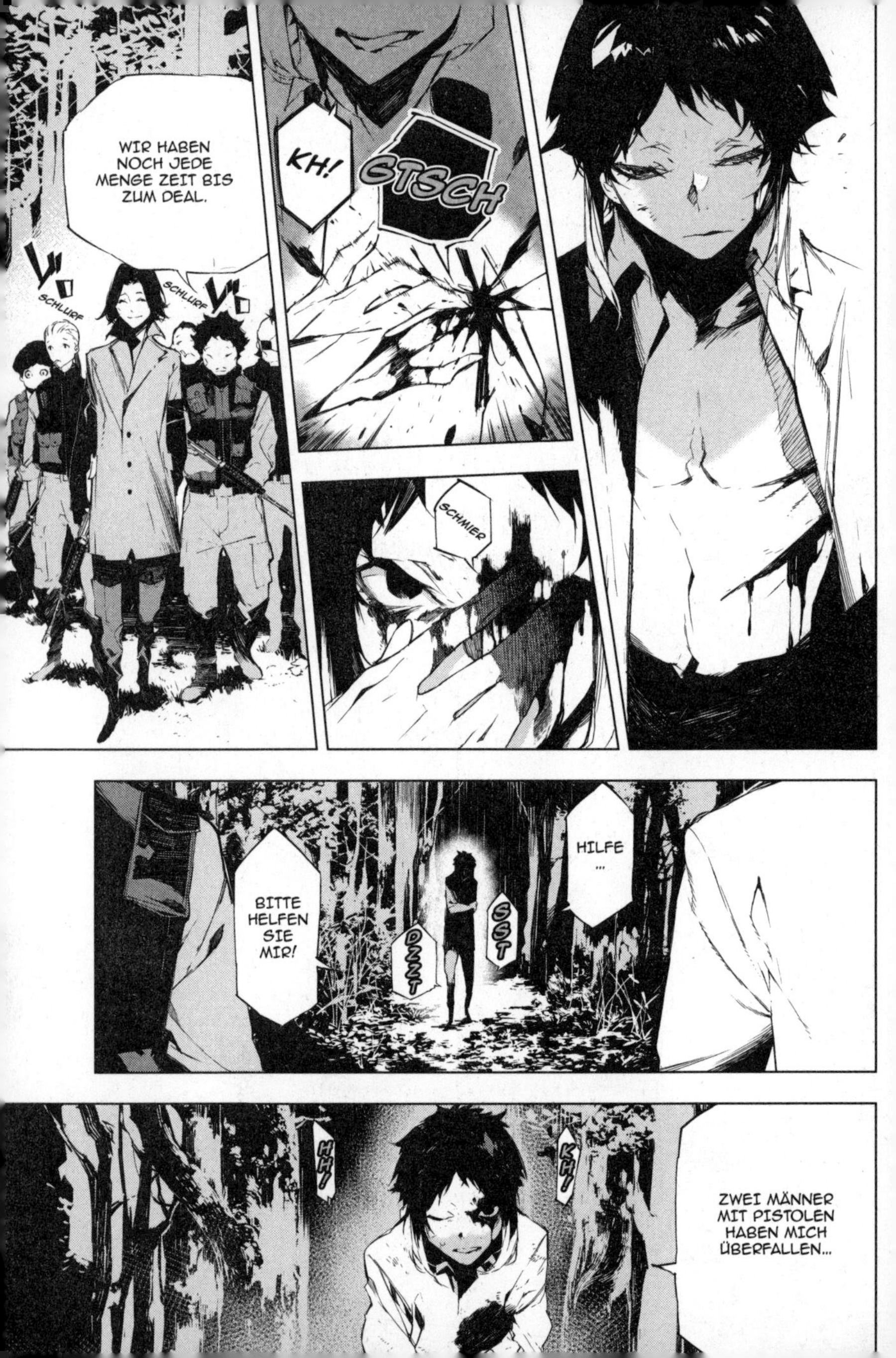
KH!
GTSCH
SCHMIER
WIR HABEN NOCH JEDE MENGE ZEIT BIS ZUM DEAL.
SCHLURF
SCHLURF
HILFE ...
SST
DZZT
BITTE HELFEN SIE MIR!
ZWEI MÄNNER MIT PISTOLEN HABEN MICH ÜBERFALLEN...
KH!
HH!

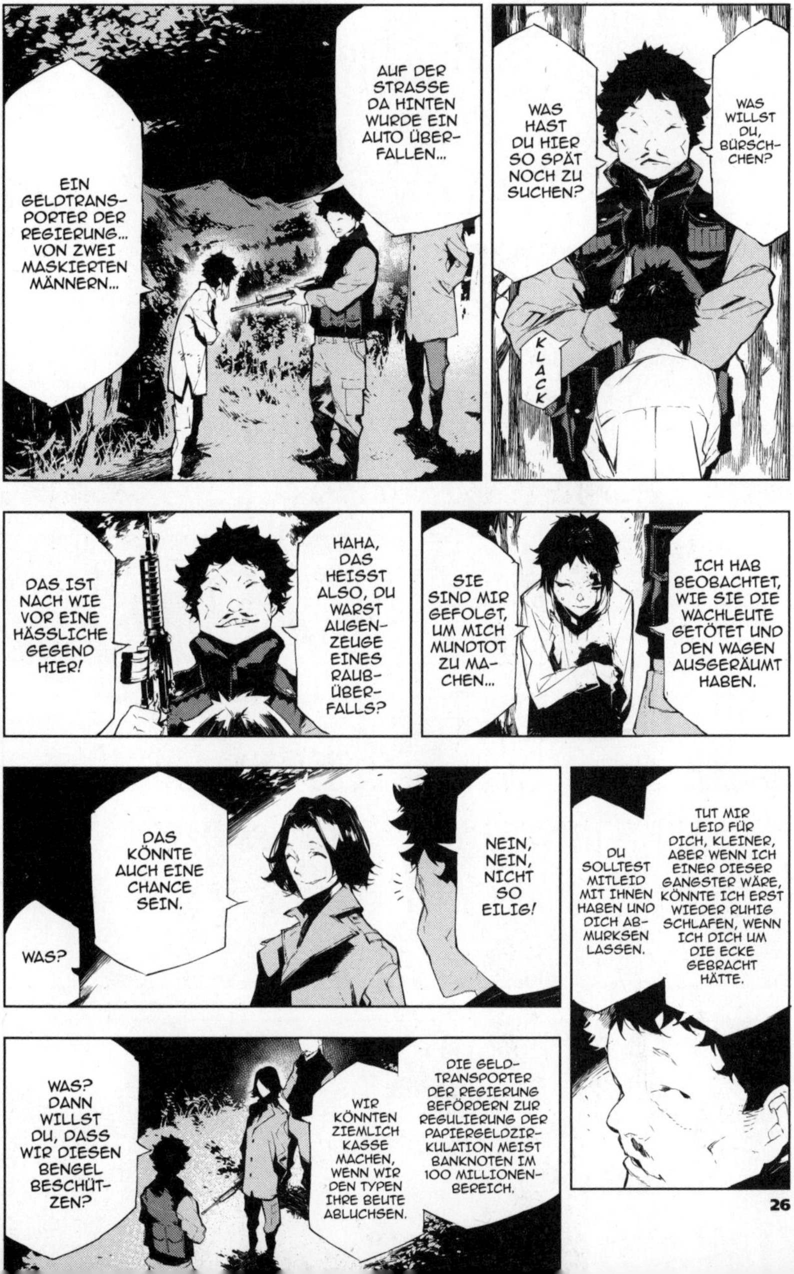
WAS WILLST DU, BÜRSCHCHEN?
WAS HAST DU HIER SO SPÄT NOCH ZU SUCHEN?
KLACK
AUF DER STRASSE DA HINTEN WURDE EIN AUTO ÜBERFALLEN...
EIN GELDTRANSPORTER DER REGIERUNG... VON ZWEI MASKIERTEN MÄNNERN...
ICH HAB BEOBACHTET, WIE SIE DIE WACHLEUTE GETÖTET UND DEN WAGEN AUSGERÄUMT HABEN.
SIE SIND MIR GEFOLGT, UM MICH MUNDTOT ZU MACHEN...
HAHA, DAS HEISST ALSO, DU WARST AUGENZEUGE EINES RAUBÜBERFALLS?
DAS IST NACH WIE VOR EINE HÄSSLICHE GEGEND HIER!
TUT MIR LEID FÜR DICH, KLEINER, ABER WENN ICH EINER DIESER GANGSTER WÄRE, KÖNNTE ICH ERST WIEDER RUHIG SCHLAFEN, WENN ICH DICH UM DIE ECKE GEBRACHT HÄTTE.
DU SOLLTEST MITLEID MIT IHNEN HABEN UND DICH ABMURKSEN LASSEN.
NEIN, NEIN, NICHT SO EILIG!
DAS KÖNNTE AUCH EINE CHANCE SEIN.
WAS?
DIE GELDTRANSPORTER DER REGIERUNG BEFÖRDERN ZUR REGULIERUNG DER PAPIERGELDZIRKULATION MEIST BANKNOTEN IM 100 MILLIONENBEREICH.
WIR KÖNNTEN ZIEMLICH KASSE MACHEN, WENN WIR DEN TYPEN IHRE BEUTE ABLUCHSEN.
WAS? DANN WILLST DU, DASS WIR DIESEN BENGEL BESCHÜTZEN?

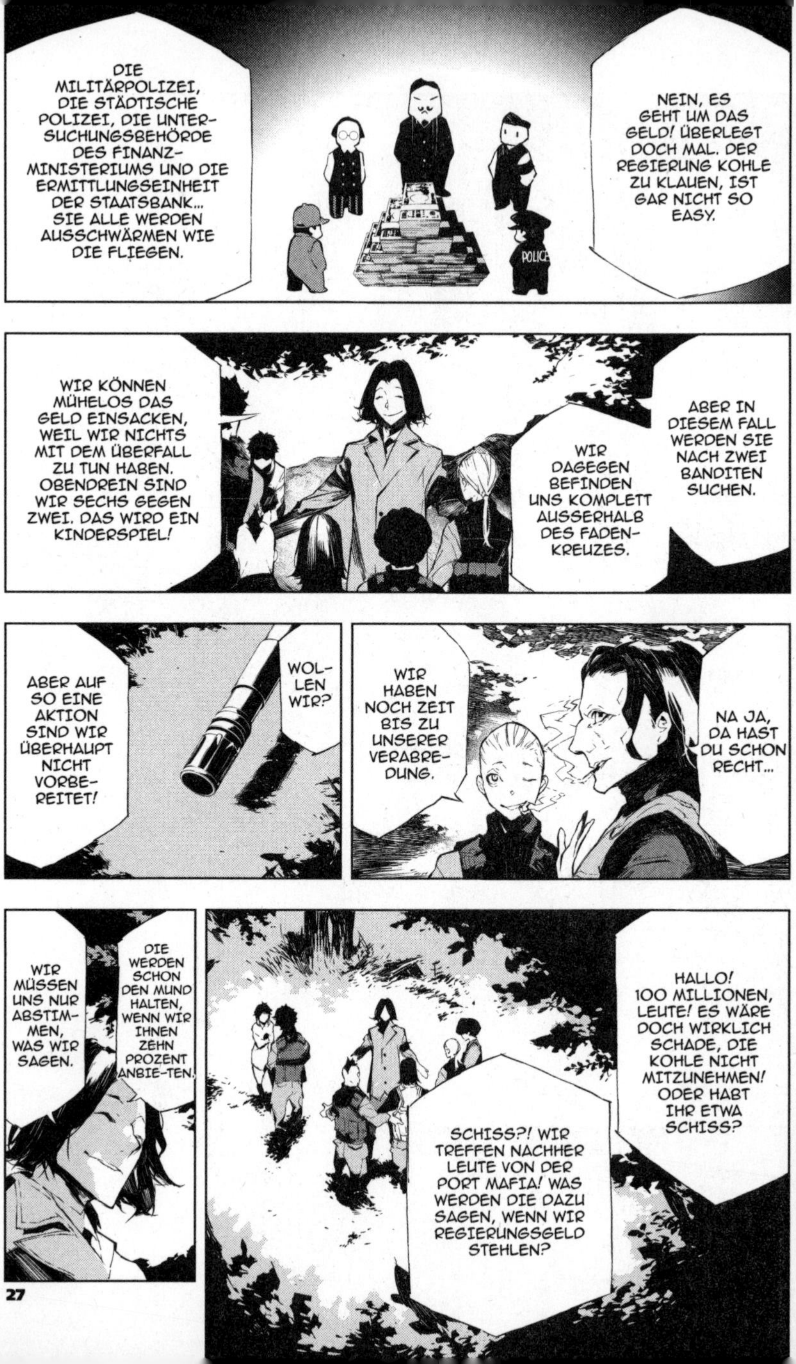
NEIN, ES GEHT UM DAS GELD! ÜBERLEGT DOCH MAL. DER REGIERUNG KOHLE ZU KLAUEN, IST GAR NICHT SO EASY.
DIE MILITÄRPOLIZEI, DIE STÄDTISCHE POLIZEI, DIE UNTERSUCHUNGSBEHÖRDE DES FINANZMINISTERIUMS UND DIE ERMITTLUNGSEINHEIT DER STAATSBANK... SIE ALLE WERDEN AUSSCHWÄRMEN WIE DIE FLIEGEN.
POLICE
ABER IN DIESEM FALL WERDEN SIE NACH ZWEI BANDITEN SUCHEN.
WIR DAGEGEN BEFINDEN UNS KOMPLETT AUSSERHALB DES FADENKREUZES.
WIR KÖNNEN MÜHELOS DAS GELD EINSACKEN, WEIL WIR NICHTS MIT DEM ÜBERFALL ZU TUN HABEN. OBENDREIN SIND WIR SECHS GEGEN ZWEI. DAS WIRD EIN KINDERSPIEL!
NA JA, DA HAST DU SCHON RECHT...
WIR HABEN NOCH ZEIT BIS ZU UNSERER VERABREDUNG.
WOLLEN WIR?
ABER AUF SO EINE AKTION SIND WIR ÜBERHAUPT NICHT VORBEREITET!
HALLO! 100 MILLIONEN, LEUTE! ES WÄRE DOCH WIRKLICH SCHADE, DIE KOHLE NICHT MITZUNEHMEN! ODER HABT IHR ETWA SCHISS?
SCHISS?! WIR TREFFEN NACHHER LEUTE VON DER PORT MAFIA! WAS WERDEN DIE DAZU SAGEN, WENN WIR REGIERUNGSGELD STEHLEN?
DIE WERDEN SCHON DEN MUND HALTEN, WENN WIR IHNEN ZEHN PROZENT ANBIETEN.
WIR MÜSSEN UNS NUR ABSTIMMEN, WAS WIR SAGEN.

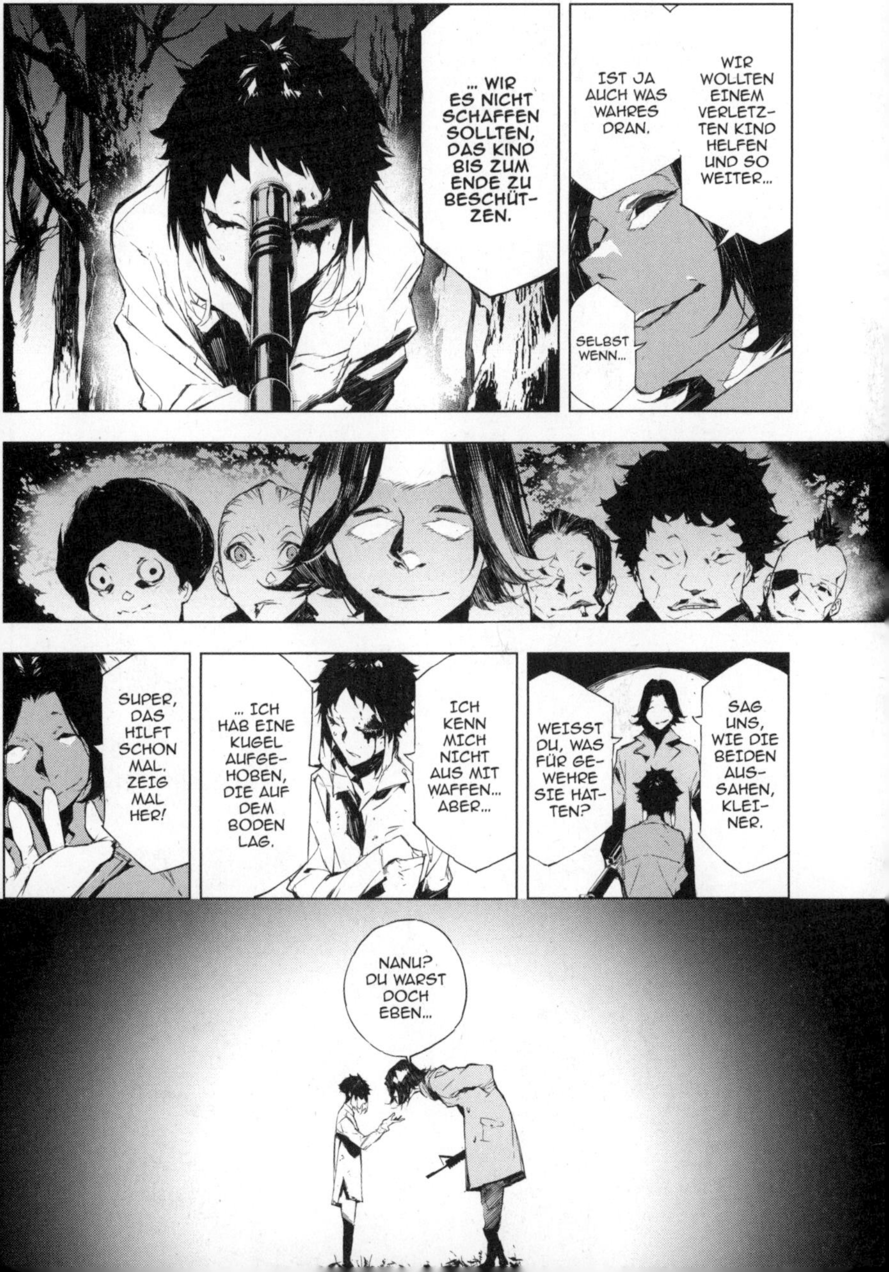
WIR WOLLTEN EINEM VERLETZTEN KIND HELFEN UND SO WEITER...
IST JA AUCH WAS WAHRES DRAN.
SELBST WENN...
... WIR ES NICHT SCHAFFEN SOLLTEN, DAS KIND BIS ZUM ENDE ZU BESCHÜTZEN.
SAG UNS, WIE DIE BEIDEN AUSSAHEN, KLEINER.
WEISST DU, WAS FÜR GEWEHRE SIE HATTEN?
ICH KENN MICH NICHT AUS MIT WAFFEN... ABER...
... ICH HAB EINE KUGEL AUFGEHOBEN, DIE AUF DEM BODEN LAG.
SUPER, DAS HILFT SCHON MAL. ZEIG MAL HER!
NANU? DU WARST DOCH EBEN...

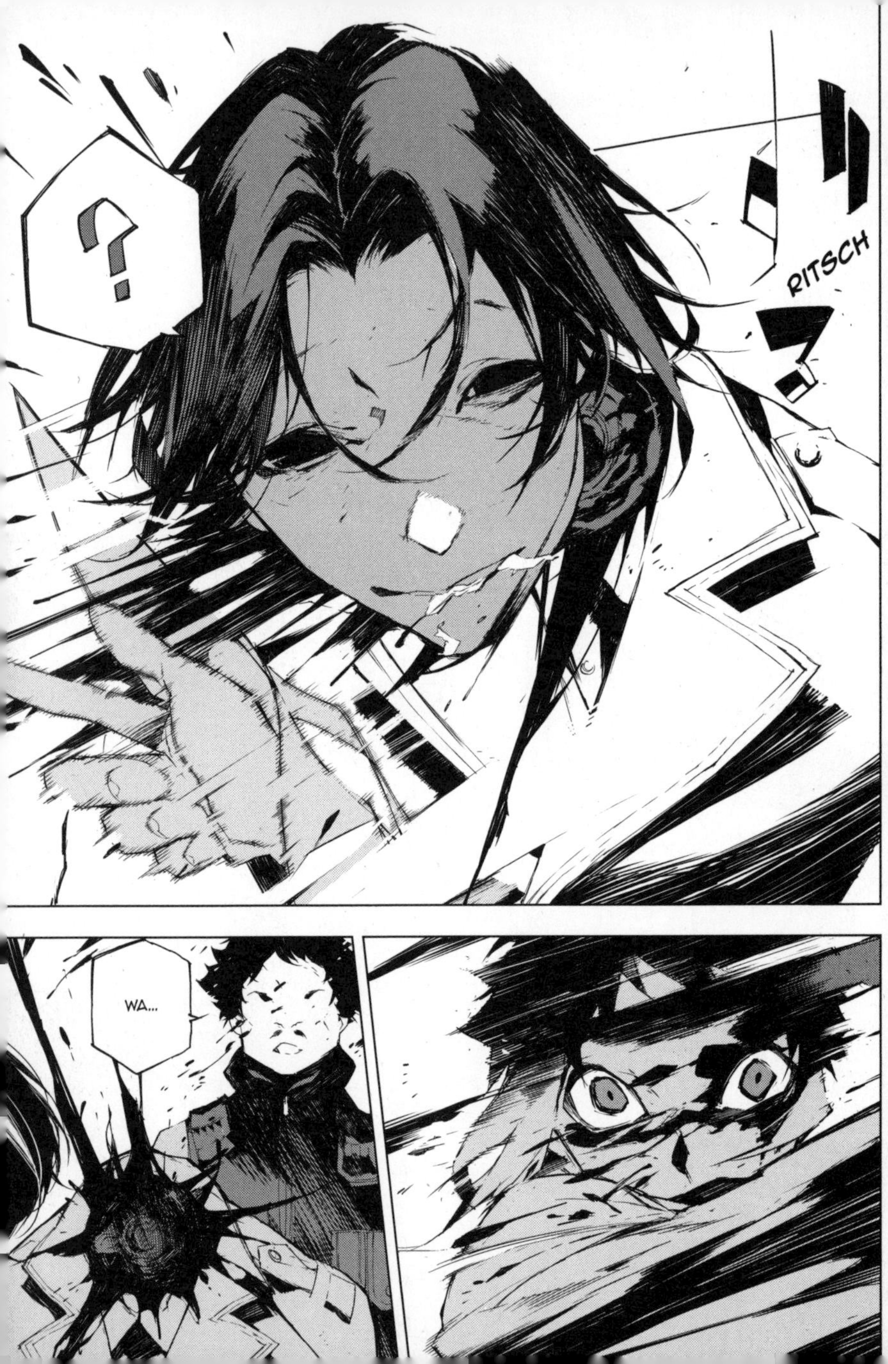
?
RITSCH
WA...

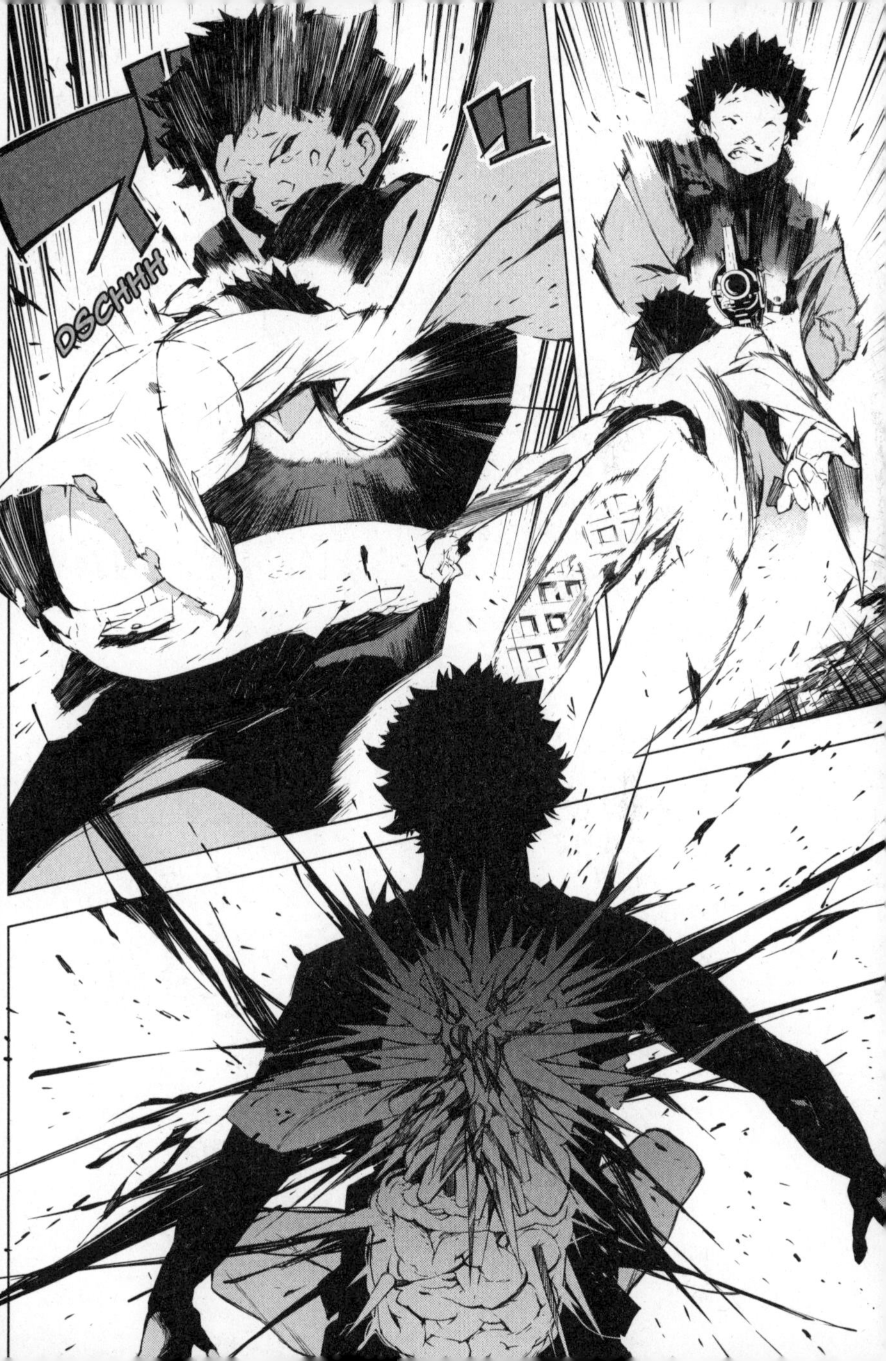
DSCHHH

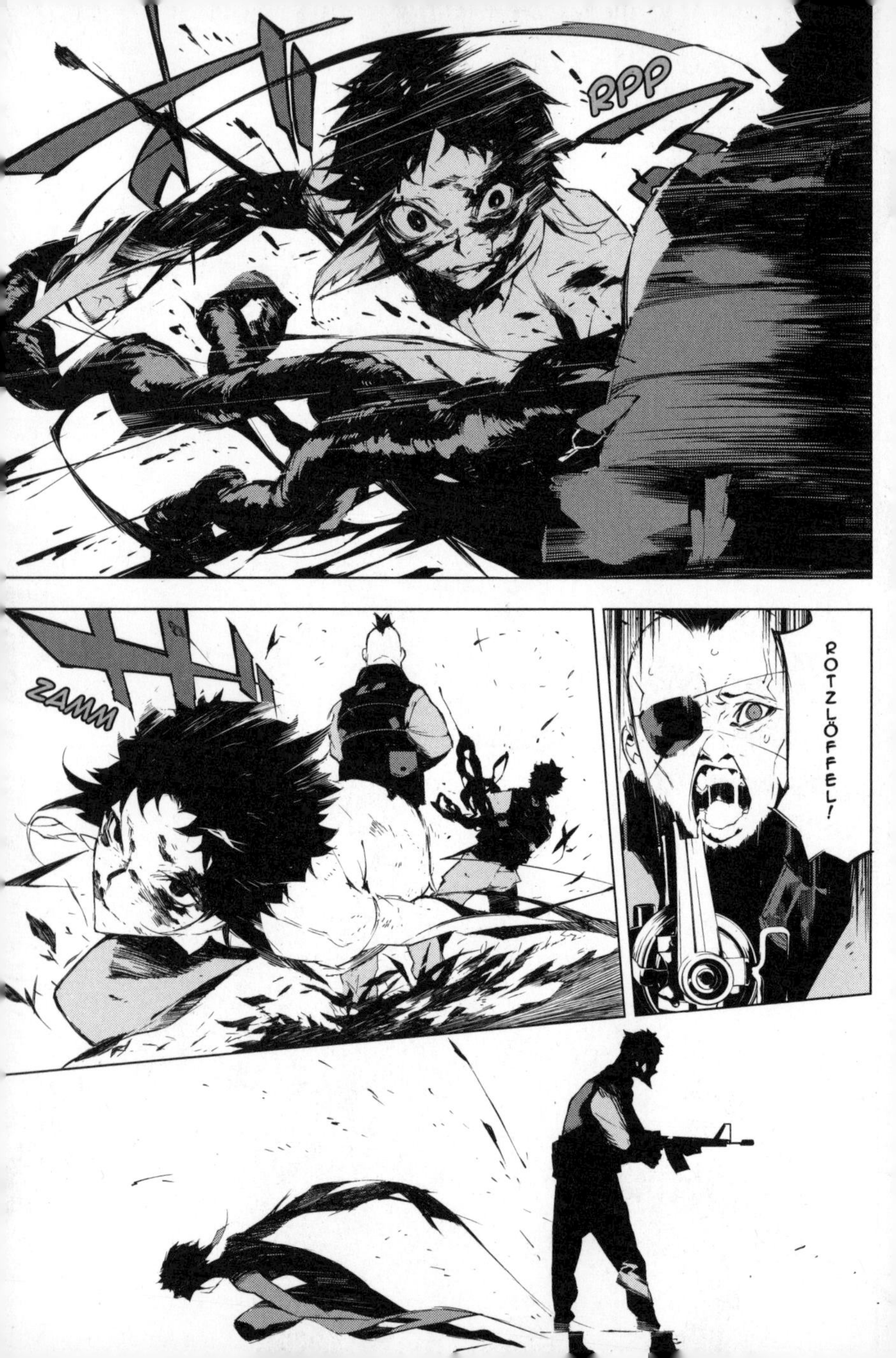

RPP
ROTZLÖFFEL!
ZAMM

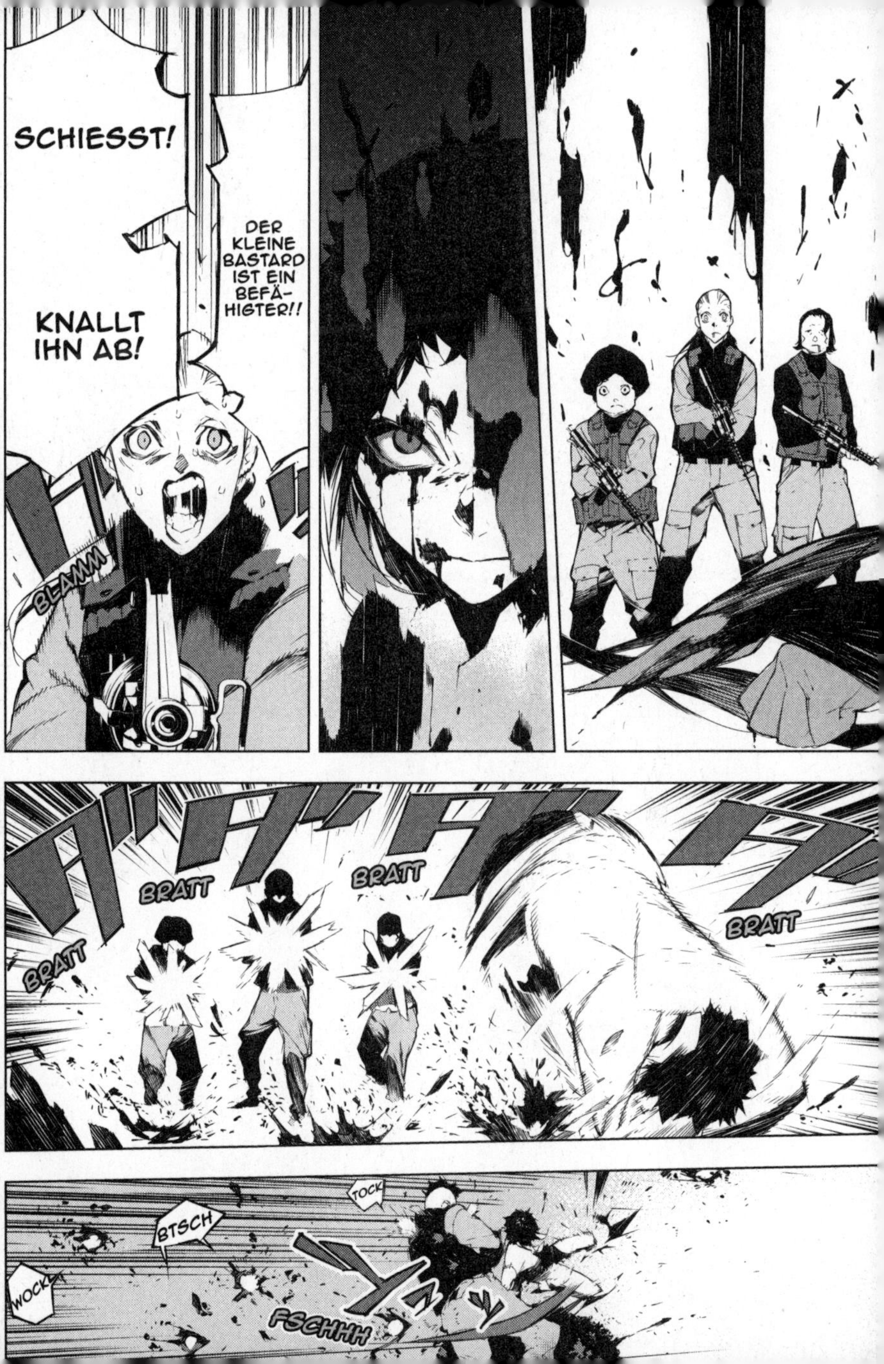

SCHIESST!
KNALLT IHN AB!
DER KLEINE BASTARD IST EIN BEFÄHIGTER!!
BLAMM
BRATT
BRATT
BRATT
BRATT
TOCK
BTSCH
WOCK
FSCHHH

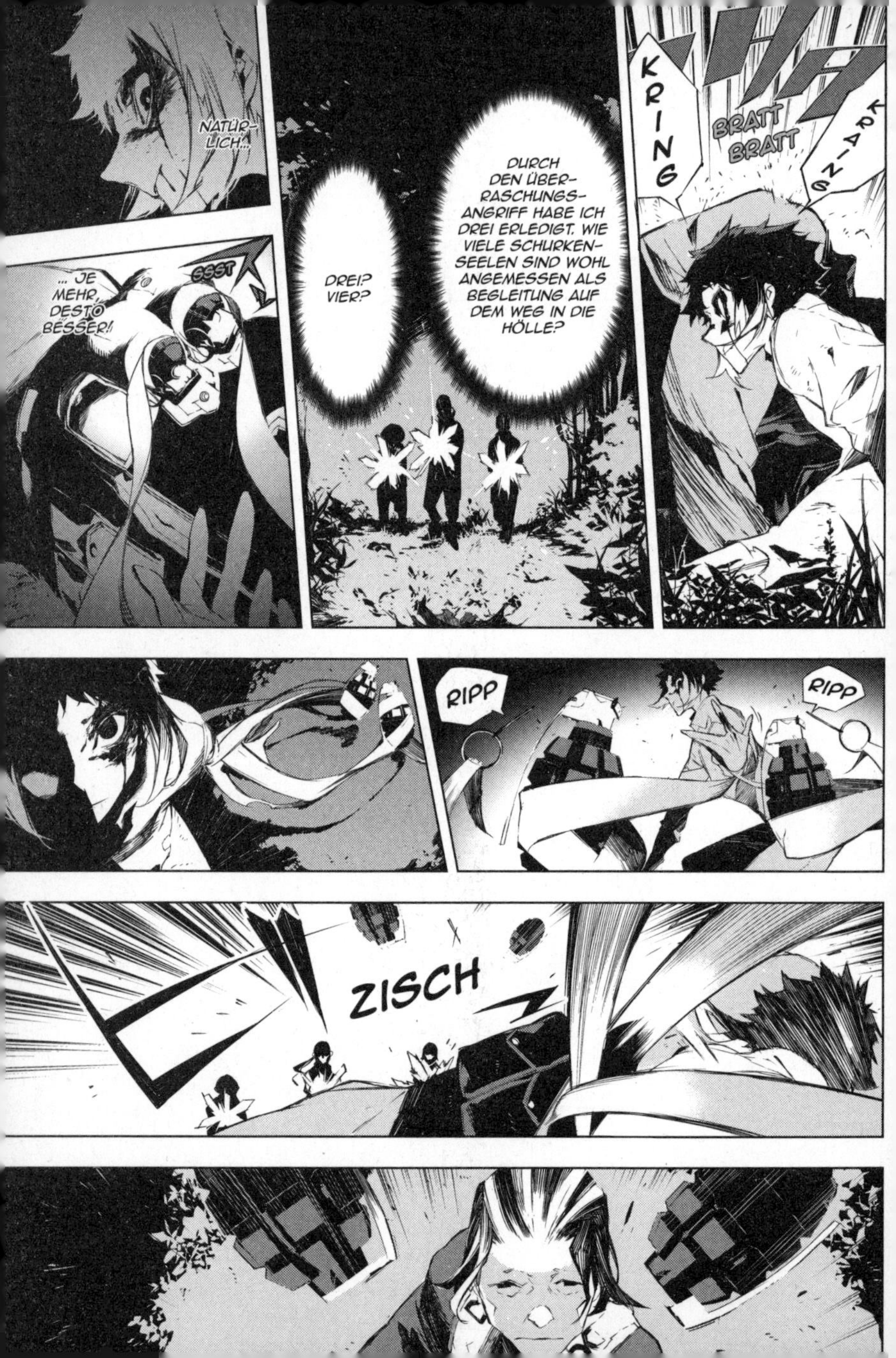

KRING
KRAING
BRATT
BRATT
DURCH DEN ÜBER-RASCHUNGS-ANGRIFF HABE ICH DREI ERLEDIGT. WIE VIELE SCHURKEN-SEELEN SIND WOHL ANGEMESSEN ALS BEGLEITUNG AUF DEM WEG IN DIE HÖLLE?
DREI? VIER?
NATÜR-LICH...
SSST
... JE MEHR, DESTO BESSER!
RIPP
RIPP
ZISCH

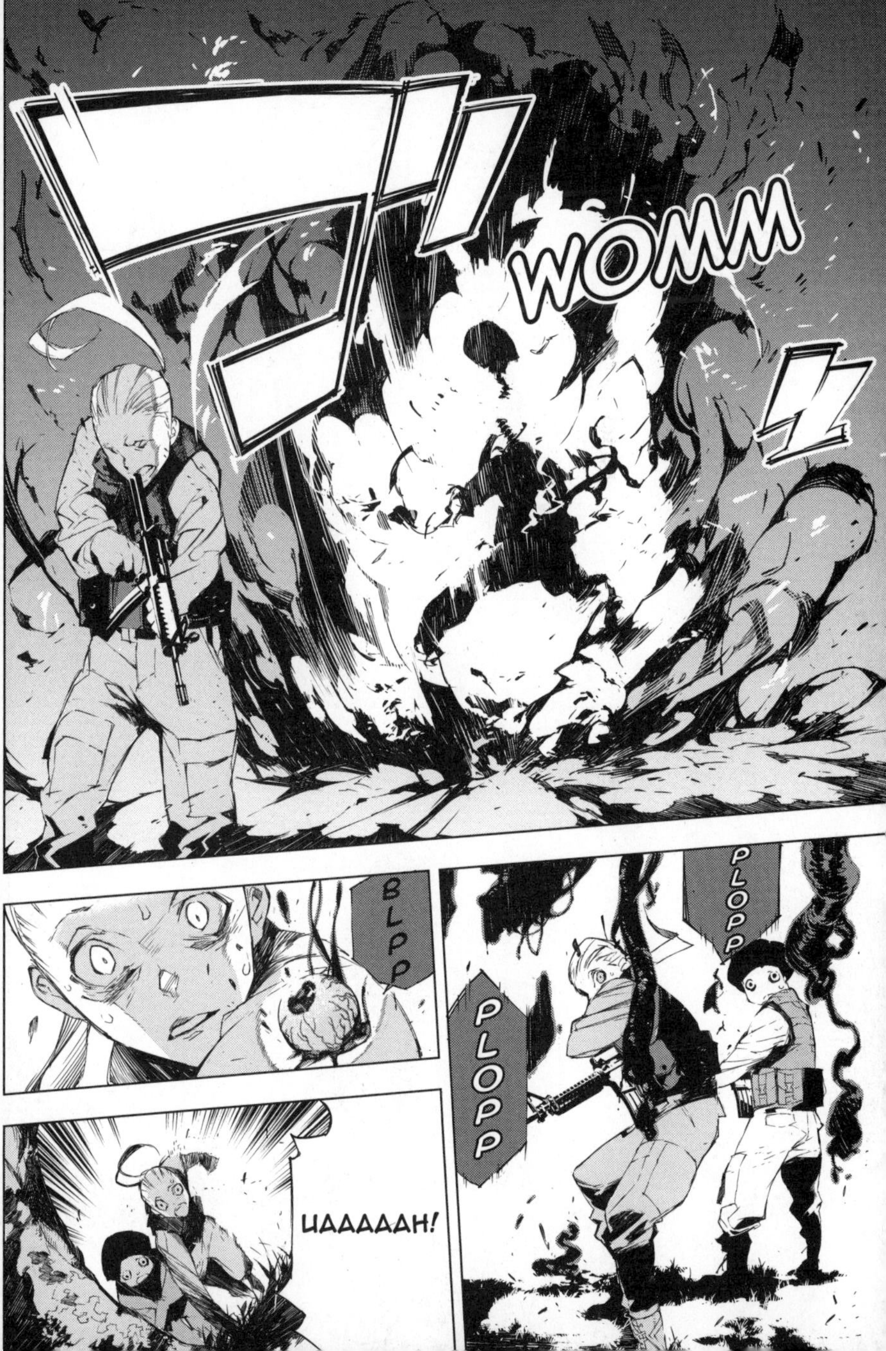

WOMM
BLPP
PLOPP
PLOPP
UAAAAAH!

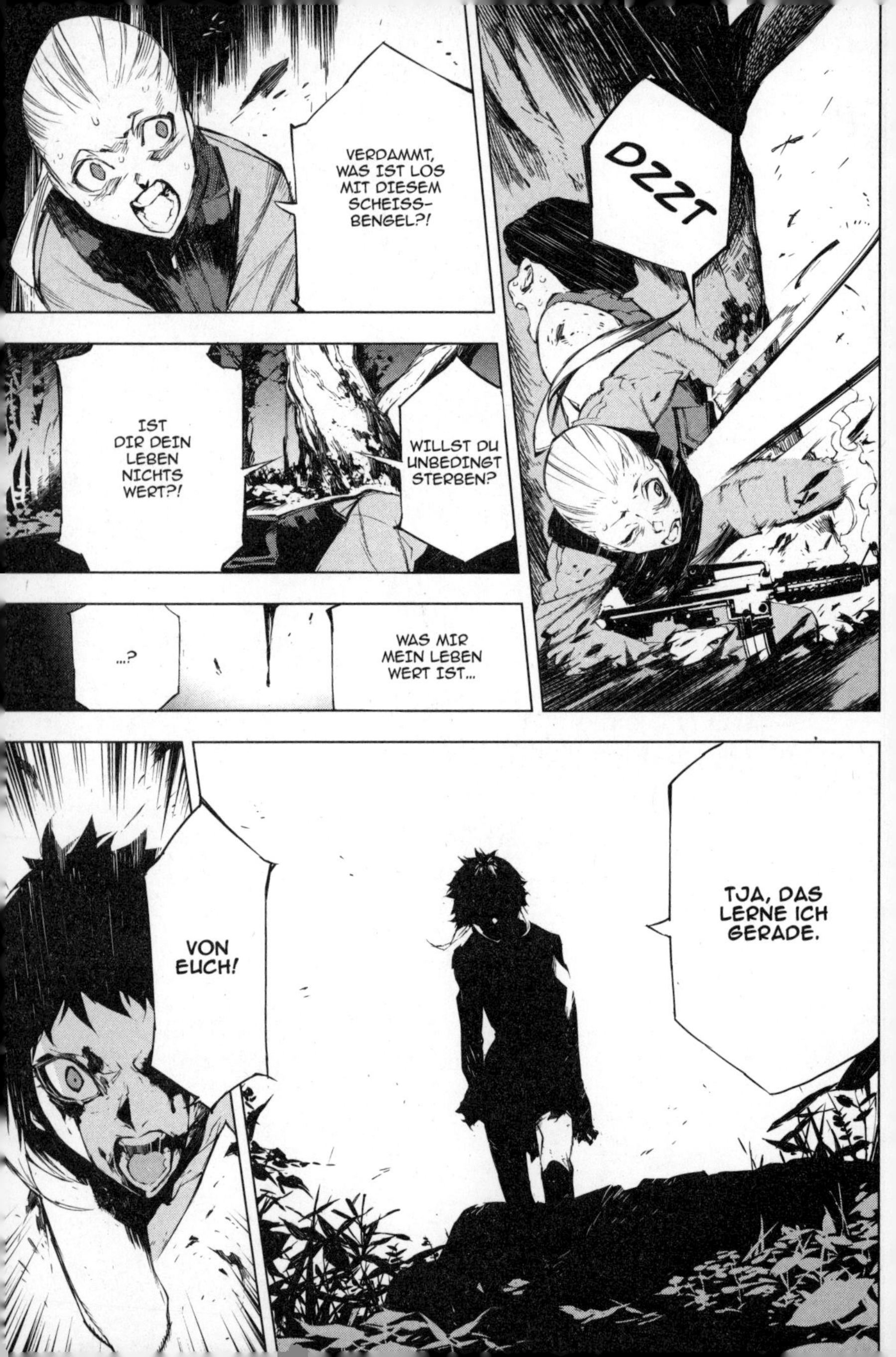

DZZT
VERDAMMT, WAS IST LOS MIT DIESEM SCHEISS-BENGEL?!
WILLST DU UNBEDINGT STERBEN?
IST DIR DEIN LEBEN NICHTS WERT?!
WAS MIR MEIN LEBEN WERT IST...
...?
TJA, DAS LERNE ICH GERADE.
VON EUCH!

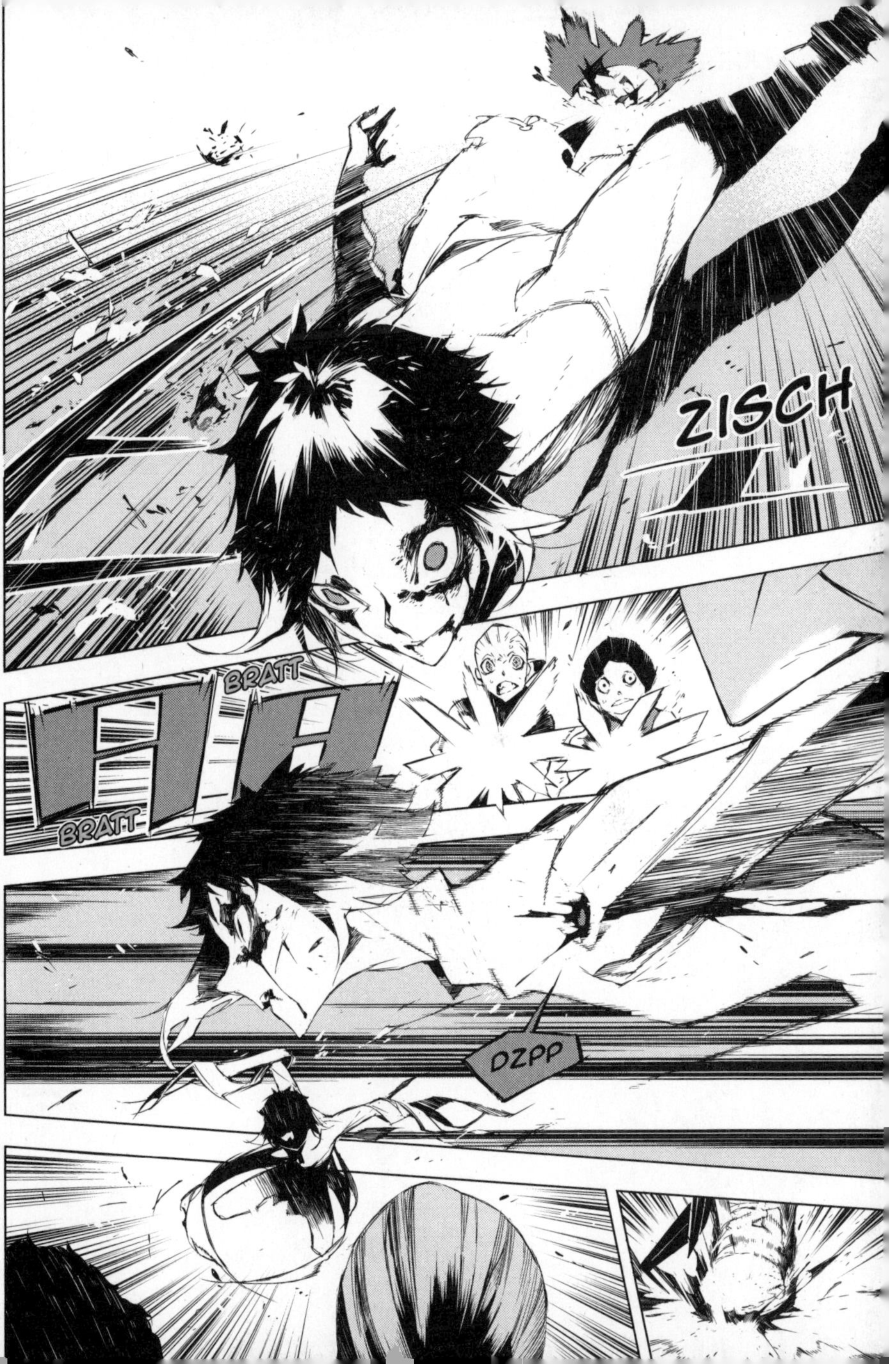
ZISCH
BRATT
BRATT
DZPP

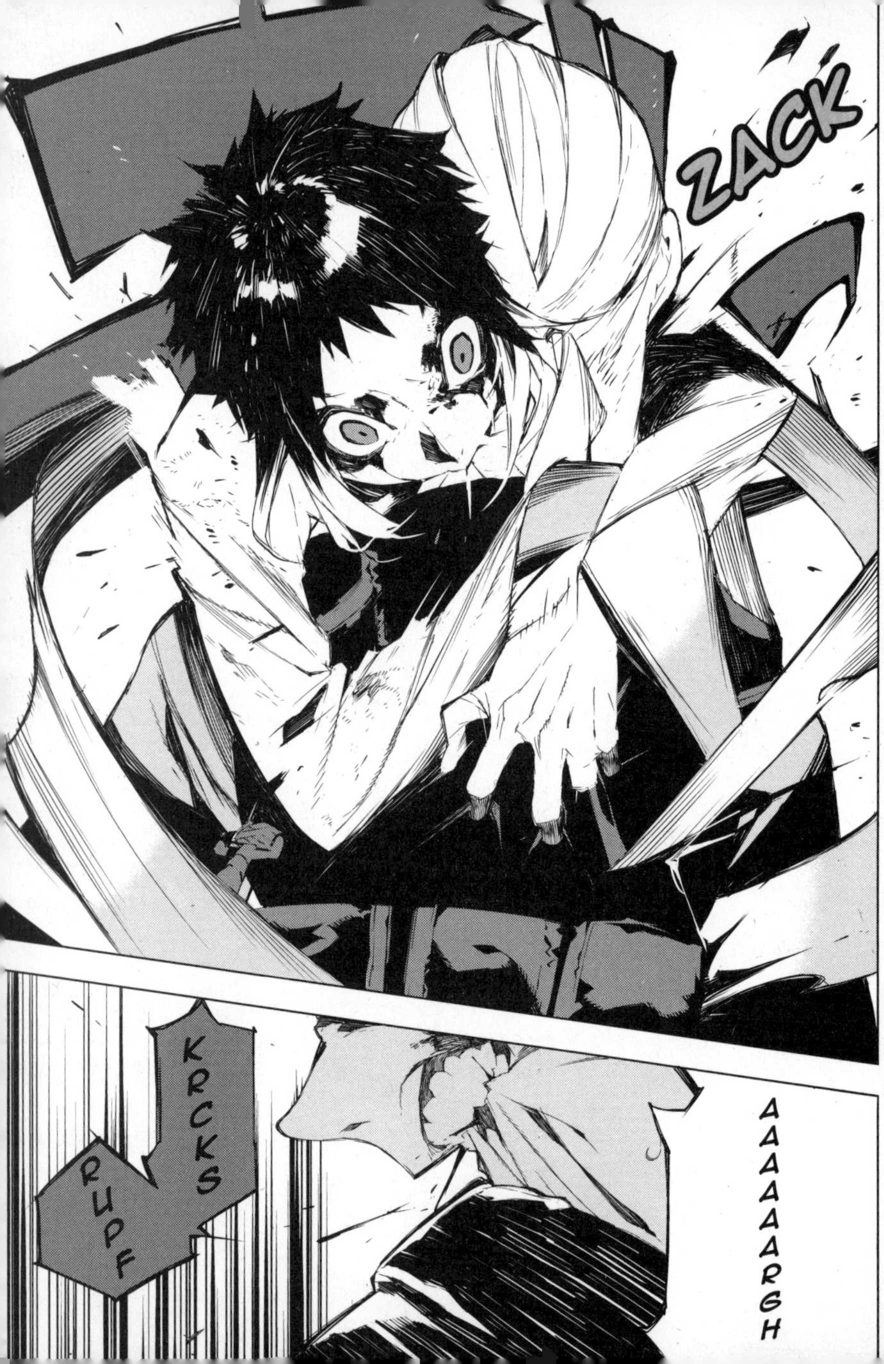
ZACK
KRCKS
RUPF
AAAAAAARGH

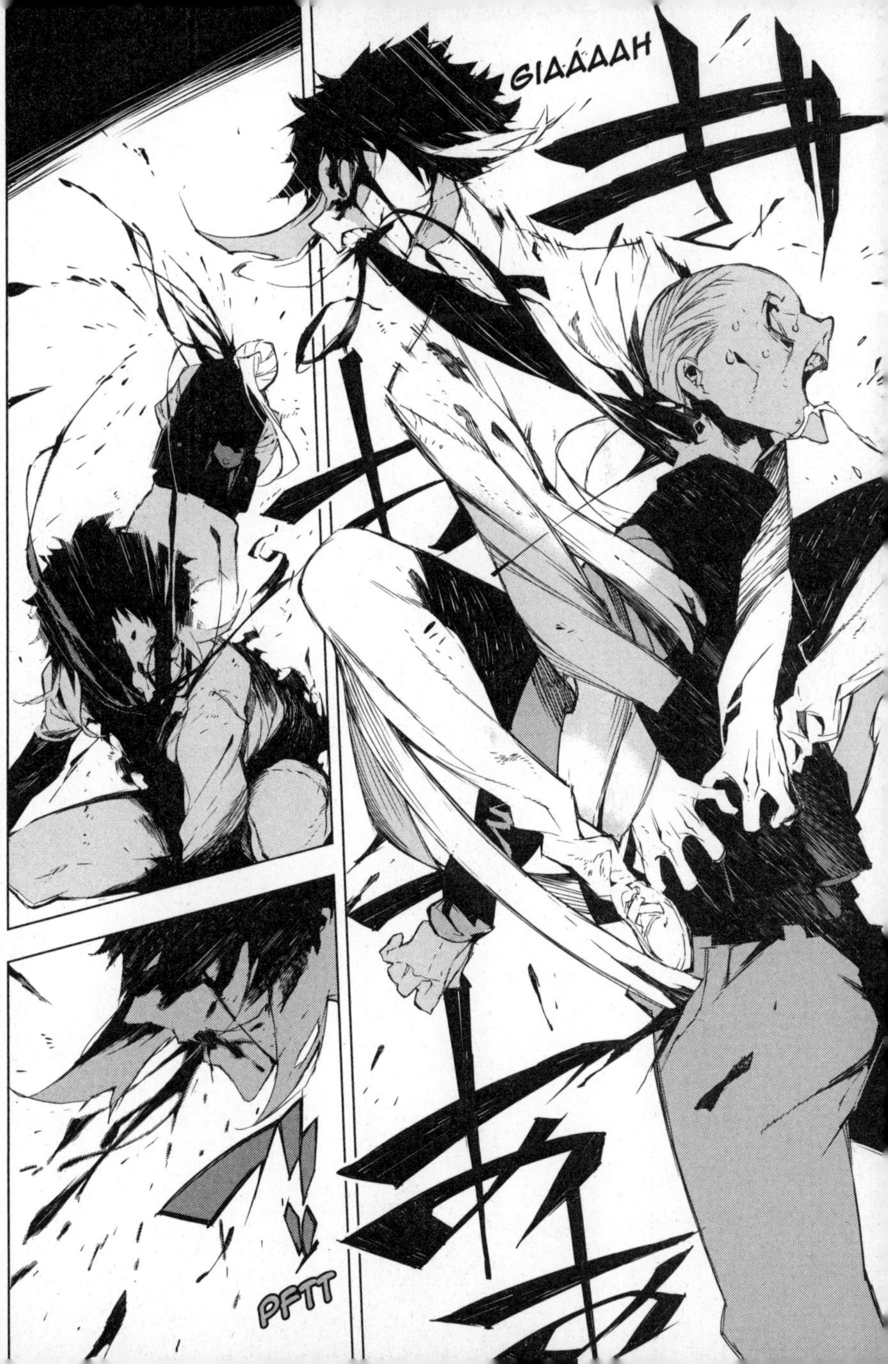
GIAÁÁAH
PFTT

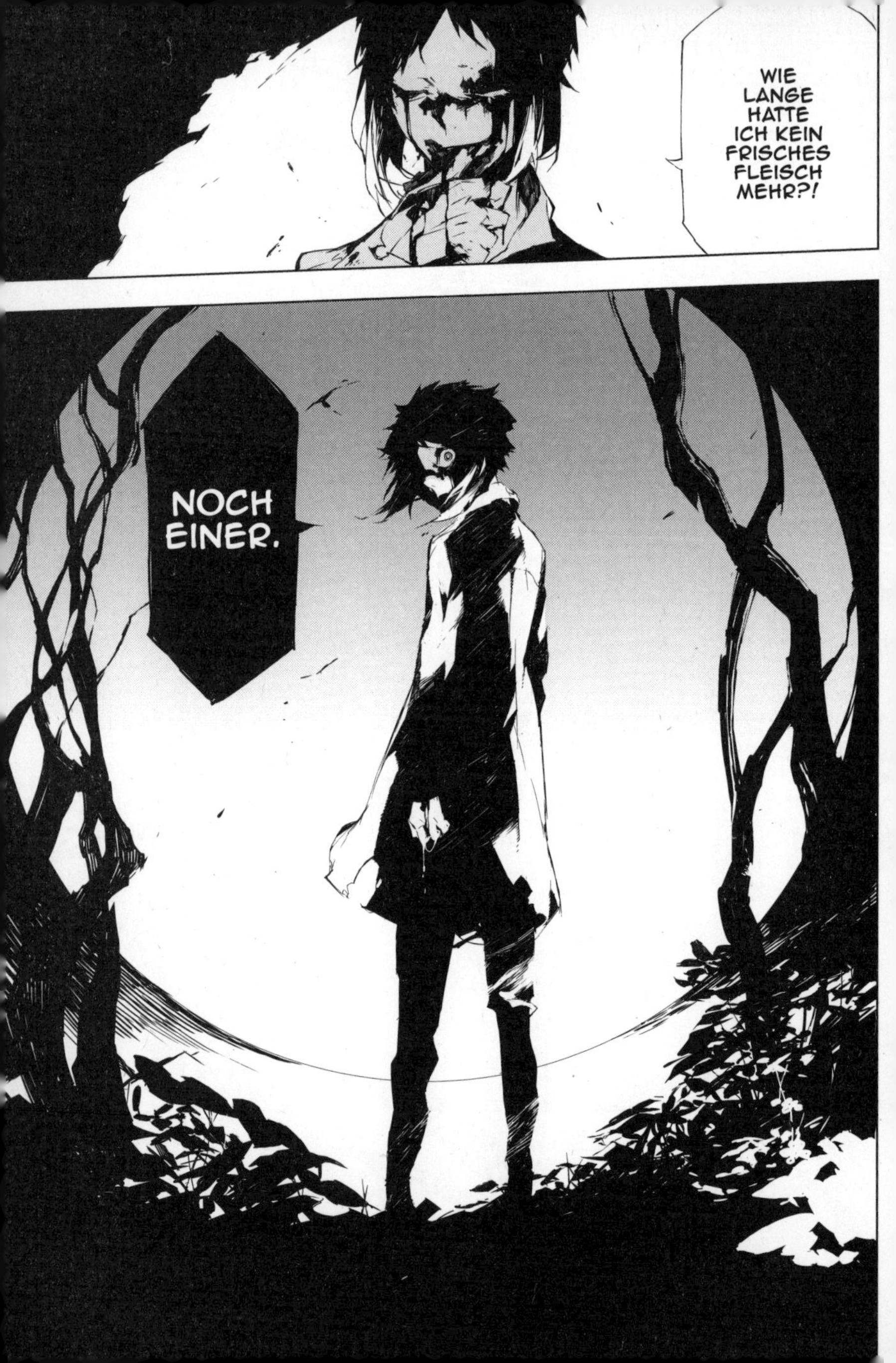
WIE LANGE HATTE ICH KEIN FRISCHES FLEISCH MEHR?!
NOCH EINER.

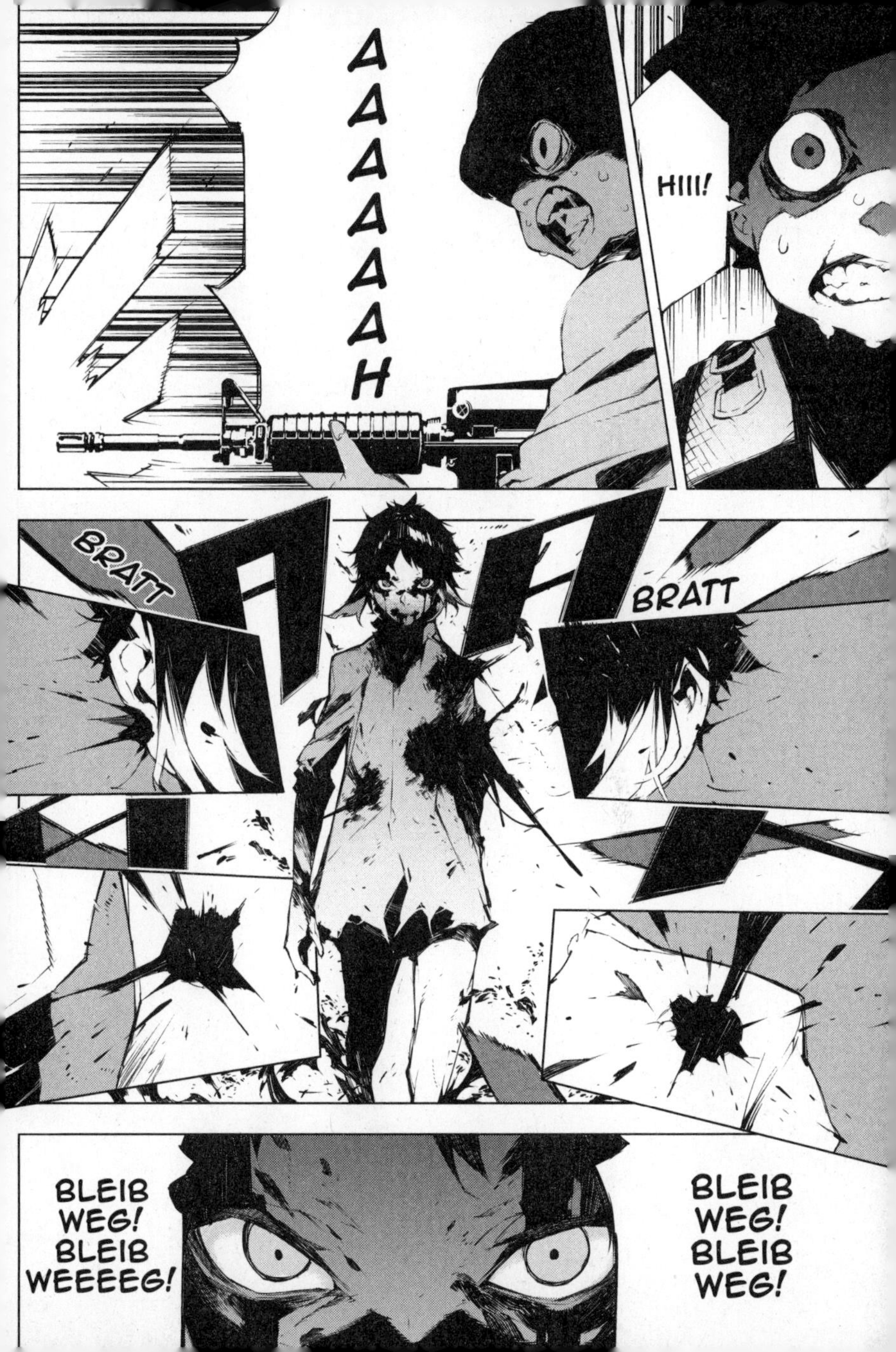

HIII!
AAAAAAAH
BRATT
BRATT
BLEIB WEG! BLEIB WEG!
BLEIB WEG! BLEIB WEEEEG!

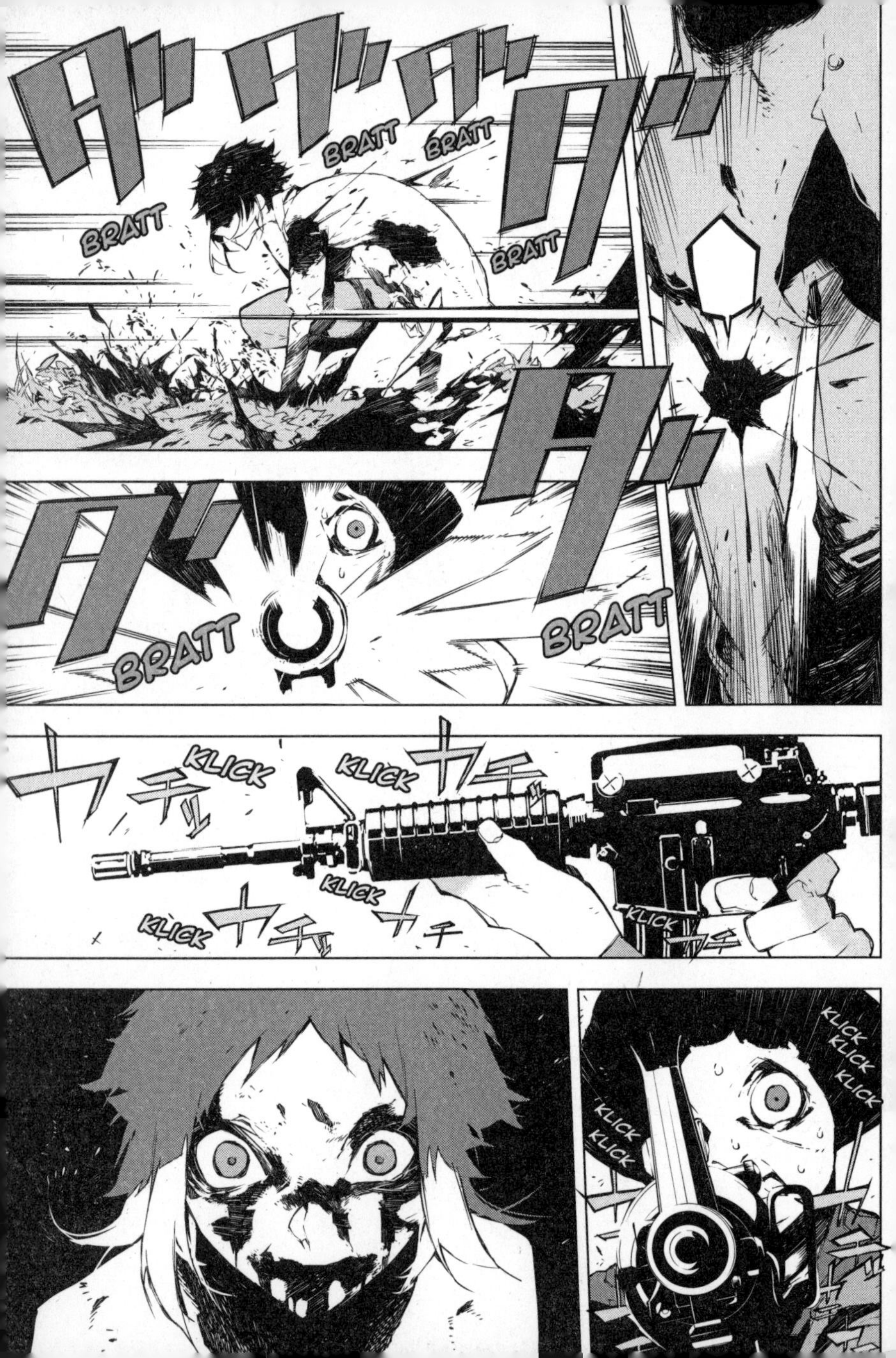

BRATT BRATT
BRATT
BRATT
BRATT
BRATT
KLICK KLICK
KLICK
KLICK
KLICK
KLICK KLICK KLICK
KLICK KLICK

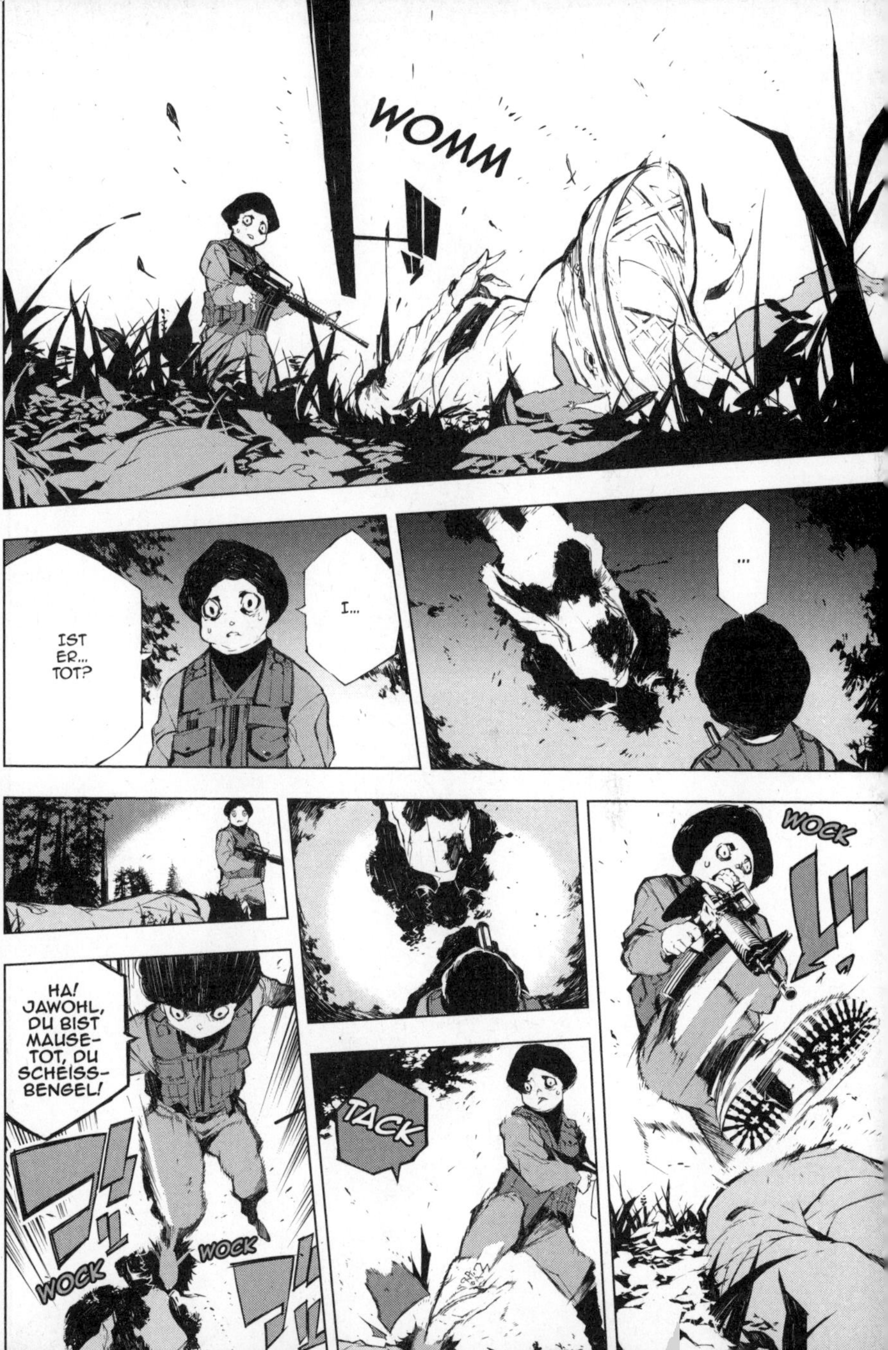
WOMM
...
I...
IST ER... TOT?
WOCK
TACK
HA! JAWOHL, DU BIST MAUSE-TOT, DU SCHEISS-BENGEL!
WOCK
WOCK

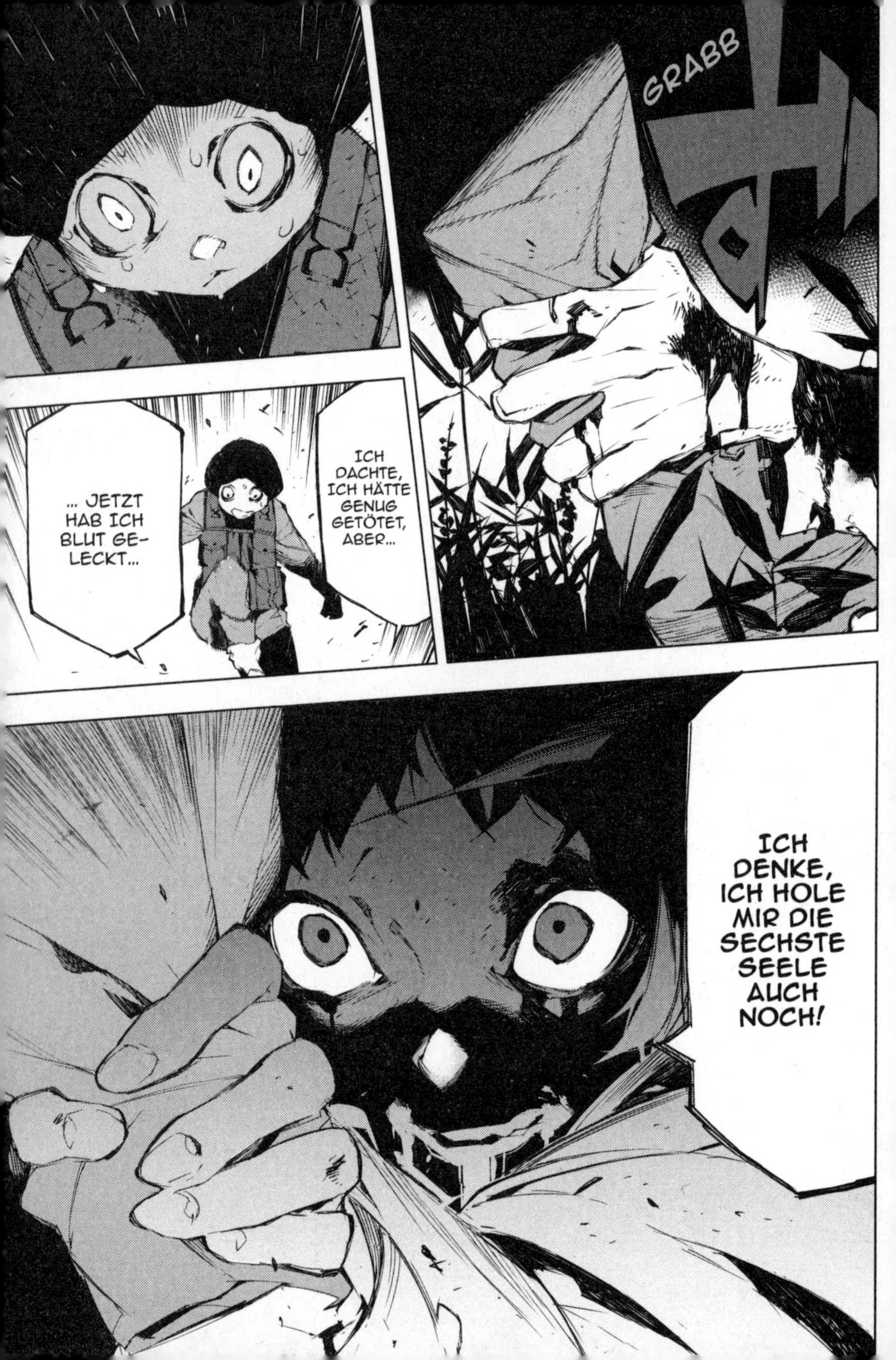

GRABB
ICH DACHTE, ICH HÄTTE GENUG GETÖTET, ABER...
... JETZT HAB ICH BLUT GE-LECKT...
ICH DENKE, ICH HOLE MIR DIE SECHSTE SEELE AUCH NOCH!

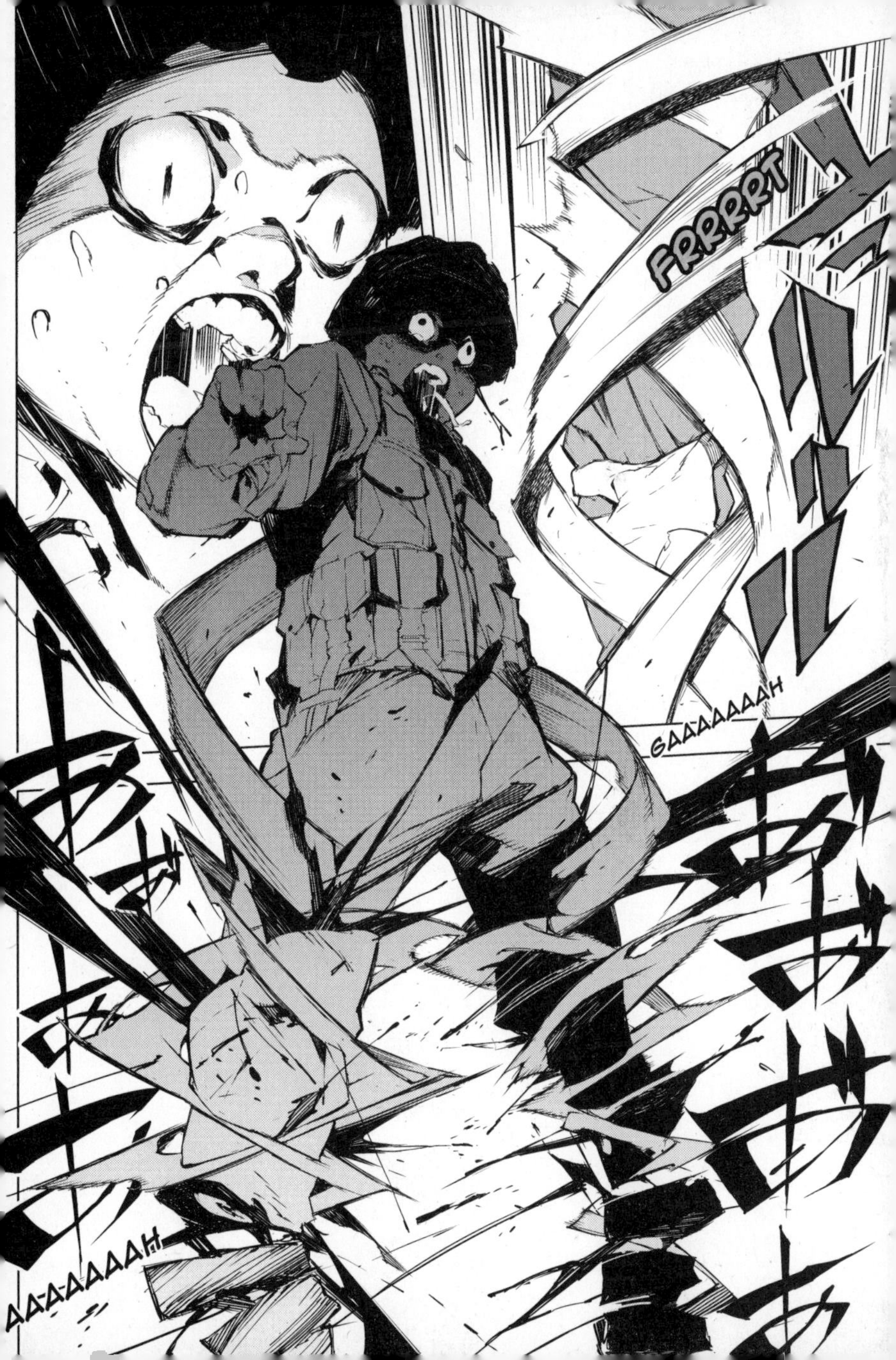
FRRRRT
GAAAAAAAH
AA-A-AAAAH!!

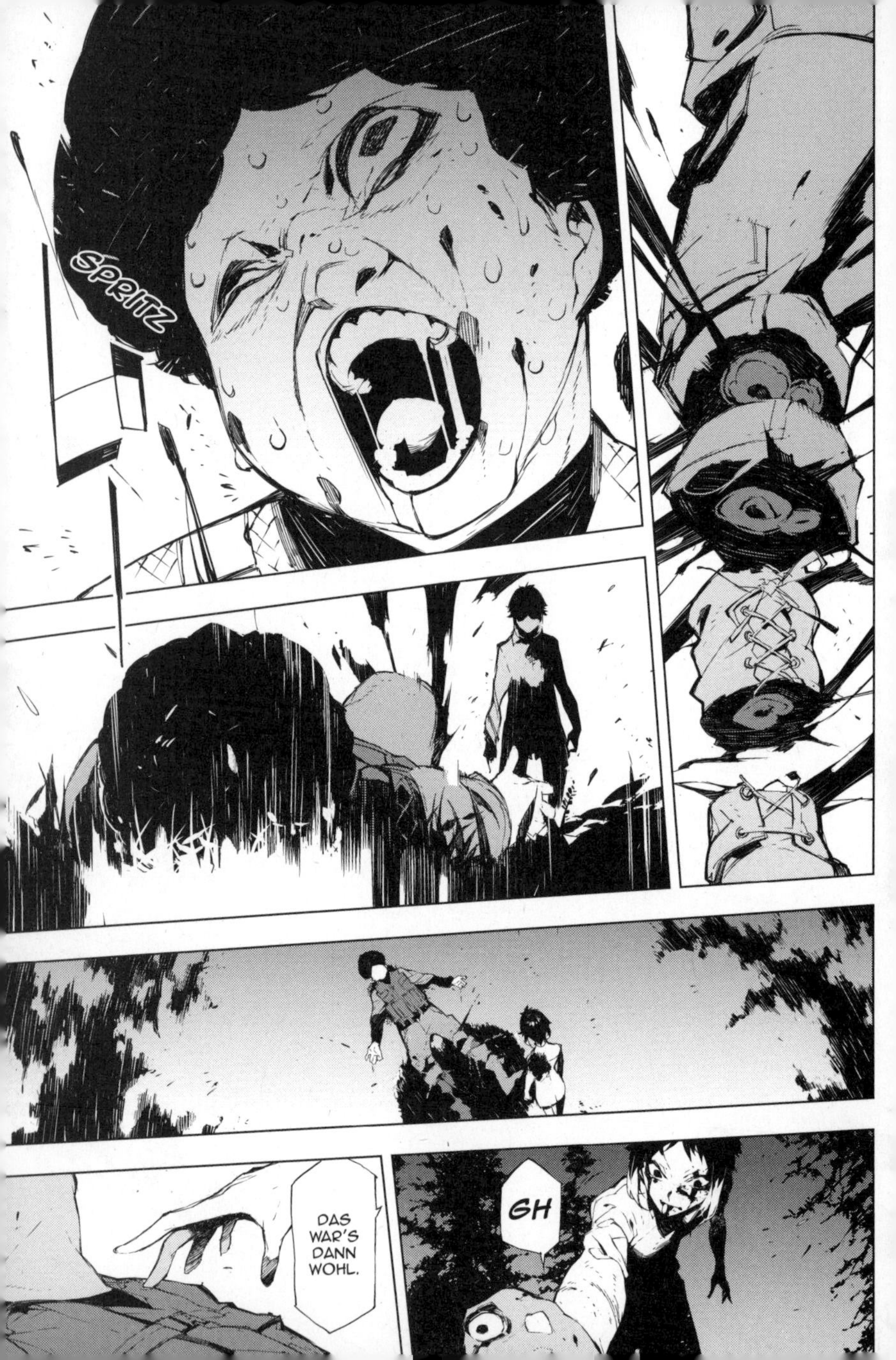
SPRITZ
GH
DAS WAR'S DANN WOHL.

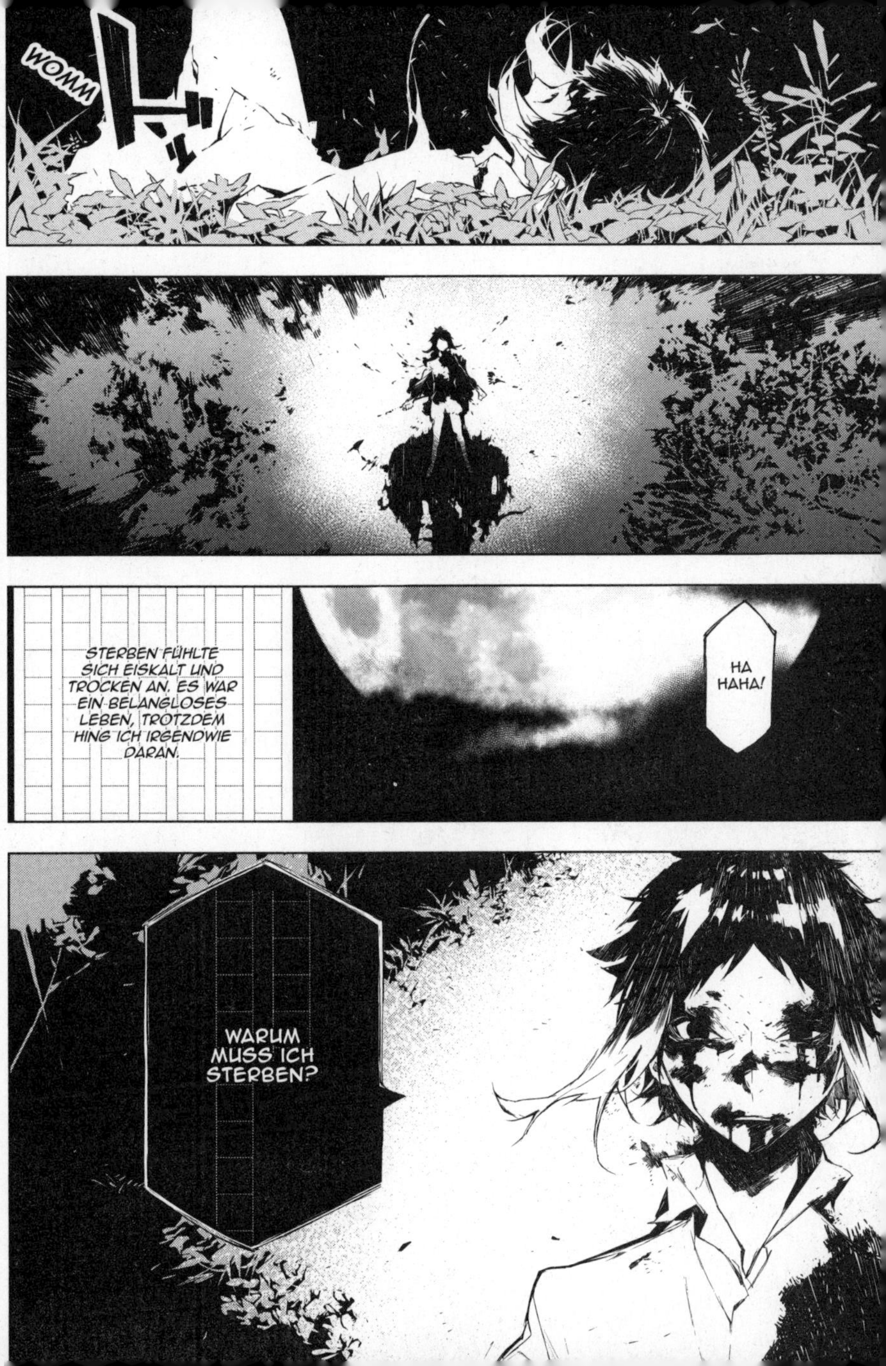
WOMM
STERBEN FÜHLTE SICH EISKALT UND TROCKEN AN. ES WAR EIN BELANGLOSES LEBEN, TROTZDEM HING ICH IRGENDWIE DARAN.
HA HAHA!
WARUM MUSS ICH STERBEN?

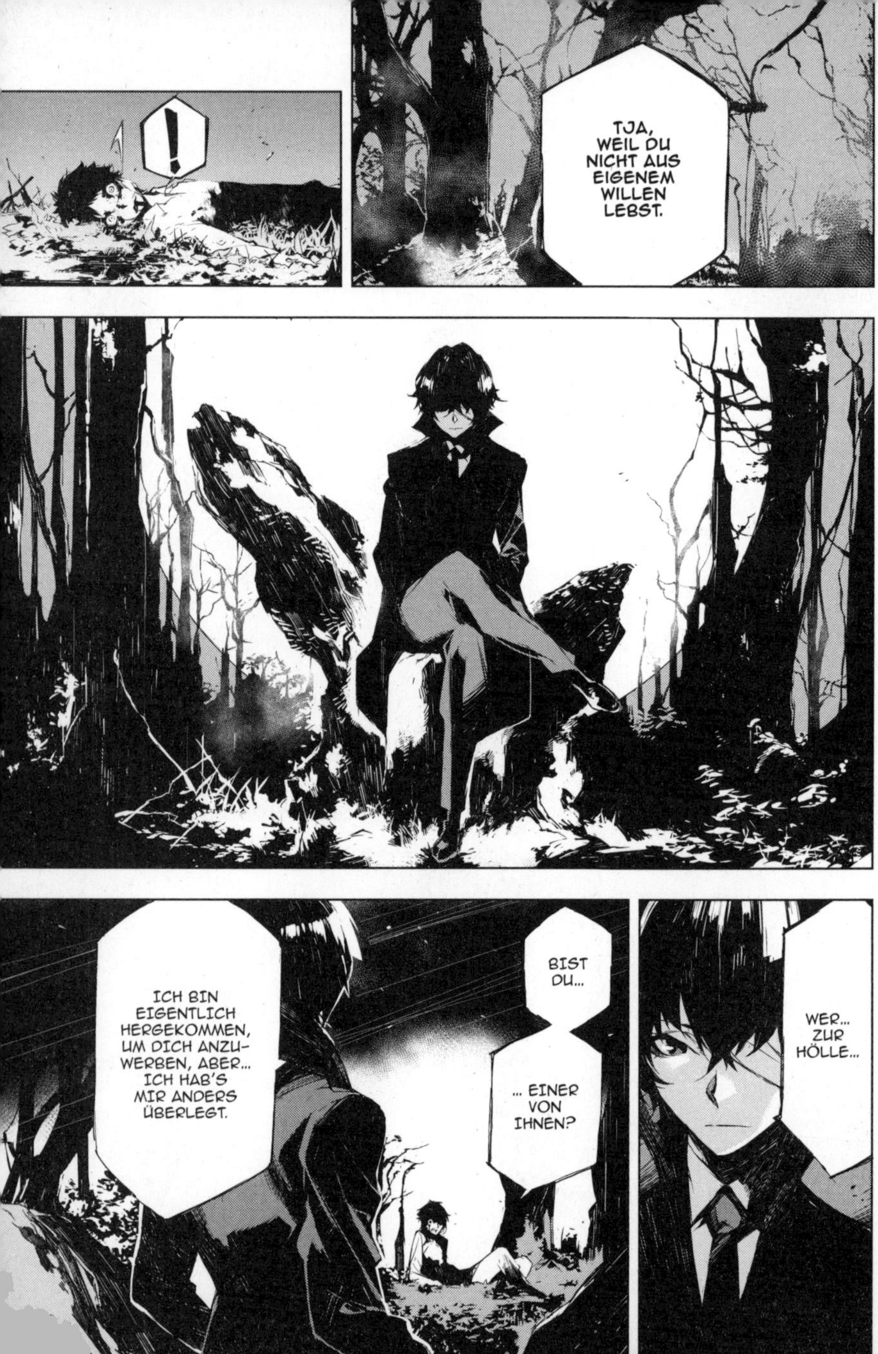
TJA, WEIL DU NICHT AUS EIGENEM WILLEN LEBST.
!
WER... ZUR HÖLLE...
BIST DU...
... EINER VON IHNEN?
ICH BIN EIGENTLICH HERGEKOMMEN, UM DICH ANZUWERBEN, ABER... ICH HAB'S MIR ANDERS ÜBERLEGT.

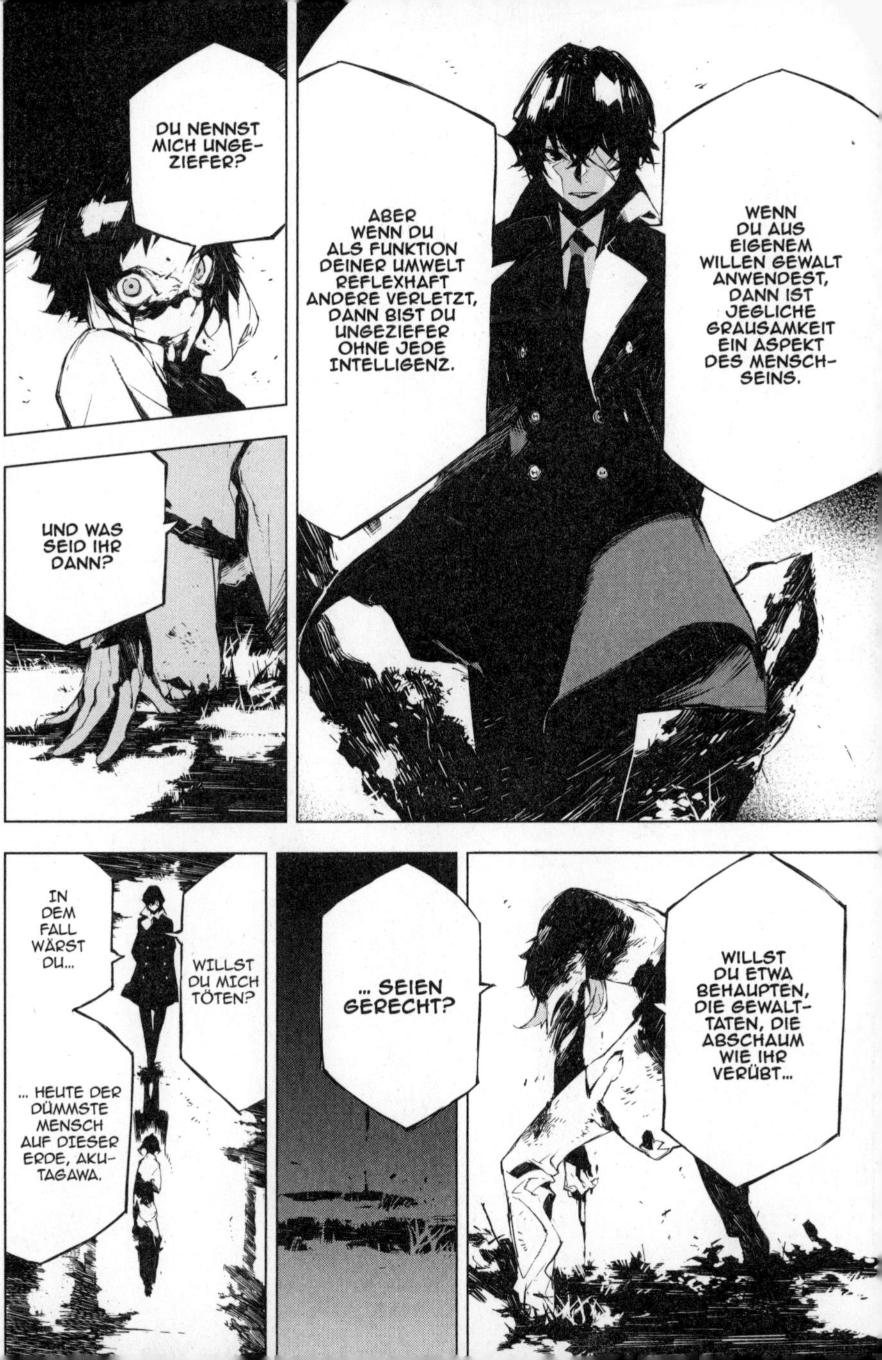
WENN DU AUS EIGENEM WILLEN GEWALT ANWENDEST, DANN IST JEGLICHE GRAUSAMKEIT EIN ASPEKT DES MENSCHSEINS.
ABER WENN DU ALS FUNKTION DEINER UMWELT REFLEXHAFT ANDERE VERLETZT, DANN BIST DU UNGEZIEFER OHNE JEDE INTELLIGENZ.
DU NENNST MICH UNGEZIEFER?
UND WAS SEID IHR DANN?
WILLST DU ETWA BEHAUPTEN, DIE GEWALTTATEN, DIE ABSCHAUM WIE IHR VERÜBT...
... SEIEN GERECHT?
WILLST DU MICH TÖTEN?
IN DEM FALL WÄRST DU...
... HEUTE DER DÜMMSTE MENSCH AUF DIESER ERDE, AKUTAGAWA.

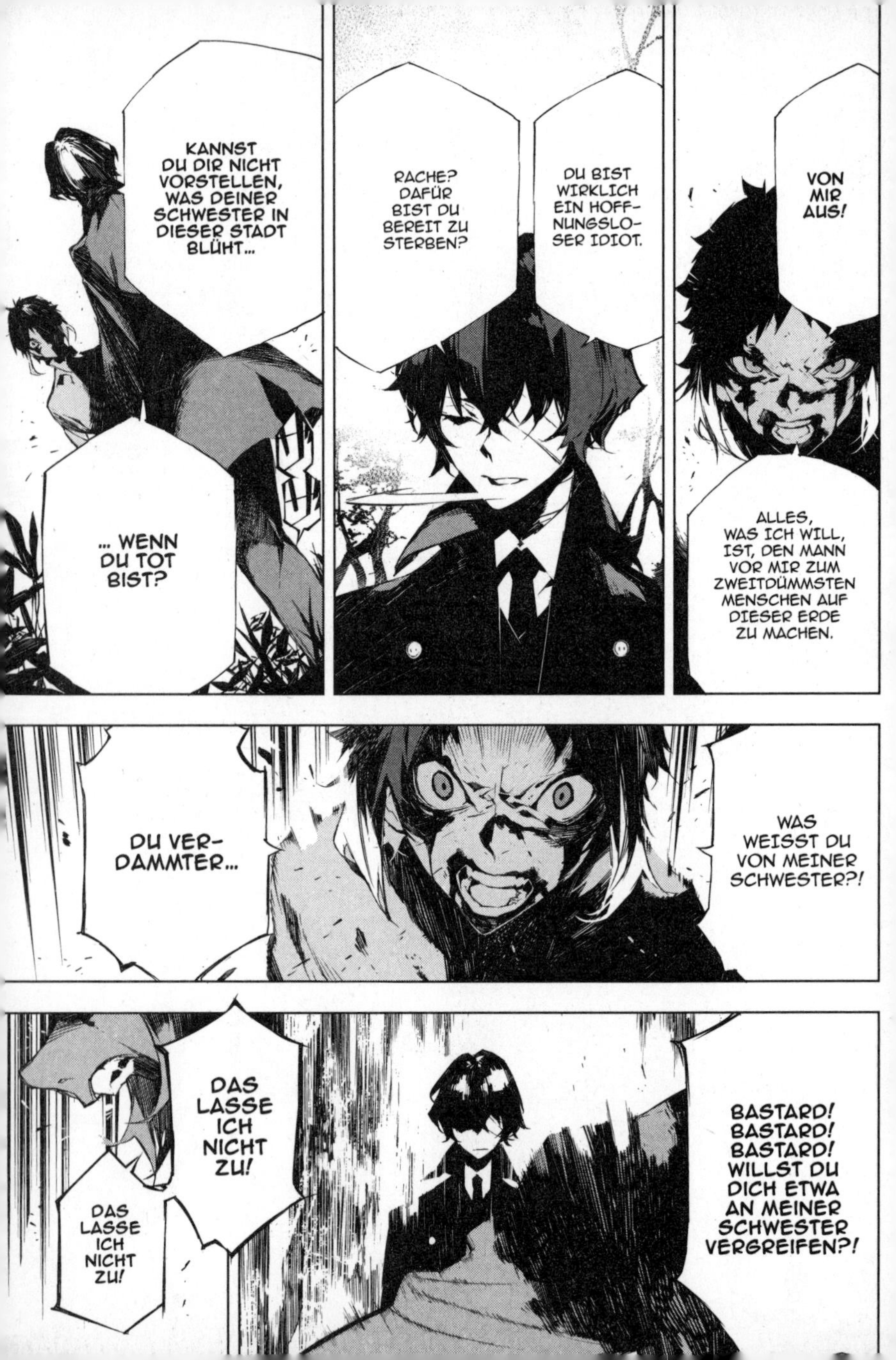
VON MIR AUS!
ALLES, WAS ICH WILL, IST, DEN MANN VOR MIR ZUM ZWEITDÜMMSTEN MENSCHEN AUF DIESER ERDE ZU MACHEN.
DU BIST WIRKLICH EIN HOFF-NUNGSLO-SER IDIOT.
RACHE? DAFÜR BIST DU BEREIT ZU STERBEN?
KANNST DU DIR NICHT VORSTELLEN, WAS DEINER SCHWESTER IN DIESER STADT BLÜHT...
... WENN DU TOT BIST?
WAS WEISST DU VON MEINER SCHWESTER?!
DU VER-DAMMTER...
BASTARD! BASTARD! BASTARD! WILLST DU DICH ETWA AN MEINER SCHWESTER VERGREIFEN?!
DAS LASSE ICH NICHT ZU!
DAS LASSE ICH NICHT ZU!

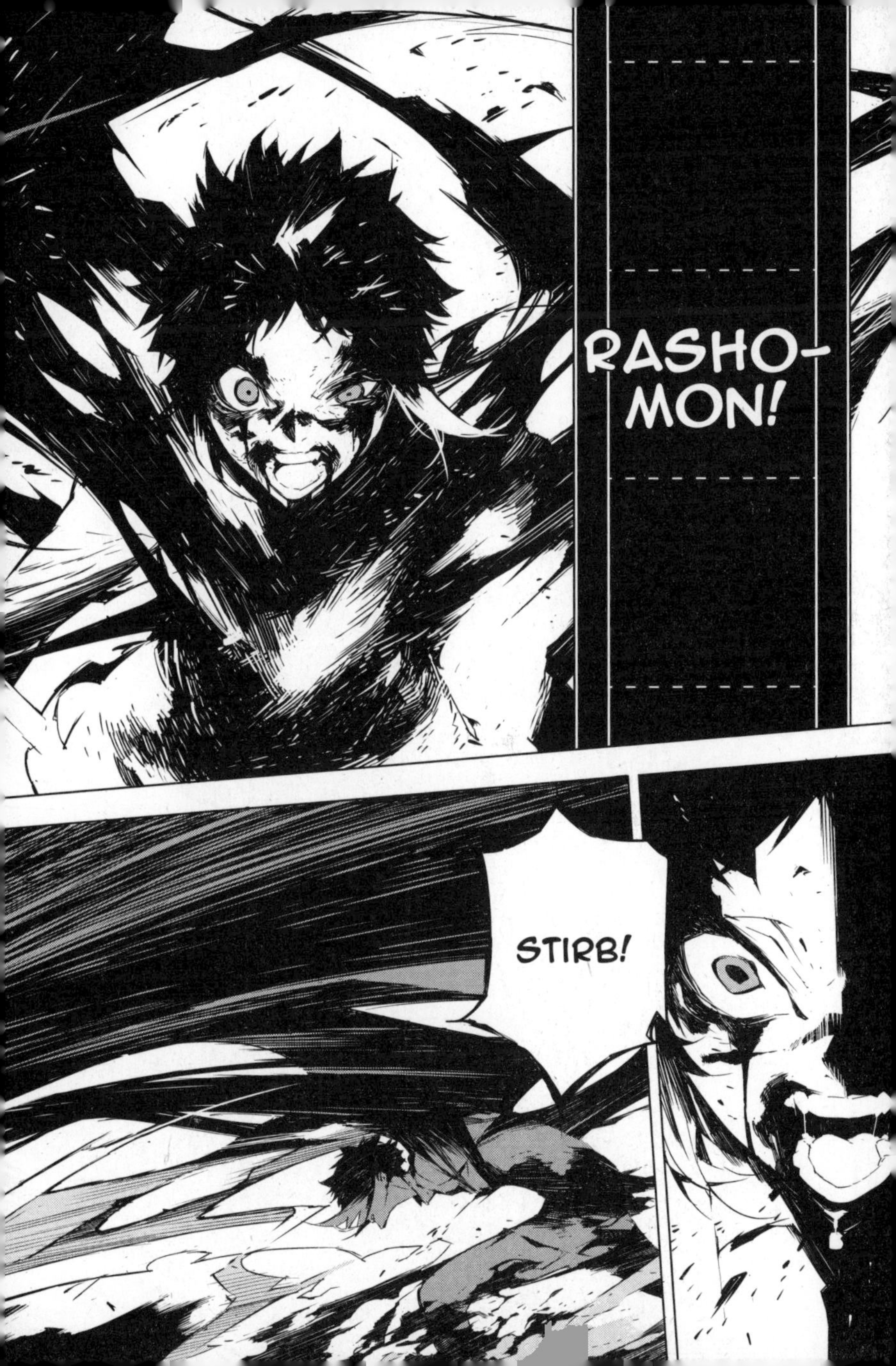
RASHO-
MON!
STIRB!

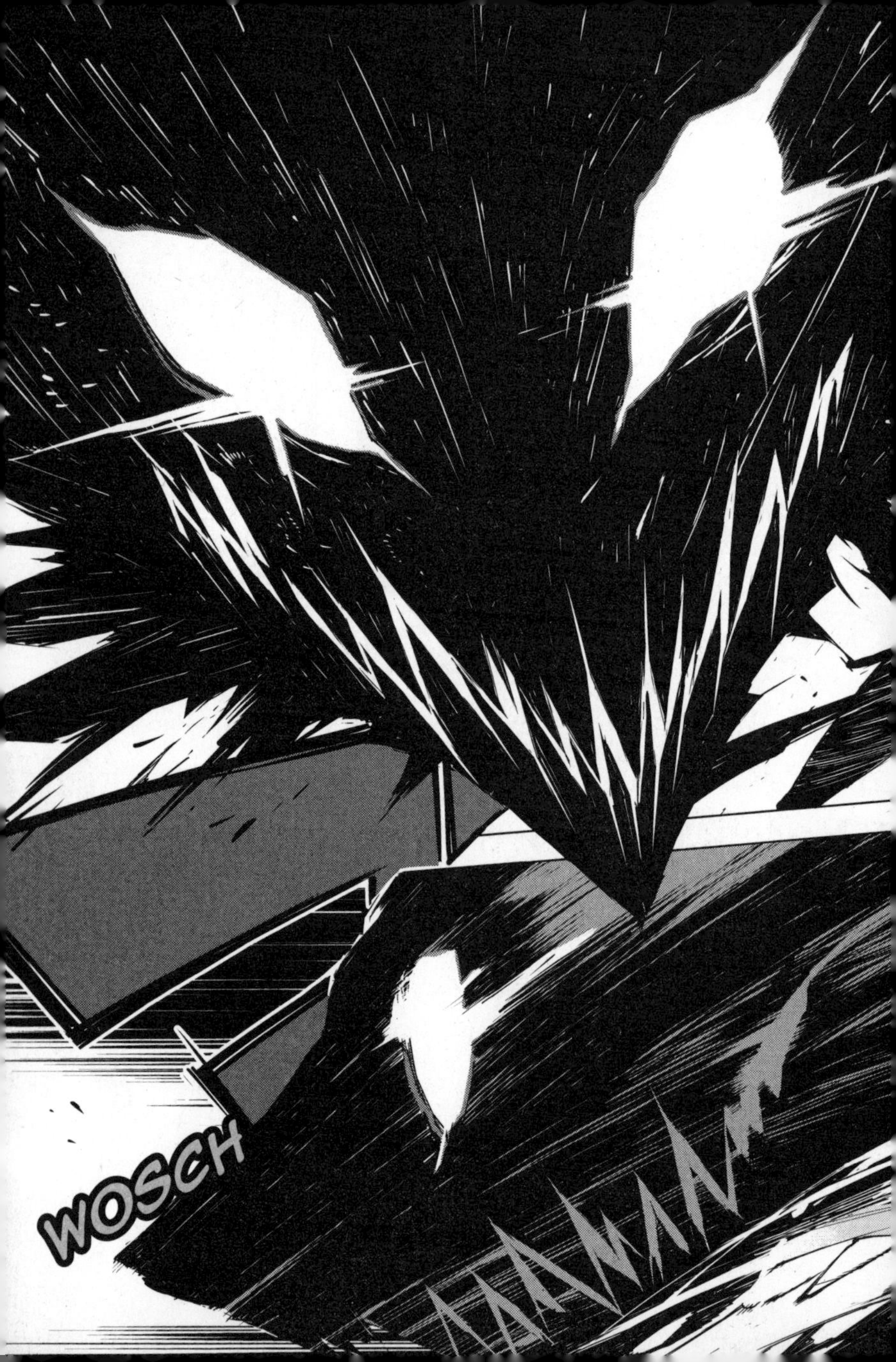
WOSCH

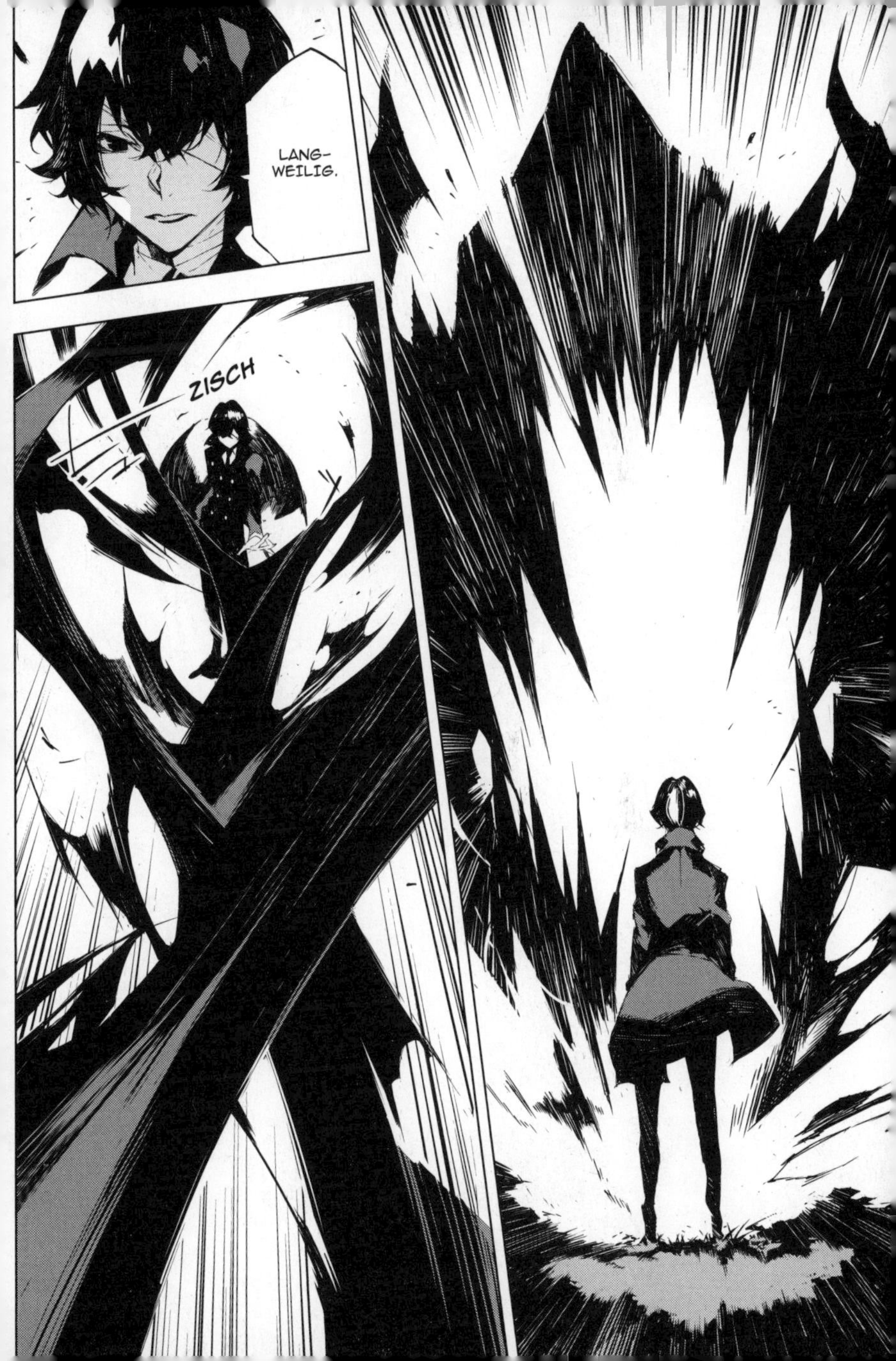
LANG-
WEILIG.
ZISCH

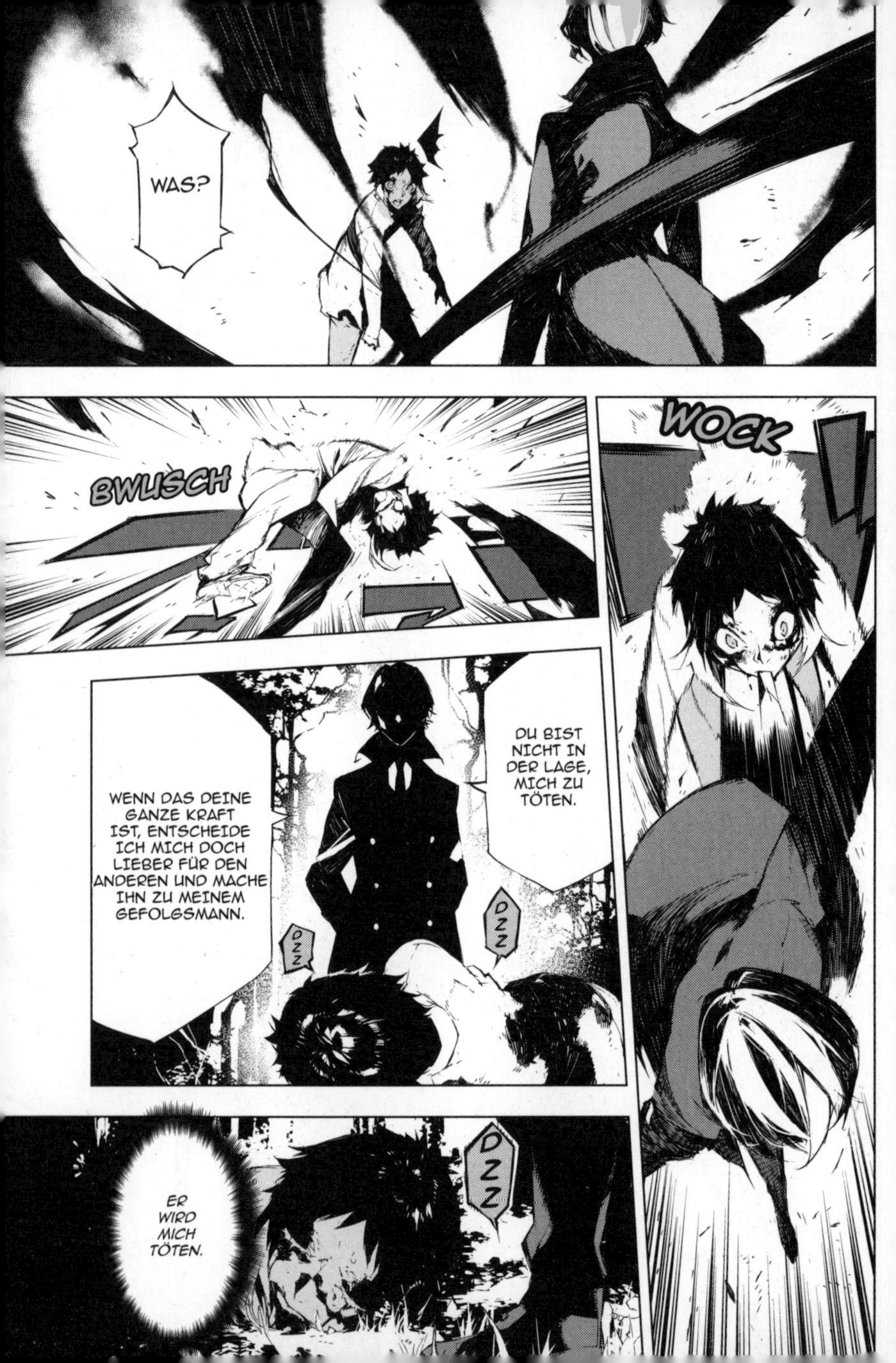
WAS?
WOCK
BWUSCH
DU BIST NICHT IN DER LAGE, MICH ZU TÖTEN.
WENN DAS DEINE GANZE KRAFT IST, ENTSCHEIDE ICH MICH DOCH LIEBER FÜR DEN ANDEREN UND MACHE IHN ZU MEINEM GEFOLGSMANN.
DZZ
DZZ
DZZ
ER WIRD MICH TÖTEN.

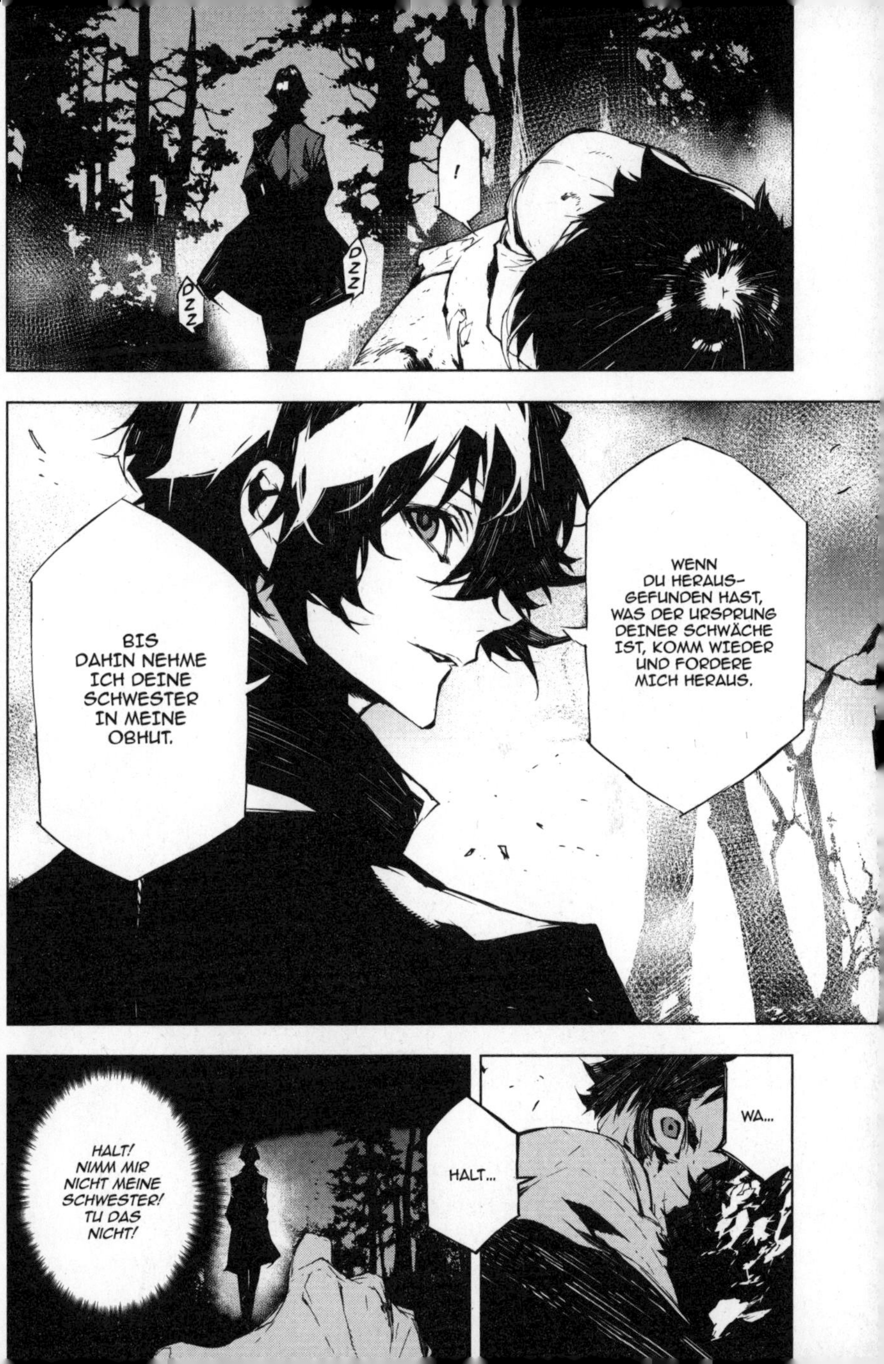
!
DZZ
DZZ
WENN DU HERAUS-GEFUNDEN HAST, WAS DER URSPRUNG DEINER SCHWÄCHE IST, KOMM WIEDER UND FORDERE MICH HERAUS.
BIS DAHIN NEHME ICH DEINE SCHWESTER IN MEINE OBHUT.
WA...
HALT...
HALT! NIMM MIR NICHT MEINE SCHWESTER! TU DAS NICHT!

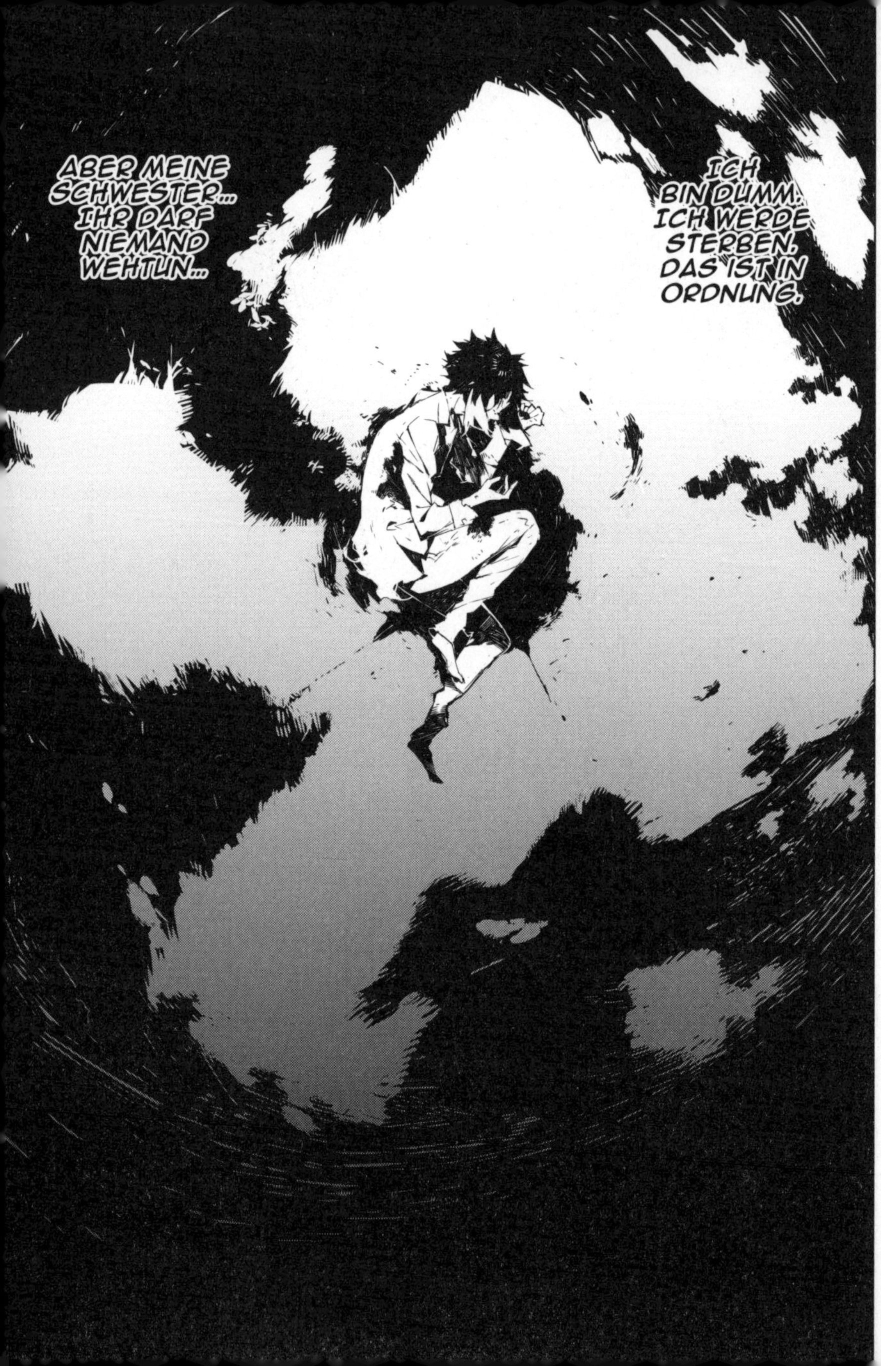
ICH BIN DUMM. ICH WERDE STERBEN. DAS IST IN ORDNUNG.
ABER MEINE SCHWESTER... IHR DARF NIEMAND WEHTUN...

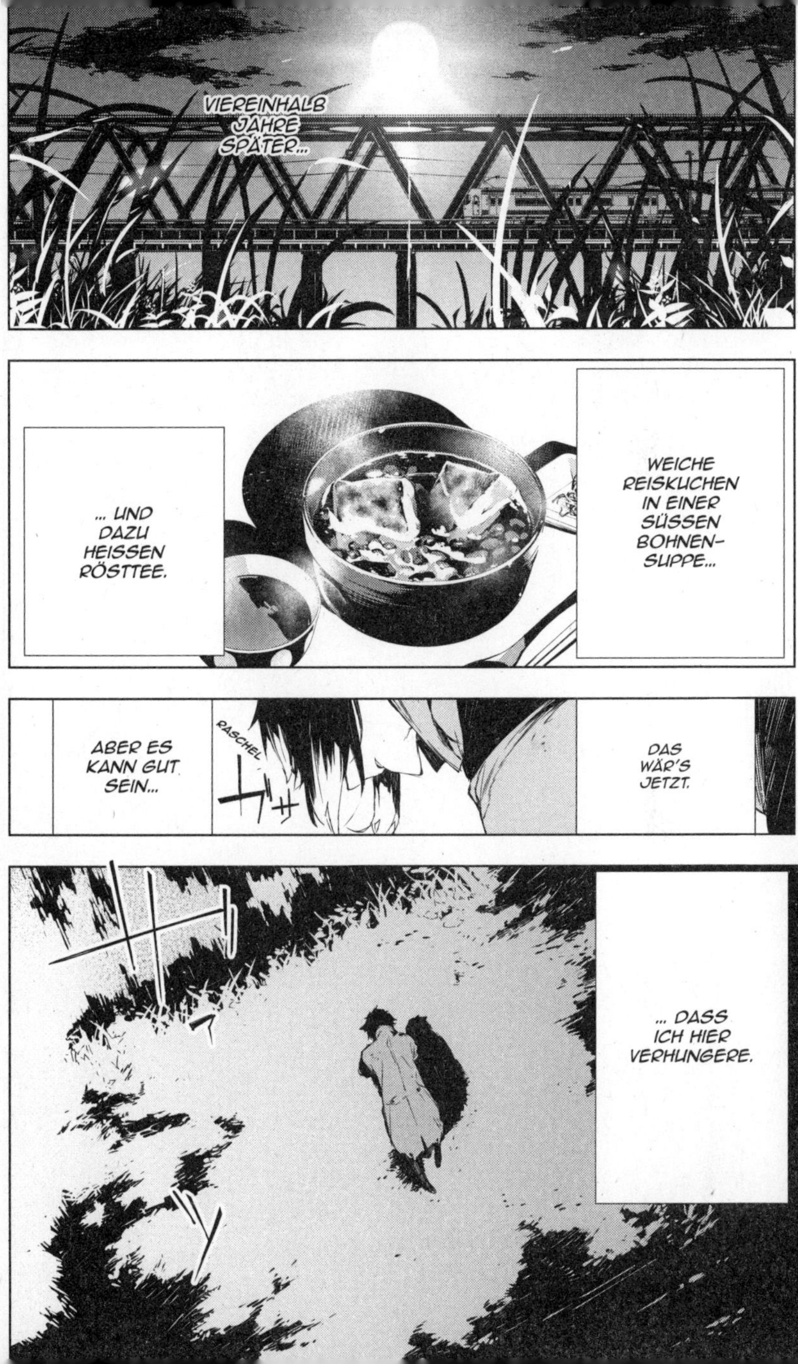
VIEREINHALB JAHRE SPÄTER...
WEICHE REISKUCHEN IN EINER SÜSSEN BOHNEN-SUPPE...
... UND DAZU HEISSEN RÖSTTEE.
DAS WÄR'S JETZT.
RASCHEL
ABER ES KANN GUT SEIN...
... DASS ICH HIER VERHUNGERE.

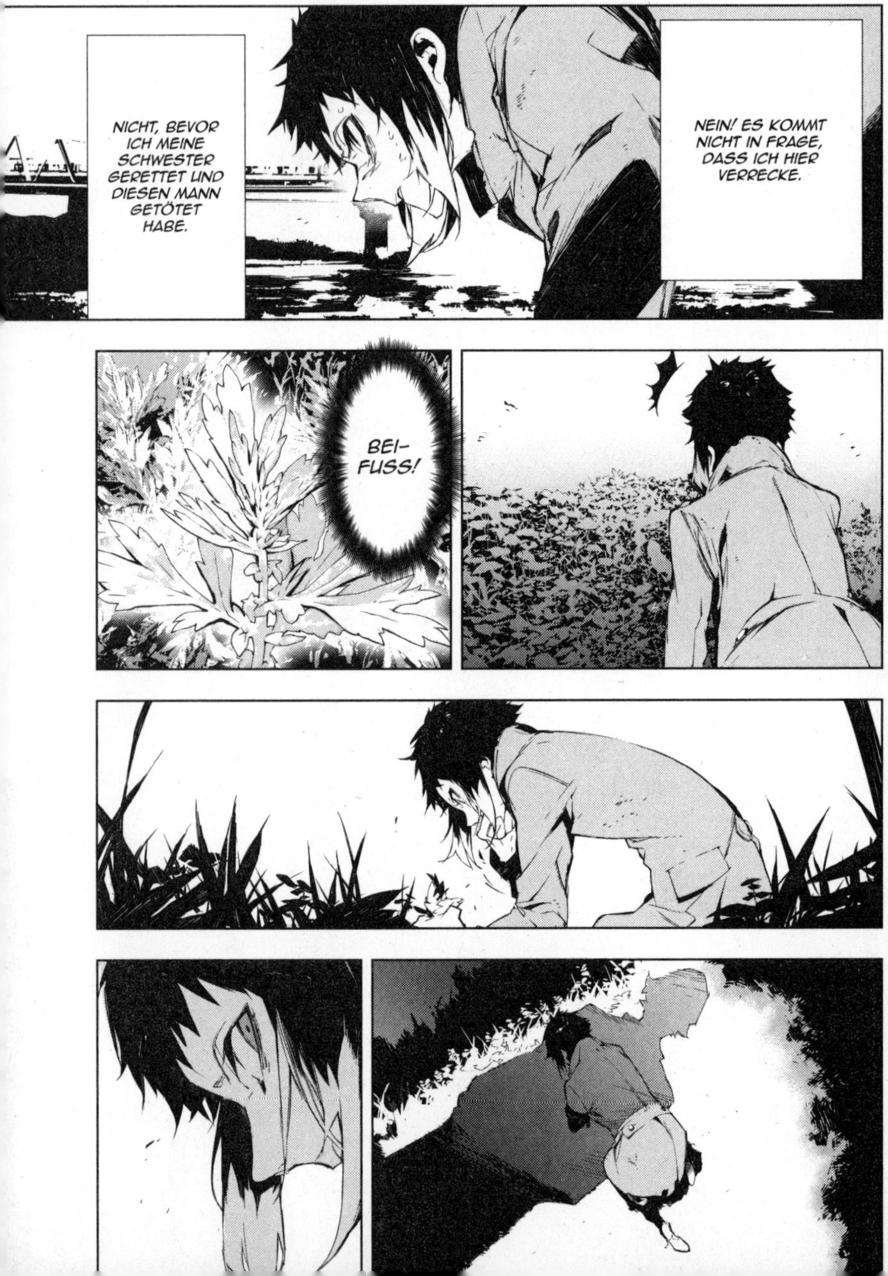
NEIN! ES KOMMT NICHT IN FRAGE, DASS ICH HIER VERRECKE.
NICHT, BEVOR ICH MEINE SCHWESTER GERETTET UND DIESEN MANN GETÖTET HABE.
BEI-FUSS!

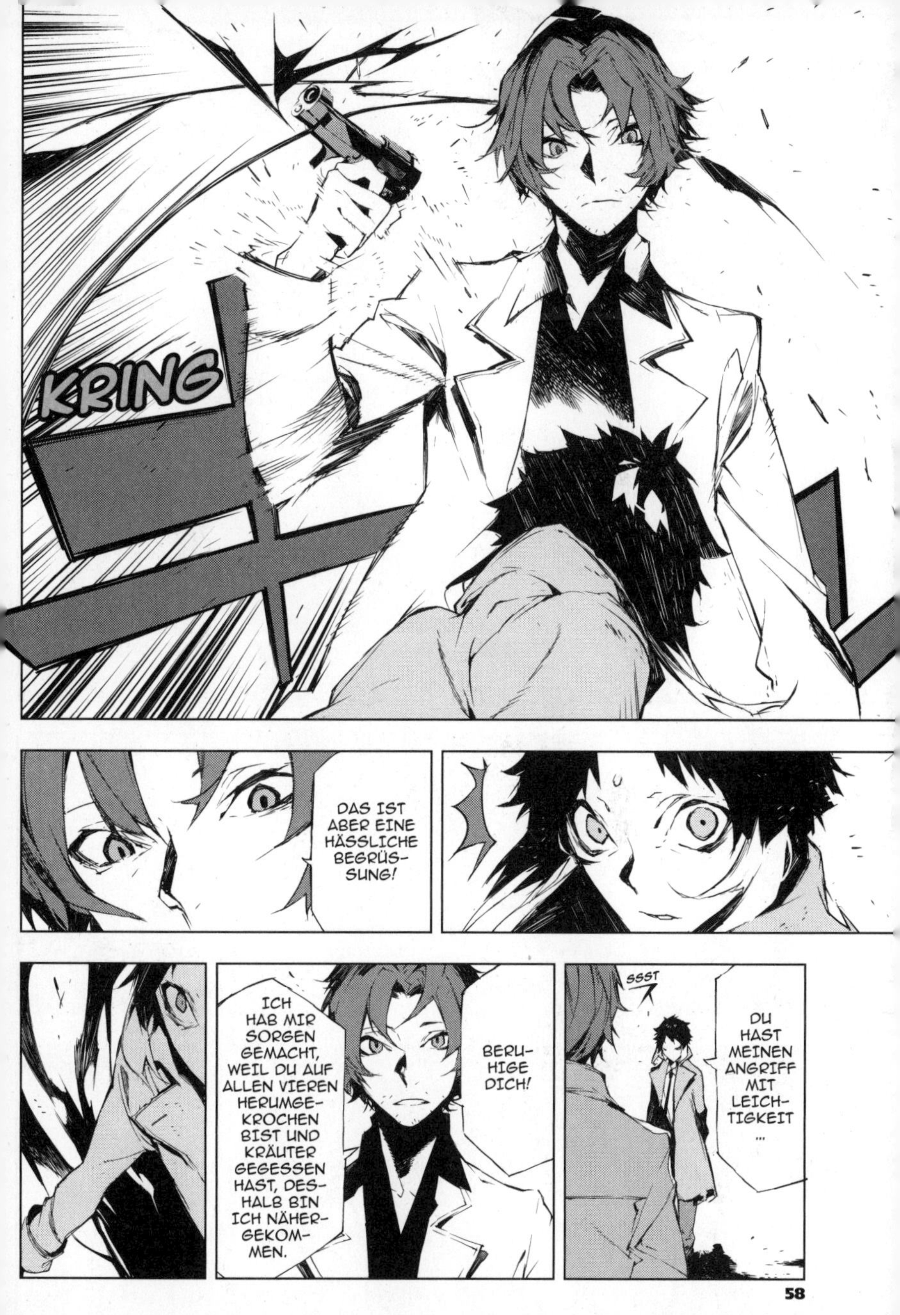
KRING
DAS IST ABER EINE HÄSSLICHE BEGRÜS-SUNG!
SSST
DU HAST MEINEN ANGRIFF MIT LEICHTIGKEIT ...
BERU-HIGE DICH!
ICH HAB MIR SORGEN GEMACHT, WEIL DU AUF ALLEN VIEREN HERUMGE-KROCHEN BIST UND KRÄUTER GEGESSEN HAST, DES-HALB BIN ICH NÄHER-GEKOM-MEN.

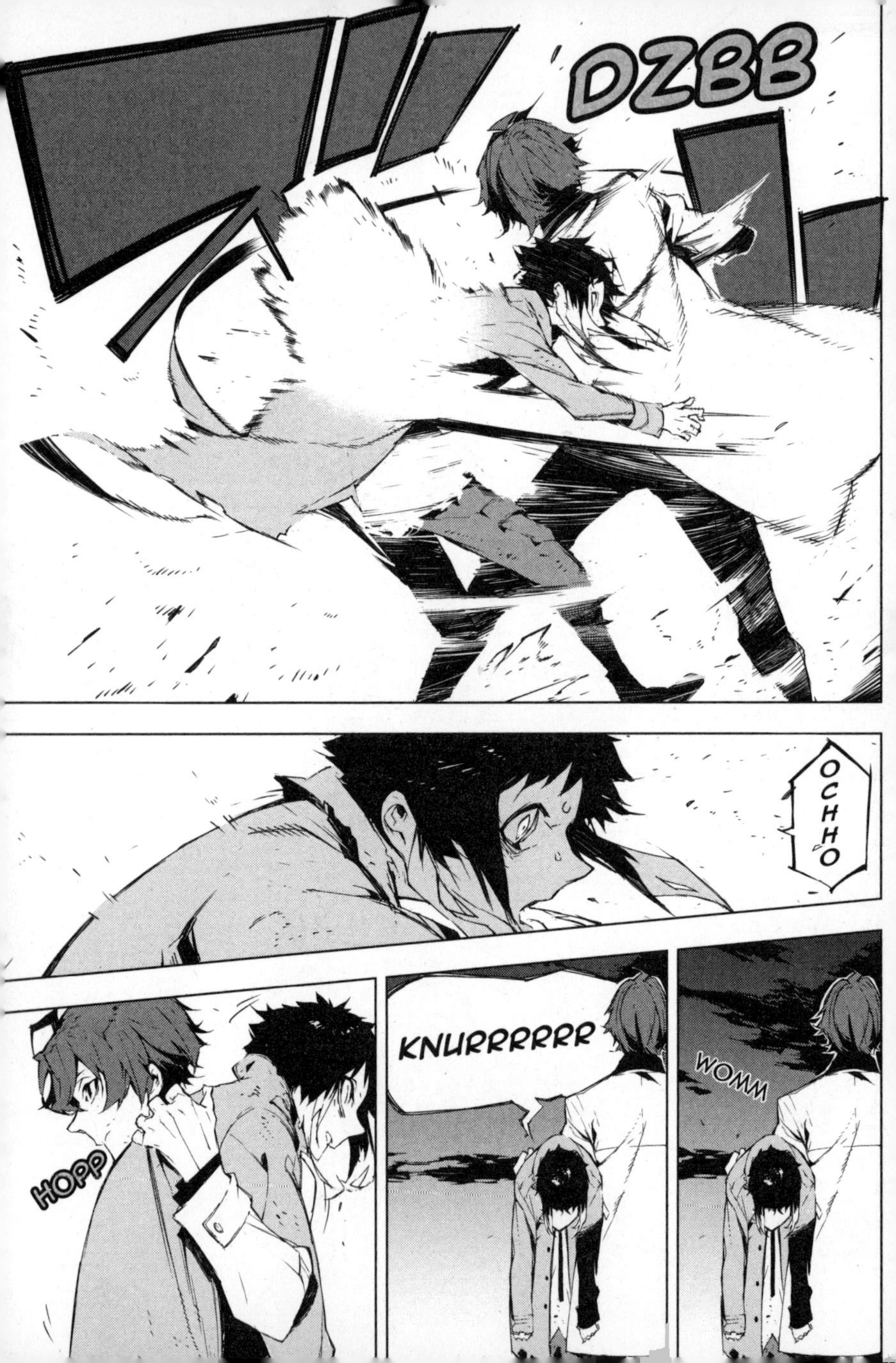
DZBB
OCHHO
KNURRRRRR
HOPP
WOMM

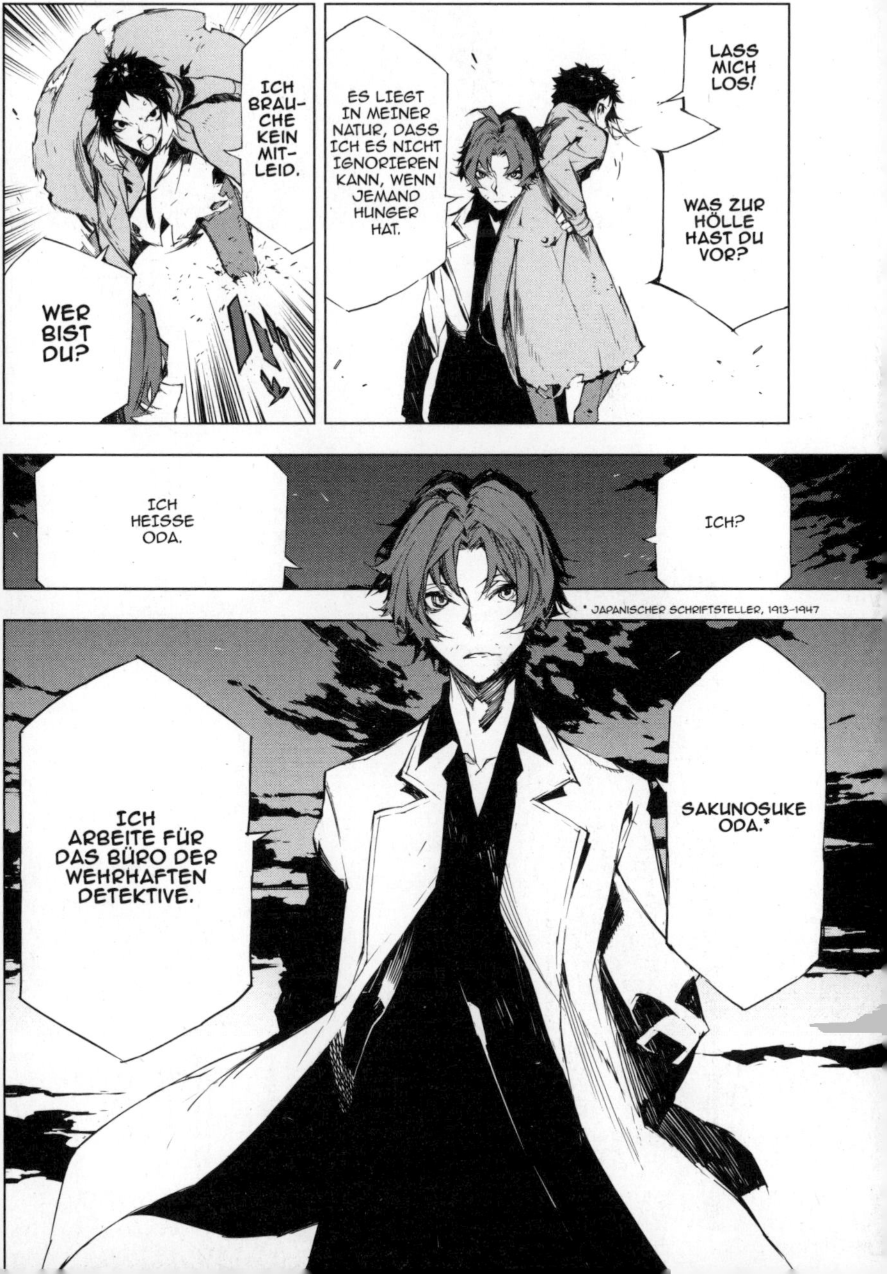

* JAPANISCHER SCHRIFTSTELLER, 1913-1947

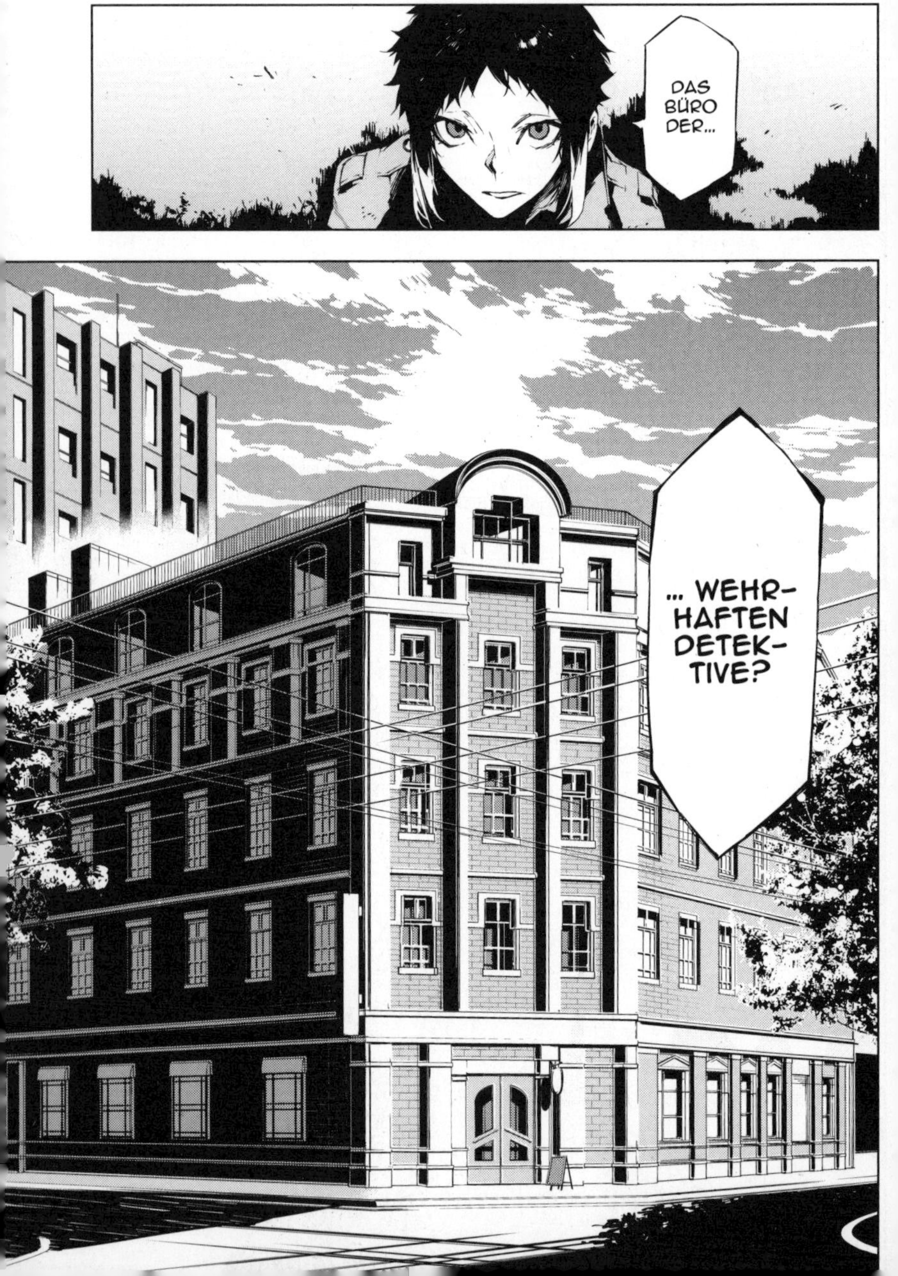
DAS BÜRO DER...
... WEHR-HAFTEN DETEK-TIVE?

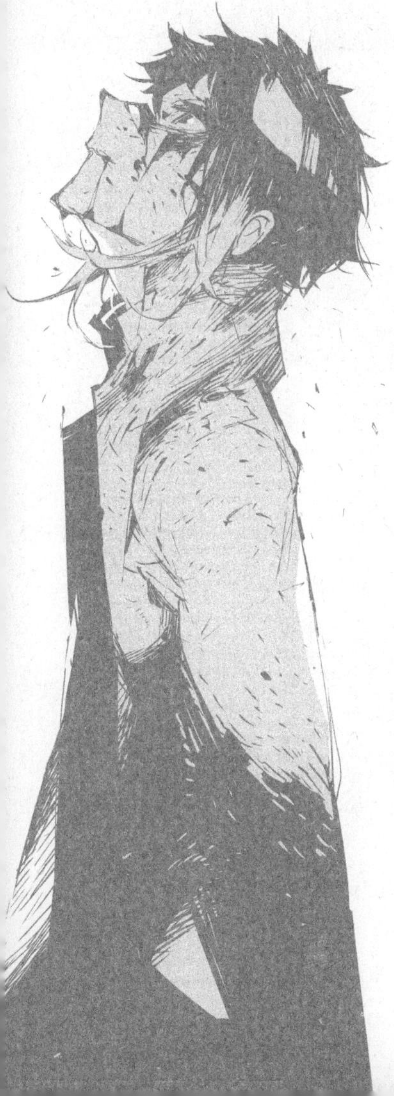

Bungo Stray Dogs

BEAST

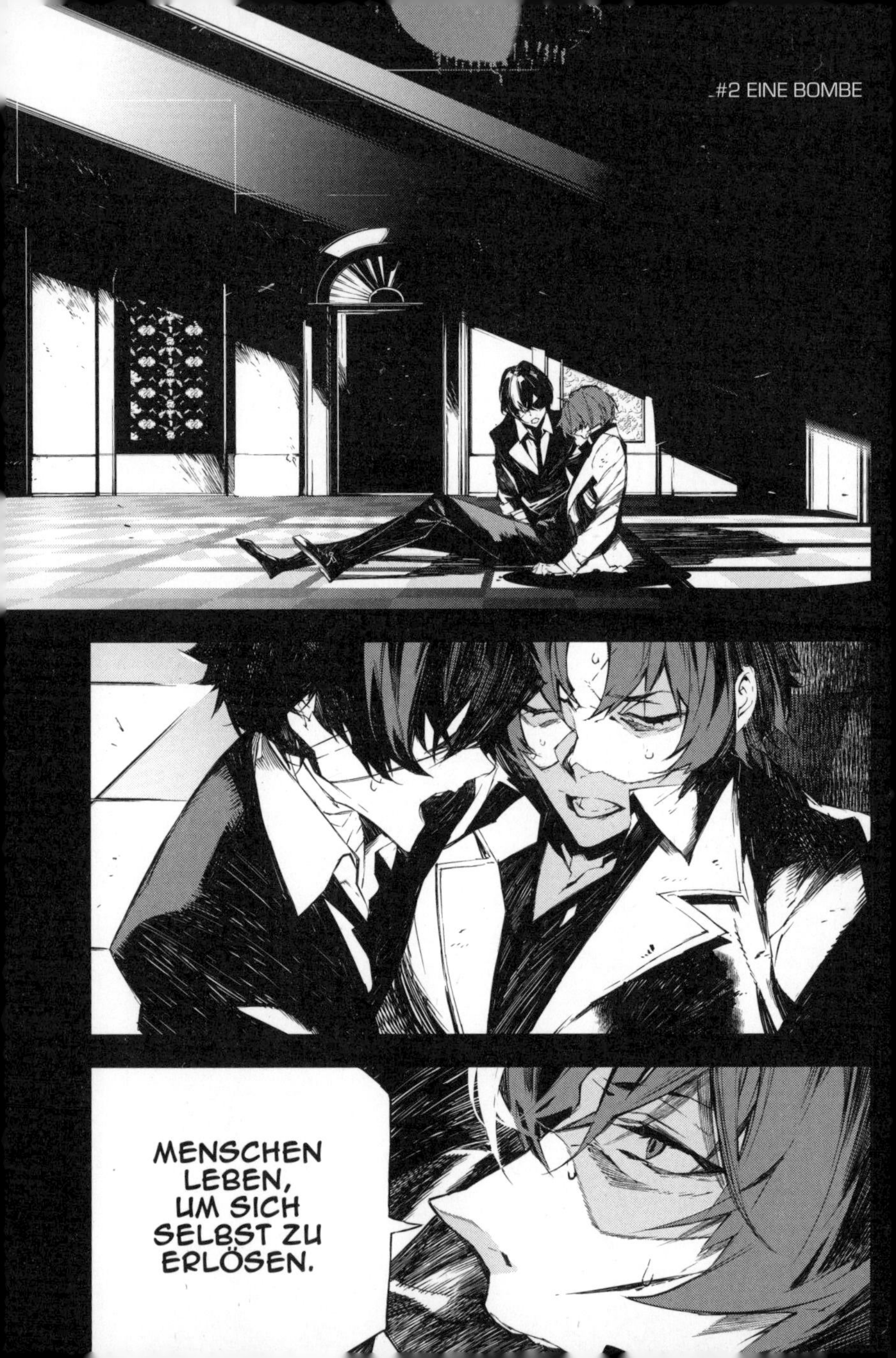
#2 EINE BOMBE
MENSCHEN LEBEN, UM SICH SELBST ZU ERLÖSEN.

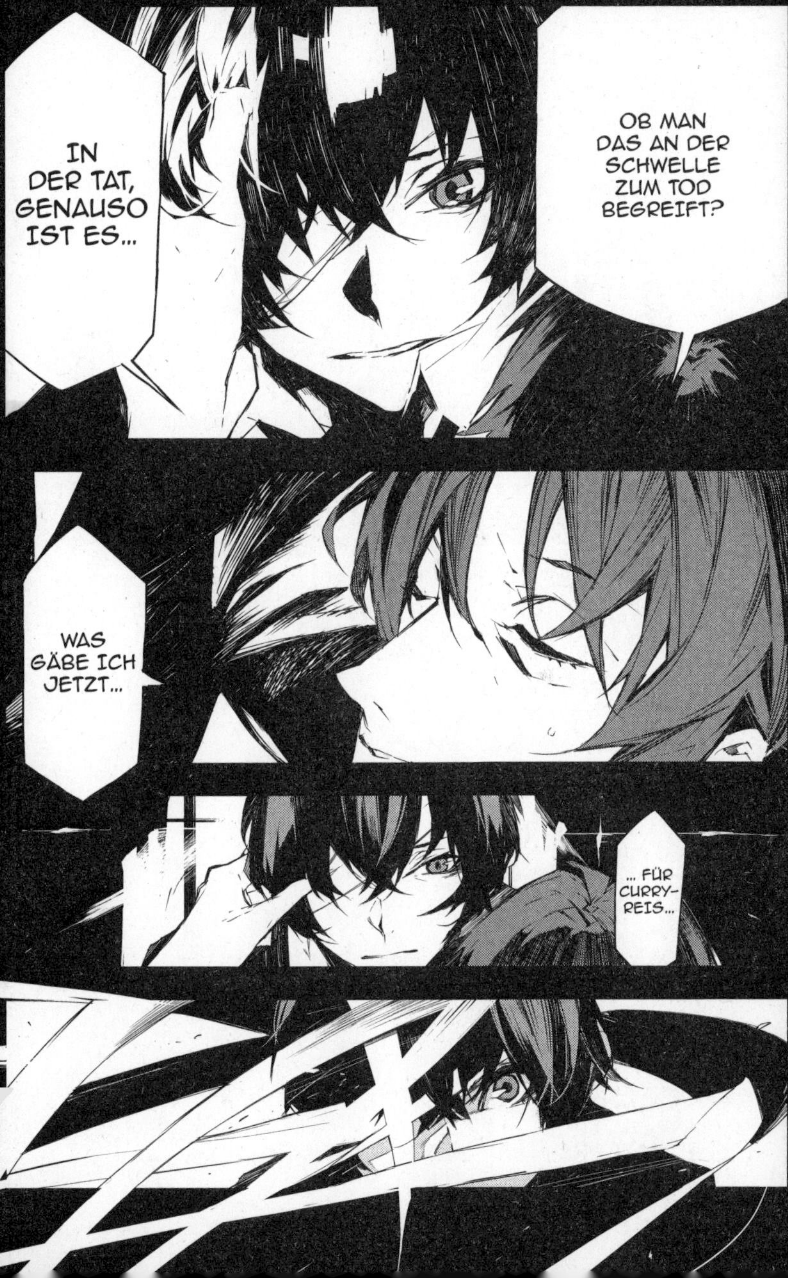
OB MAN DAS AN DER SCHWELLE ZUM TOD BEGREIFT?
IN DER TAT, GENAUSO IST ES...
WAS GÄBE ICH JETZT...
... FÜR CURRY-REIS...

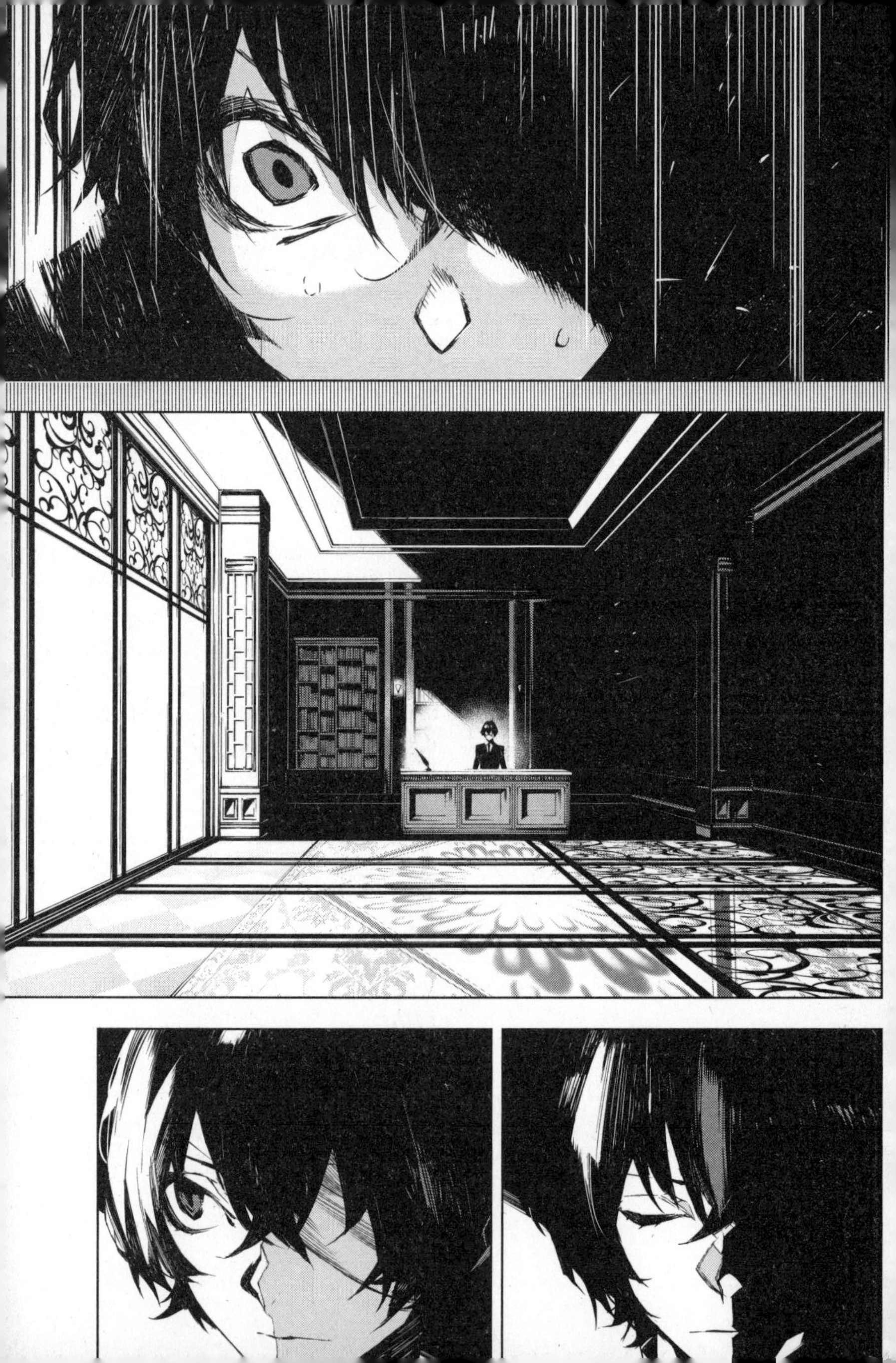

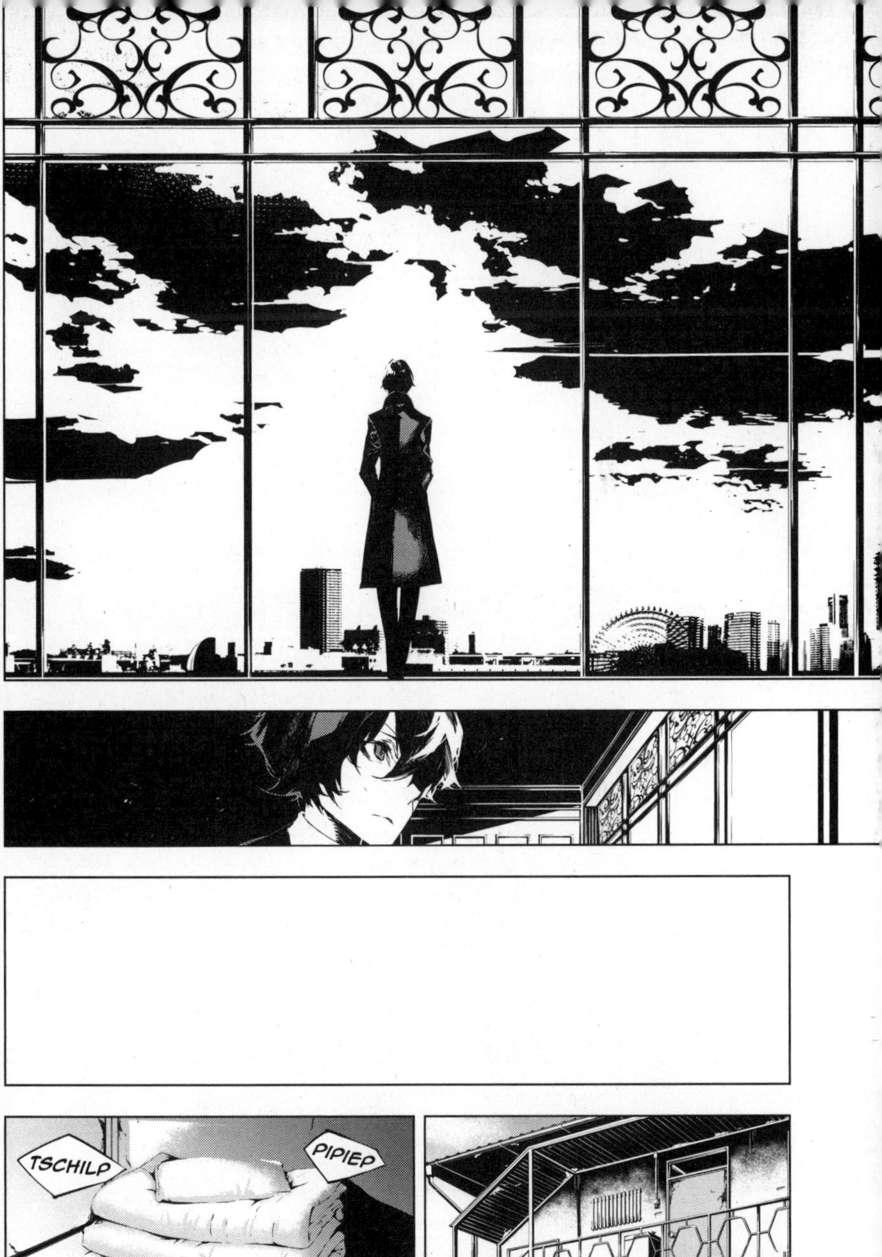
PIPIEP
TSCHILP

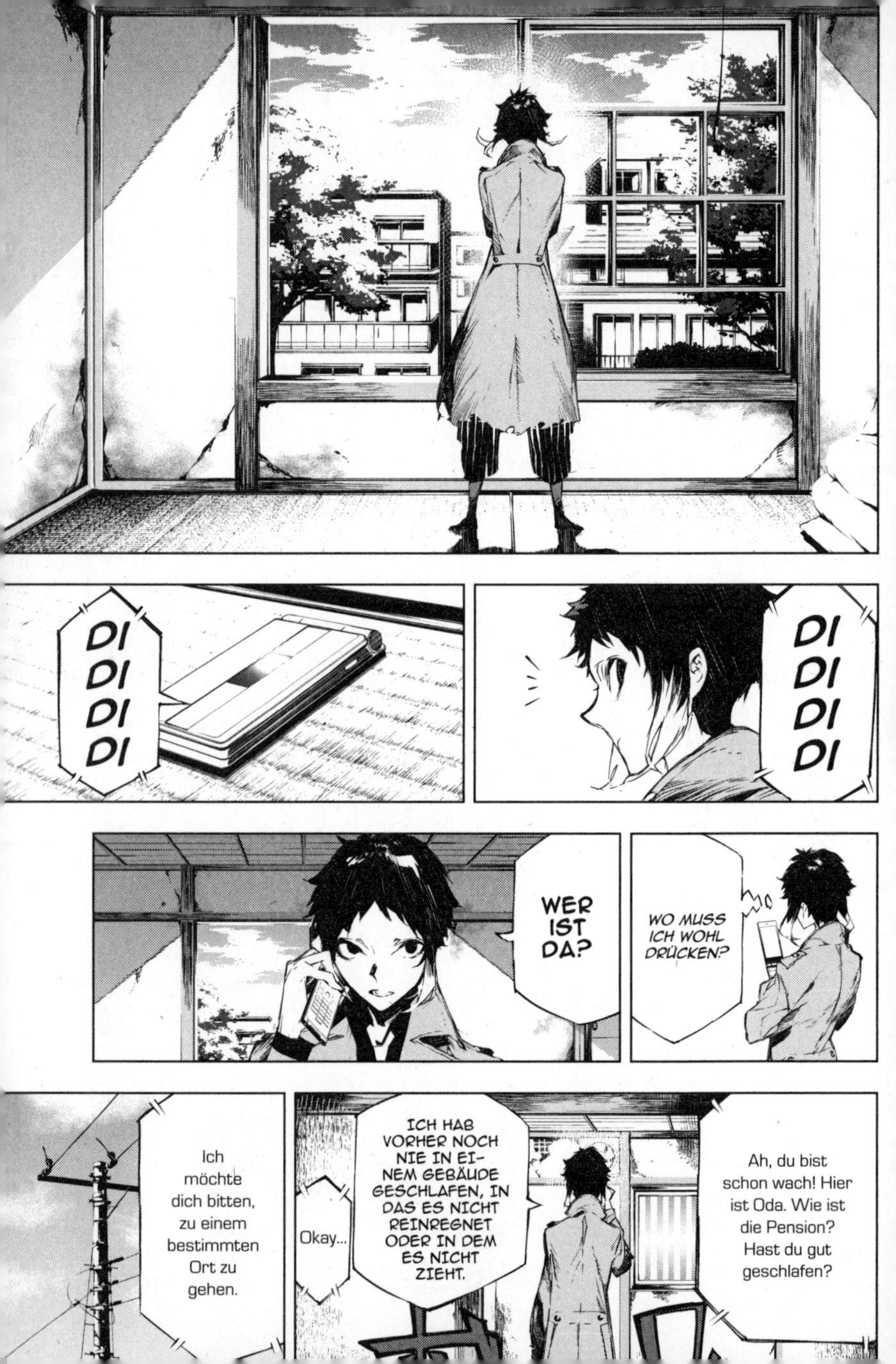
DI
DI
DI
DI
DI
DI
DI
DI
WO MUSS ICH WOHL DRÜCKEN?
WER IST DA?
Ah, du bist schon wach! Hier ist Oda. Wie ist die Pension? Hast du gut geschlafen?
ICH HAB VORHER NOCH NIE IN EI-NEM GEBÄUDE GESCHLAFEN, IN DAS ES NICHT REINREGNET ODER IN DEM ES NICHT ZIEHT.
Okay...
Ich möchte dich bitten, zu einem bestimmten Ort zu gehen.

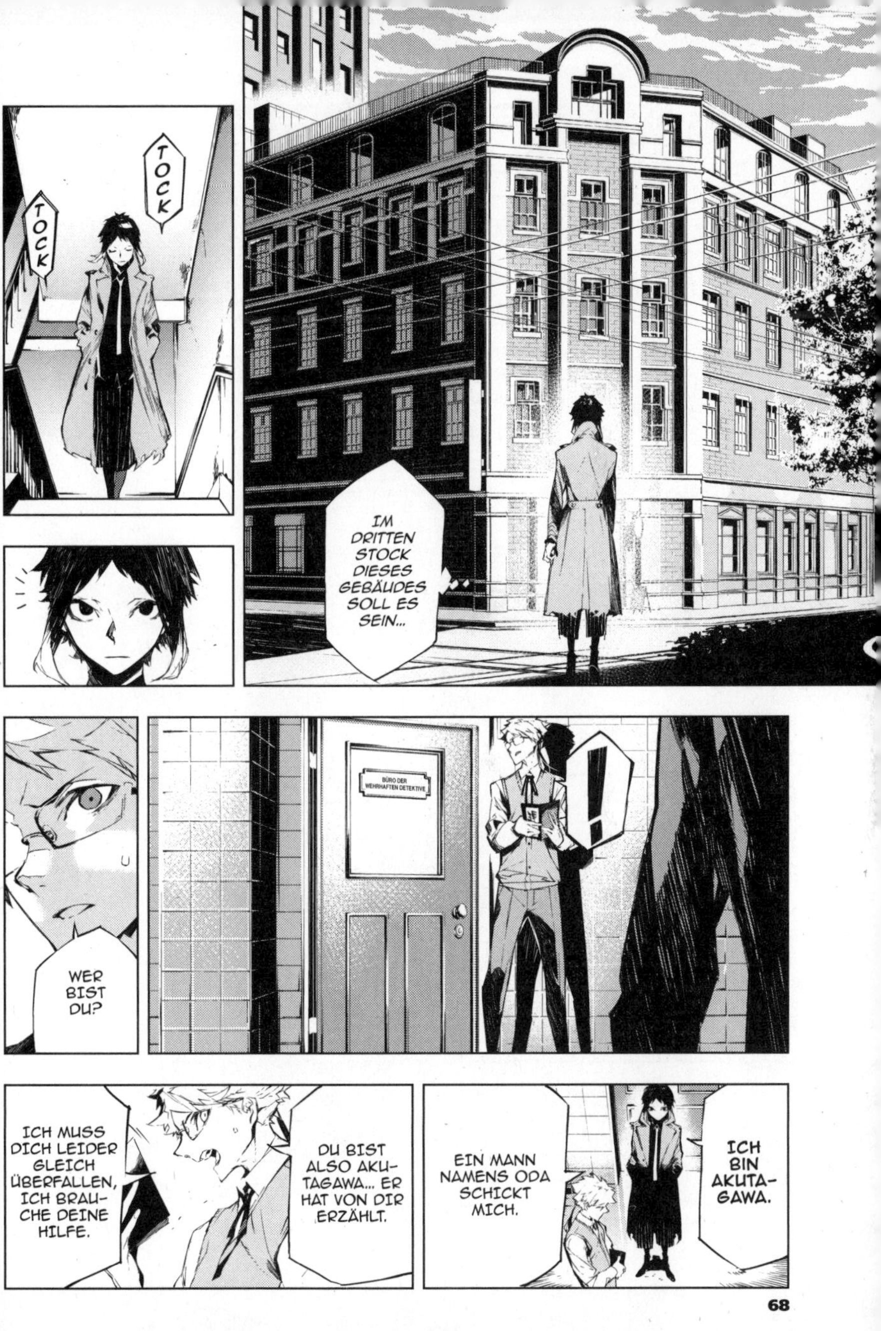
IM DRITTEN STOCK DIESES GEBÄUDES SOLL ES SEIN...
TOCK
TOCK
BÜRO DER WEHRHAFTEN DETEKTIVE
WER BIST DU?
ICH BIN AKUTA-GAWA.
EIN MANN NAMENS ODA SCHICKT MICH.
DU BIST ALSO AKU-TAGAWA... ER HAT VON DIR ERZÄHLT.
ICH MUSS DICH LEIDER GLEICH ÜBERFALLEN, ICH BRAU-CHE DEINE HILFE.

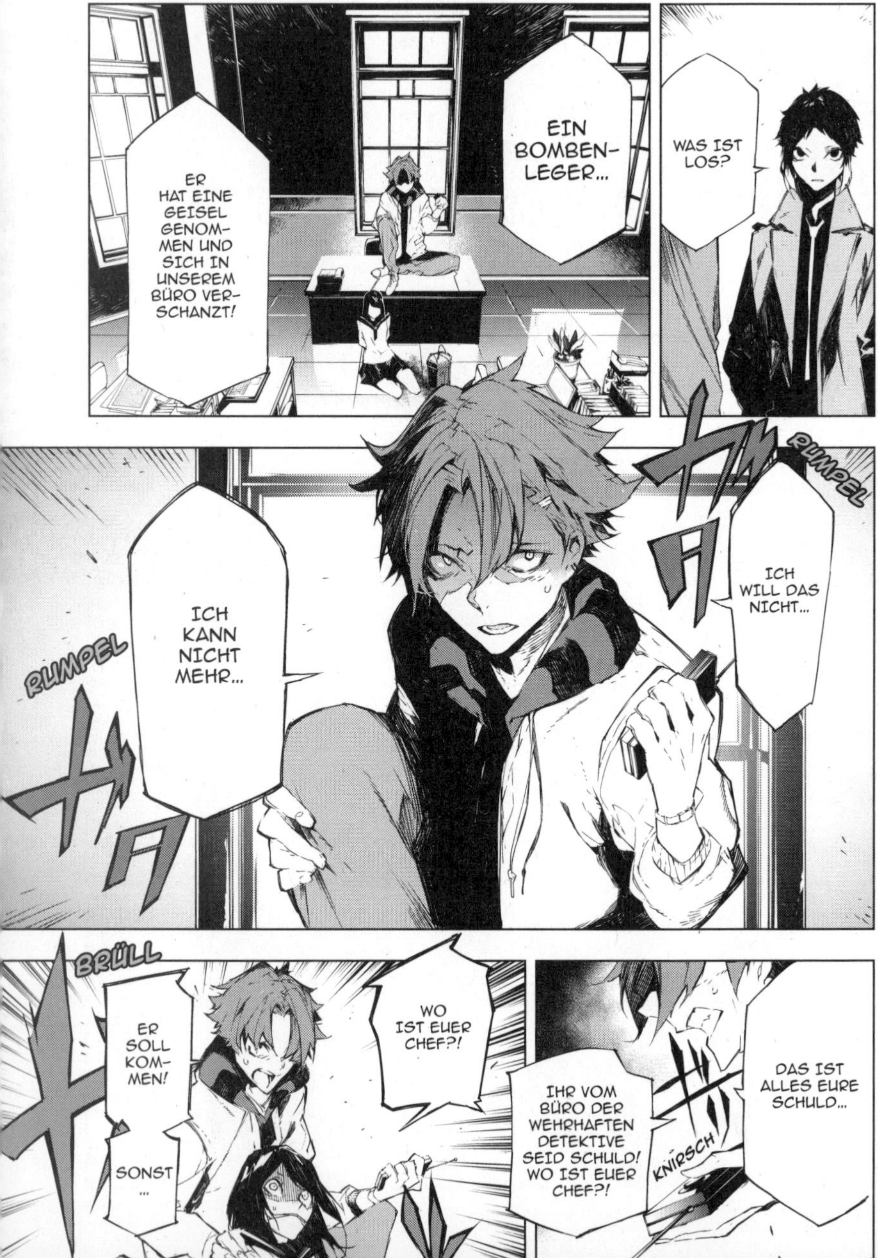

WAS IST LOS?
EIN BOMBEN-LEGER...
ER HAT EINE GEISEL GENOMMEN UND SICH IN UNSEREM BÜRO VERSCHANZT!
RUMPEL
ICH WILL DAS NICHT...
ICH KANN NICHT MEHR...
RUMPEL
DAS IST ALLES EURE SCHULD...
KNIRSCH
IHR VOM BÜRO DER WEHRHAFTEN DETEKTIVE SEID SCHULD! WO IST EUER CHEF?!
WO IST EUER CHEF?!
BRÜLL
ER SOLL KOMMEN!
SONST ...

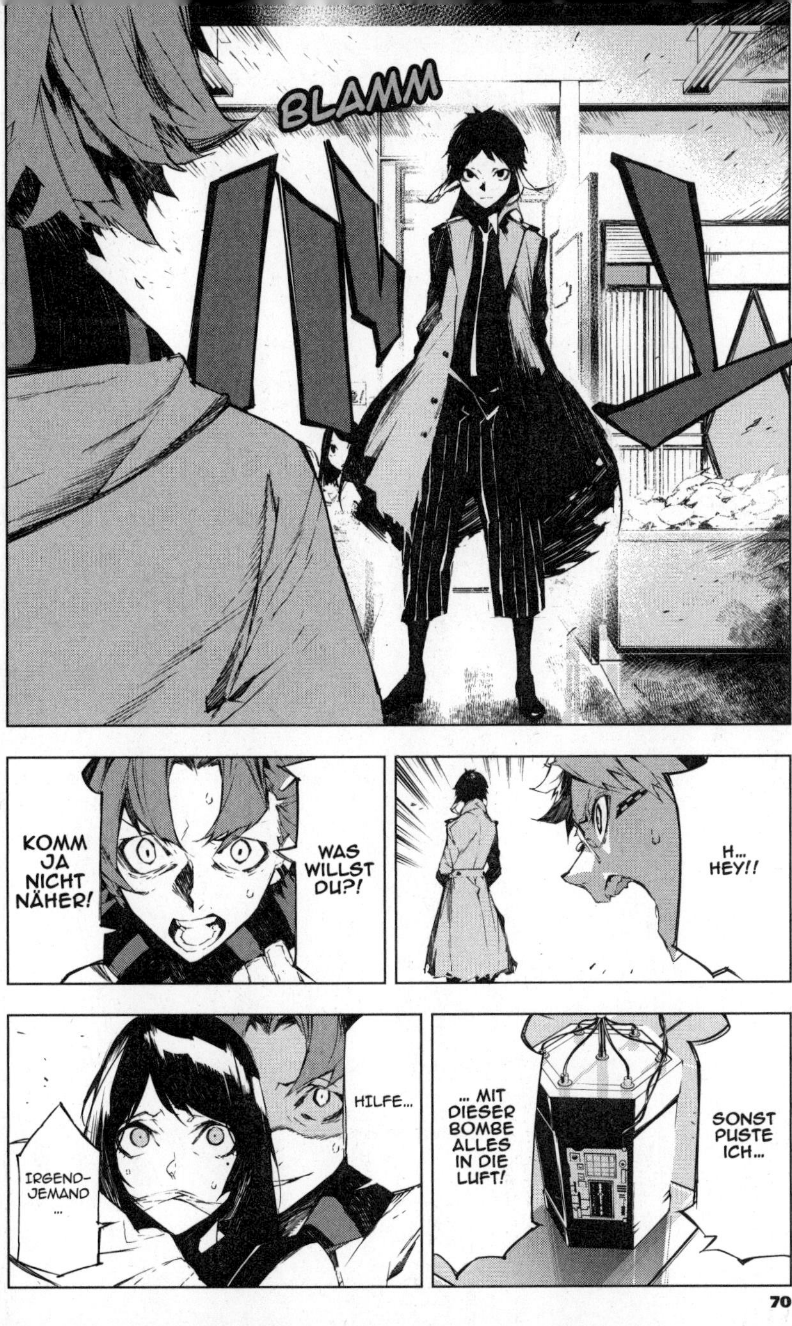
BLAMM
H... HEY!!
WAS WILLST DU?!
KOMM JA NICHT NÄHER!
SONST PUSTE ICH...
... MIT DIESER BOMBE ALLES IN DIE LUFT!
HILFE...
IRGEND-JEMAND ...

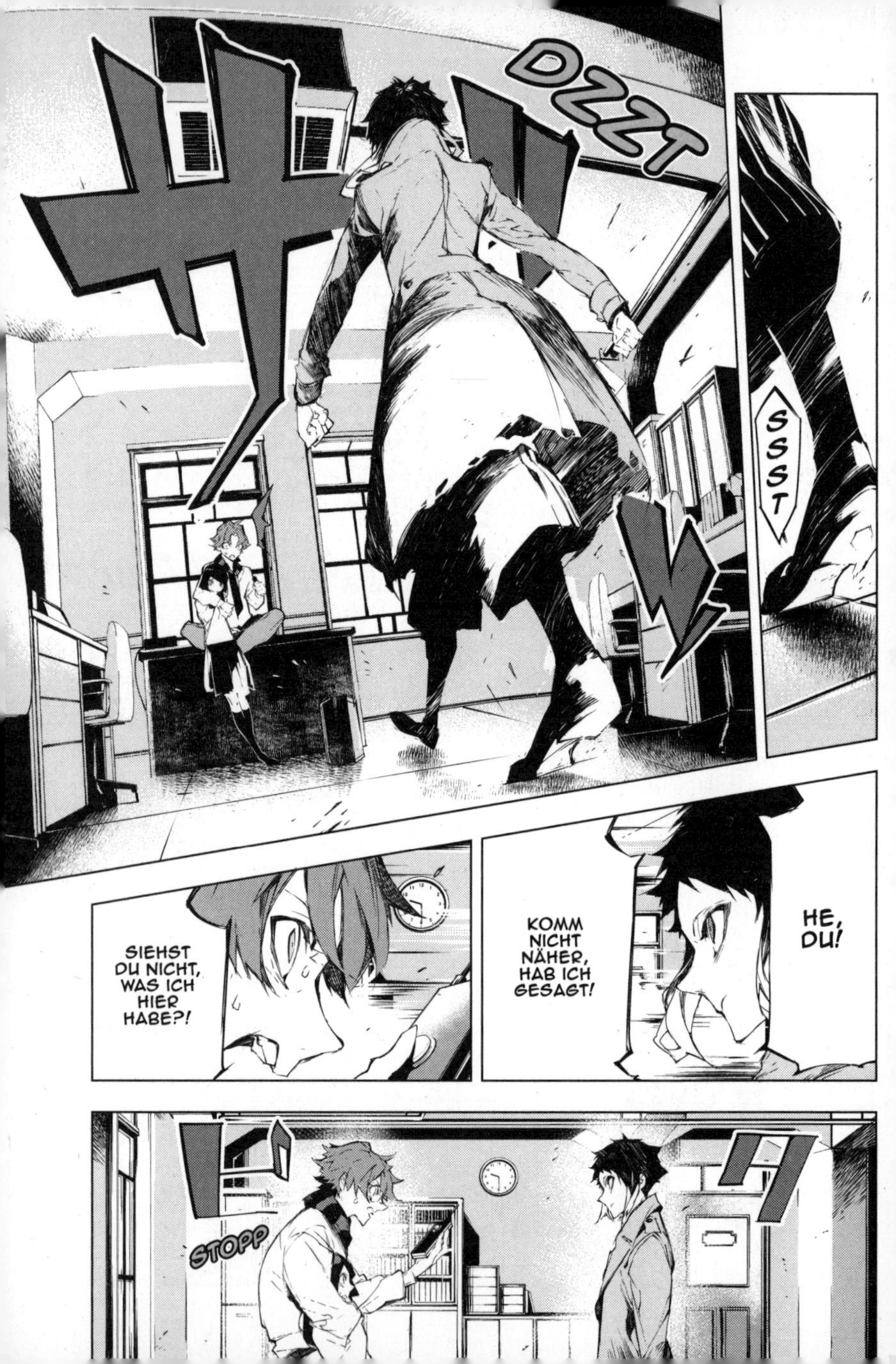
DZZT
SSST
HE, DU!
KOMM NICHT NÄHER, HAB ICH GESAGT!
SIEHST DU NICHT, WAS ICH HIER HABE?!
STOPP

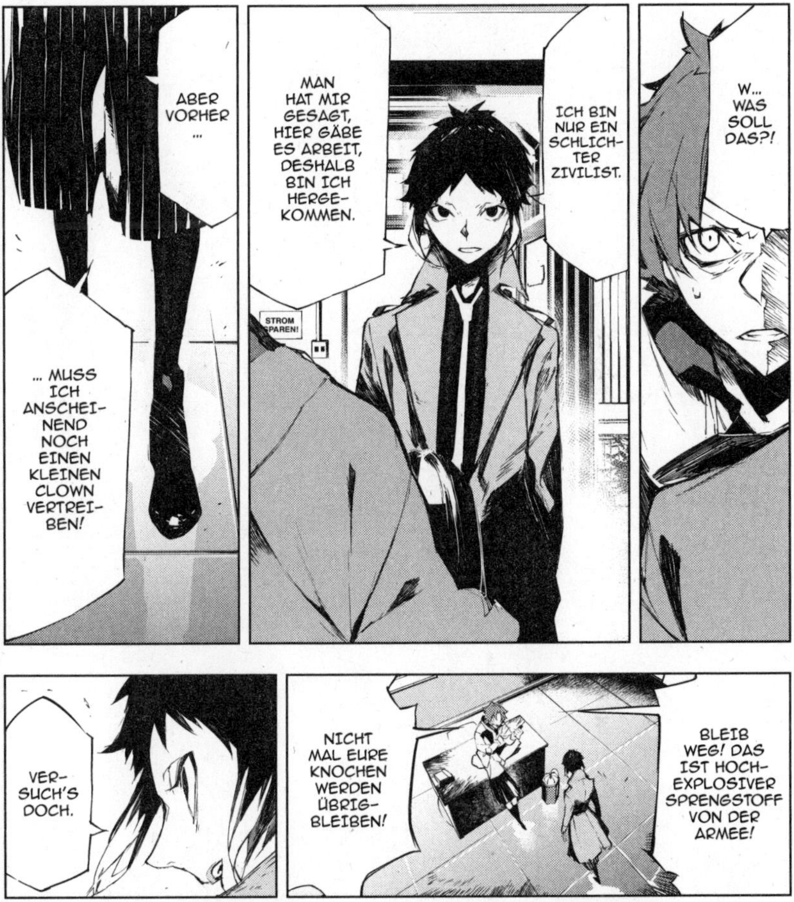
W... WAS SOLL DAS?!
ICH BIN NUR EIN SCHLICHTER ZIVILIST.
MAN HAT MIR GESAGT, HIER GÄBE ES ARBEIT, DESHALB BIN ICH HERGEKOMMEN.
STROM SPAREN!
ABER VORHER ...
... MUSS ICH ANSCHEINEND NOCH EINEN KLEINEN CLOWN VERTREIBEN!
BLEIB WEG! DAS IST HOCHEXPLOSIVER SPRENGSTOFF VON DER ARMEE!
NICHT MAL EURE KNOCHEN WERDEN ÜBRIGBLEIBEN!
VERSUCH'S DOCH.
AH...

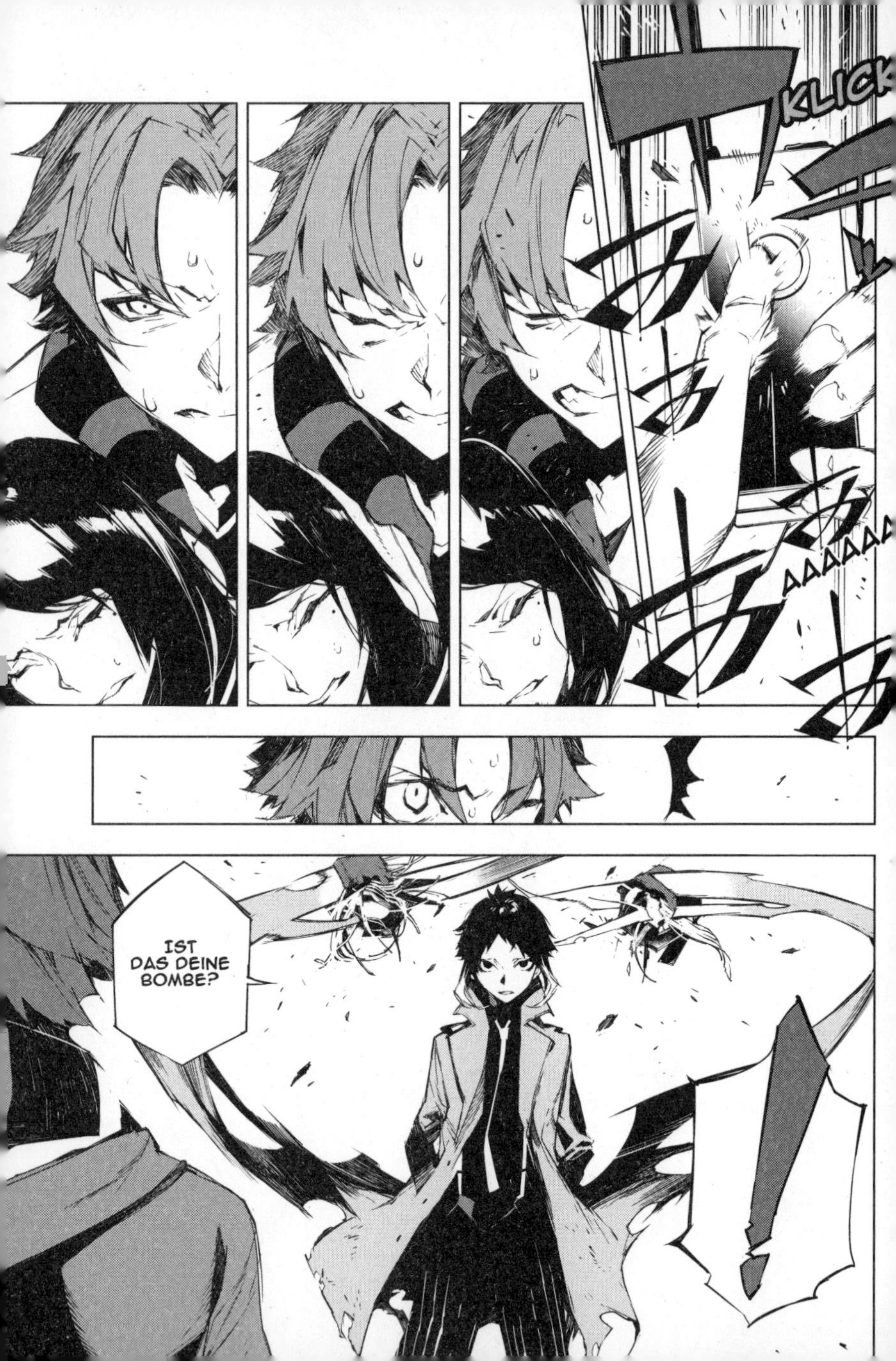
KLICK
AAAAAA
IST DAS DEINE BOMBE?

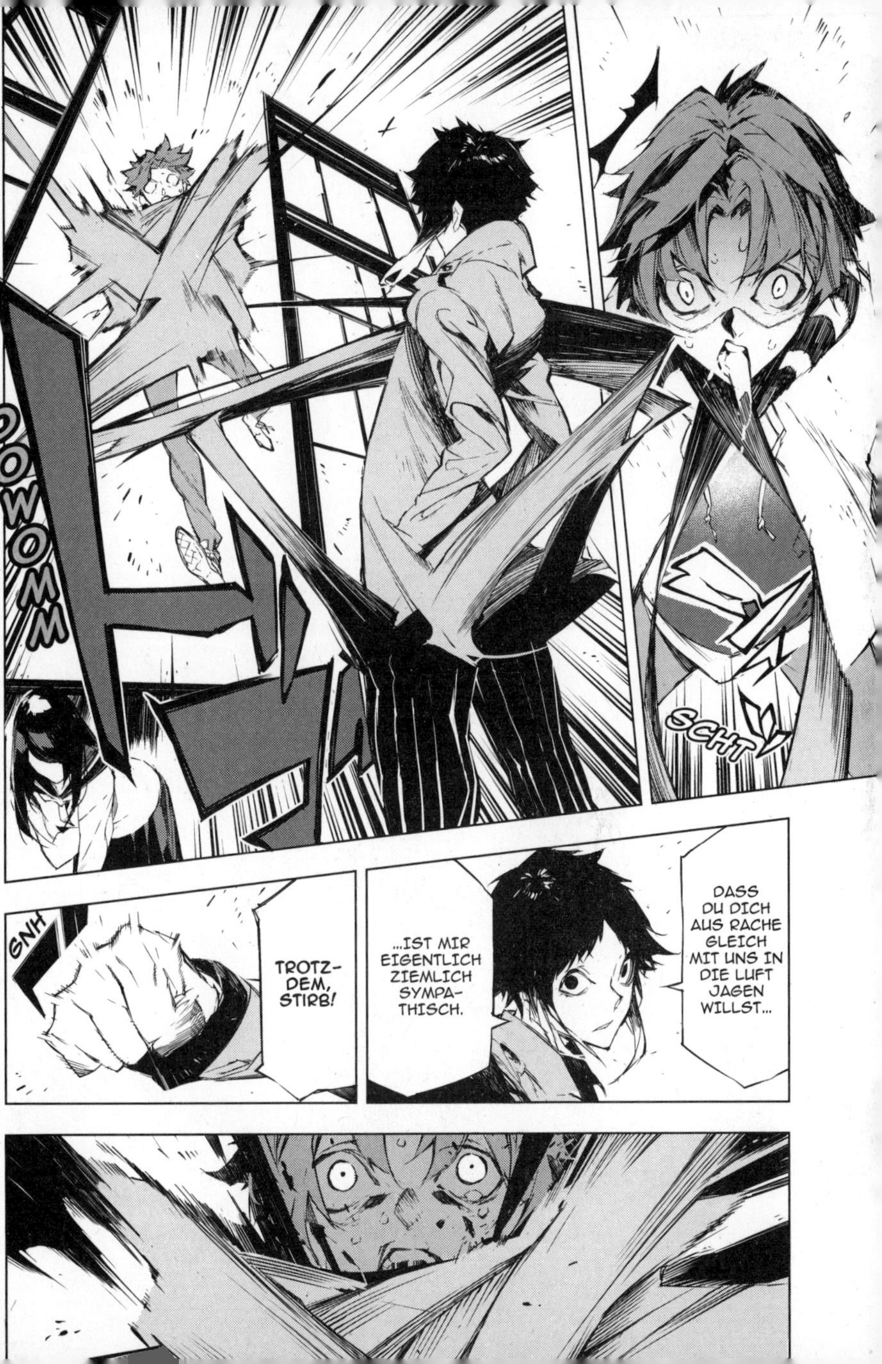
SCHT
DOWOMM
DASS DU DICH AUS RACHE GLEICH MIT UNS IN DIE LUFT JAGEN WILLST...
...IST MIR EIGENTLICH ZIEMLICH SYMPA-THISCH.
TROTZ-DEM, STIRB!
GNH

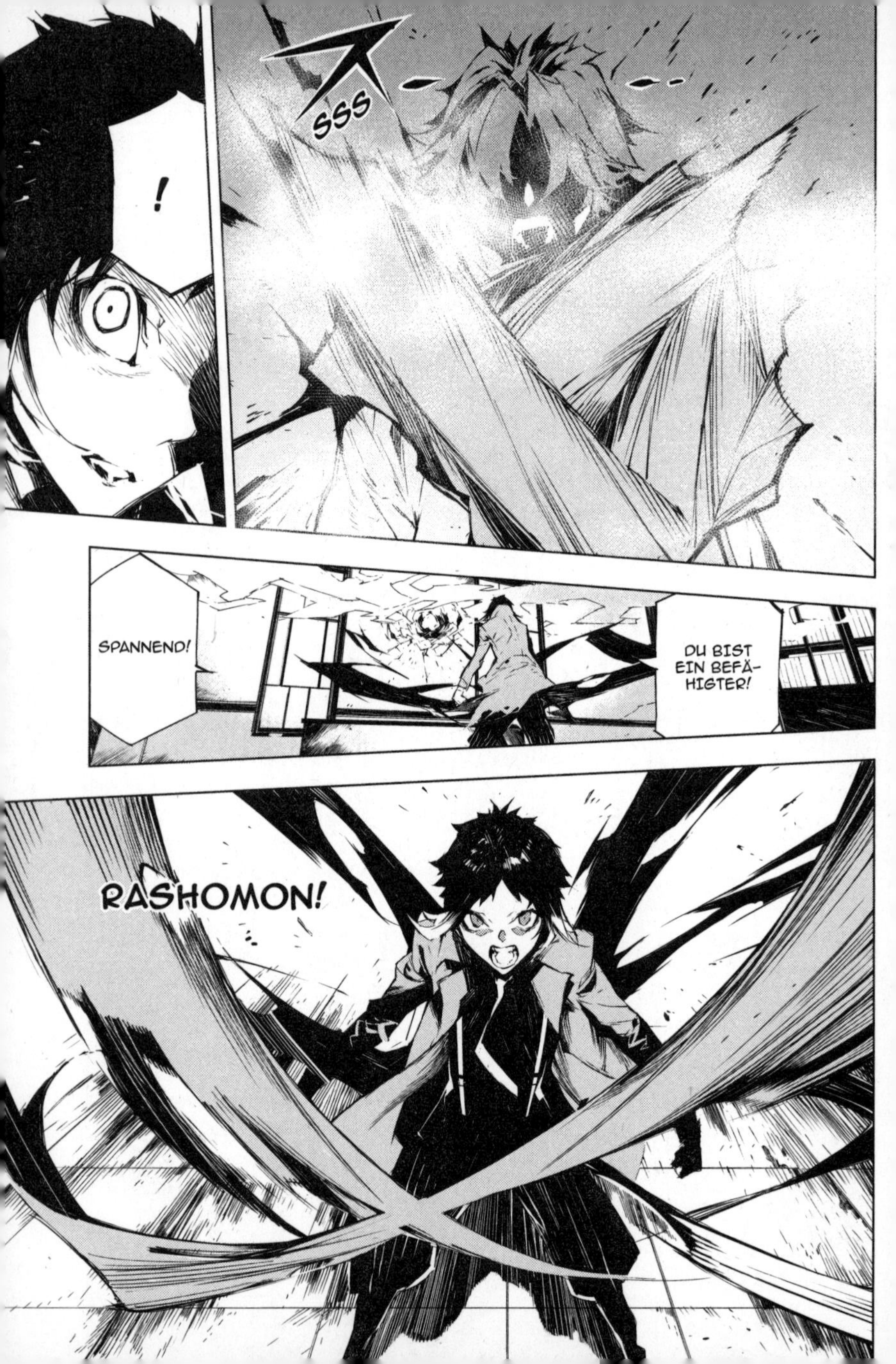
SSS
!
DU BIST
EIN BEFÄ-
HIGTER!
SPANNEND!
RASHOMON!

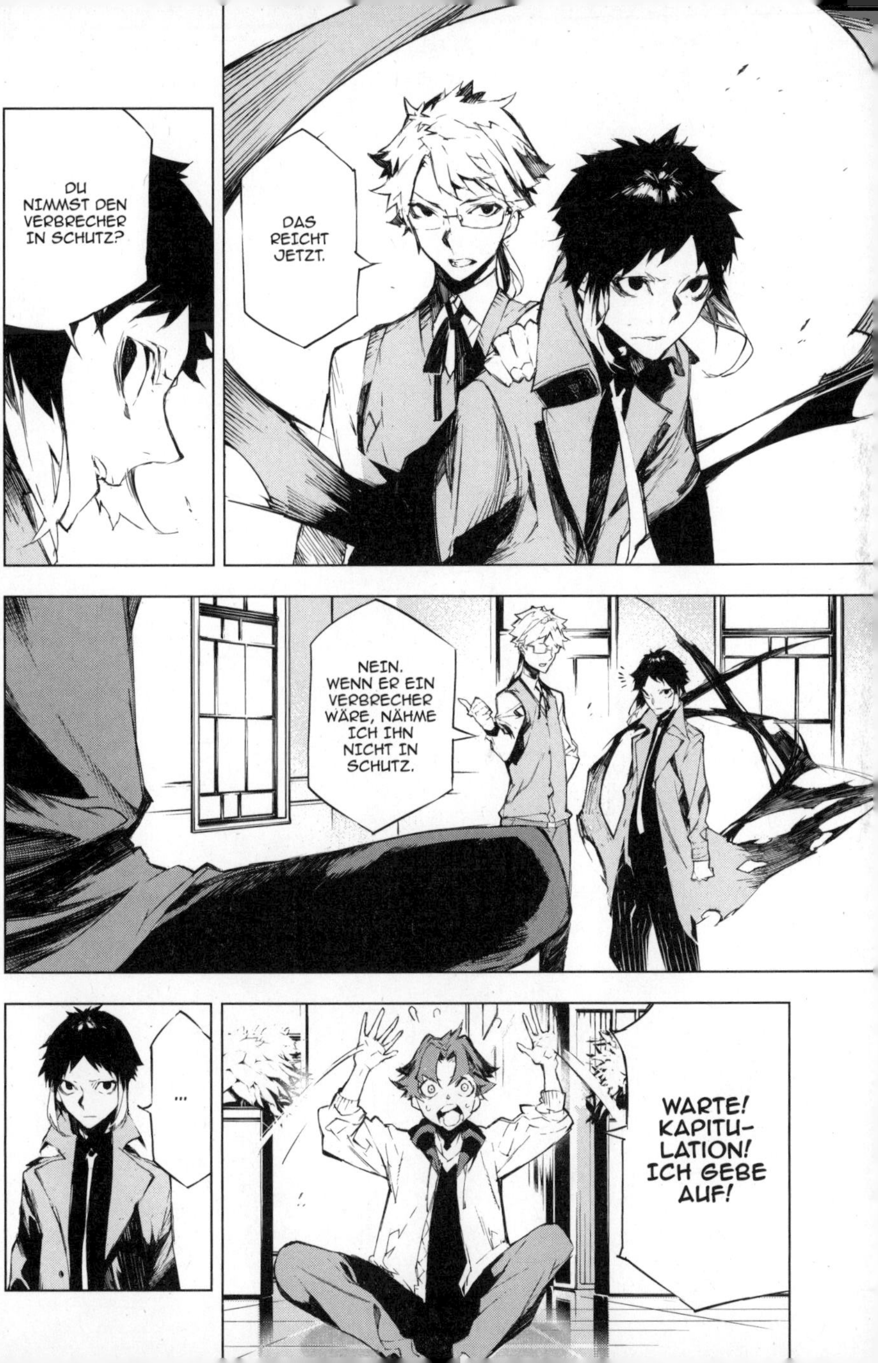
DAS REICHT JETZT.
DU NIMMST DEN VERBRECHER IN SCHUTZ?
NEIN. WENN ER EIN VERBRECHER WÄRE, NÄHME ICH IHN NICHT IN SCHUTZ.
WARTE! KAPITU-LATION! ICH GEBE AUF!
...

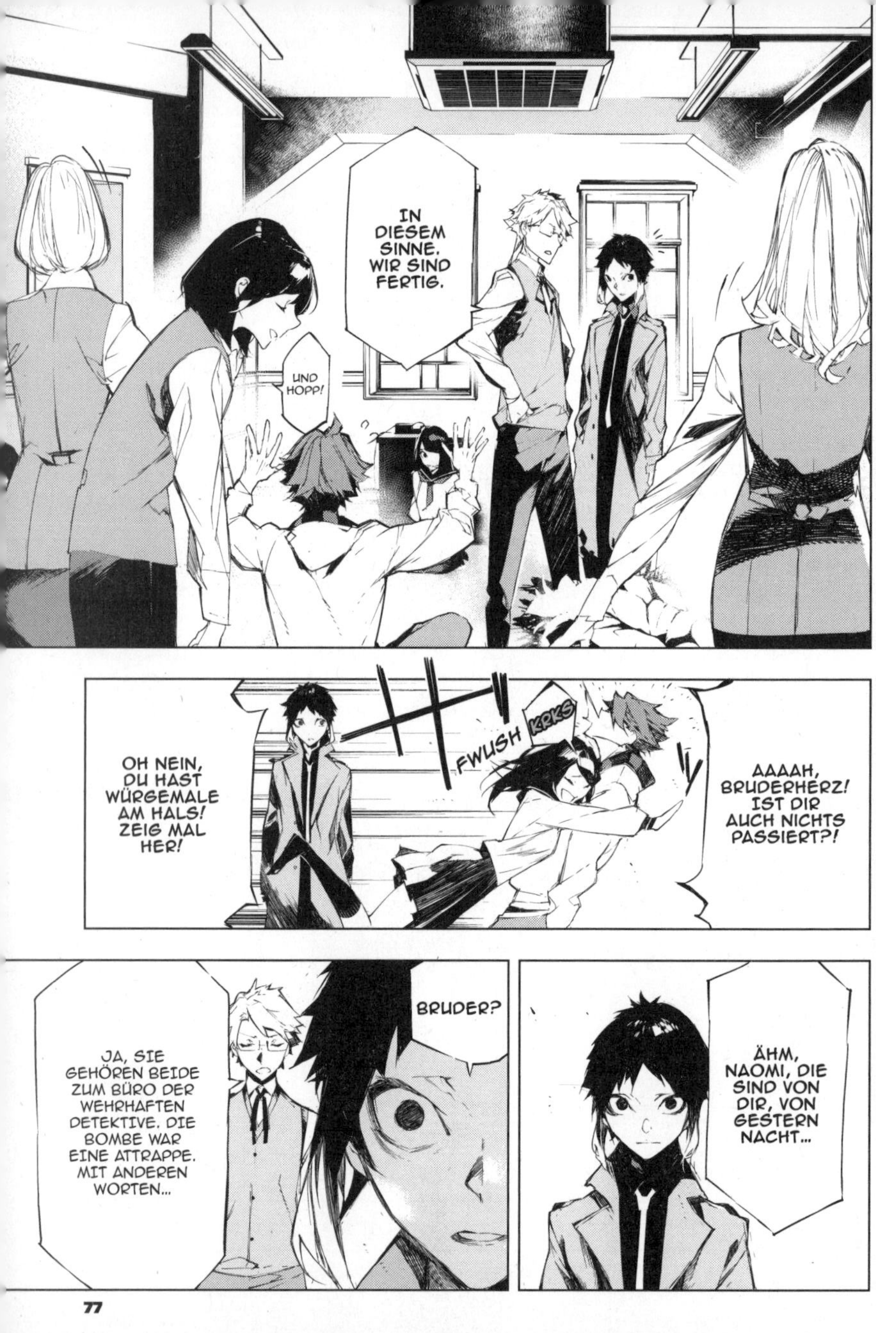

IN DIESEM SINNE. WIR SIND FERTIG.
UND HOPP!
AAAAH, BRUDERHERZ! IST DIR AUCH NICHTS PASSIERT?!
KRKS
FWUSH
OH NEIN, DU HAST WÜRGEMALE AM HALS! ZEIG MAL HER!
ÄHM, NAOMI, DIE SIND VON DIR, VON GESTERN NACHT...
BRUDER?
JA, SIE GEHÖREN BEIDE ZUM BÜRO DER WEHRHAFTEN DETEKTIVE. DIE BOMBE WAR EINE ATTRAPPE. MIT ANDEREN WORTEN...

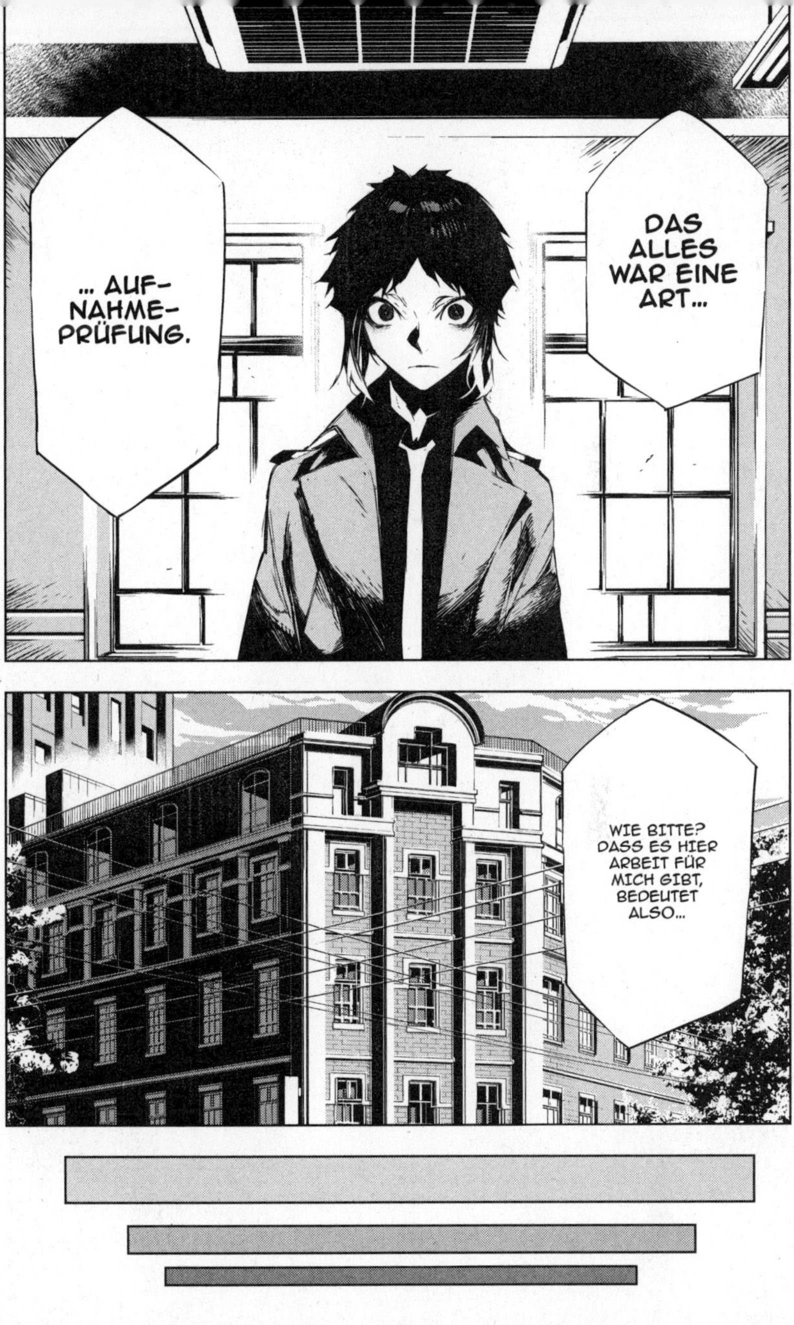
DAS ALLES WAR EINE ART...
... AUF-NAHME-PRÜFUNG.
WIE BITTE? DASS ES HIER ARBEIT FÜR MICH GIBT, BEDEUTET ALSO...

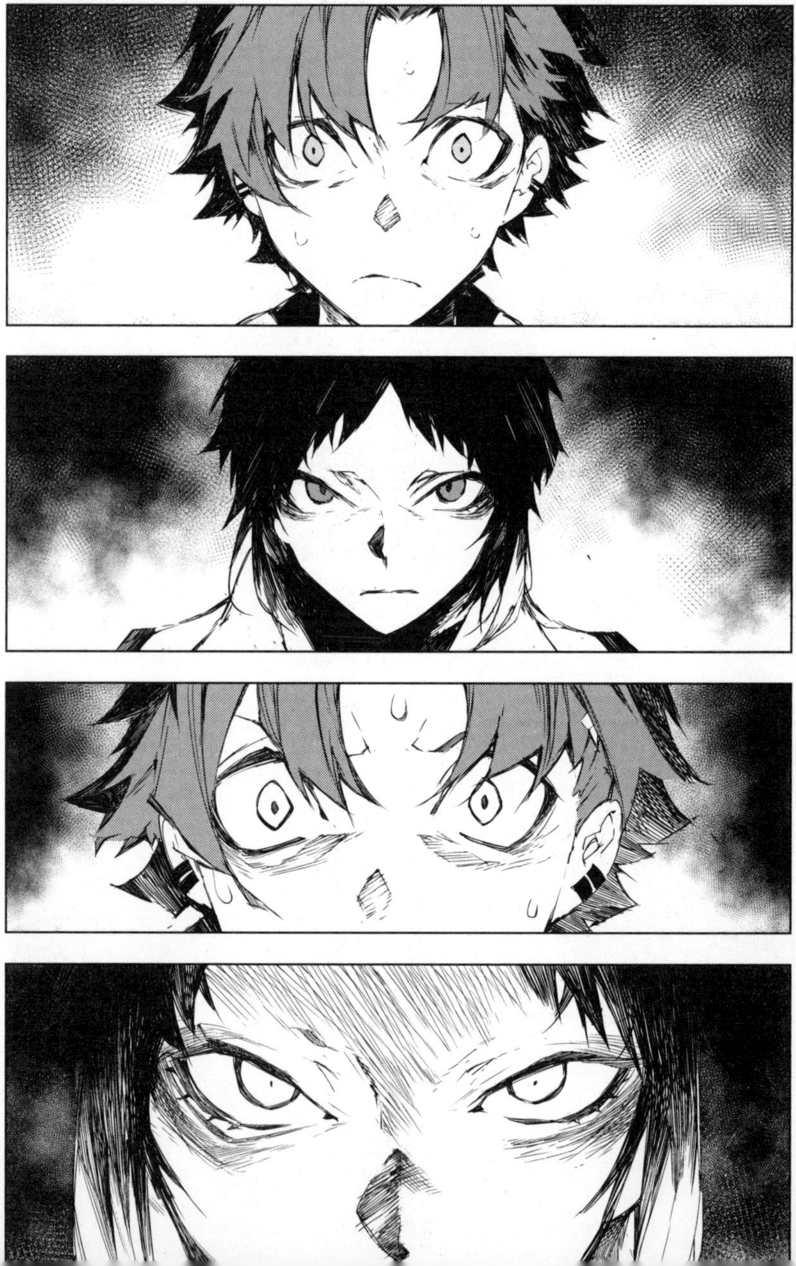

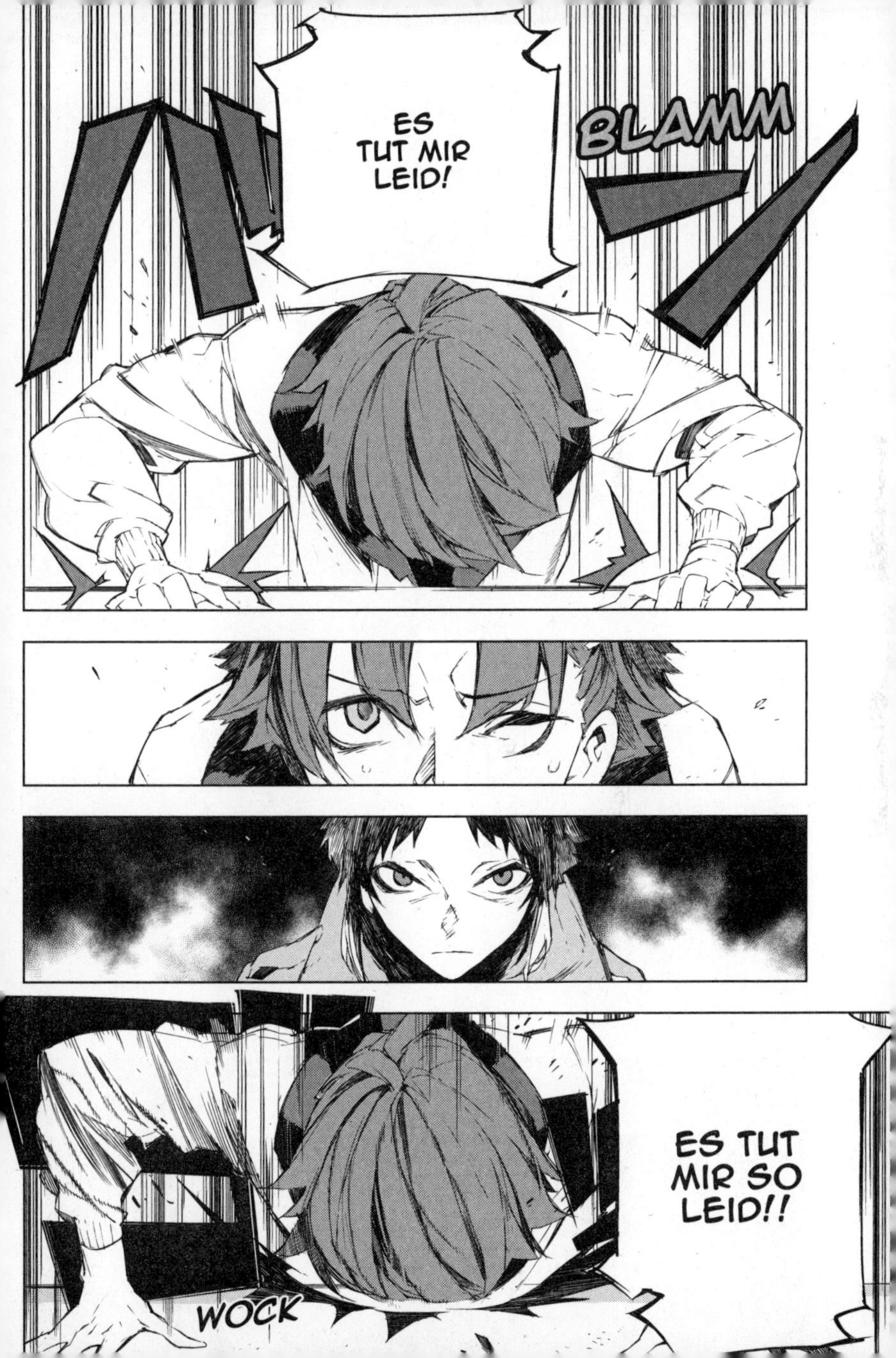
ES TUT MIR LEID!
BLAMM
ES TUT MIR SO LEID!!
WOCK

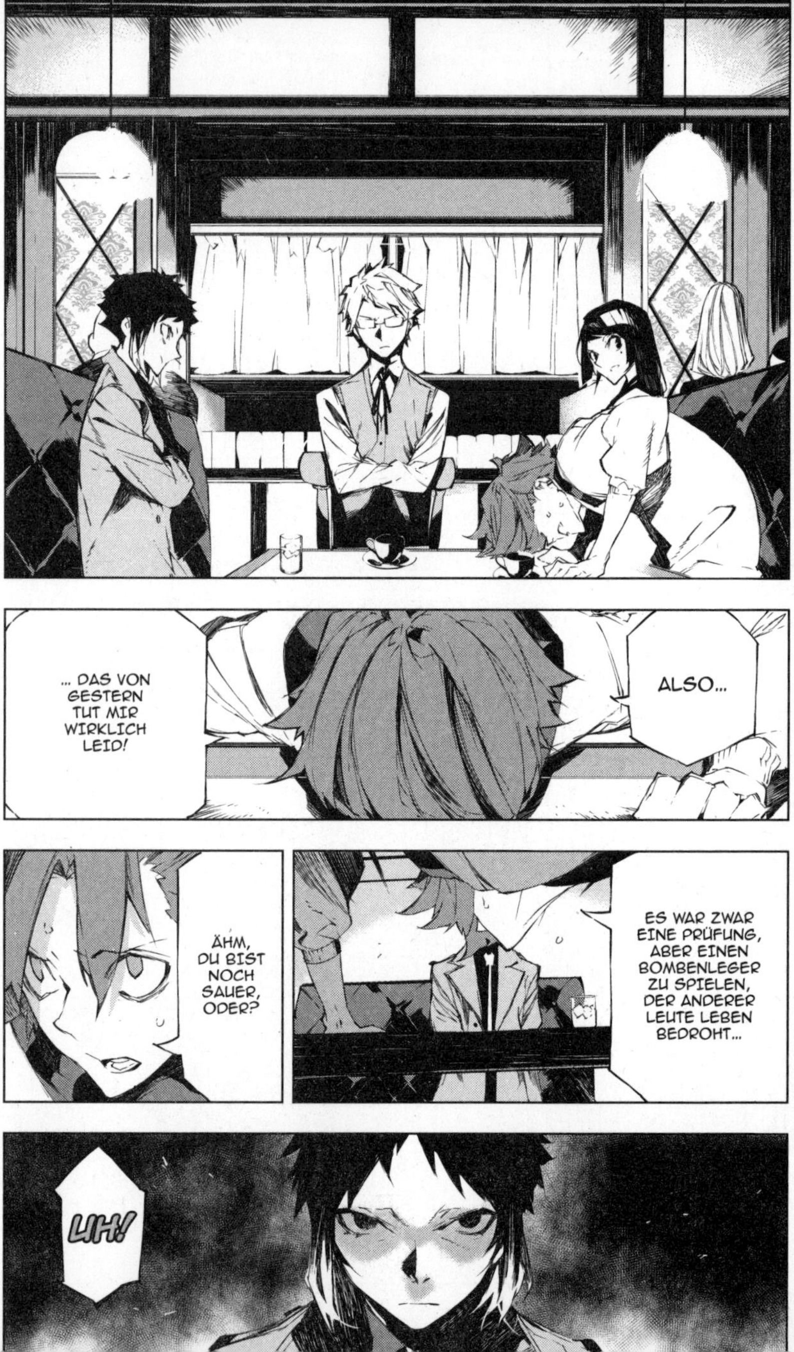
ALSO...
... DAS VON GESTERN TUT MIR WIRKLICH LEID!
ES WAR ZWAR EINE PRÜFUNG, ABER EINEN BOMBENLEGER ZU SPIELEN, DER ANDERER LEUTE LEBEN BEDROHT...
ÄHM, DU BIST NOCH SAUER, ODER?
UH!

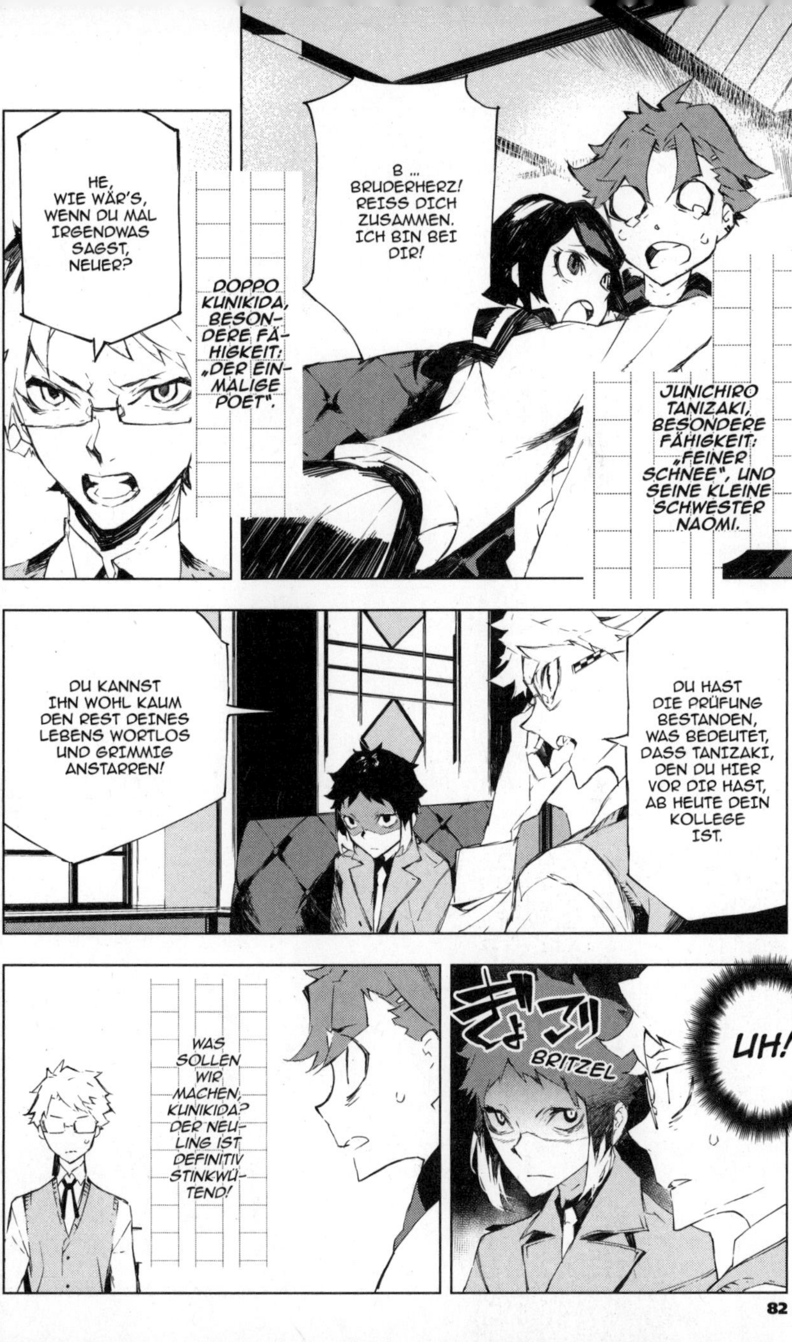
B ... BRUDERHERZ! REISS DICH ZUSAMMEN. ICH BIN BEI DIR!
JUNICHIRO TANIZAKI, BESONDERE FÄHIGKEIT: „FEINER SCHNEE", UND SEINE KLEINE SCHWESTER NAOMI.
HE, WIE WÄR'S, WENN DU MAL IRGENDWAS SAGST, NEUER?
DOPPO KUNIKIDA, BESONDERE FÄHIGKEIT: „DER EINMALIGE POET".
DU HAST DIE PRÜFUNG BESTANDEN, WAS BEDEUTET, DASS TANIZAKI, DEN DU HIER VOR DIR HAST, AB HEUTE DEIN KOLLEGE IST.
DU KANNST IHN WOHL KAUM DEN REST DEINES LEBENS WORTLOS UND GRIMMIG ANSTARREN!
UH!
BRITZEL
WAS SOLLEN WIR MACHEN, KUNIKIDA? DER NEULING IST DEFINITIV STINKWÜTEND!

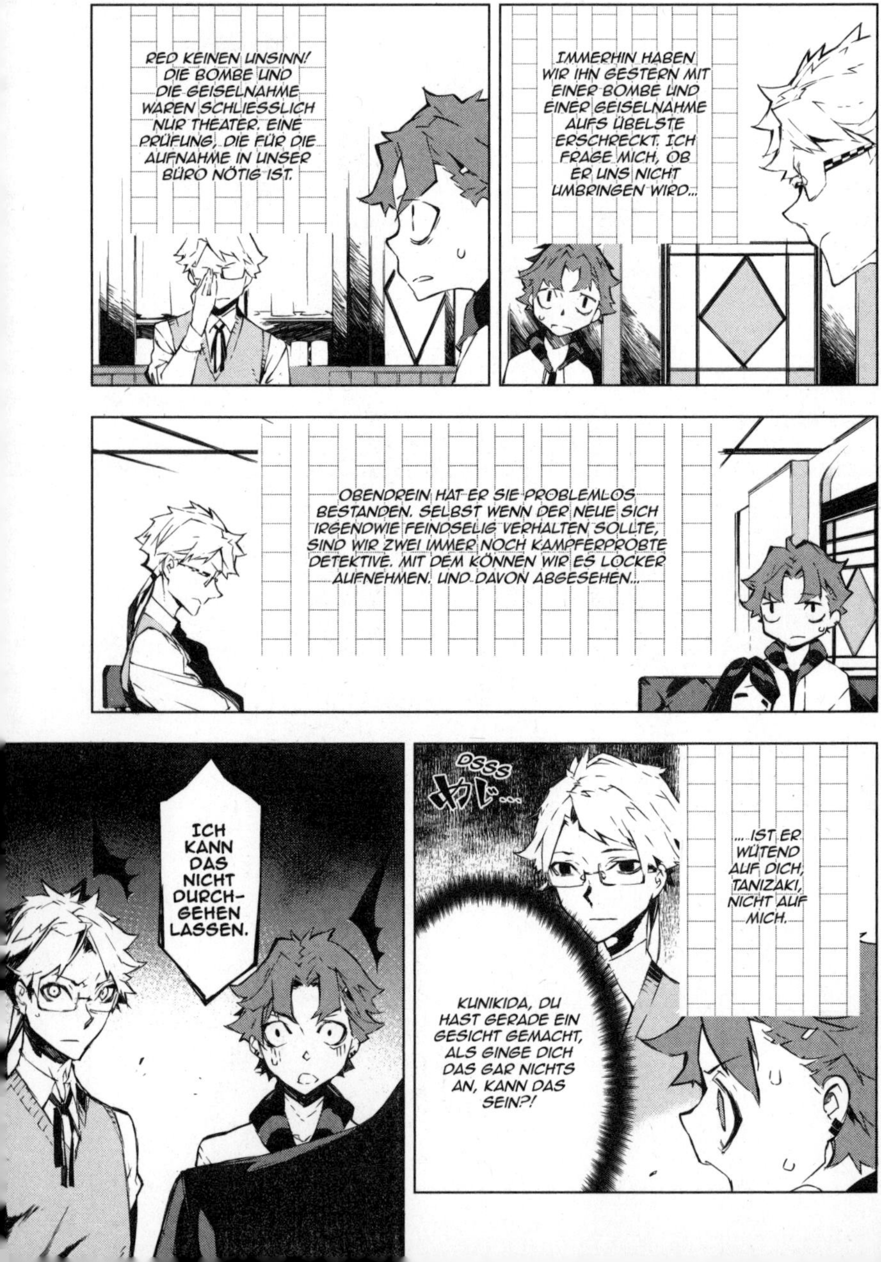
IMMERHIN HABEN WIR IHN GESTERN MIT EINER BOMBE UND EINER GEISELNAHME AUFS ÜBELSTE ERSCHRECKT. ICH FRAGE MICH, OB ER UNS NICHT UMBRINGEN WIRD...
RED KEINEN UNSINN! DIE BOMBE UND DIE GEISELNAHME WAREN SCHLIESSLICH NUR THEATER. EINE PRÜFUNG, DIE FÜR DIE AUFNAHME IN UNSER BÜRO NÖTIG IST.
OBENDREIN HAT ER SIE PROBLEMLOS BESTANDEN. SELBST WENN DER NEUE SICH IRGENDWIE FEINDSELIG VERHALTEN SOLLTE, SIND WIR ZWEI IMMER NOCH KAMPFERPROBTE DETEKTIVE. MIT DEM KÖNNEN WIR ES LOCKER AUFNEHMEN. UND DAVON ABGESEHEN...
DSSS
...IST ER WÜTEND AUF DICH, TANIZAKI, NICHT AUF MICH.
KUNIKIDA, DU HAST GERADE EIN GESICHT GEMACHT, ALS GINGE DICH DAS GAR NICHTS AN, KANN DAS SEIN?!
ICH KANN DAS NICHT DURCH-GEHEN LASSEN.

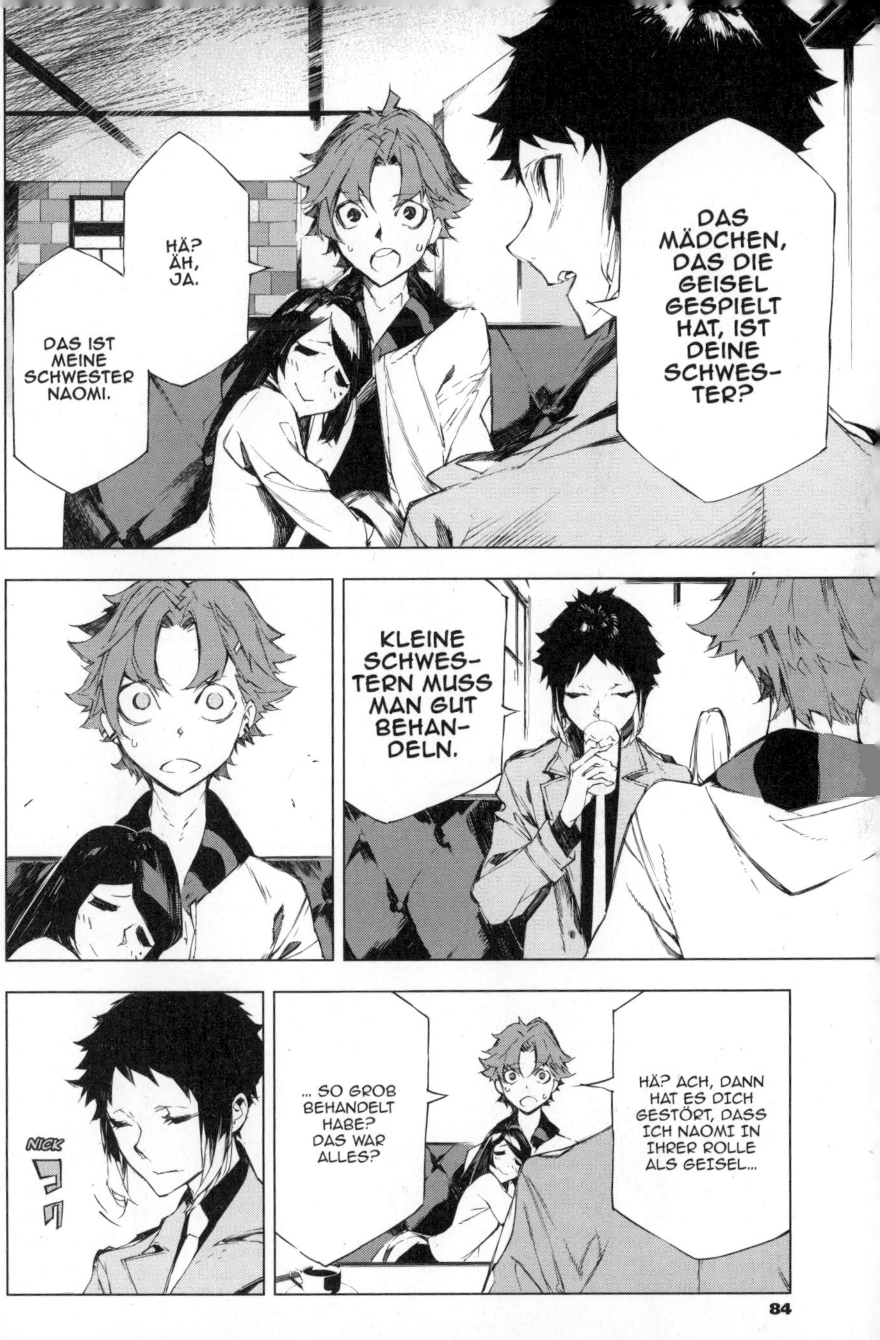
DAS MÄDCHEN, DAS DIE GEISEL GESPIELT HAT, IST DEINE SCHWESTER?
HÄ? ÄH, JA.
DAS IST MEINE SCHWESTER NAOMI.
KLEINE SCHWESTERN MUSS MAN GUT BEHANDELN.
HÄ? ACH, DANN HAT ES DICH GESTÖRT, DASS ICH NAOMI IN IHRER ROLLE ALS GEISEL...
... SO GROB BEHANDELT HABE? DAS WAR ALLES?
NICK

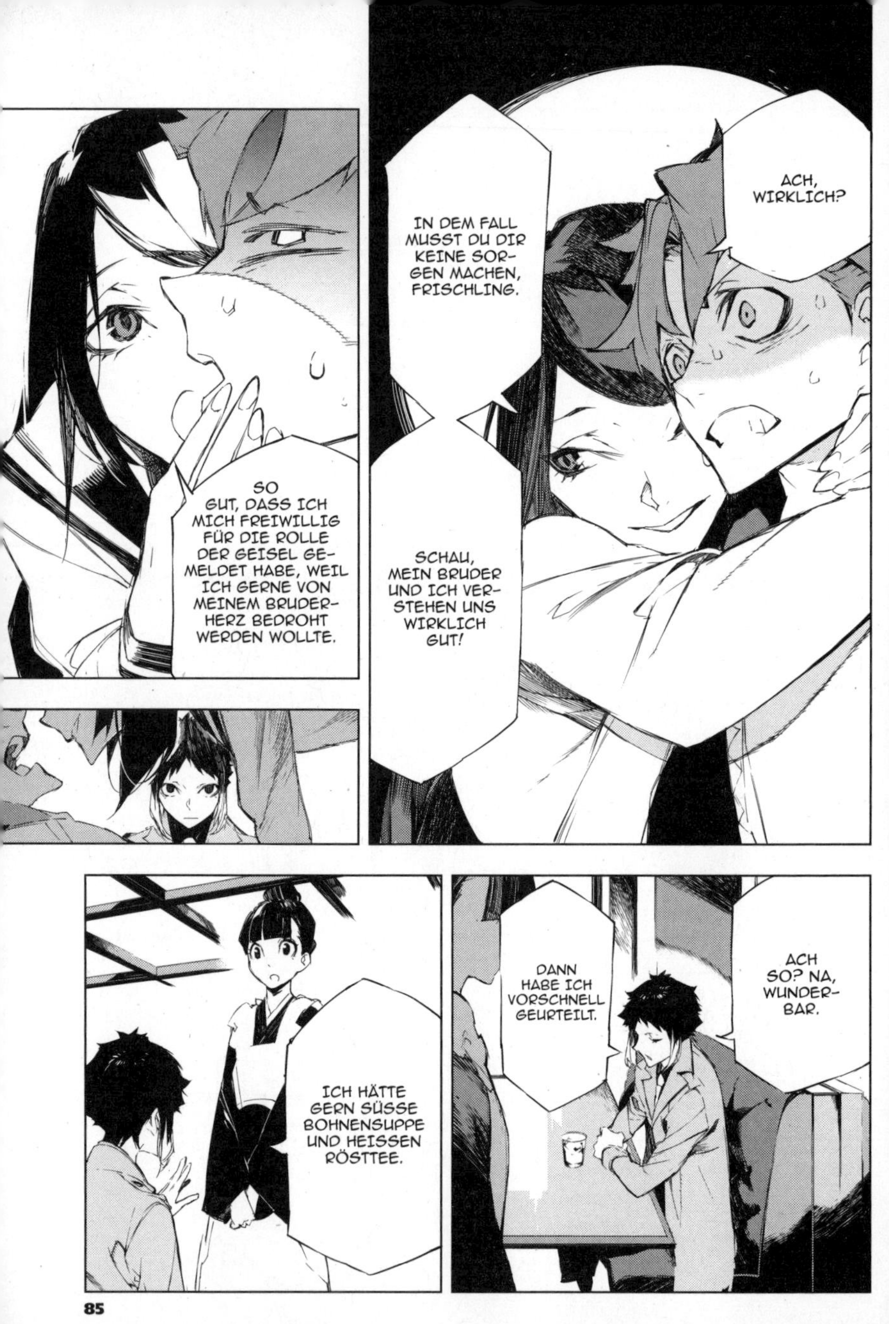
ACH, WIRKLICH?
IN DEM FALL MUSST DU DIR KEINE SORGEN MACHEN, FRISCHLING.
SCHAU, MEIN BRUDER UND ICH VERSTEHEN UNS WIRKLICH GUT!
SO GUT, DASS ICH MICH FREIWILLIG FÜR DIE ROLLE DER GEISEL GEMELDET HABE, WEIL ICH GERNE VON MEINEM BRUDERHERZ BEDROHT WERDEN WOLLTE.
ACH SO? NA, WUNDERBAR.
DANN HABE ICH VORSCHNELL GEURTEILT.
ICH HÄTTE GERN SÜSSE BOHNENSUPPE UND HEISSEN RÖSTTEE.

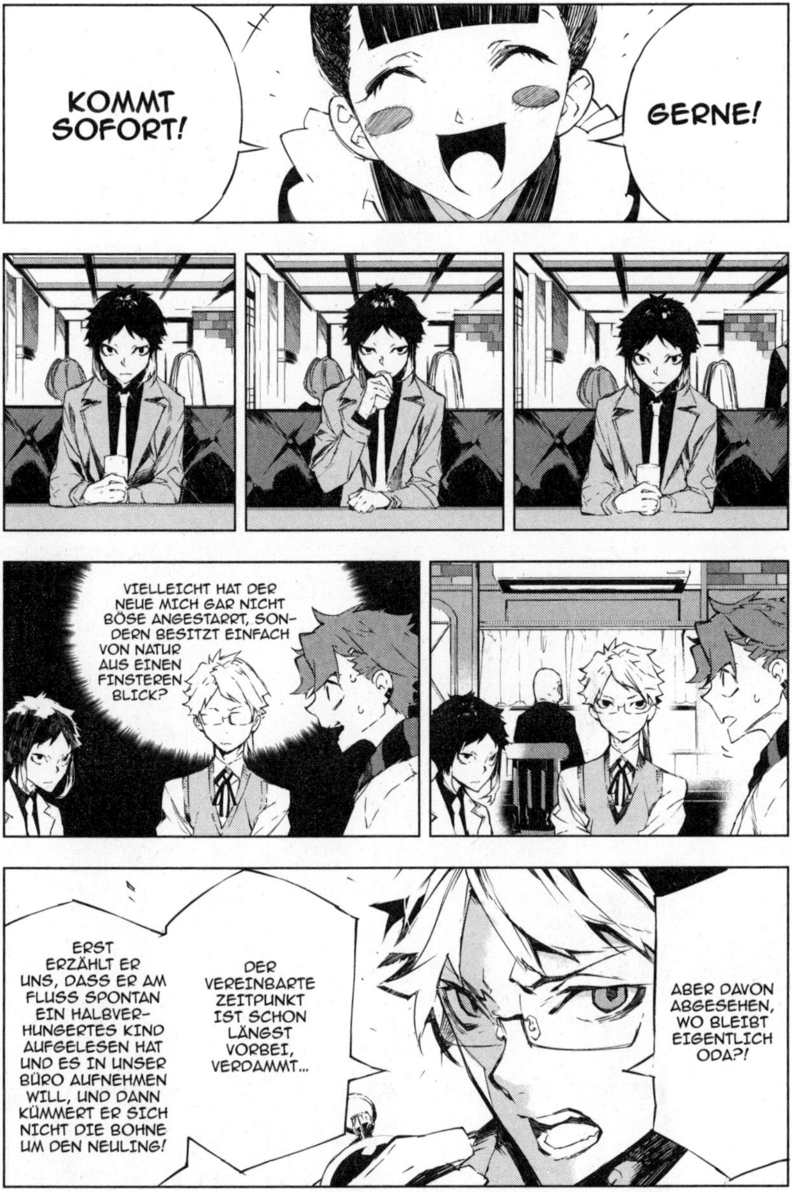
GERNE!
KOMMT SOFORT!
VIELLEICHT HAT DER NEUE MICH GAR NICHT BÖSE ANGESTARRT, SONDERN BESITZT EINFACH VON NATUR AUS EINEN FINSTEREN BLICK?
ABER DAVON ABGESEHEN, WO BLEIBT EIGENTLICH ODA?!
DER VEREINBARTE ZEITPUNKT IST SCHON LÄNGST VORBEI, VERDAMMT...
ERST ERZÄHLT ER UNS, DASS ER AM FLUSS SPONTAN EIN HALBVERHUNGERTES KIND AUFGELESEN HAT UND ES IN UNSER BÜRO AUFNEHMEN WILL, UND DANN KÜMMERT ER SICH NICHT DIE BOHNE UM DEN NEULING!

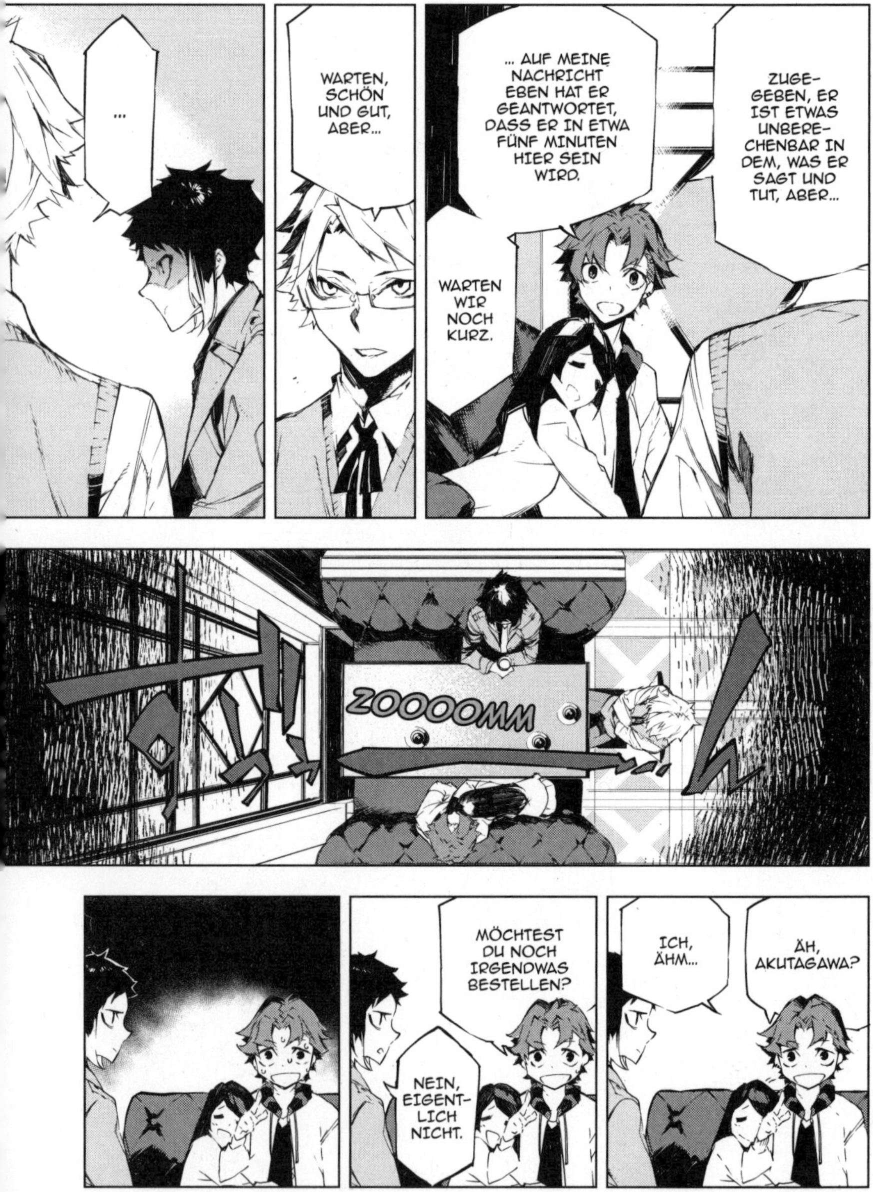
ZUGE-
GEBEN, ER
IST ETWAS
UNBERE-
CHENBAR IN
DEM, WAS ER
SAGT UND
TUT, ABER...
... AUF MEINE NACHRICHT EBEN HAT ER GEANTWORTET, DASS ER IN ETWA FÜNF MINUTEN HIER SEIN WIRD.
WARTEN WIR NOCH KURZ.
WARTEN, SCHÖN UND GUT, ABER...
...
ZOOOOMM
ÄH, AKUTAGAWA?
ICH, ÄHM...
MÖCHTEST DU NOCH IRGENDWAS BESTELLEN?
NEIN, EIGENTLICH NICHT.

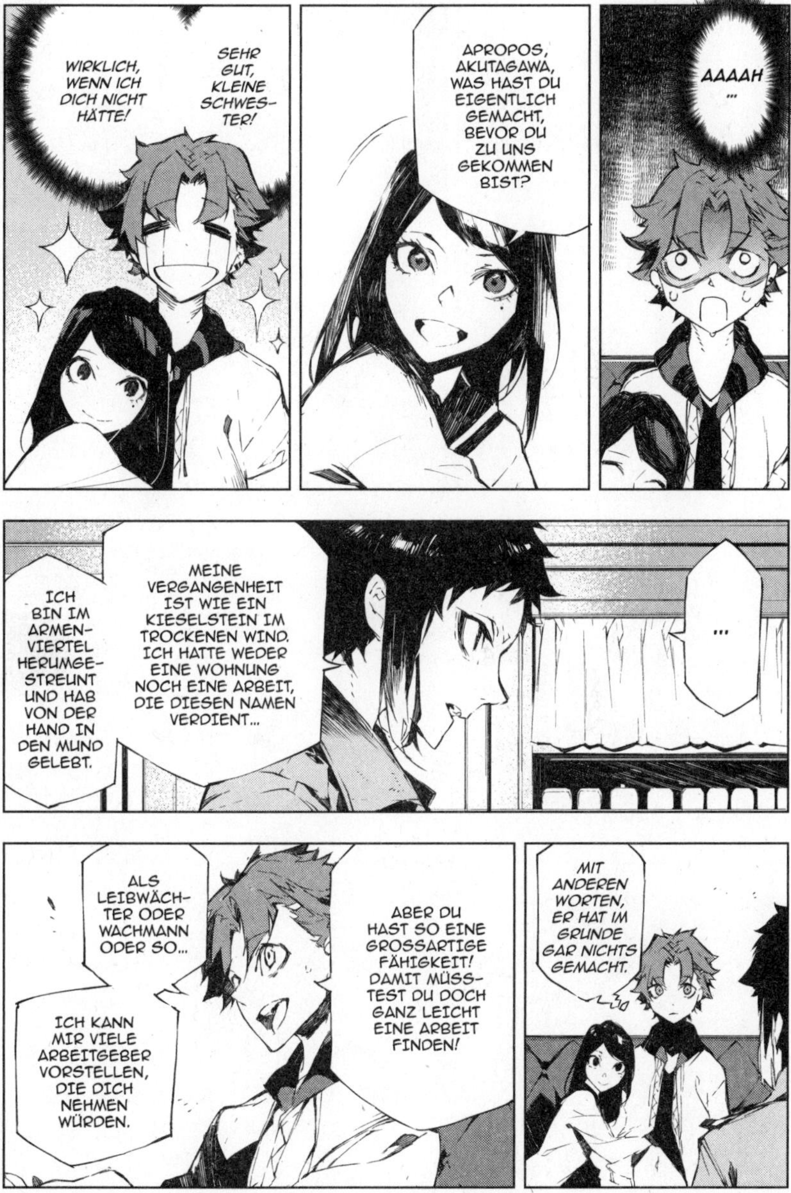
AAAAH ...
APROPOS, AKUTAGAWA, WAS HAST DU EIGENTLICH GEMACHT, BEVOR DU ZU UNS GEKOMMEN BIST?
SEHR GUT, KLEINE SCHWESTER!
WIRKLICH, WENN ICH DICH NICHT HÄTTE!
...
MEINE VERGANGENHEIT IST WIE EIN KIESELSTEIN IM TROCKENEN WIND. ICH HATTE WEDER EINE WOHNUNG NOCH EINE ARBEIT, DIE DIESEN NAMEN VERDIENT...
ICH BIN IM ARMENVIERTEL HERUMGESTREUNT UND HAB VON DER HAND IN DEN MUND GELEBT.
MIT ANDEREN WORTEN, ER HAT IM GRUNDE GAR NICHTS GEMACHT.
ABER DU HAST SO EINE GROSSARTIGE FÄHIGKEIT! DAMIT MÜSSTEST DU DOCH GANZ LEICHT EINE ARBEIT FINDEN!
ALS LEIBWÄCHTER ODER WACHMANN ODER SO...
ICH KANN MIR VIELE ARBEITGEBER VORSTELLEN, DIE DICH NEHMEN WÜRDEN.

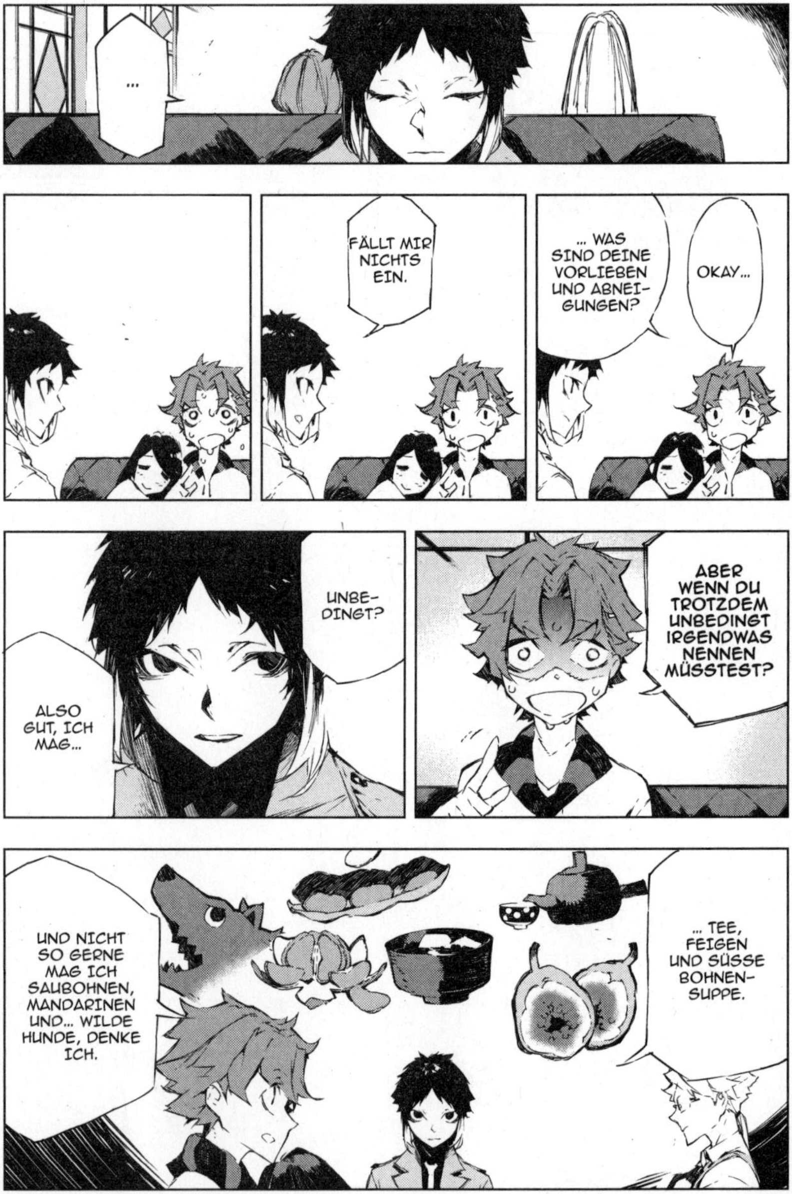
...
OKAY...
... WAS SIND DEINE VORLIEBEN UND ABNEIGUNGEN?
FÄLLT MIR NICHTS EIN.
ABER WENN DU TROTZDEM UNBEDINGT IRGENDWAS NENNEN MÜSSTEST?
UNBEDINGT?
ALSO GUT, ICH MAG...
... TEE, FEIGEN UND SÜSSE BOHNENSUPPE.
UND NICHT SO GERNE MAG ICH SAUBOHNEN, MANDARINEN UND... WILDE HUNDE, DENKE ICH.

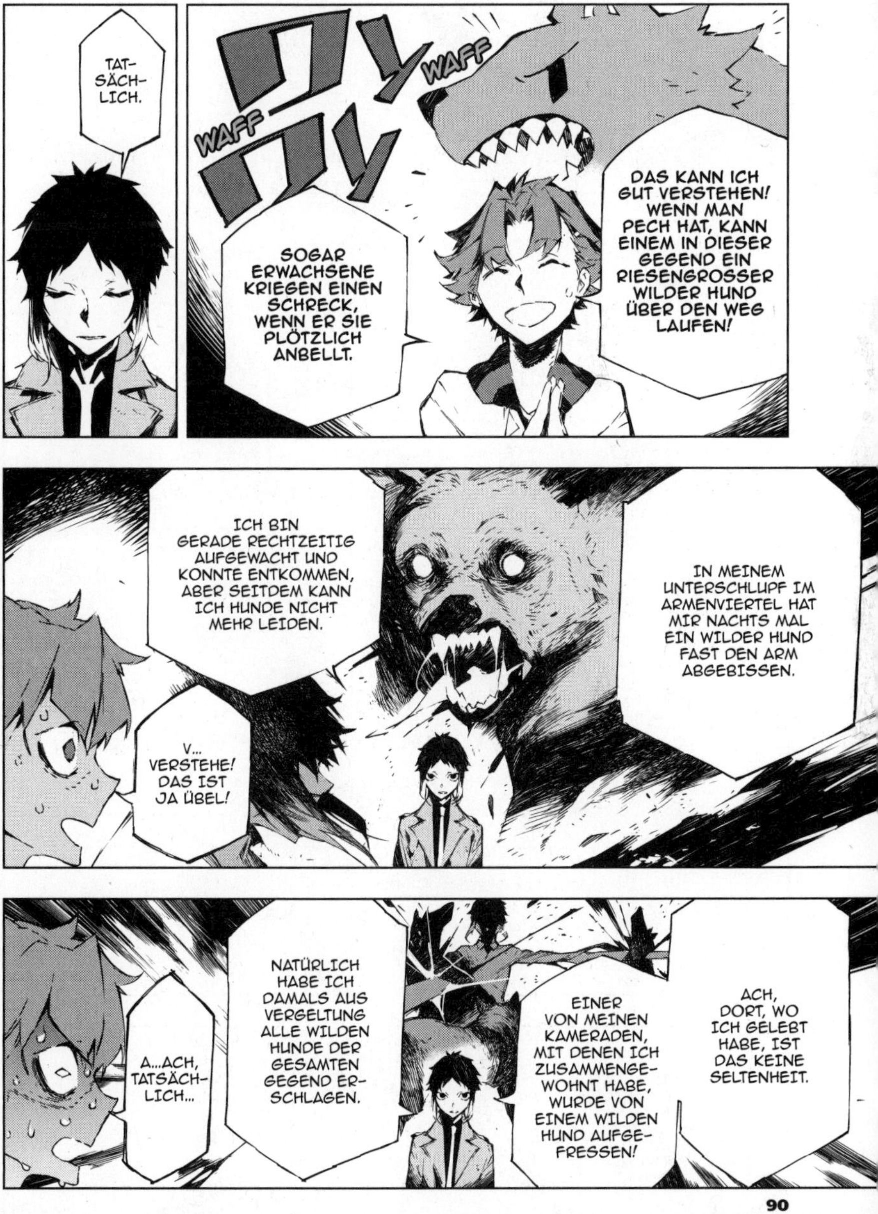

WAFF
WAFF
DAS KANN ICH GUT VERSTEHEN! WENN MAN PECH HAT, KANN EINEM IN DIESER GEGEND EIN RIESENGROSSER WILDER HUND ÜBER DEN WEG LAUFEN!
SOGAR ERWACHSENE KRIEGEN EINEN SCHRECK, WENN ER SIE PLÖTZLICH ANBELLT.
TAT-SÄCH-LICH.
IN MEINEM UNTERSCHLUPF IM ARMENVIERTEL HAT MIR NACHTS MAL EIN WILDER HUND FAST DEN ARM ABGEBISSEN.
ICH BIN GERADE RECHTZEITIG AUFGEWACHT UND KONNTE ENTKOMMEN, ABER SEITDEM KANN ICH HUNDE NICHT MEHR LEIDEN.
V... VERSTEHE! DAS IST JA ÜBEL!
ACH, DORT, WO ICH GELEBT HABE, IST DAS KEINE SELTENHEIT.
EINER VON MEINEN KAMERADEN, MIT DENEN ICH ZUSAMMENGE-WOHNT HABE, WURDE VON EINEM WILDEN HUND AUFGE-FRESSEN!
NATÜRLICH HABE ICH DAMALS AUS VERGELTUNG ALLE WILDEN HUNDE DER GESAMTEN GEGEND ER-SCHLAGEN.
A...ACH, TATSÄCH-LICH...

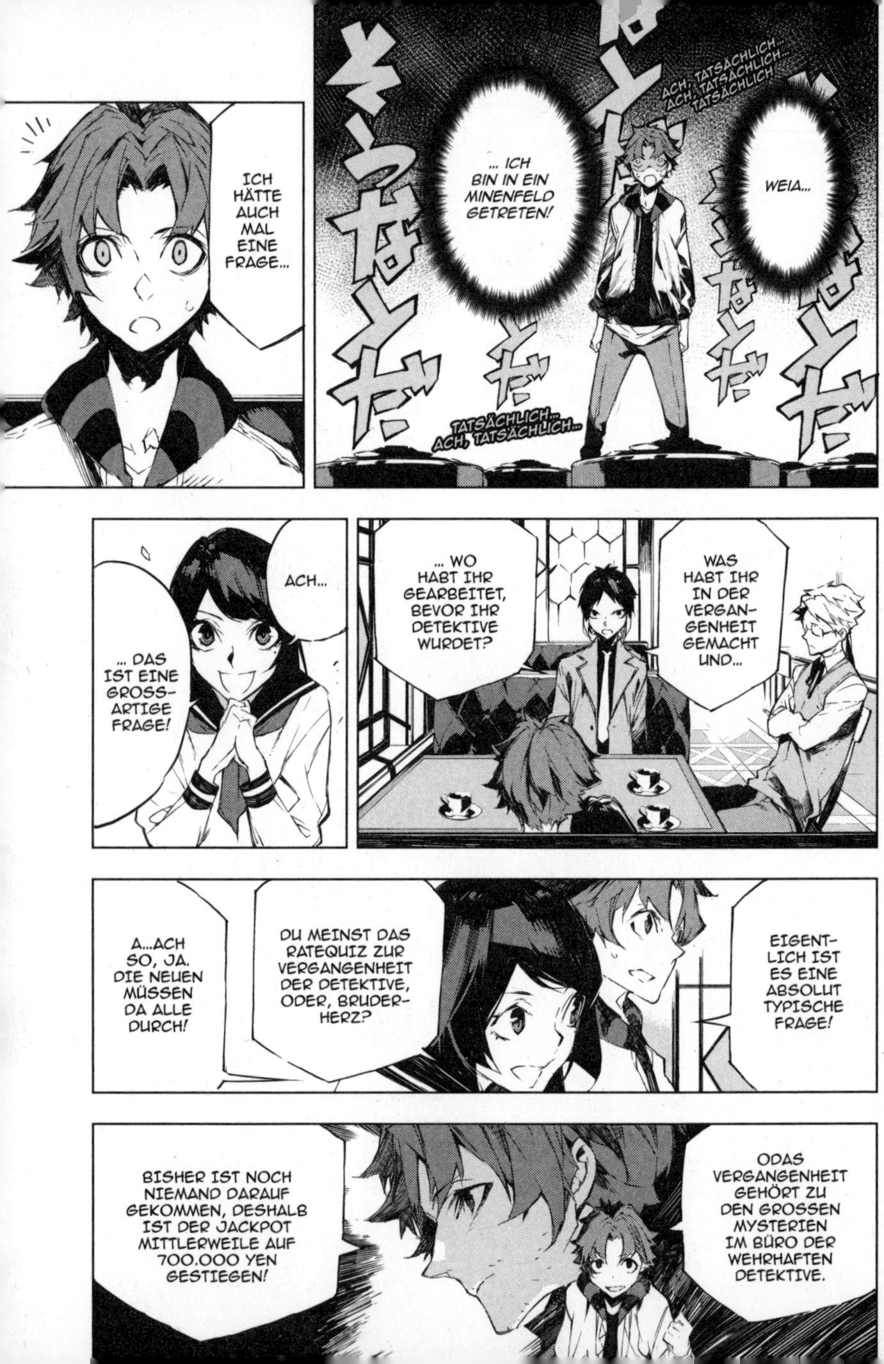
ACH, TATSÄCHLICH... ACH, TATSÄCHLICH... TATSÄCHLICH
WEIA...
... ICH BIN IN EIN MINENFELD GETRETEN!
TATSÄCHLICH... ACH, TATSÄCHLICH...
ICH HÄTTE AUCH MAL EINE FRAGE...
WAS HABT IHR IN DER VERGANGENHEIT GEMACHT UND...
... WO HABT IHR GEARBEITET, BEVOR IHR DETEKTIVE WURDET?
ACH...
... DAS IST EINE GROSSARTIGE FRAGE!
EIGENTLICH IST ES EINE ABSOLUT TYPISCHE FRAGE!
DU MEINST DAS RATEQUIZ ZUR VERGANGENHEIT DER DETEKTIVE, ODER, BRUDERHERZ?
A...ACH SO, JA. DIE NEUEN MÜSSEN DA ALLE DURCH!
ODAS VERGANGENHEIT GEHÖRT ZU DEN GROSSEN MYSTERIEN IM BÜRO DER WEHRHAFTEN DETEKTIVE.
BISHER IST NOCH NIEMAND DARAUF GEKOMMEN, DESHALB IST DER JACKPOT MITTLERWEILE AUF 700.000 YEN GESTIEGEN!

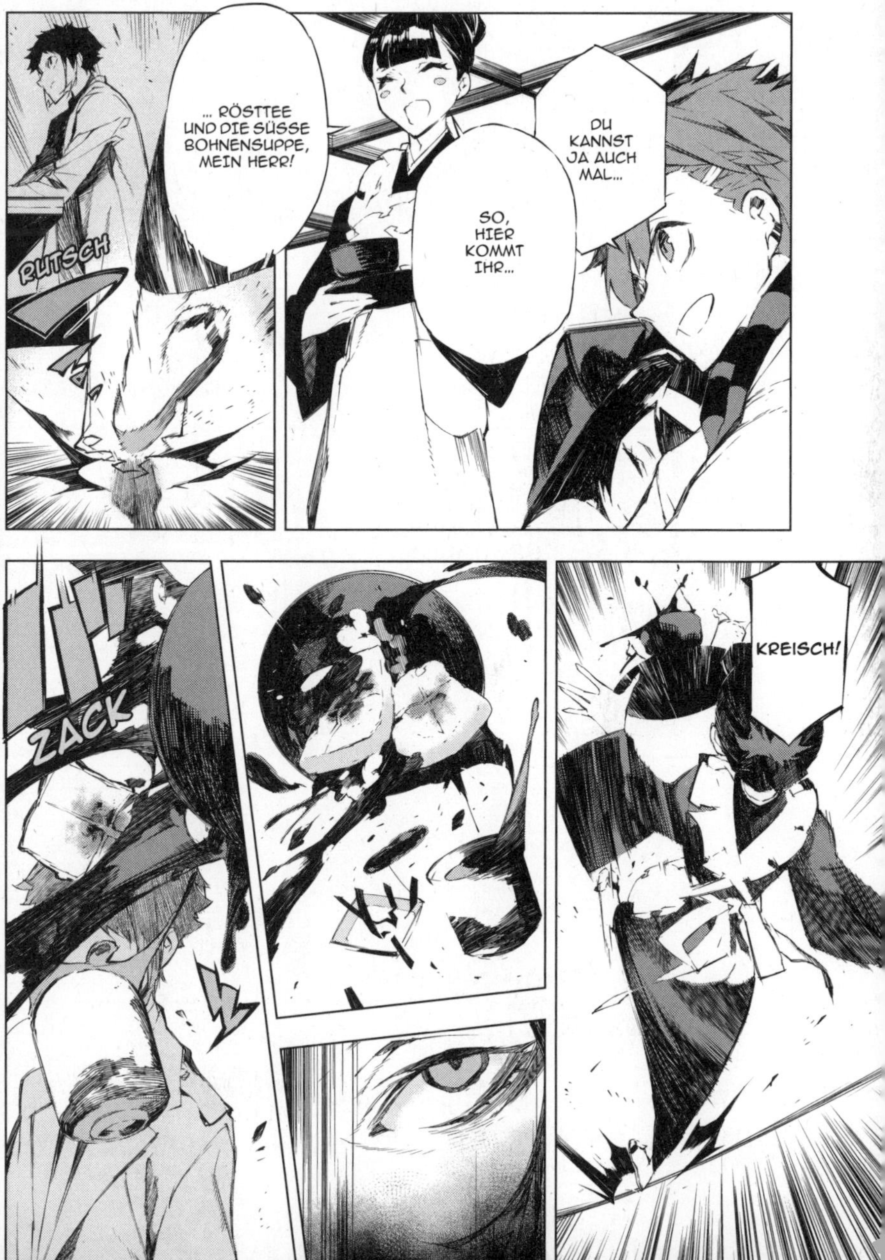
DU KANNST JA AUCH MAL...
SO, HIER KOMMT IHR...
... RÖSTTEE UND DIE SÜSSE BOHNENSUPPE, MEIN HERR!
RUTSCH
KREISCH!
ZACK

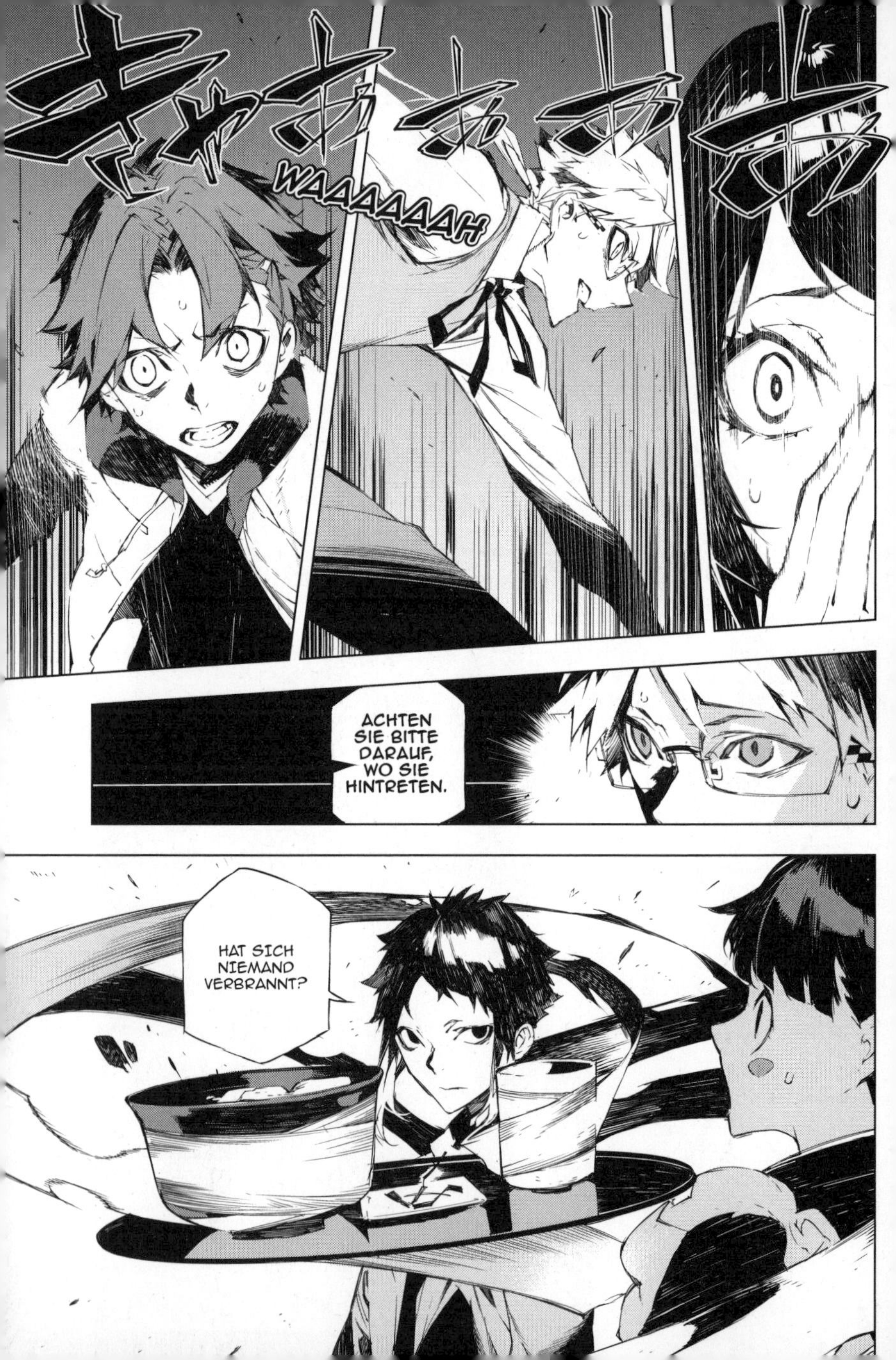

きゃあああああ
WAAAAAAAH
ACHTEN SIE BITTE DARAUF, WO SIE HINTRETEN.
HAT SICH NIEMAND VERBRANNT?

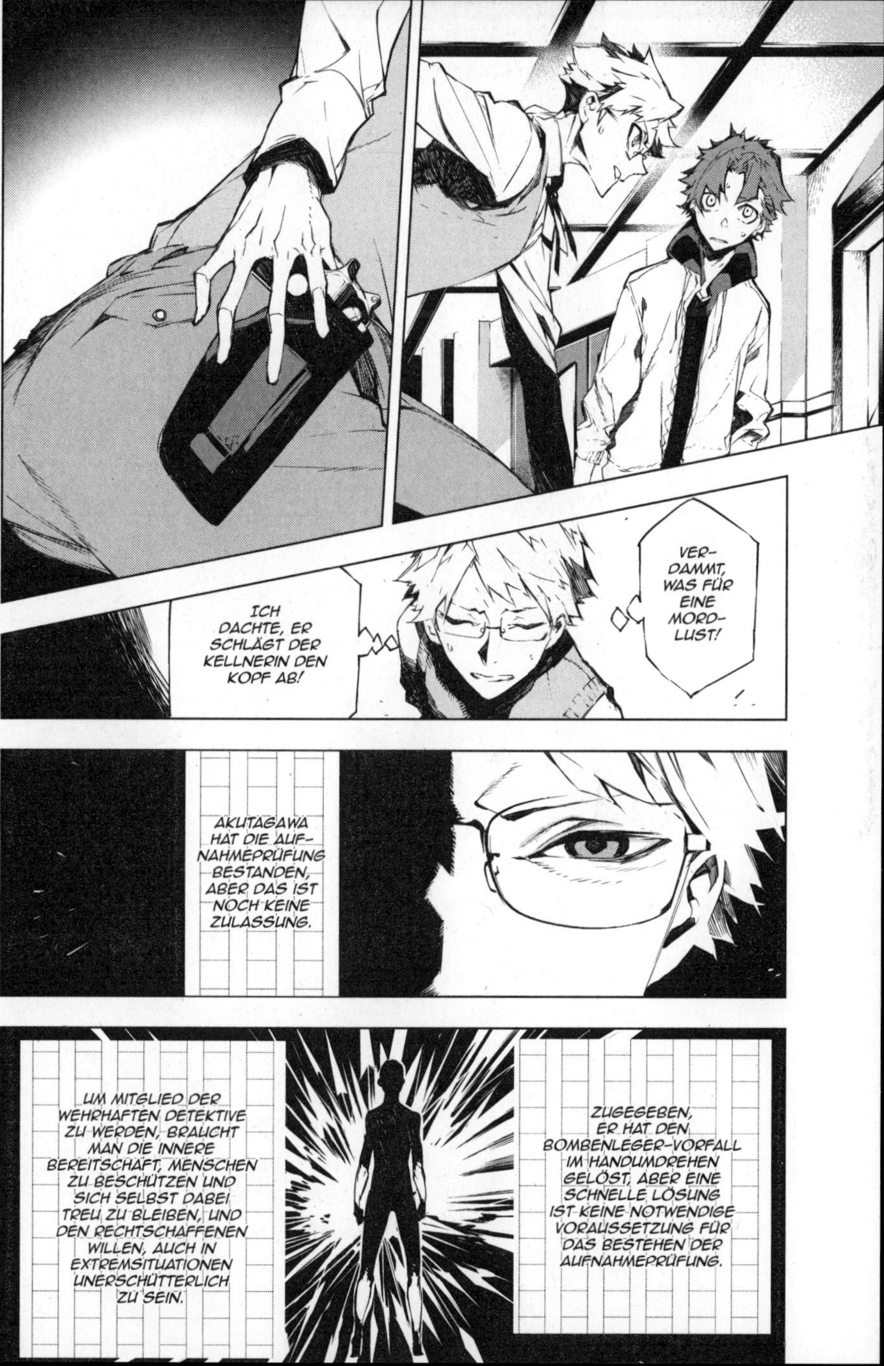
VER-DAMMT, WAS FÜR EINE MORD-LUST!
ICH DACHTE, ER SCHLÄGT DER KELLNERIN DEN KOPF AB!
AKUTAGAWA HAT DIE AUF-NAHMEPRÜFUNG BESTANDEN, ABER DAS IST NOCH KEINE ZULASSUNG.
ZUGEGEBEN, ER HAT DEN BOMBENLEGER-VORFALL IM HANDUMDREHEN GELÖST, ABER EINE SCHNELLE LÖSUNG IST KEINE NOTWENDIGE VORAUSSETZUNG FÜR DAS BESTEHEN DER AUFNAHMEPRÜFUNG.
UM MITGLIED DER WEHRHAFTEN DETEKTIVE ZU WERDEN, BRAUCHT MAN DIE INNERE BEREITSCHAFT, MENSCHEN ZU BESCHÜTZEN UND SICH SELBST DABEI TREU ZU BLEIBEN, UND DEN RECHTSCHAFFENEN WILLEN, AUCH IN EXTREMSITUATIONEN UNERSCHÜTTERLICH ZU SEIN.

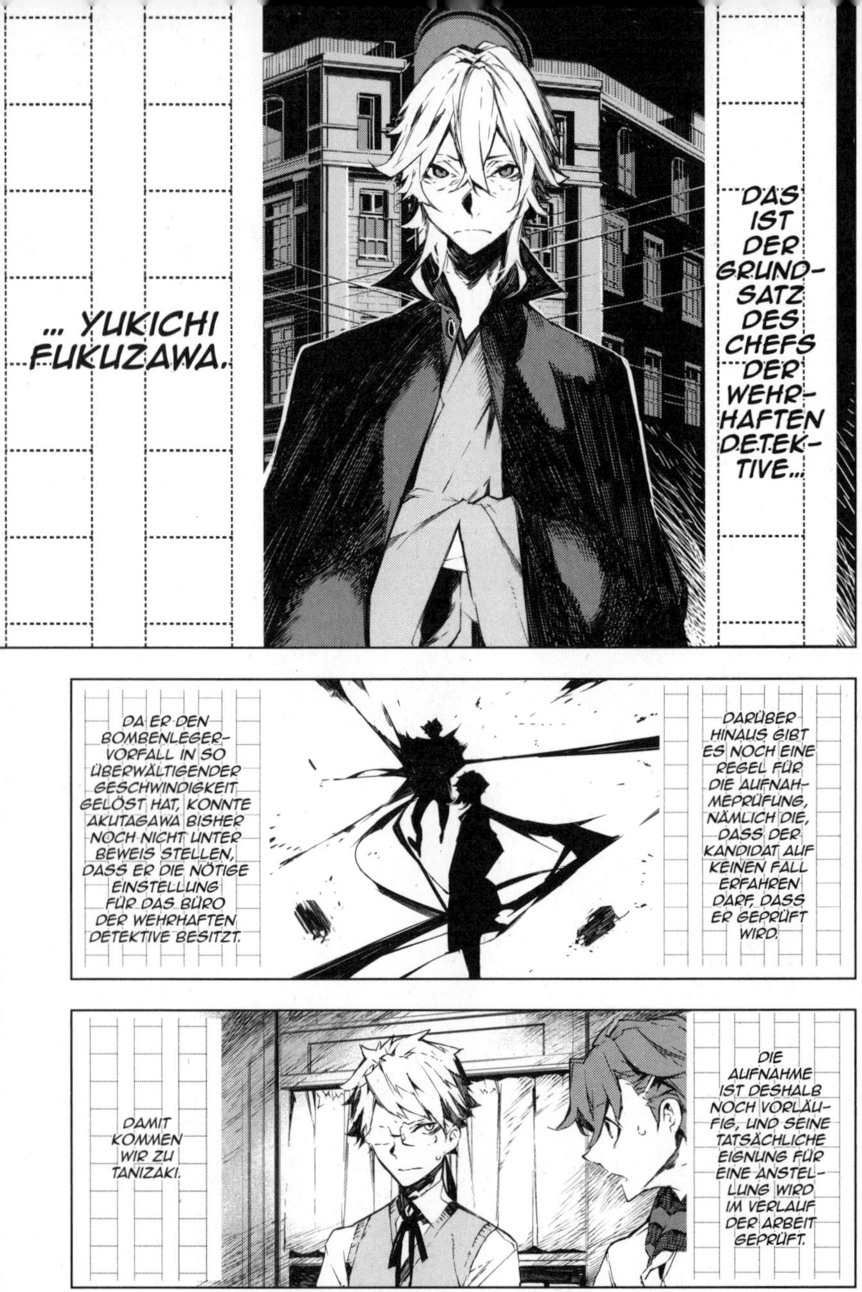
DAS IST DER GRUNDSATZ DES CHEFS DER WEHRHAFTEN DETEKTIVE...
... YUKICHI FUKUZAWA.
DARÜBER HINAUS GIBT ES NOCH EINE REGEL FÜR DIE AUFNAHMEPRÜFUNG, NÄMLICH DIE, DASS DER KANDIDAT AUF KEINEN FALL ERFAHREN DARF, DASS ER GEPRÜFT WIRD.
DA ER DEN BOMBENLEGER-VORFALL IN SO ÜBERWÄLTIGENDER GESCHWINDIGKEIT GELÖST HAT, KONNTE AKUTAGAWA BISHER NOCH NICHT UNTER BEWEIS STELLEN, DASS ER DIE NÖTIGE EINSTELLUNG FÜR DAS BÜRO DER WEHRHAFTEN DETEKTIVE BESITZT.
DIE AUFNAHME IST DESHALB NOCH VORLÄUFIG, UND SEINE TATSÄCHLICHE EIGNUNG FÜR EINE ANSTELLUNG WIRD IM VERLAUF DER ARBEIT GEPRÜFT.
DAMIT KOMMEN WIR ZU TANIZAKI.

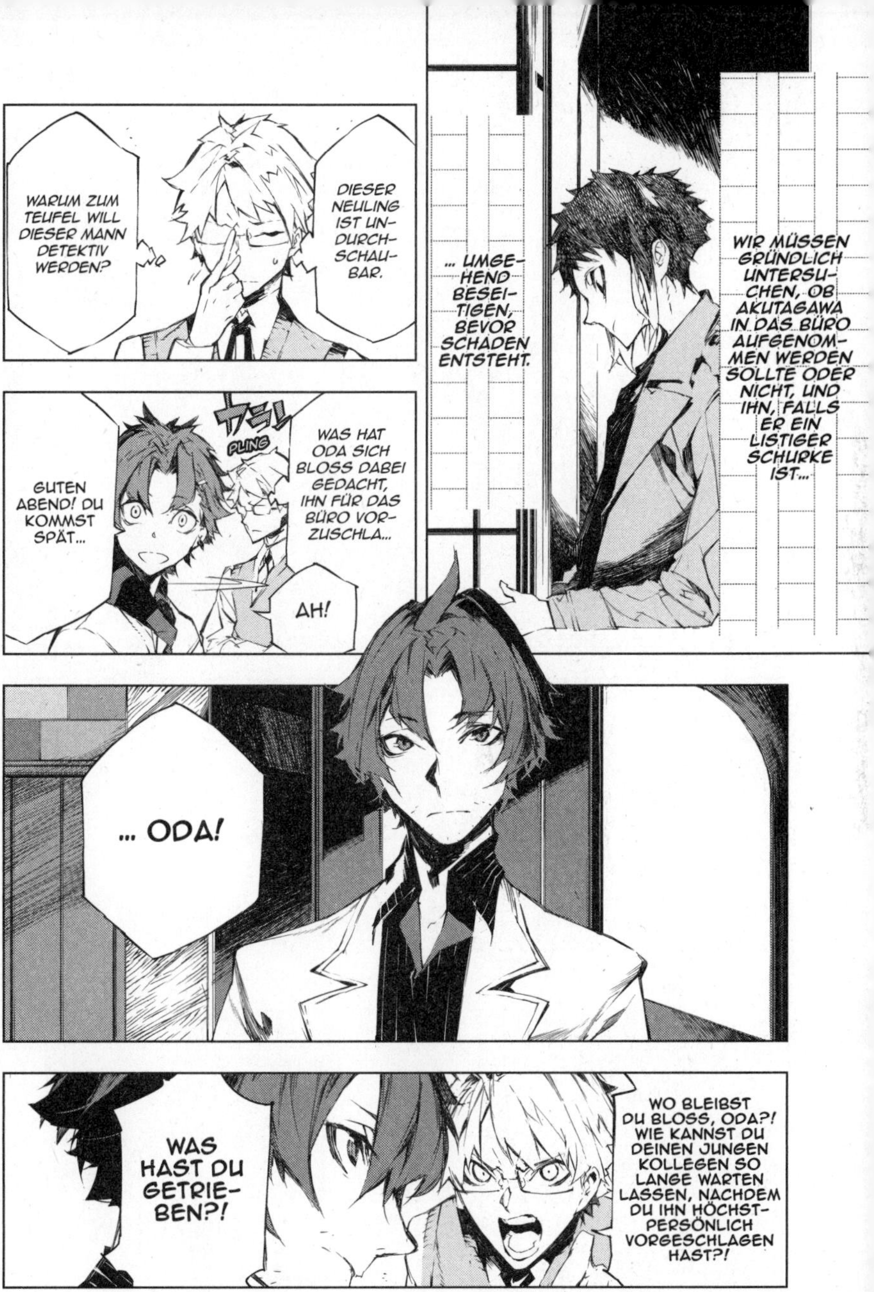
WIR MÜSSEN GRÜNDLICH UNTERSUCHEN, OB AKUTAGAWA IN DAS BÜRO AUFGENOMMEN WERDEN SOLLTE ODER NICHT, UND IHN, FALLS ER EIN LISTIGER SCHURKE IST...
... UMGEHEND BESEITIGEN, BEVOR SCHADEN ENTSTEHT.
DIESER NEULING IST UNDURCHSCHAUBAR.
WARUM ZUM TEUFEL WILL DIESER MANN DETEKTIV WERDEN?
WAS HAT ODA SICH BLOSS DABEI GEDACHT, IHN FÜR DAS BÜRO VORZUSCHLA...
PLING
AH!
GUTEN ABEND! DU KOMMST SPÄT...
... ODA!
WO BLEIBST DU BLOSS, ODA?! WIE KANNST DU DEINEN JUNGEN KOLLEGEN SO LANGE WARTEN LASSEN, NACHDEM DU IHN HÖCHSTPERSÖNLICH VORGESCHLAGEN HAST?!
WAS HAST DU GETRIEBEN?!

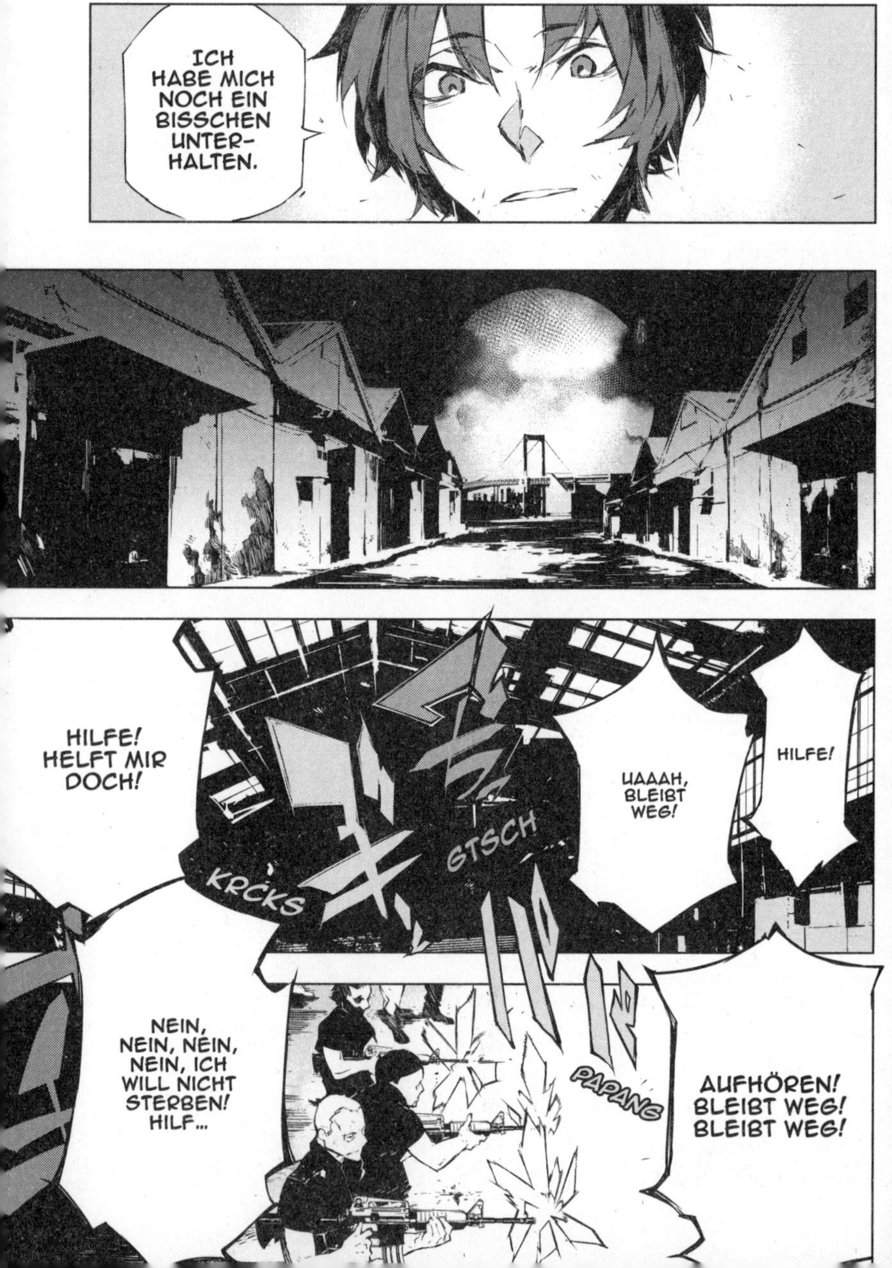
ICH HABE MICH NOCH EIN BISSCHEN UNTER-HALTEN.
HILFE!
UAAAH, BLEIBT WEG!
HILFE! HELFT MIR DOCH!
GTSCH
KRCKS
AUFHÖREN! BLEIBT WEG! BLEIBT WEG!
PAPANG
NEIN, NEIN, NEIN, NEIN, ICH WILL NICHT STERBEN! HILF...

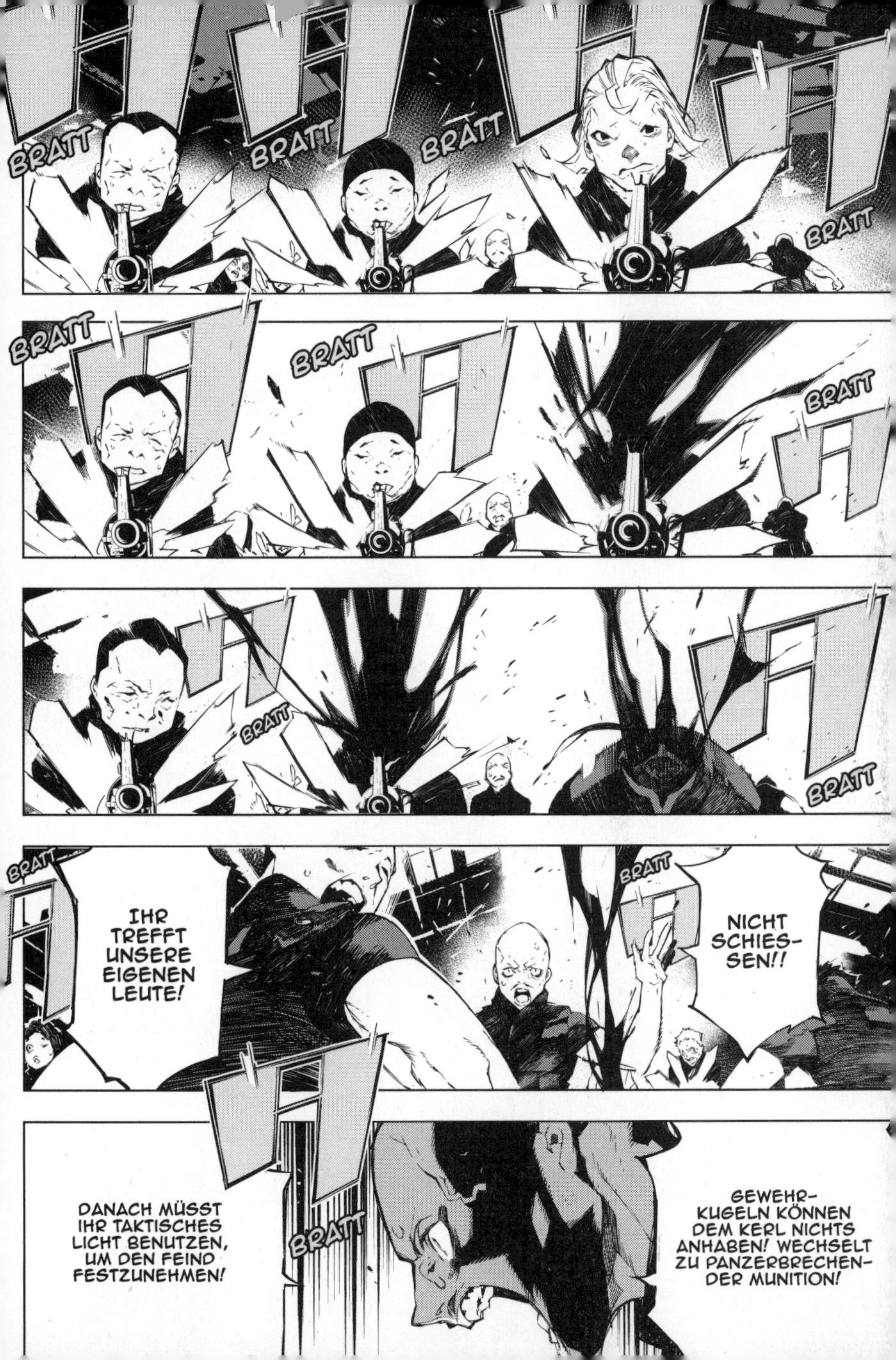
BRATT
BRATT
BRATT
BRATT
BRATT
BRATT
BRATT
BRATT
BRATT
BRATT
IHR TREFFT UNSERE EIGENEN LEUTE!
NICHT SCHIES-SEN!!
BRATT
DANACH MÜSST IHR TAKTISCHES LICHT BENUTZEN, UM DEN FEIND FESTZUNEHMEN!
GEWEHR-KUGELN KÖNNEN DEM KERL NICHTS ANHABEN! WECHSELT ZU PANZERBRECHEN-DER MUNITION!

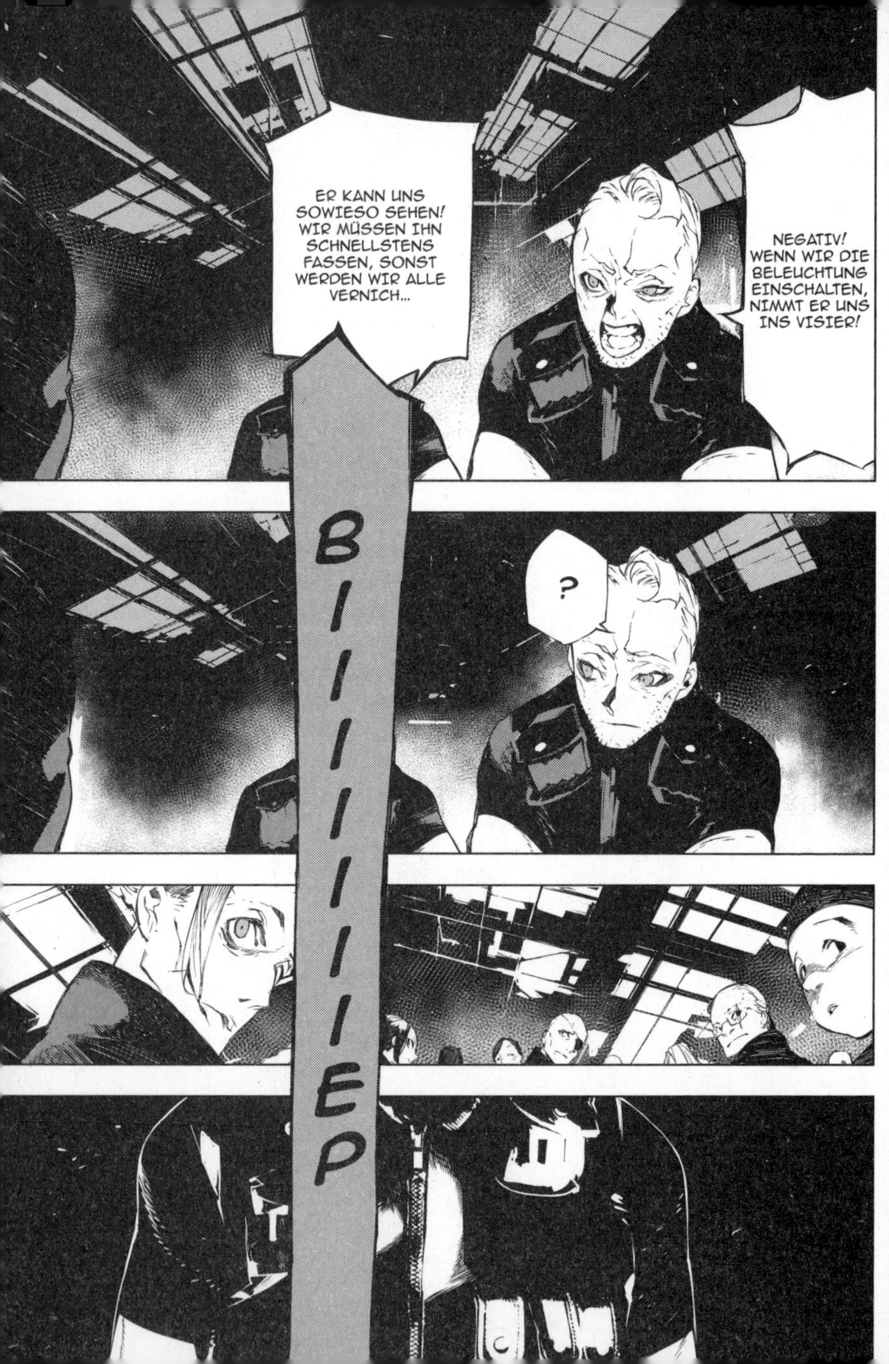
NEGATIV! WENN WIR DIE BELEUCHTUNG EINSCHALTEN, NIMMT ER UNS INS VISIER!
ER KANN UNS SOWIESO SEHEN! WIR MÜSSEN IHN SCHNELLSTENS FASSEN, SONST WERDEN WIR ALLE VERNICH...
BIIIIIIEP
?

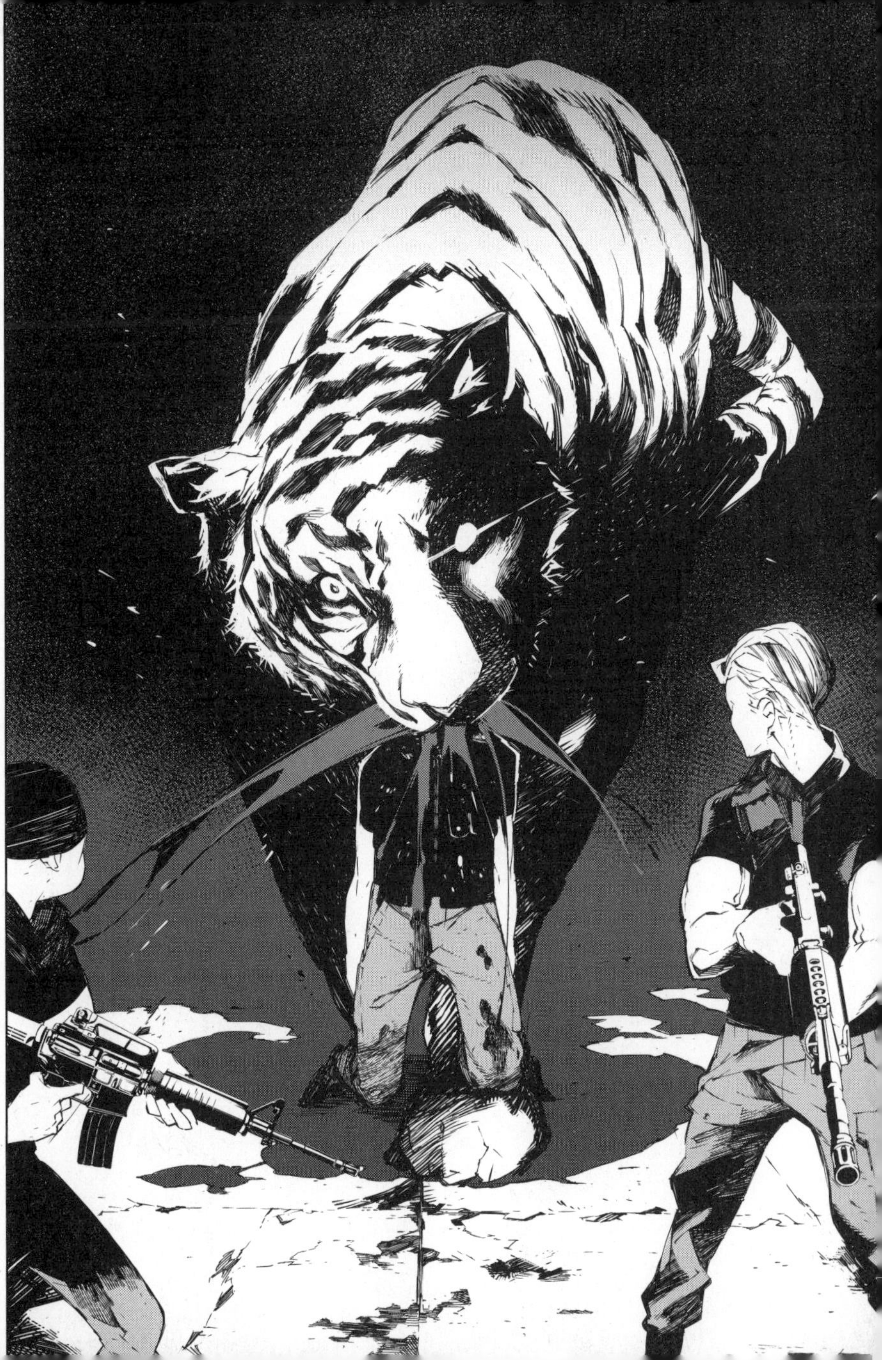

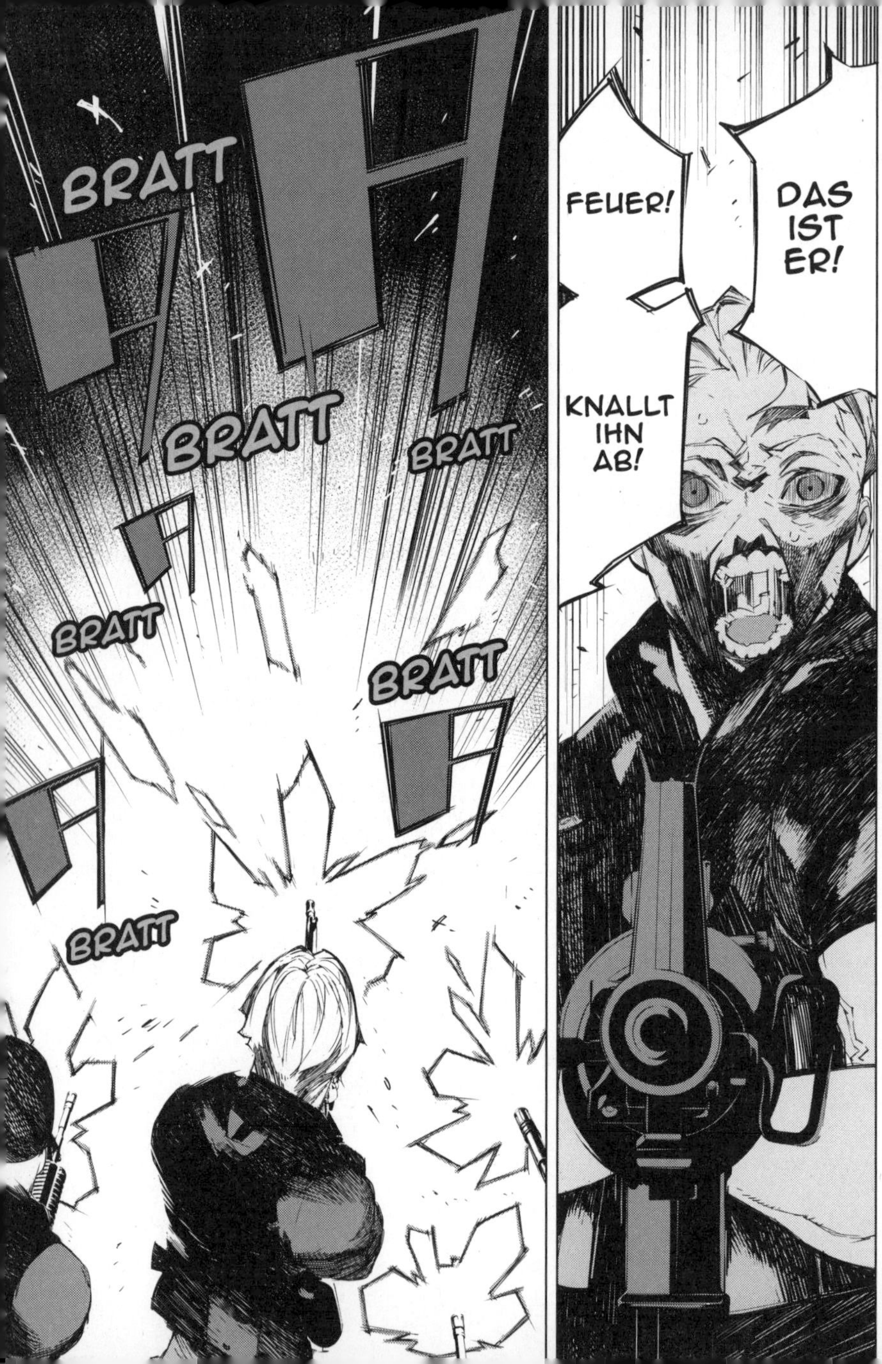
DAS IST ER!
FEUER!
KNALLT IHN AB!
BRATT
BRATT
BRATT
BRATT
BRATT
BRATT

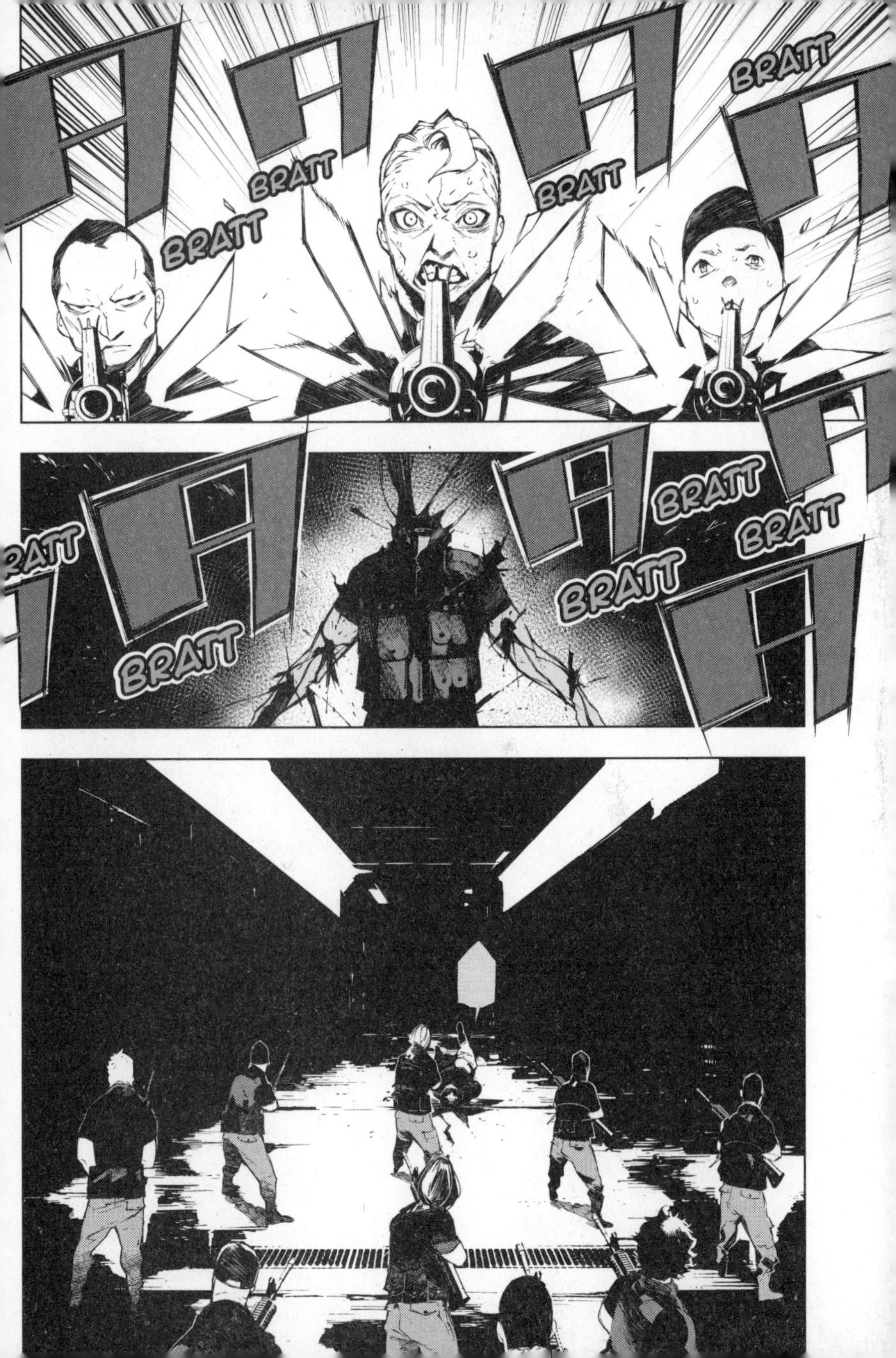
BRATT
BRATT
BRATT
BRATT
BRATT
BRATT
BRATT
BRATT
RATT
BRATT

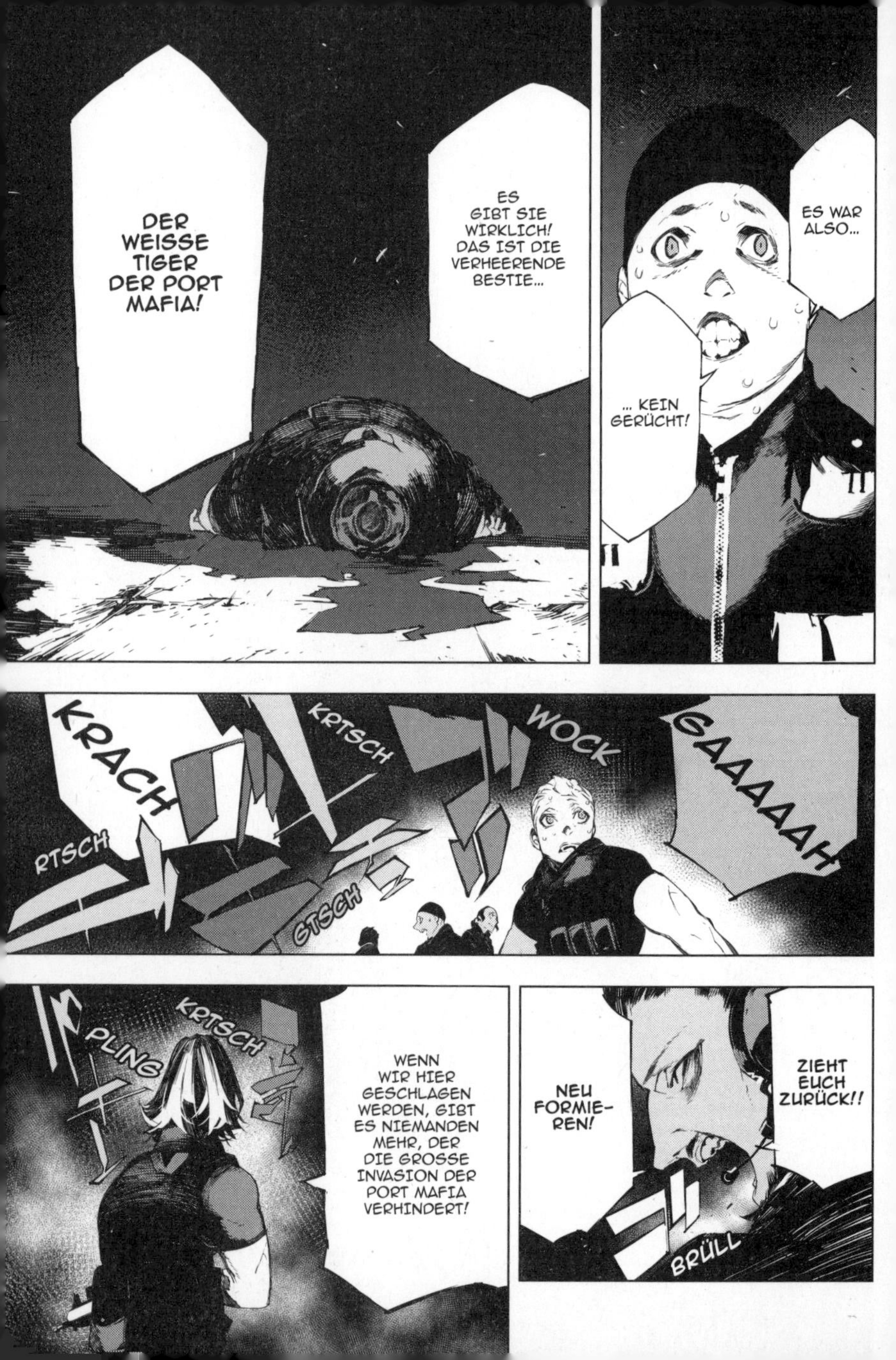

ES WAR ALSO...
... KEIN GERÜCHT!
ES GIBT SIE WIRKLICH! DAS IST DIE VERHEERENDE BESTIE...
DER WEISSE TIGER DER PORT MAFIA!
GAAAAAAH
WOCK
KRTSCH
KRACH
RTSCH
GTSCH
ZIEHT EUCH ZURÜCK!!
NEU FORMIE-REN!
BRÜLL
WENN WIR HIER GESCHLAGEN WERDEN, GIBT ES NIEMANDEN MEHR, DER DIE GROSSE INVASION DER PORT MAFIA VERHINDERT!
KRTSCH
PLING

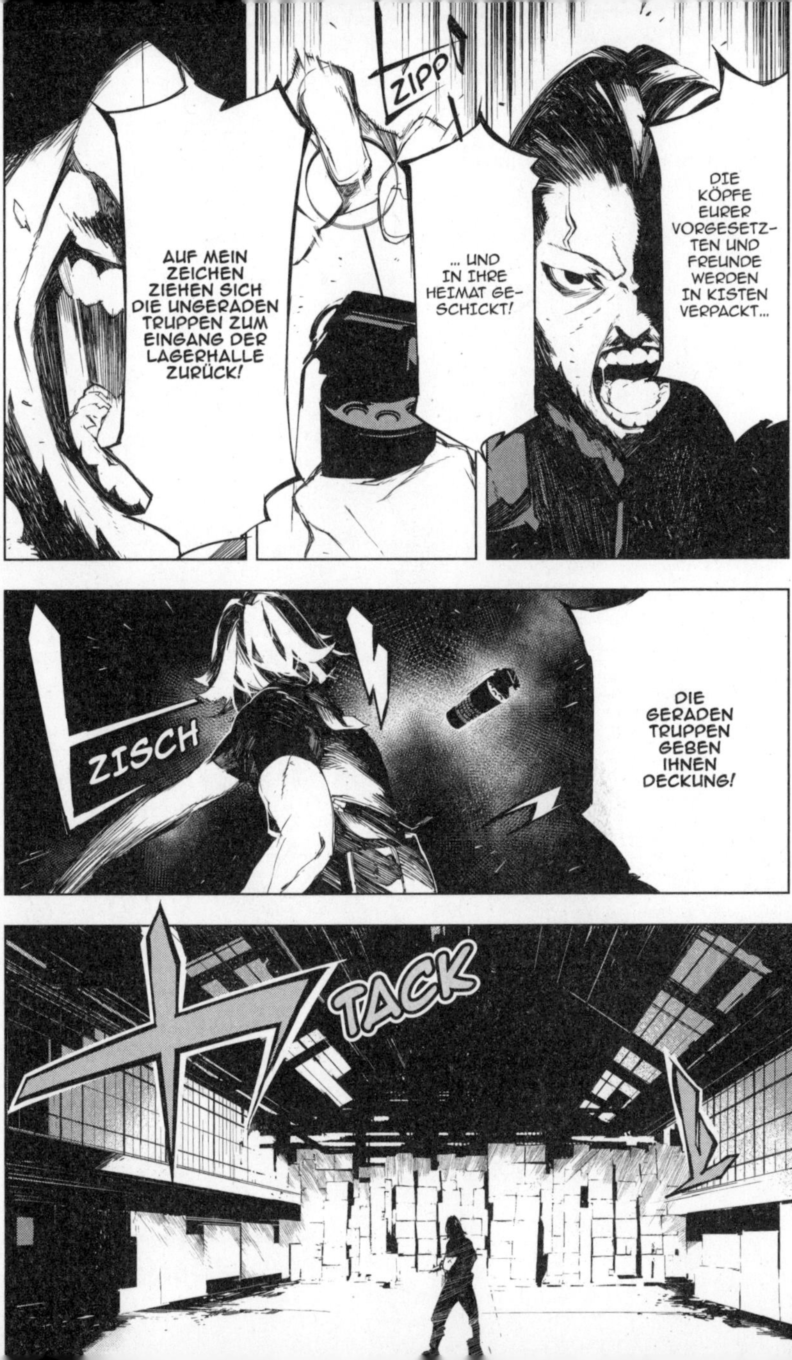
AUF MEIN ZEICHEN ZIEHEN SICH DIE UNGERADEN TRUPPEN ZUM EINGANG DER LAGERHALLE ZURÜCK!
ZIPP
... UND IN IHRE HEIMAT GE-SCHICKT!
DIE KÖPFE EURER VORGESETZ-TEN UND FREUNDE WERDEN IN KISTEN VERPACKT...
ZISCH
DIE GERADEN TRUPPEN GEBEN IHNEN DECKUNG!
TACK

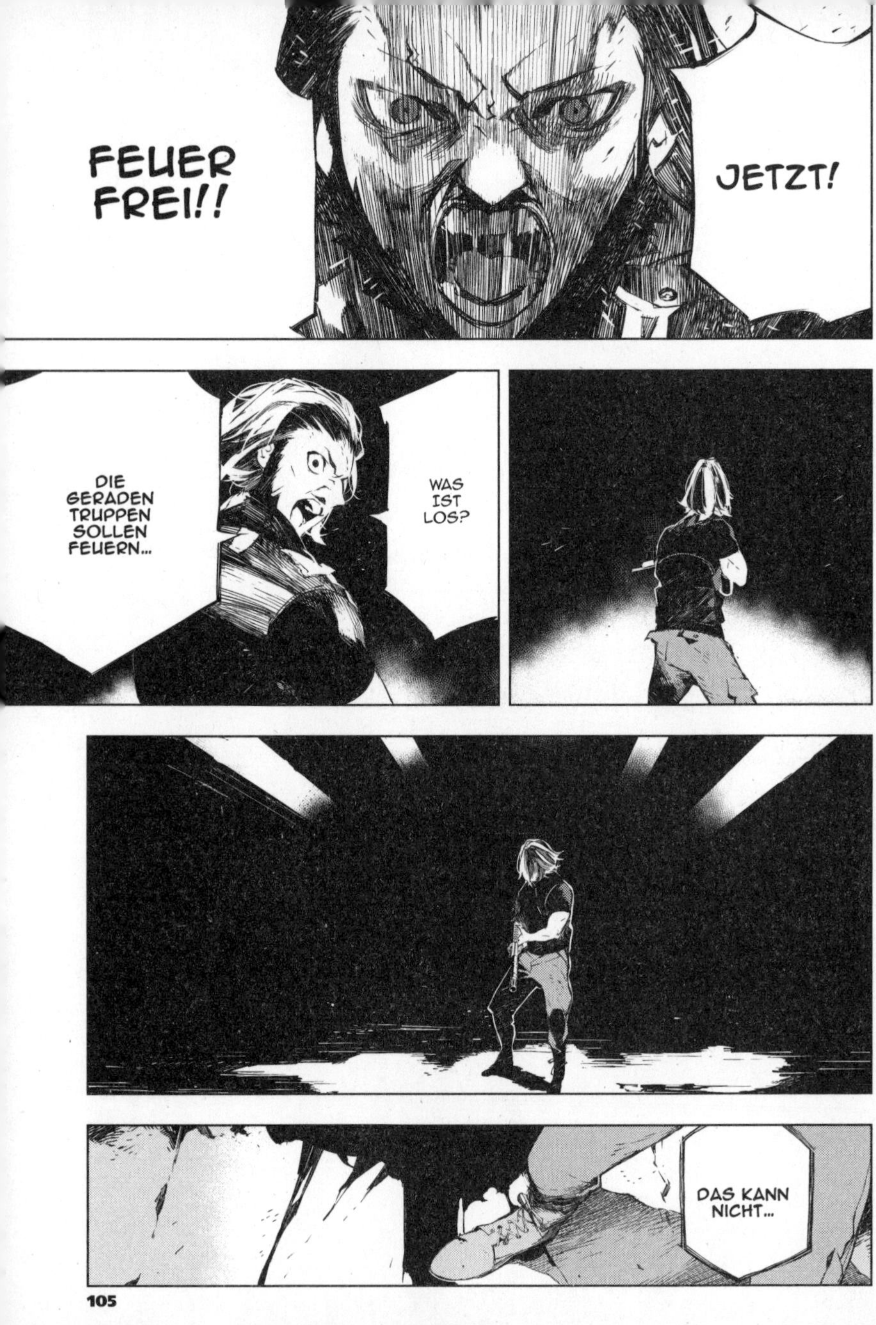

JETZT!
FEUER FREI!!
WAS IST LOS?
DIE GERADEN TRUPPEN SOLLEN FEUERN...
DAS KANN NICHT...

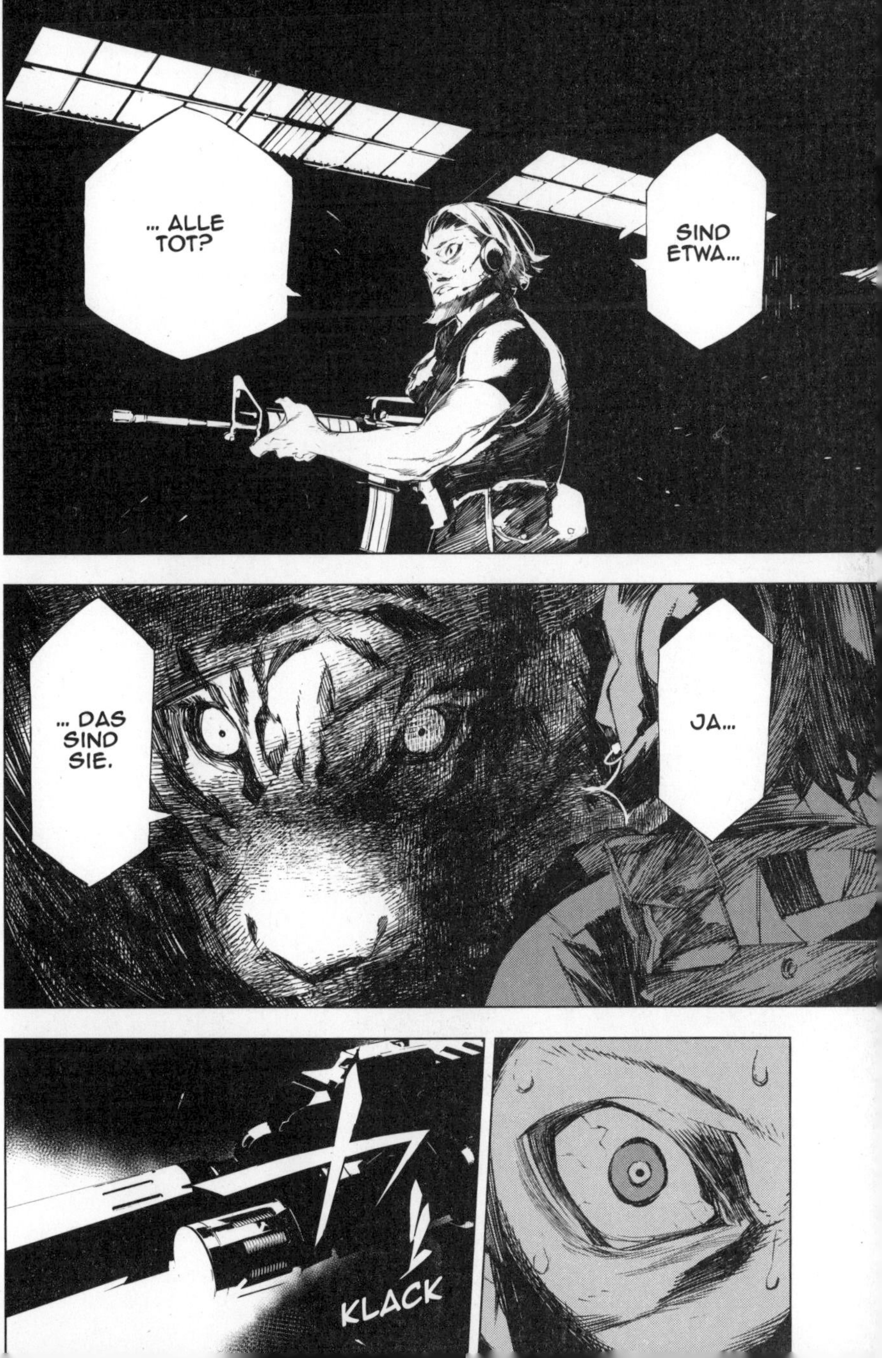
SIND ETWA...
... ALLE TOT?
JA...
... DAS SIND SIE.
KLACK

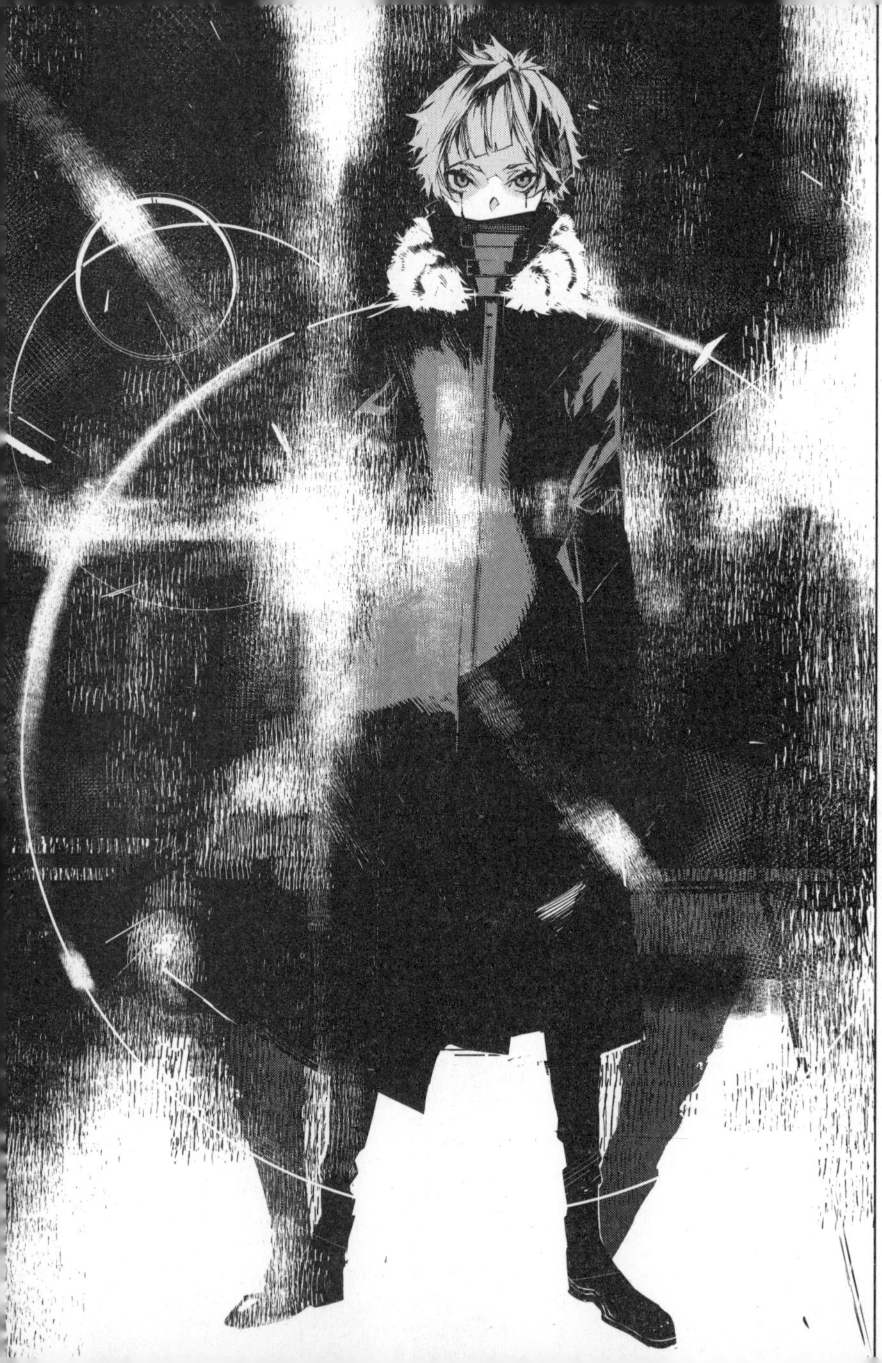

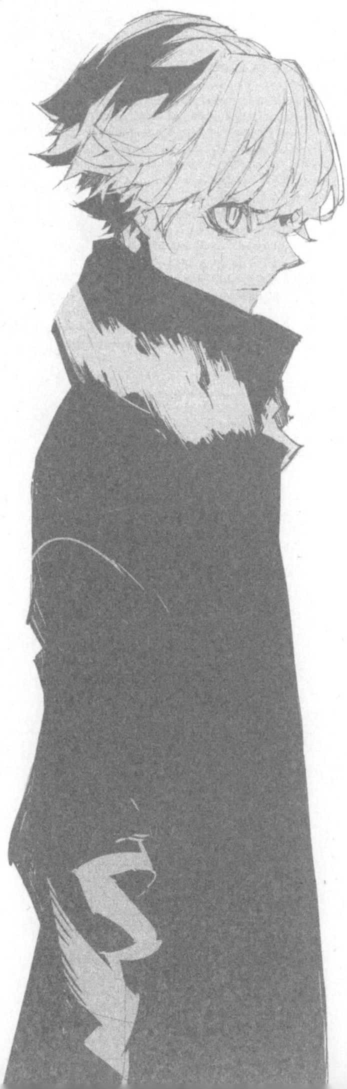

B E A S T

Bungo Stray Dogs

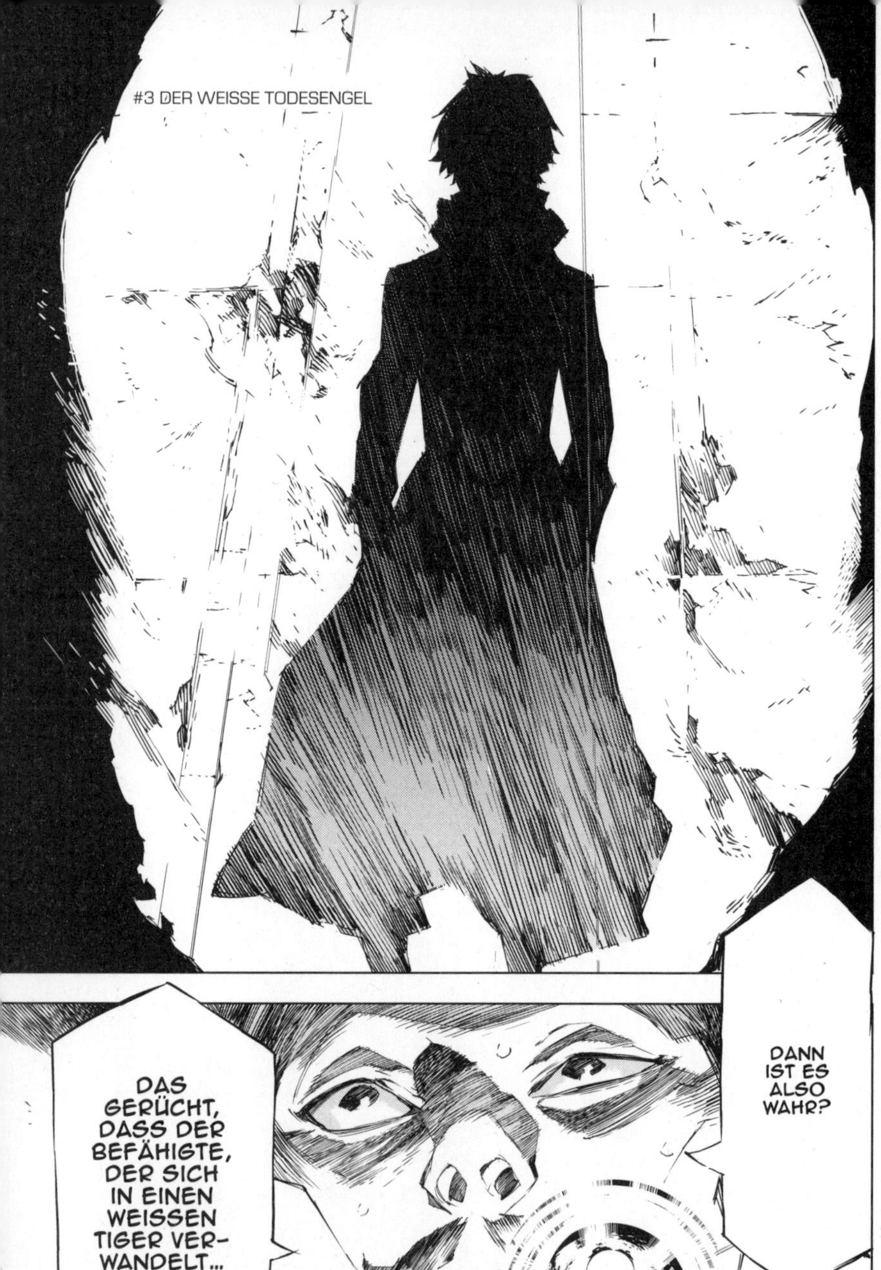
#3 DER WEISSE TODESENGEL
DANN IST ES ALSO WAHR?
DAS GERÜCHT, DASS DER BEFÄHIGTE, DER SICH IN EINEN WEISSEN TIGER VERWANDELT...

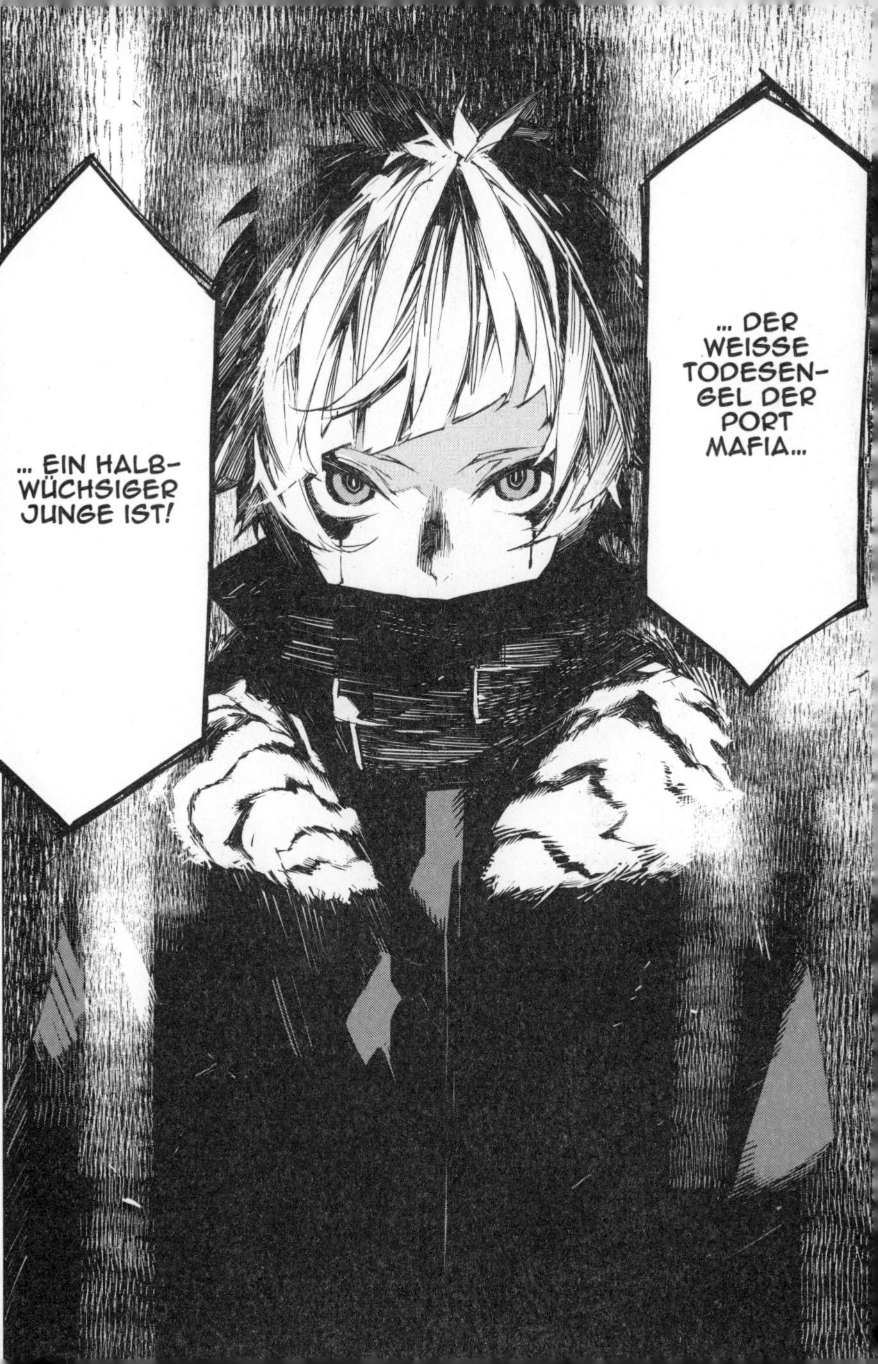
... DER WEISSE TODESEN-GEL DER PORT MAFIA...
... EIN HALB-WÜCHSIGER JUNGE IST!

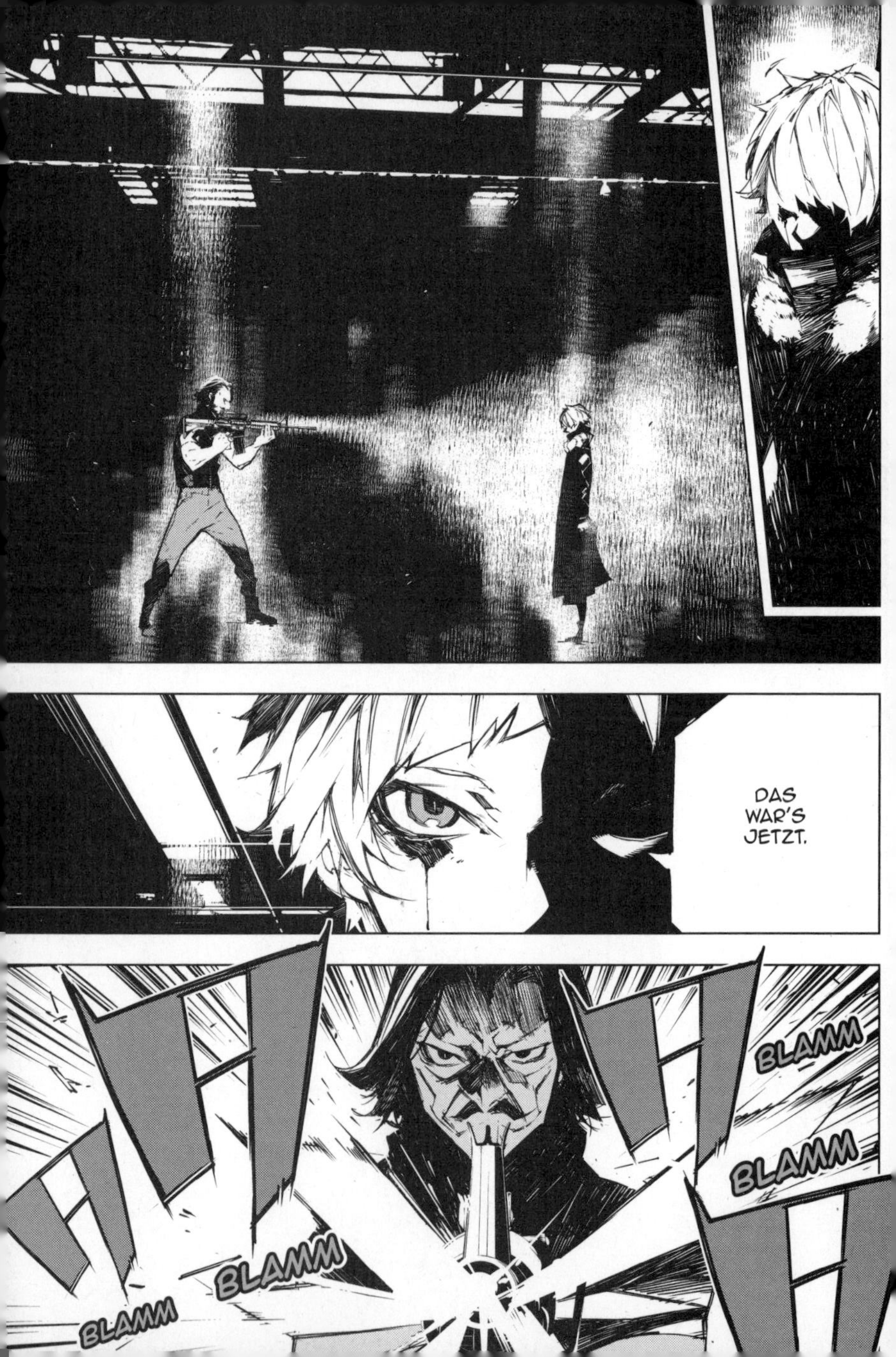
DAS WAR'S JETZT.
BLAMM
BLAMM
BLAMM
BLAMM

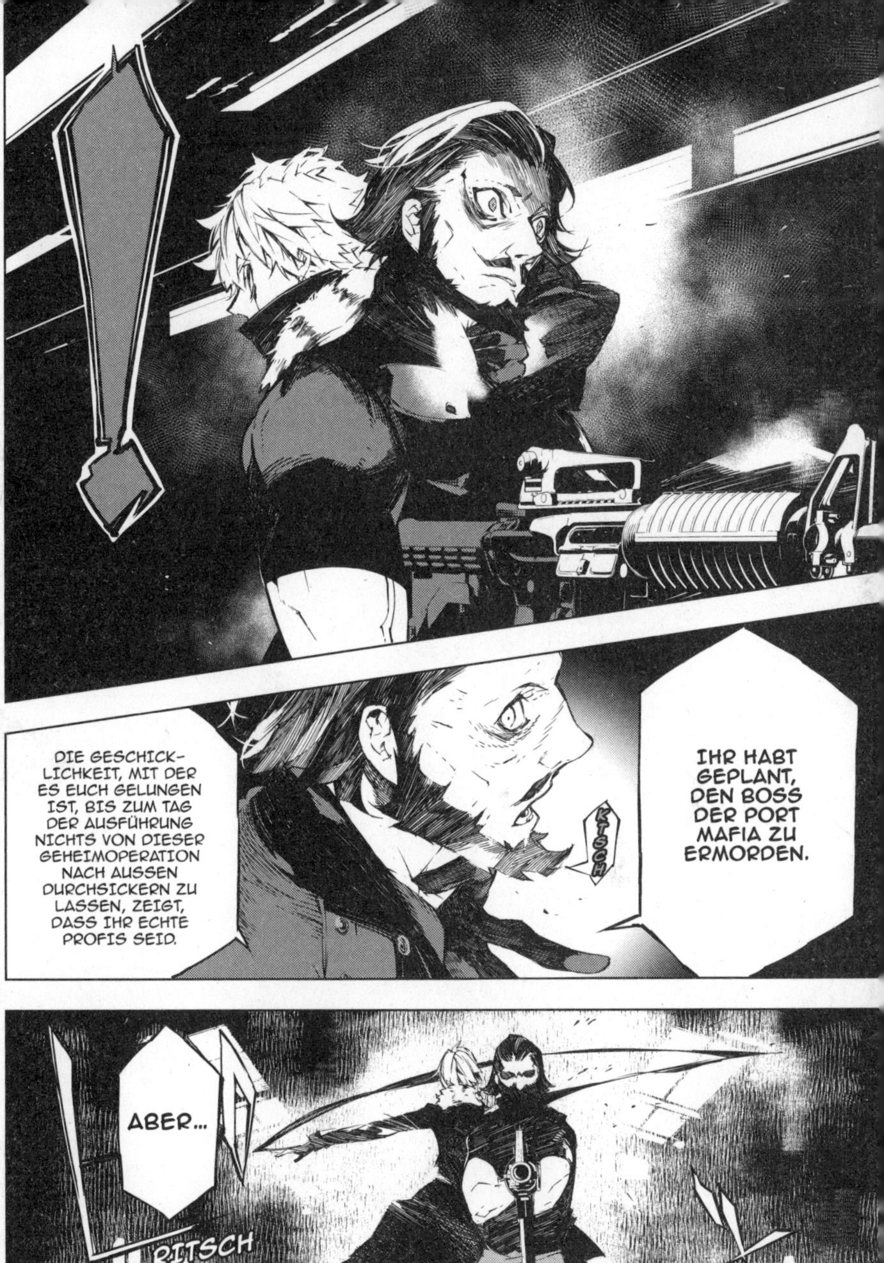
IHR HABT GEPLANT, DEN BOSS DER PORT MAFIA ZU ERMORDEN.
KLICK
DIE GESCHICKLICHKEIT, MIT DER ES EUCH GELUNGEN IST, BIS ZUM TAG DER AUSFÜHRUNG NICHTS VON DIESER GEHEIMOPERATION NACH AUSSEN DURCHSICKERN ZU LASSEN, ZEIGT, DASS IHR ECHTE PROFIS SEID.
ABER...
RITSCH

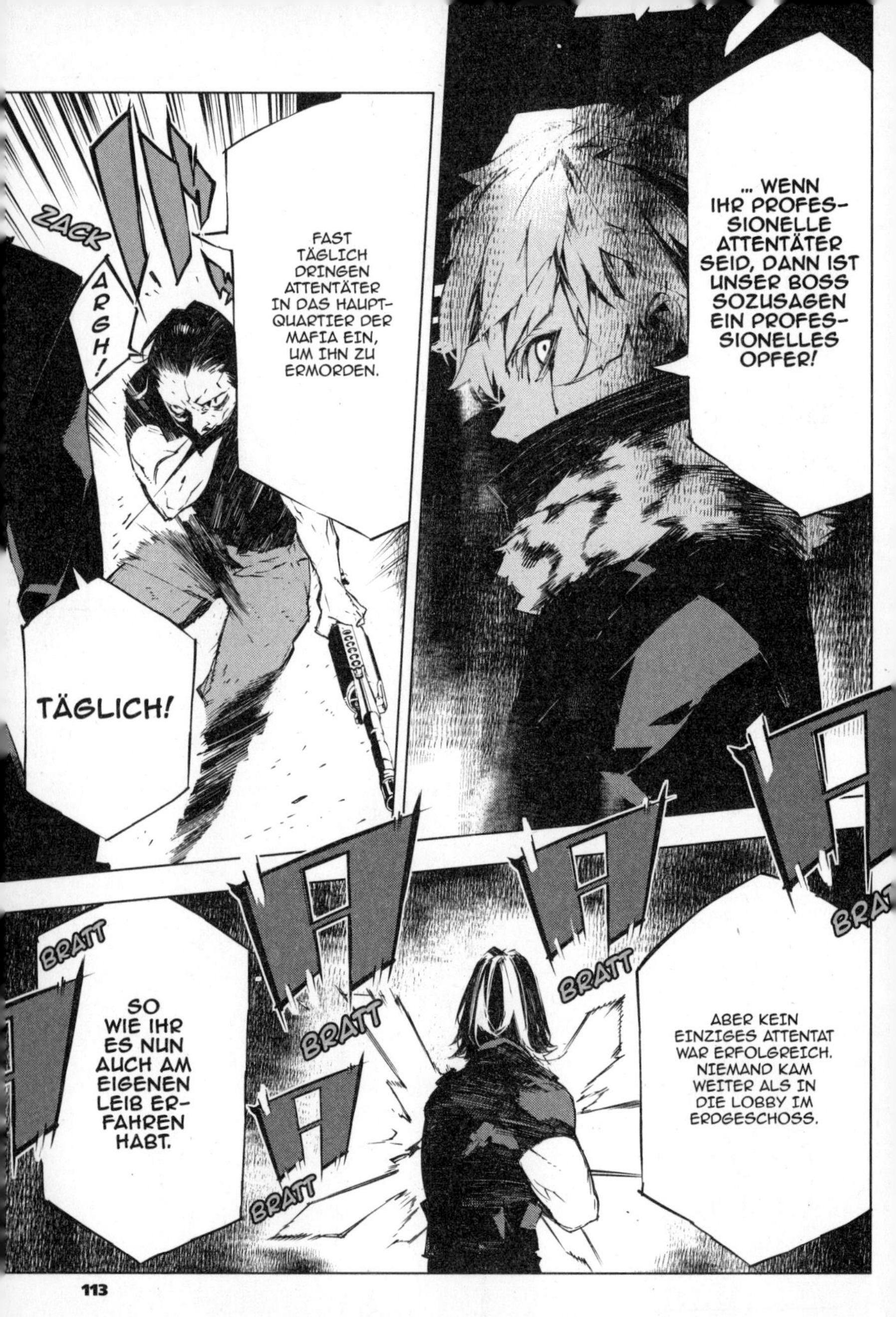
... WENN IHR PROFESSIONELLE ATTENTÄTER SEID, DANN IST UNSER BOSS SOZUSAGEN EIN PROFESSIONELLES OPFER!
FAST TÄGLICH DRINGEN ATTENTÄTER IN DAS HAUPTQUARTIER DER MAFIA EIN, UM IHN ZU ERMORDEN.
ZACK
ARGH!
TÄGLICH!
BRATT
ABER KEIN EINZIGES ATTENTAT WAR ERFOLGREICH. NIEMAND KAM WEITER ALS IN DIE LOBBY IM ERDGESCHOSS.
BRATT
BRATT
BRATT
BRATT
SO WIE IHR ES NUN AUCH AM EIGENEN LEIB ERFAHREN HABT.

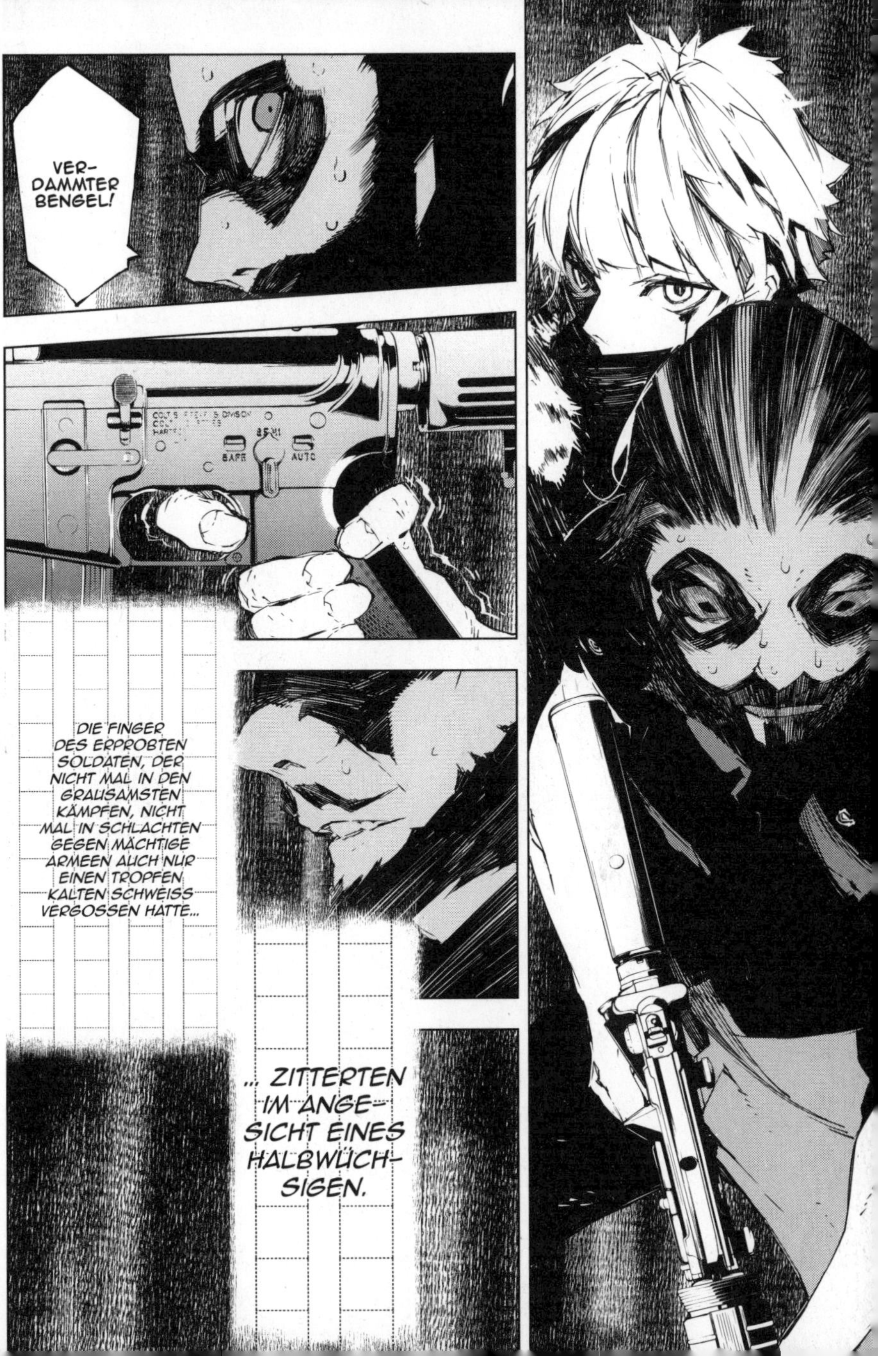
VER-
DAMMTER
BENGEL!
SAFE
AUTO
DIE FINGER DES ERPROBTEN SOLDATEN, DER NICHT MAL IN DEN GRAUSAMSTEN KÄMPFEN, NICHT MAL IN SCHLACHTEN GEGEN MÄCHTIGE ARMEEN AUCH NUR EINEN TROPFEN KALTEN SCHWEISS VERGOSSEN HATTE...
... ZITTERTEN IM ANGE- SICHT EINES HALBWÜCH- SIGEN.

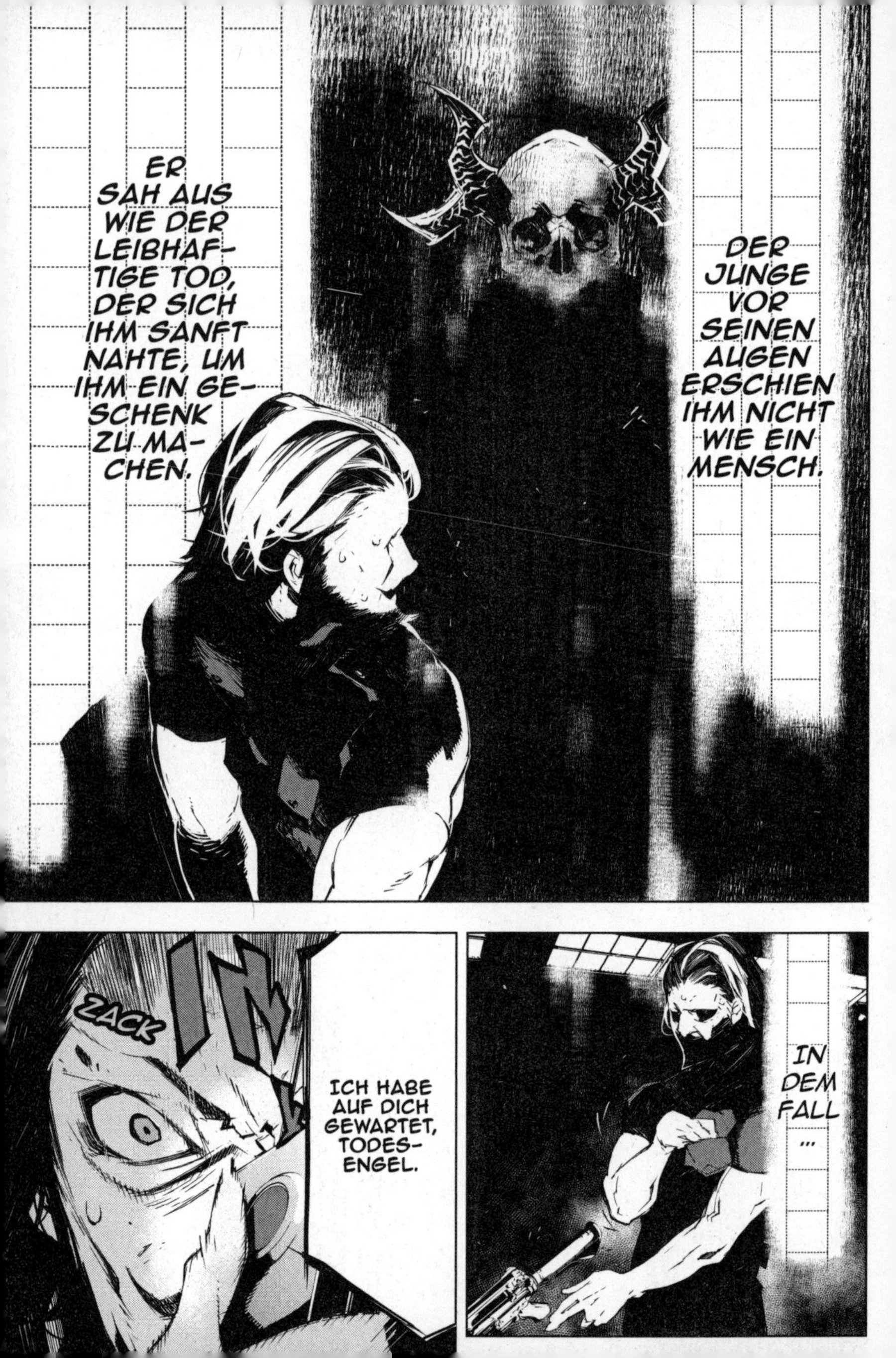
DER JUNGE VOR SEINEN AUGEN ERSCHIEN IHM NICHT WIE EIN MENSCH.
ER SAH AUS WIE DER LEIBHAF-TIGE TOD, DER SICH IHM SANFT NAHTE, UM IHM EIN GE-SCHENK ZU MA-CHEN.
IN DEM FALL ...
ICH HABE AUF DICH GEWARTET, TODES-ENGEL.
ZACK

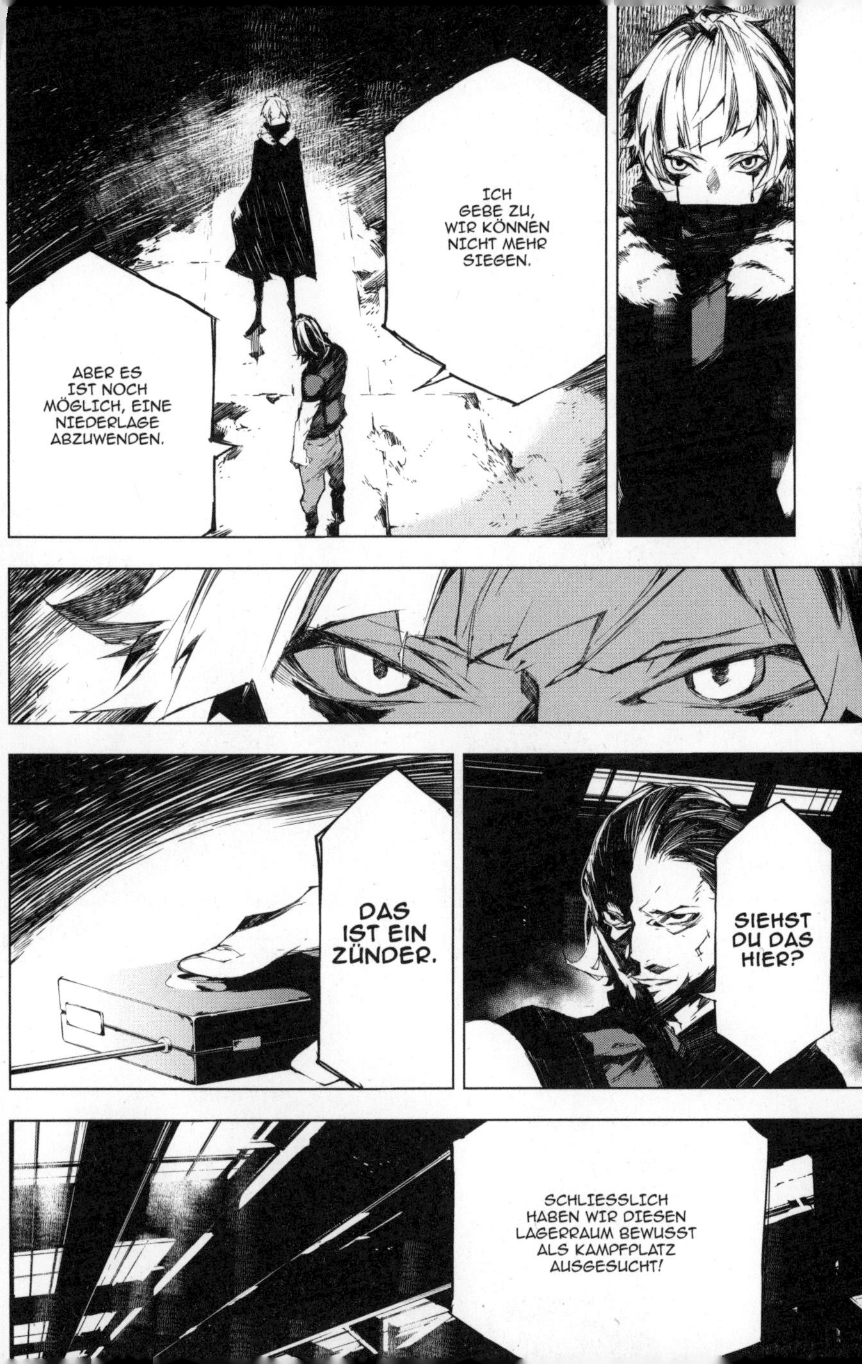
ICH GEBE ZU, WIR KÖNNEN NICHT MEHR SIEGEN.
ABER ES IST NOCH MÖGLICH, EINE NIEDERLAGE ABZUWENDEN.
SIEHST DU DAS HIER?
DAS IST EIN ZÜNDER.
SCHLIESSLICH HABEN WIR DIESEN LAGERRAUM BEWUSST ALS KAMPFPLATZ AUSGESUCHT!

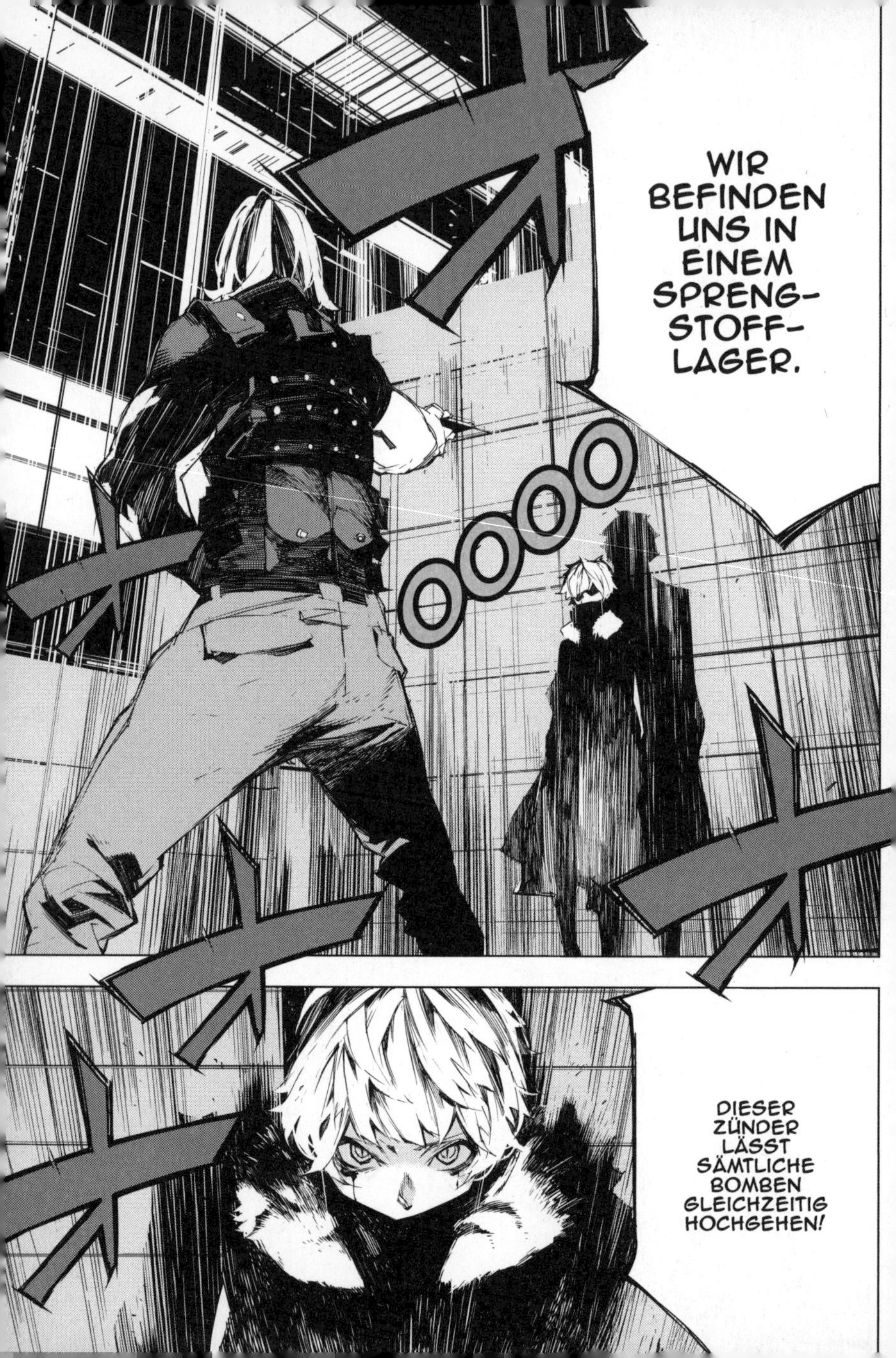
WIR BEFINDEN UNS IN EINEM SPRENG-STOFF-LAGER.
DIESER ZÜNDER LÄSST SÄMTLICHE BOMBEN GLEICHZEITIG HOCHGEHEN!

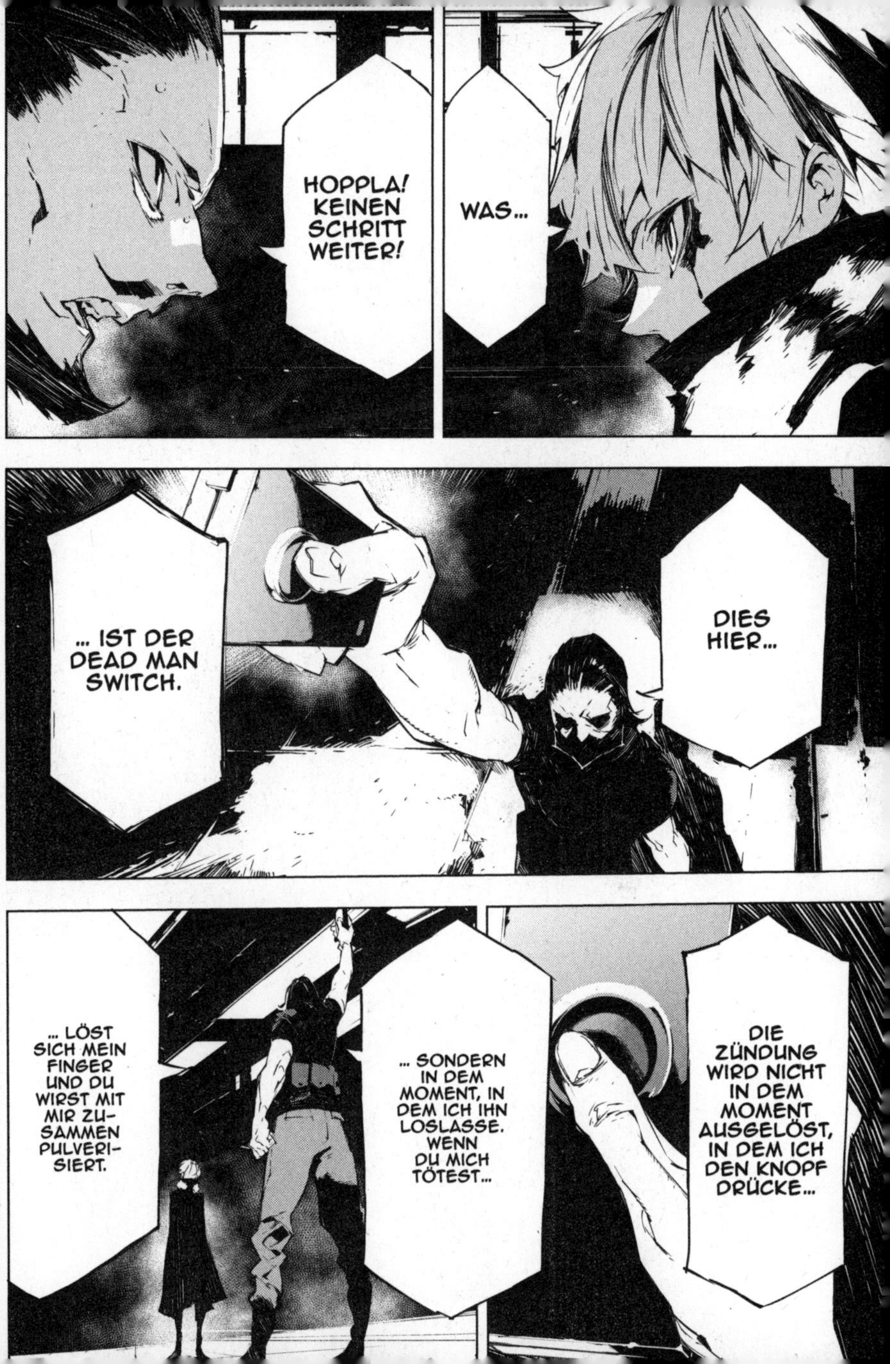
WAS...
HOPPLA! KEINEN SCHRITT WEITER!
DIES HIER...
... IST DER DEAD MAN SWITCH.
DIE ZÜNDUNG WIRD NICHT IN DEM MOMENT AUSGELÖST, IN DEM ICH DEN KNOPF DRÜCKE...
... SONDERN IN DEM MOMENT, IN DEM ICH IHN LOSLASSE. WENN DU MICH TÖTEST...
... LÖST SICH MEIN FINGER UND DU WIRST MIT MIR ZU-SAMMEN PULVERI-SIERT.

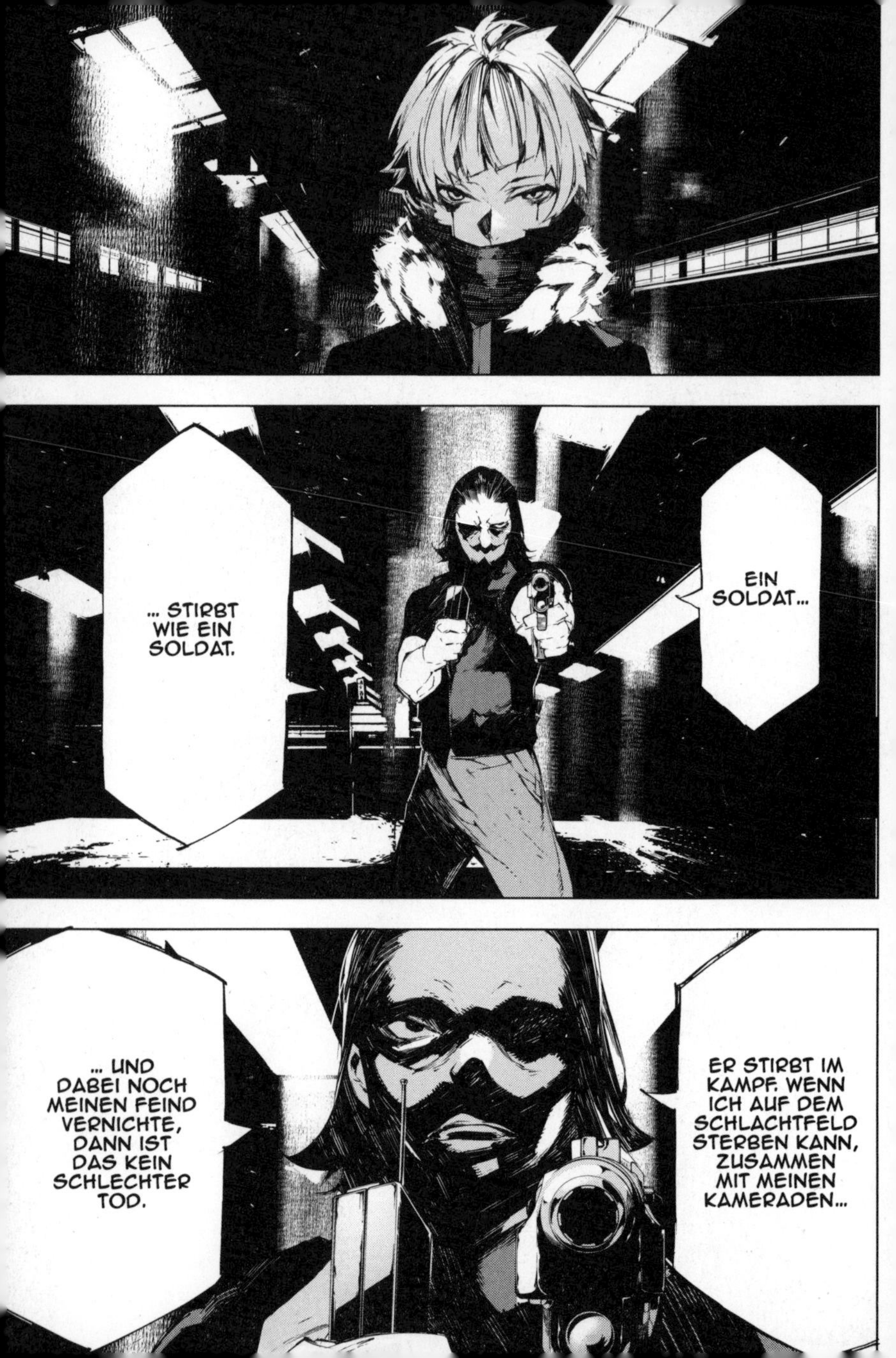
EIN SOLDAT…
… STIRBT WIE EIN SOLDAT.
ER STIRBT IM KAMPF. WENN ICH AUF DEM SCHLACHTFELD STERBEN KANN, ZUSAMMEN MIT MEINEN KAMERADEN…
… UND DABEI NOCH MEINEN FEIND VERNICHTE, DANN IST DAS KEIN SCHLECHTER TOD.

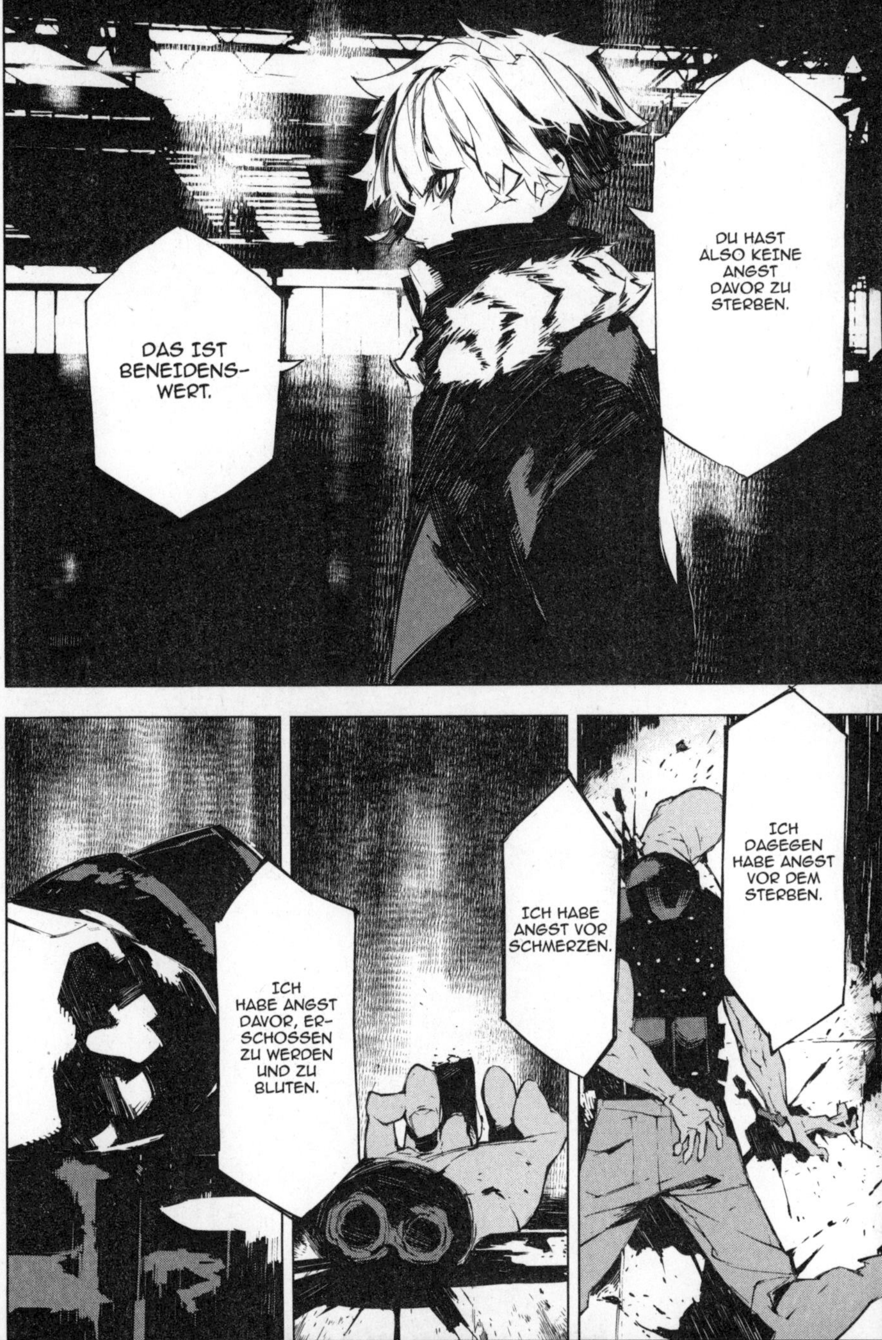
DU HAST ALSO KEINE ANGST DAVOR ZU STERBEN.
DAS IST BENEIDENS-WERT.
ICH DAGEGEN HABE ANGST VOR DEM STERBEN.
ICH HABE ANGST VOR SCHMERZEN.
ICH HABE ANGST DAVOR, ER-SCHOSSEN ZU WERDEN UND ZU BLUTEN.

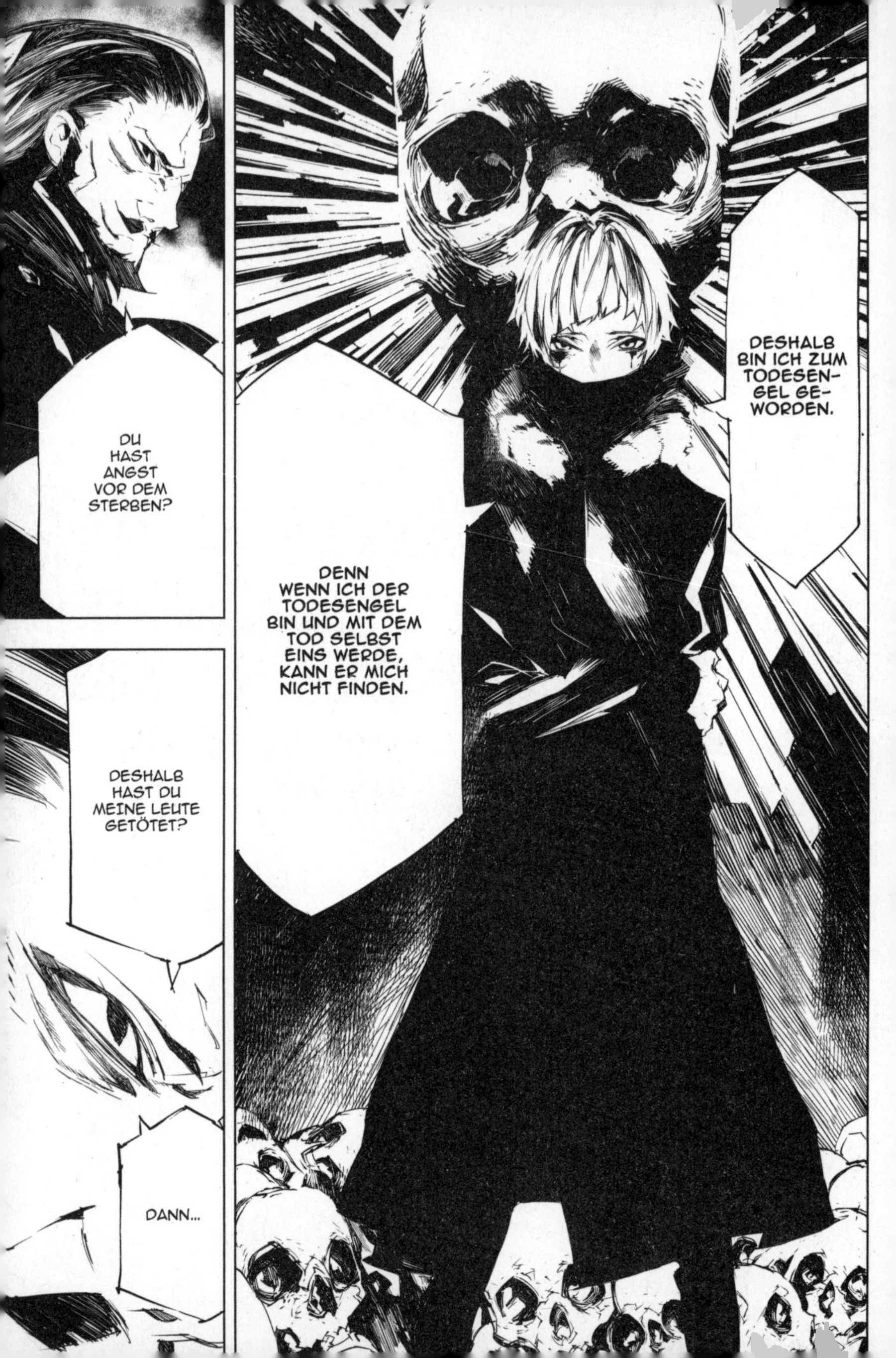
DESHALB BIN ICH ZUM TODESENGEL GEWORDEN.
DENN WENN ICH DER TODESENGEL BIN UND MIT DEM TOD SELBST EINS WERDE, KANN ER MICH NICHT FINDEN.
DU HAST ANGST VOR DEM STERBEN?
DESHALB HAST DU MEINE LEUTE GETÖTET?
DANN...

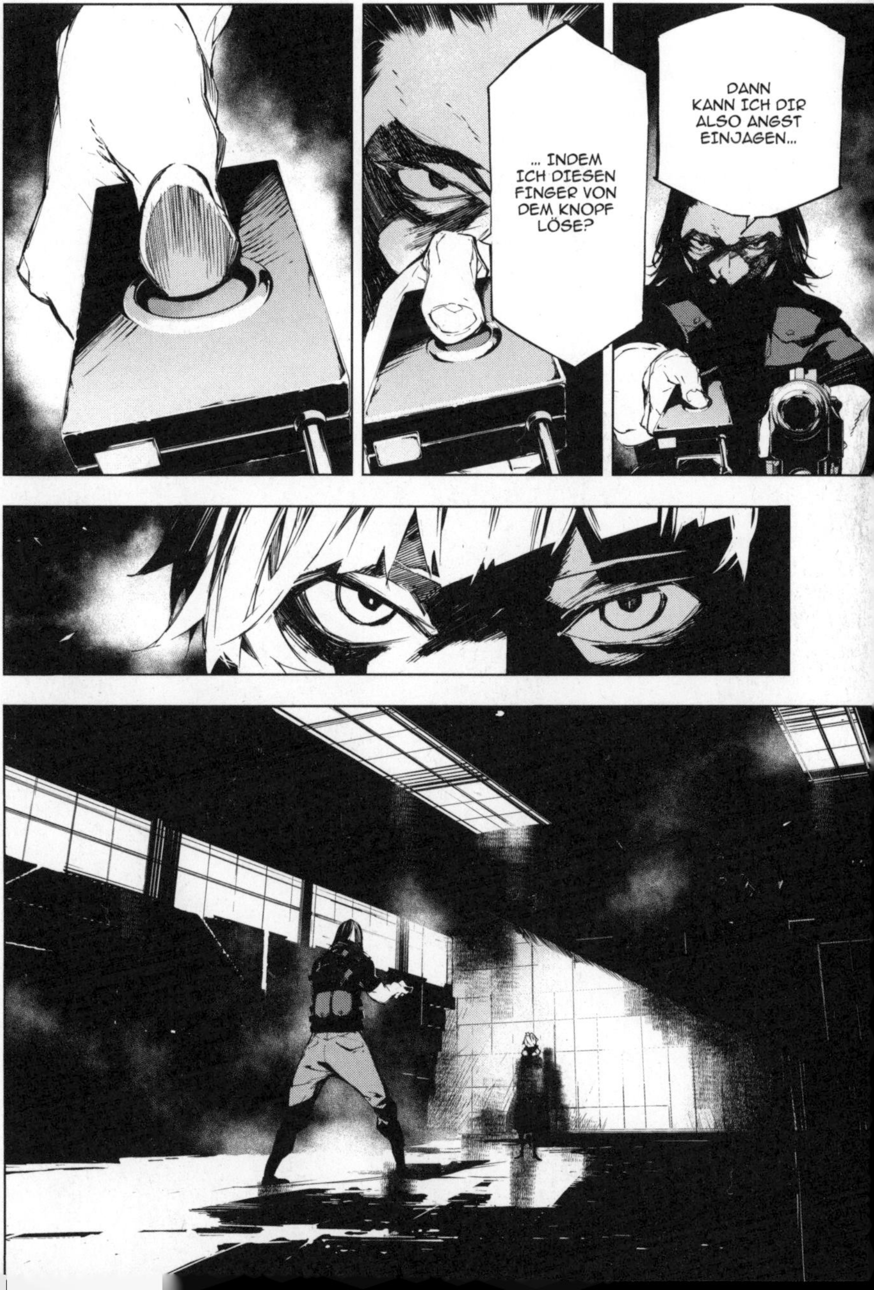
DANN KANN ICH DIR ALSO ANGST EINJAGEN...
... INDEM ICH DIESEN FINGER VON DEM KNOPF LÖSE?

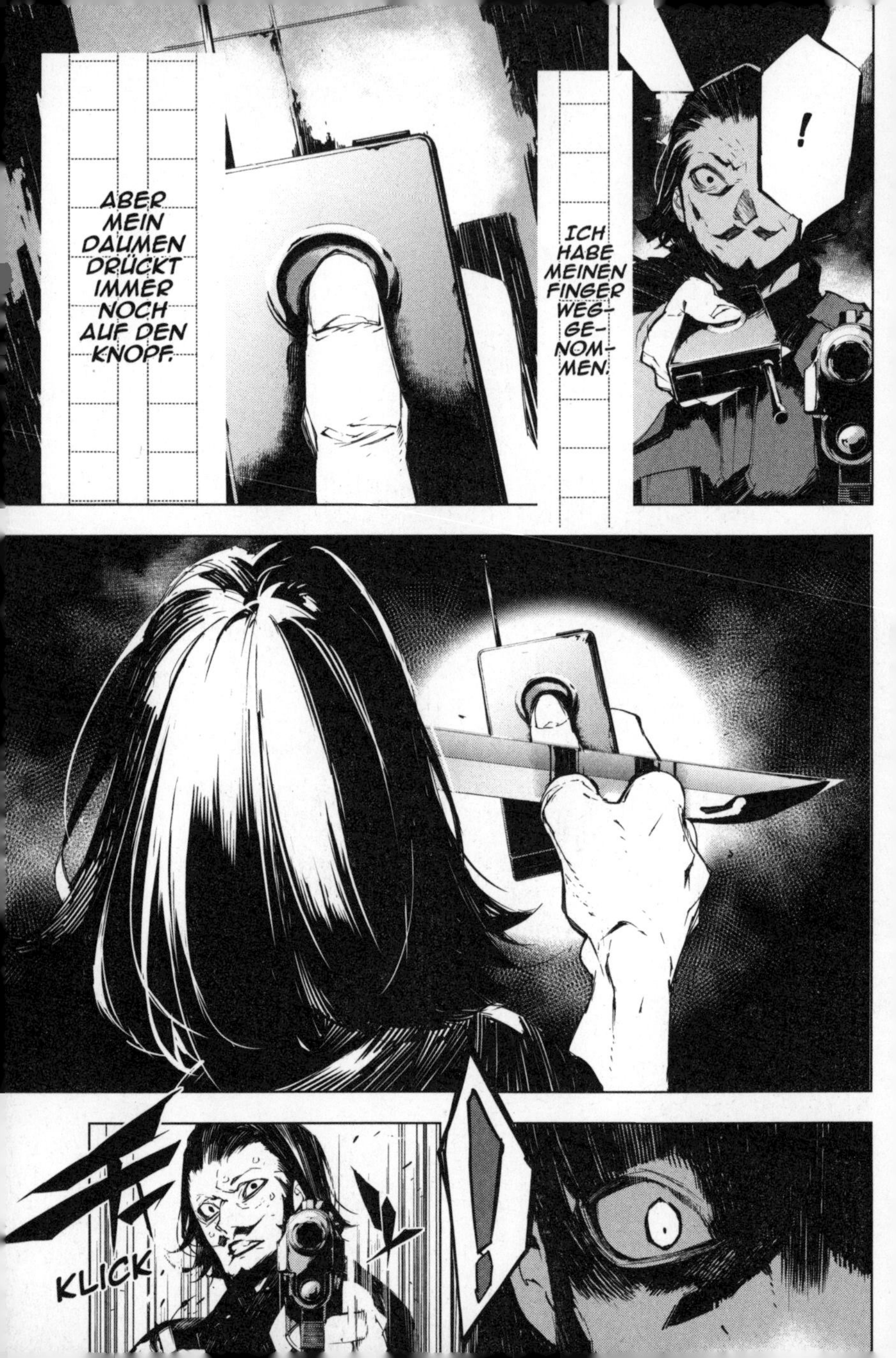
!
ICH HABE MEINEN FINGER WEG-GE-NOM-MEN.
ABER MEIN DAUMEN DRÜCKT IMMER NOCH AUF DEN KNOPF.
KLICK

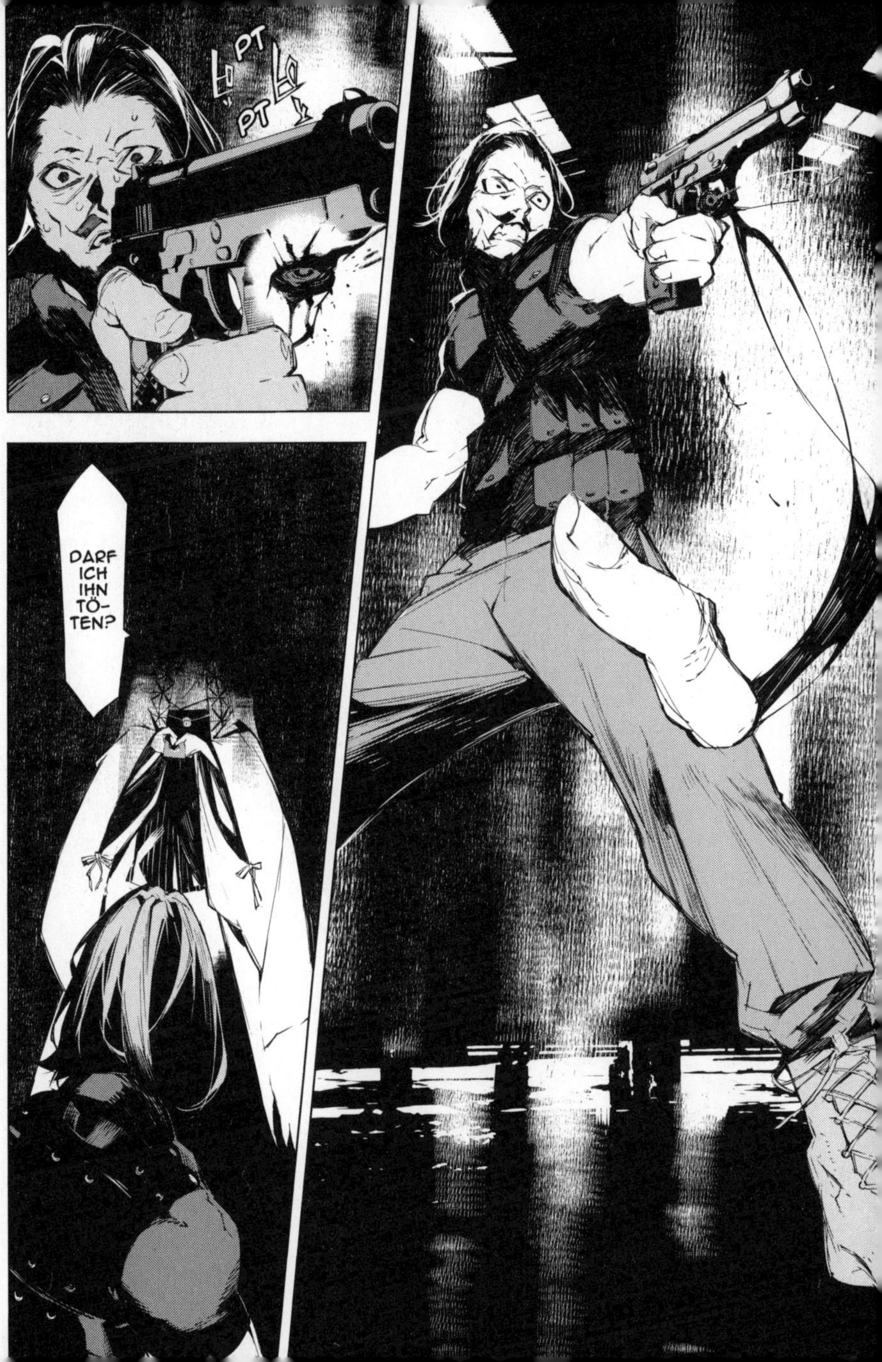
PT PT
DARF ICH IHN TÖTEN?

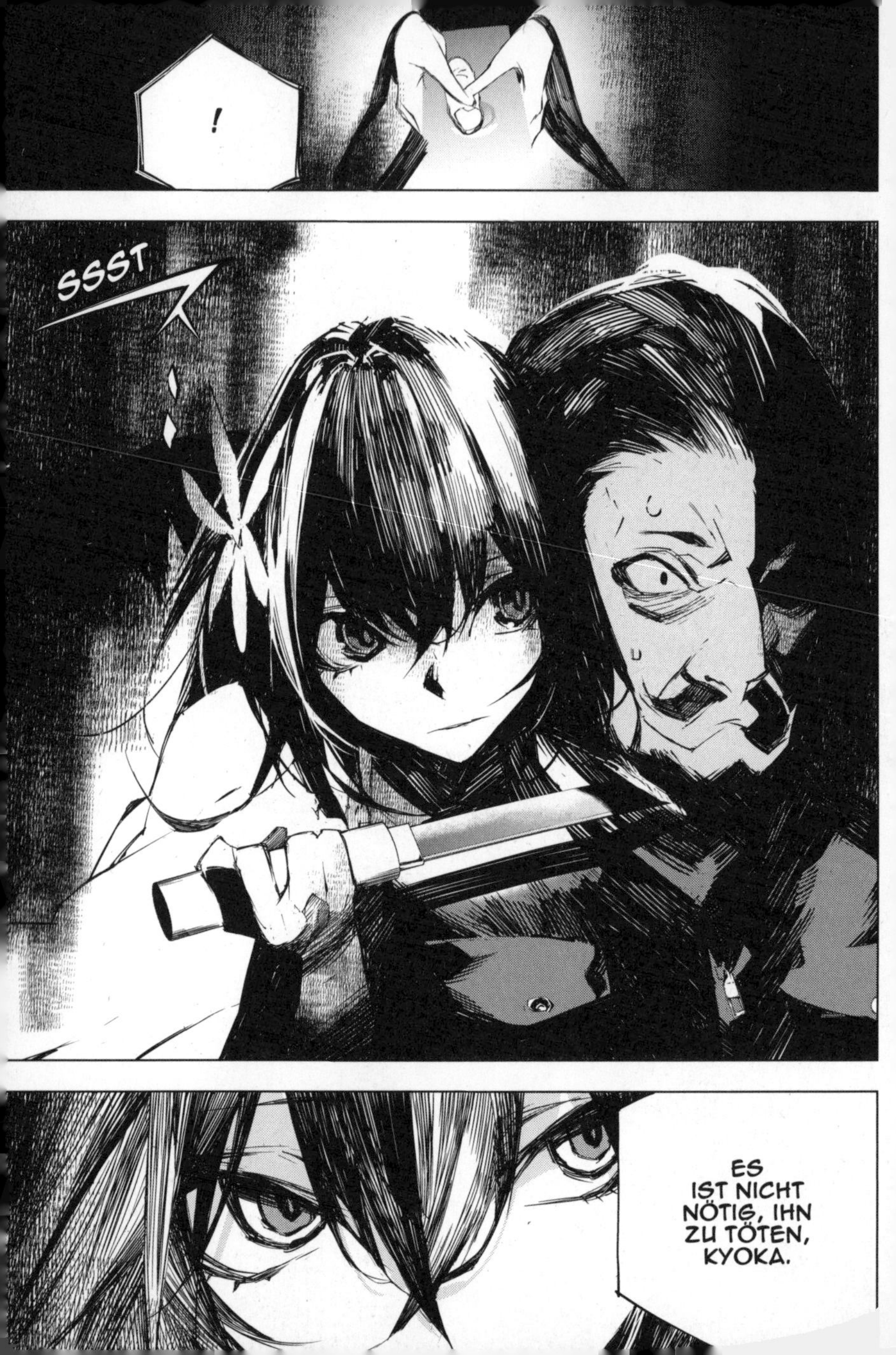
!
SSST
ES IST NICHT NÖTIG, IHN ZU TÖTEN, KYOKA.

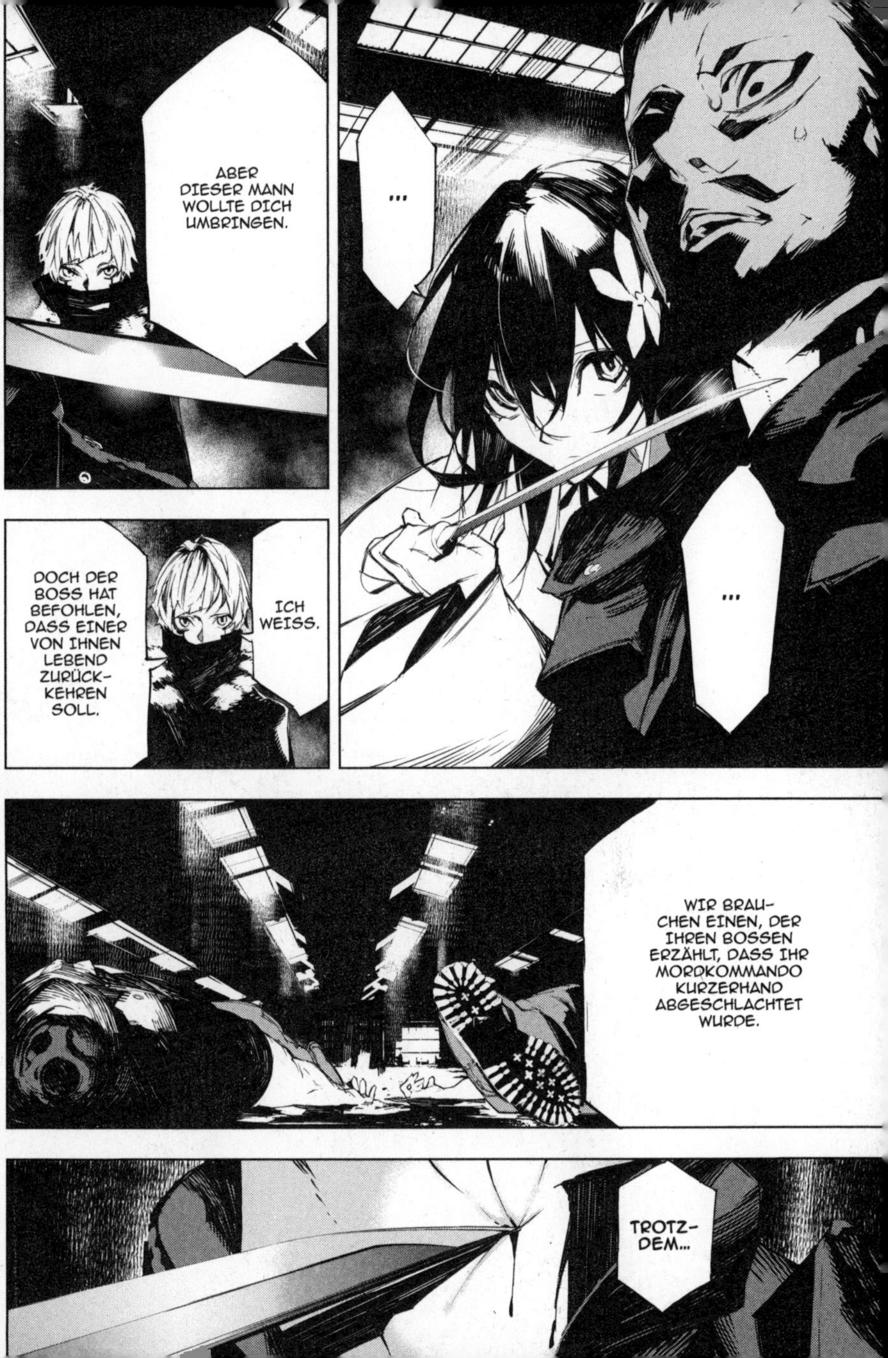

...
...
ABER DIESER MANN WOLLTE DICH UMBRINGEN.
ICH WEISS.
DOCH DER BOSS HAT BEFOHLEN, DASS EINER VON IHNEN LEBEND ZURÜCK-KEHREN SOLL.
WIR BRAU-CHEN EINEN, DER IHREN BOSSEN ERZÄHLT, DASS IHR MORDKOMMANDO KURZERHAND ABGESCHLACHTET WURDE.
TROTZ-DEM...

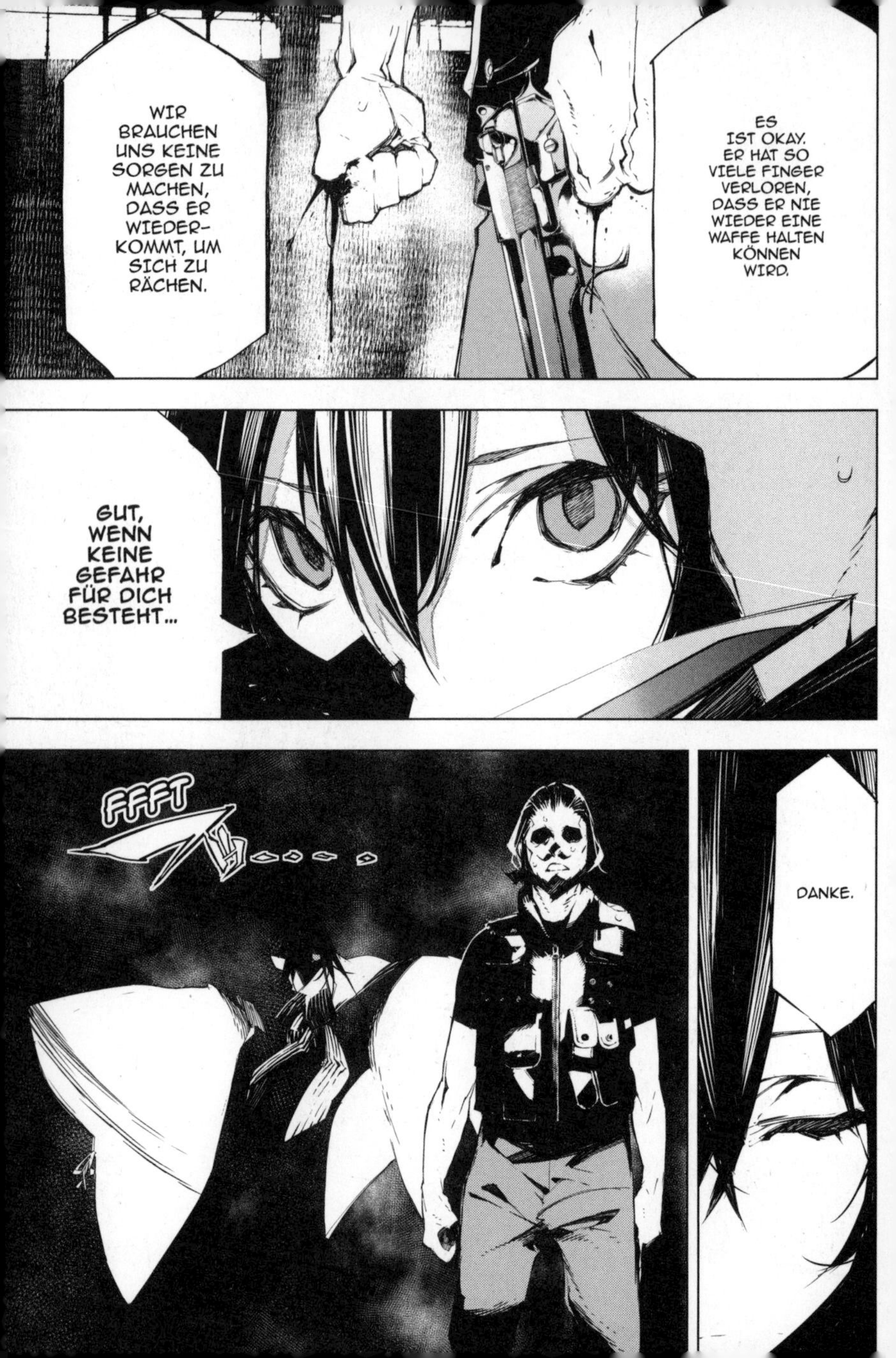
ES IST OKAY. ER HAT SO VIELE FINGER VERLOREN, DASS ER NIE WIEDER EINE WAFFE HALTEN KÖNNEN WIRD.
WIR BRAUCHEN UNS KEINE SORGEN ZU MACHEN, DASS ER WIEDER-KOMMT, UM SICH ZU RÄCHEN.
GUT, WENN KEINE GEFAHR FÜR DICH BESTEHT...
DANKE.
FFFT

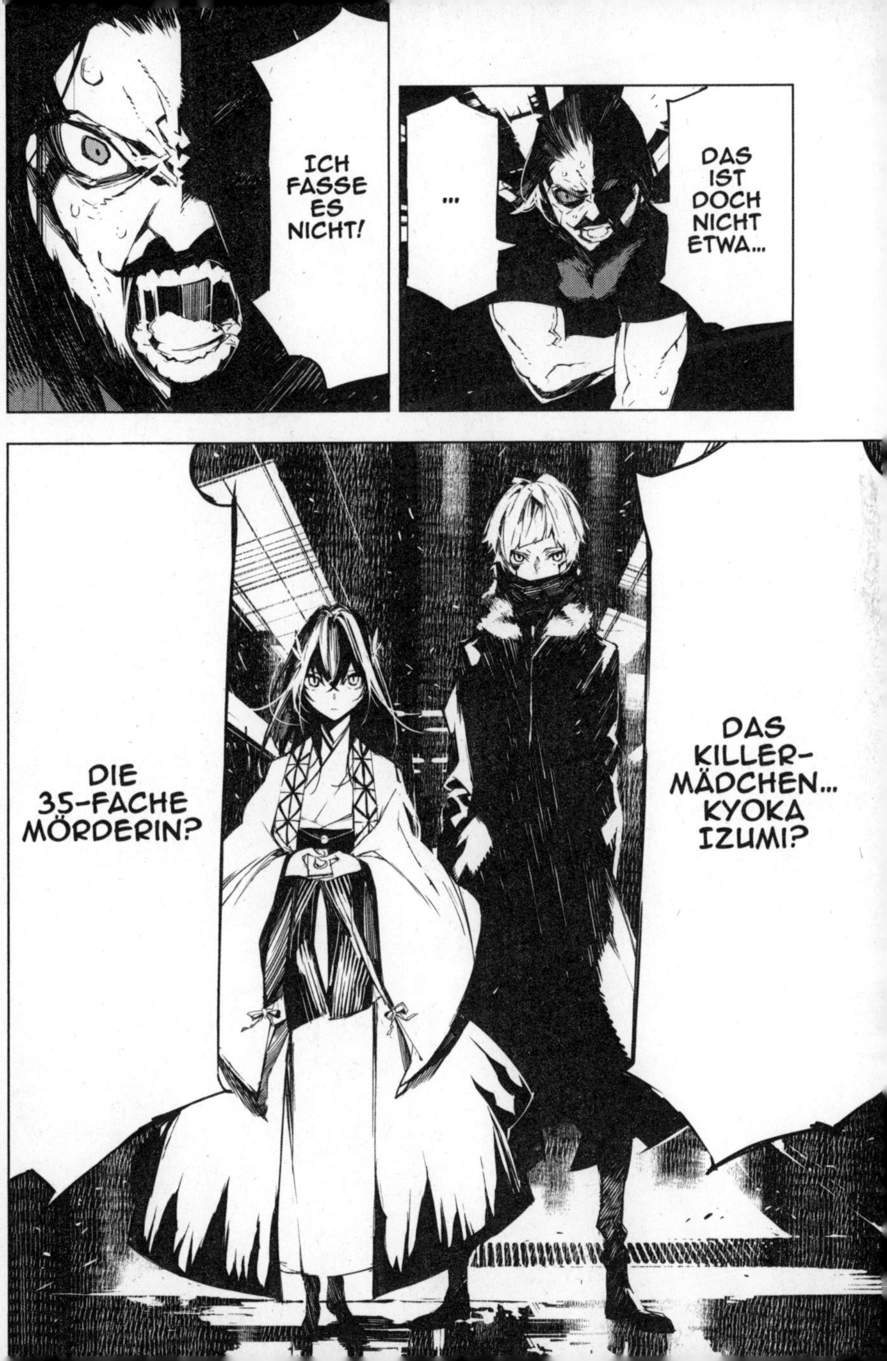
Das ist doch nicht etwa...
...
Ich fasse es nicht!
Das Killer-Mädchen... Kyoka Izumi?
Die 35-fache Mörderin?

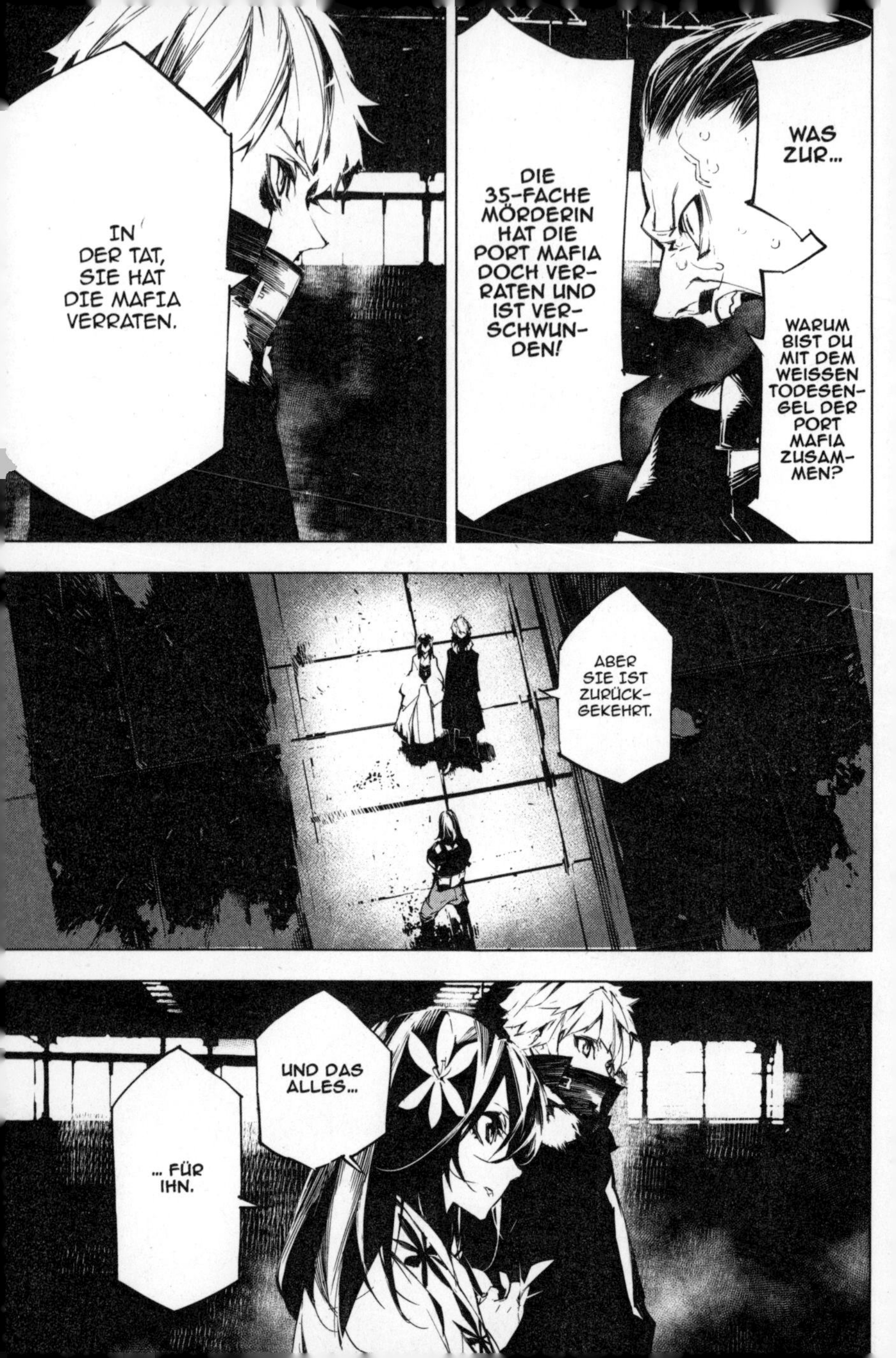
WAS ZUR...
DIE 35-FACHE MÖRDERIN HAT DIE PORT MAFIA DOCH VERRATEN UND IST VERSCHWUNDEN!
WARUM BIST DU MIT DEM WEISSEN TODESENGEL DER PORT MAFIA ZUSAMMEN?
IN DER TAT, SIE HAT DIE MAFIA VERRATEN.
ABER SIE IST ZURÜCKGEKEHRT.
UND DAS ALLES...
... FÜR IHN.

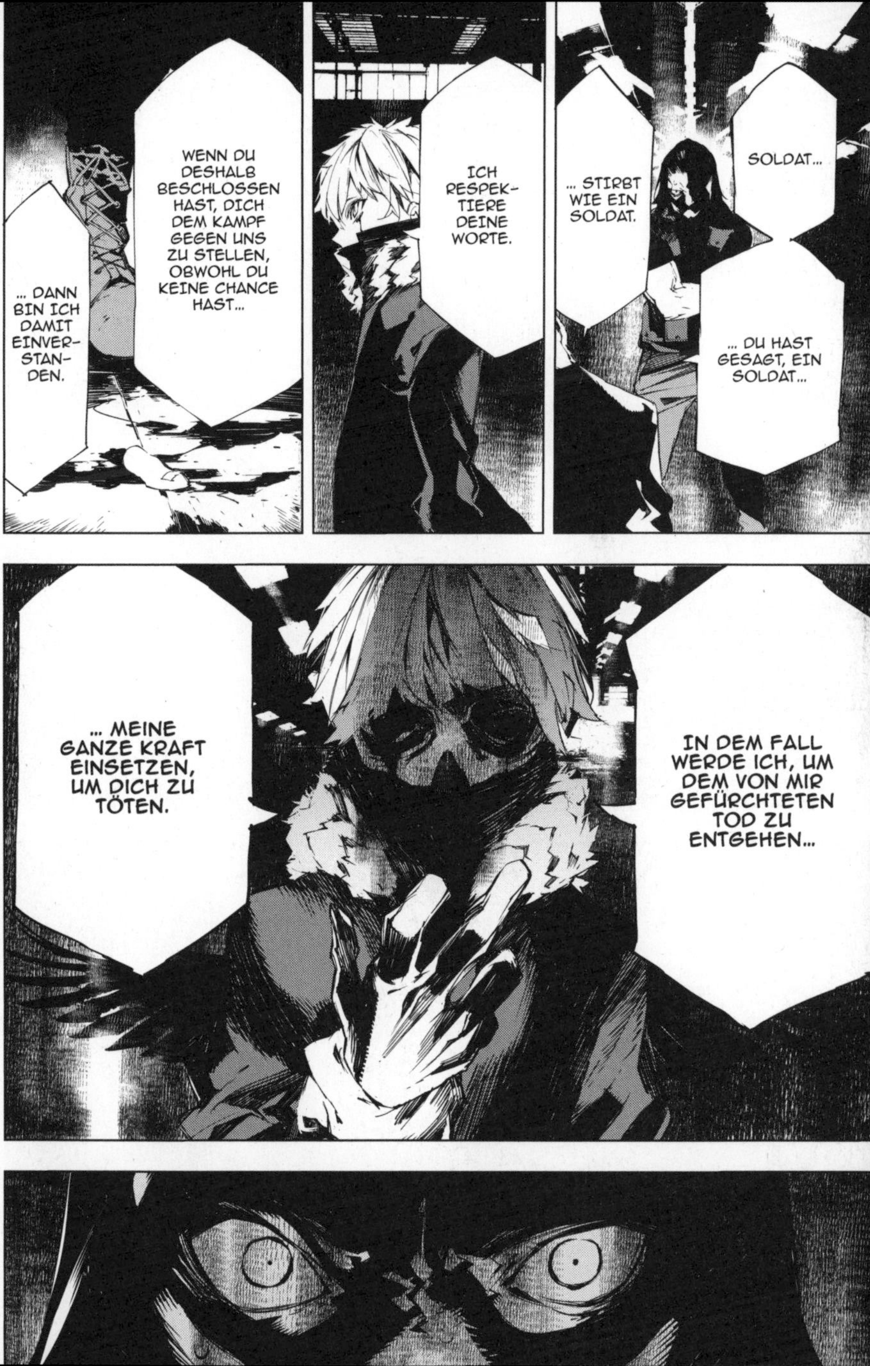
SOLDAT...
... DU HAST GESAGT, EIN SOLDAT...
... STIRBT WIE EIN SOLDAT.
ICH RESPEKTIERE DEINE WORTE.
WENN DU DESHALB BESCHLOSSEN HAST, DICH DEM KAMPF GEGEN UNS ZU STELLEN, OBWOHL DU KEINE CHANCE HAST...
... DANN BIN ICH DAMIT EINVERSTANDEN.
IN DEM FALL WERDE ICH, UM DEM VON MIR GEFÜRCHTETEN TOD ZU ENTGEHEN...
... MEINE GANZE KRAFT EINSETZEN, UM DICH ZU TÖTEN.

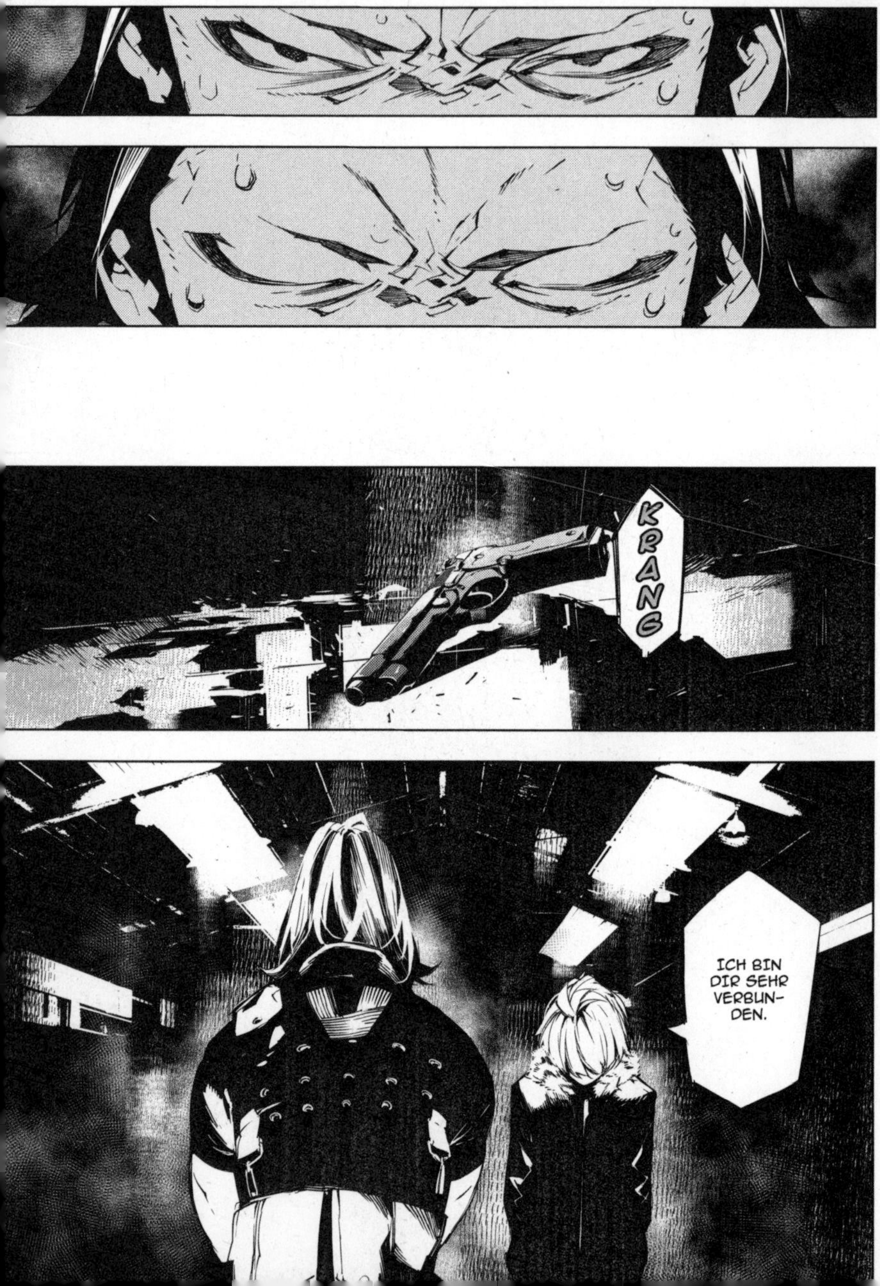
KRANG
ICH BIN DIR SEHR VERBUN-DEN.

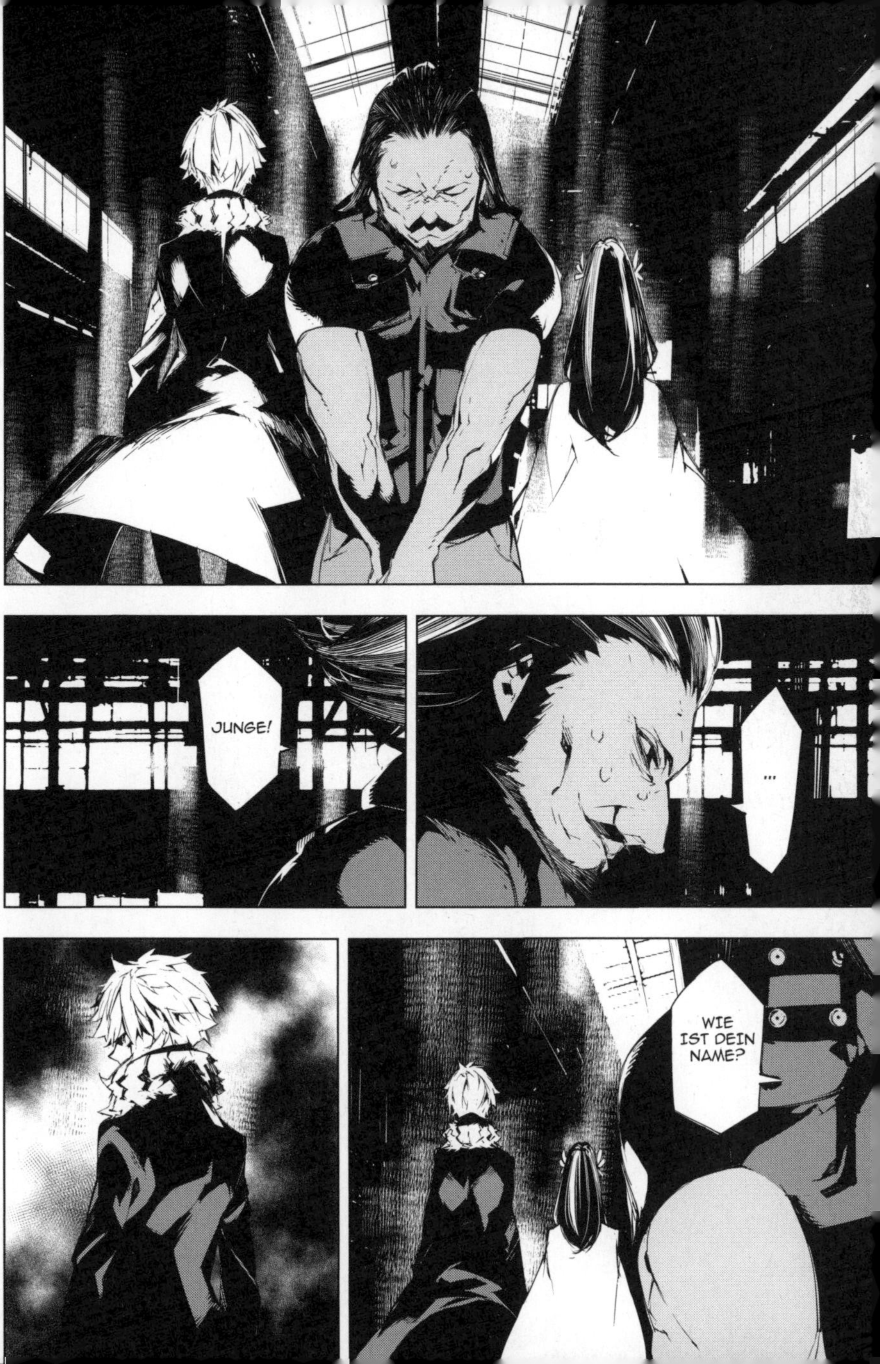
JUNGE!
...
WIE IST DEIN NAME?

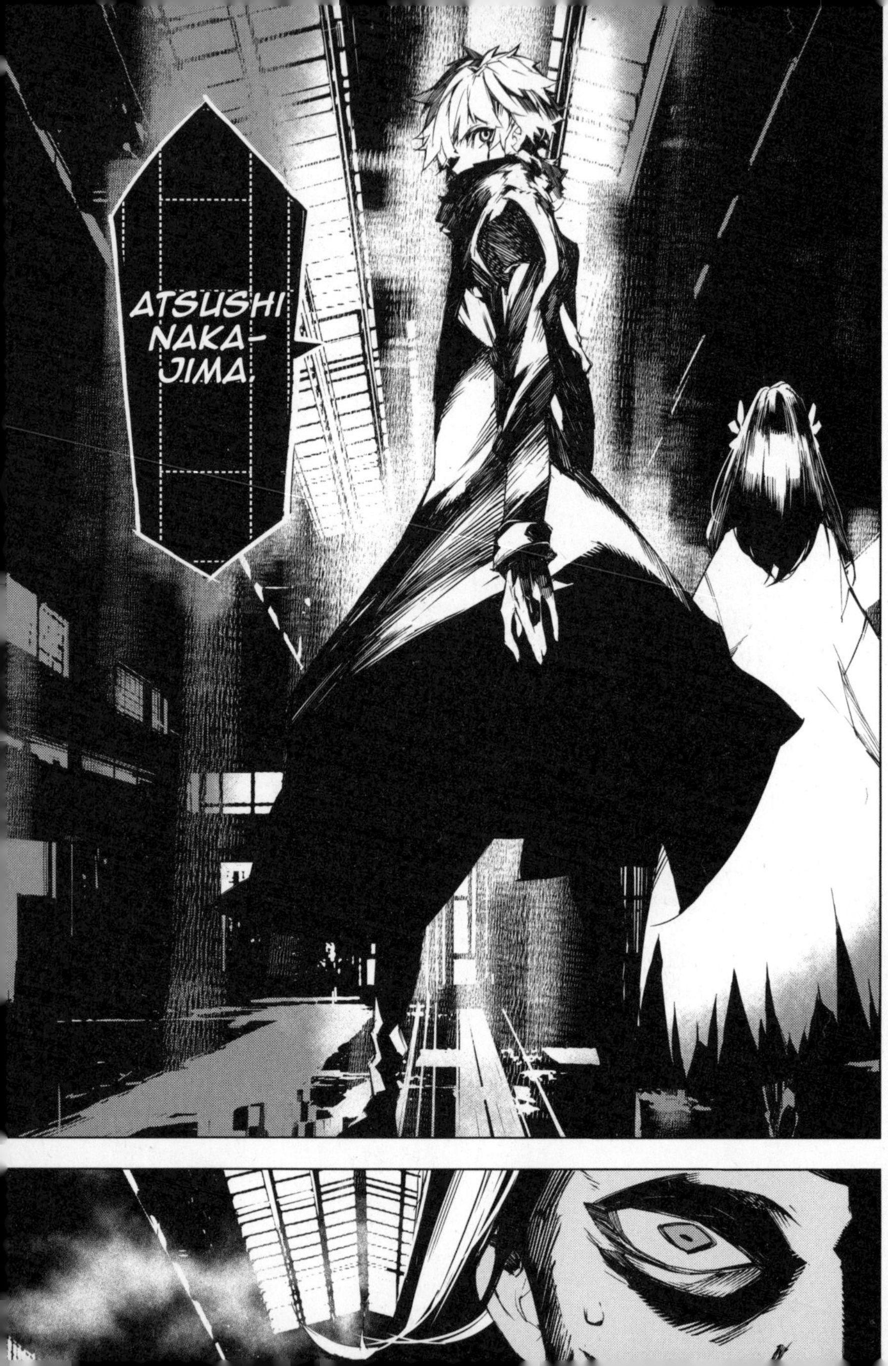
ATSUSHI NAKA-JIMA.

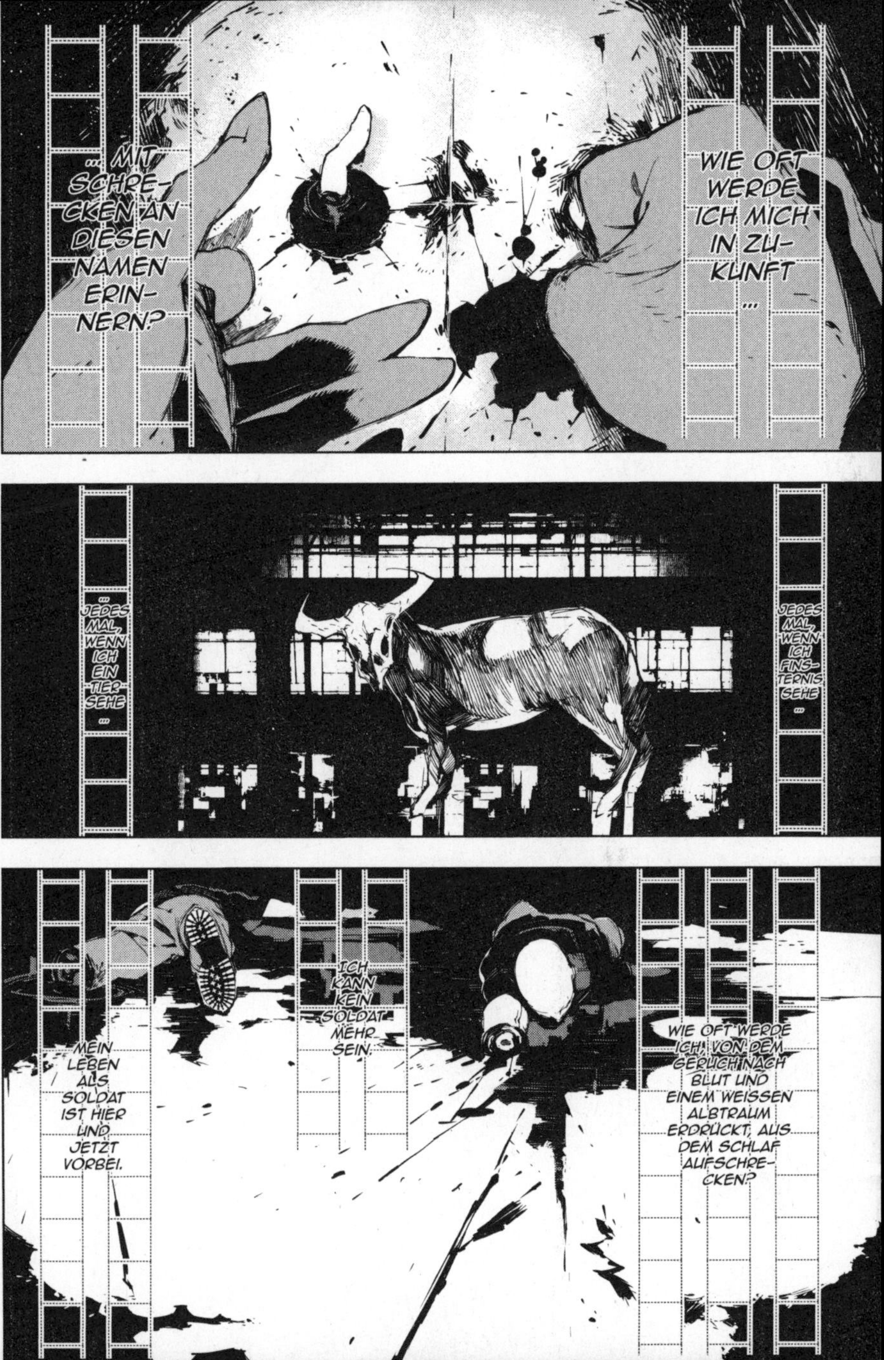
WIE OFT WERDE ICH MICH IN ZUKUNFT …
… MIT SCHRECKEN AN DIESEN NAMEN ERINNERN?
JEDESMAL, WENN ICH FINSTERNIS SEHE …
… JEDESMAL, WENN ICH EIN TIER SEHE …
WIE OFT WERDE ICH, VON DEM GERUCH NACH BLUT UND EINEM WEISSEN ALBTRAUM ERDRÜCKT, AUS DEM SCHLAF AUFSCHRECKEN?
ICH KANN KEIN SOLDAT MEHR SEIN.
MEIN LEBEN ALS SOLDAT IST HIER UND JETZT VORBEI.

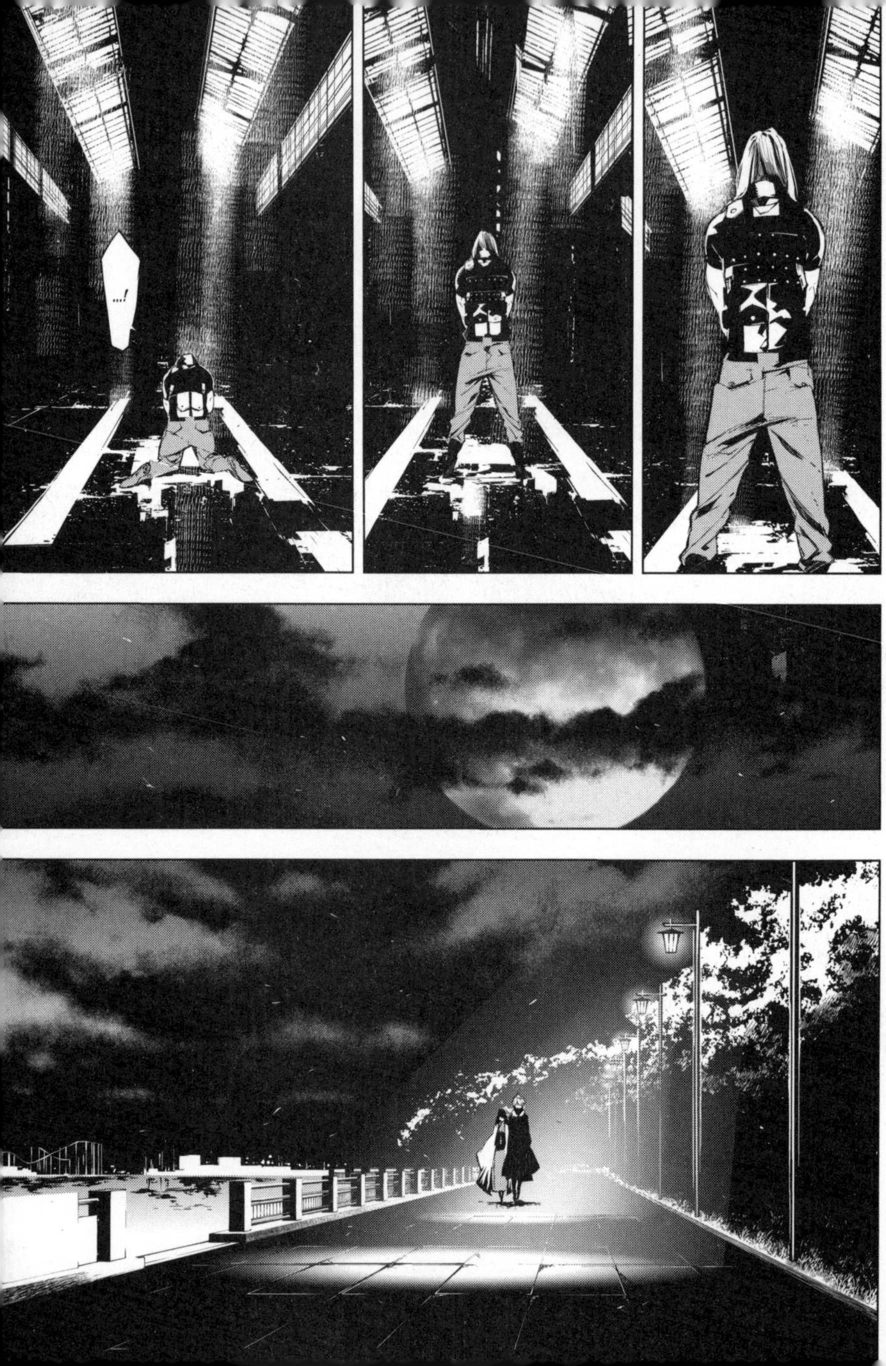

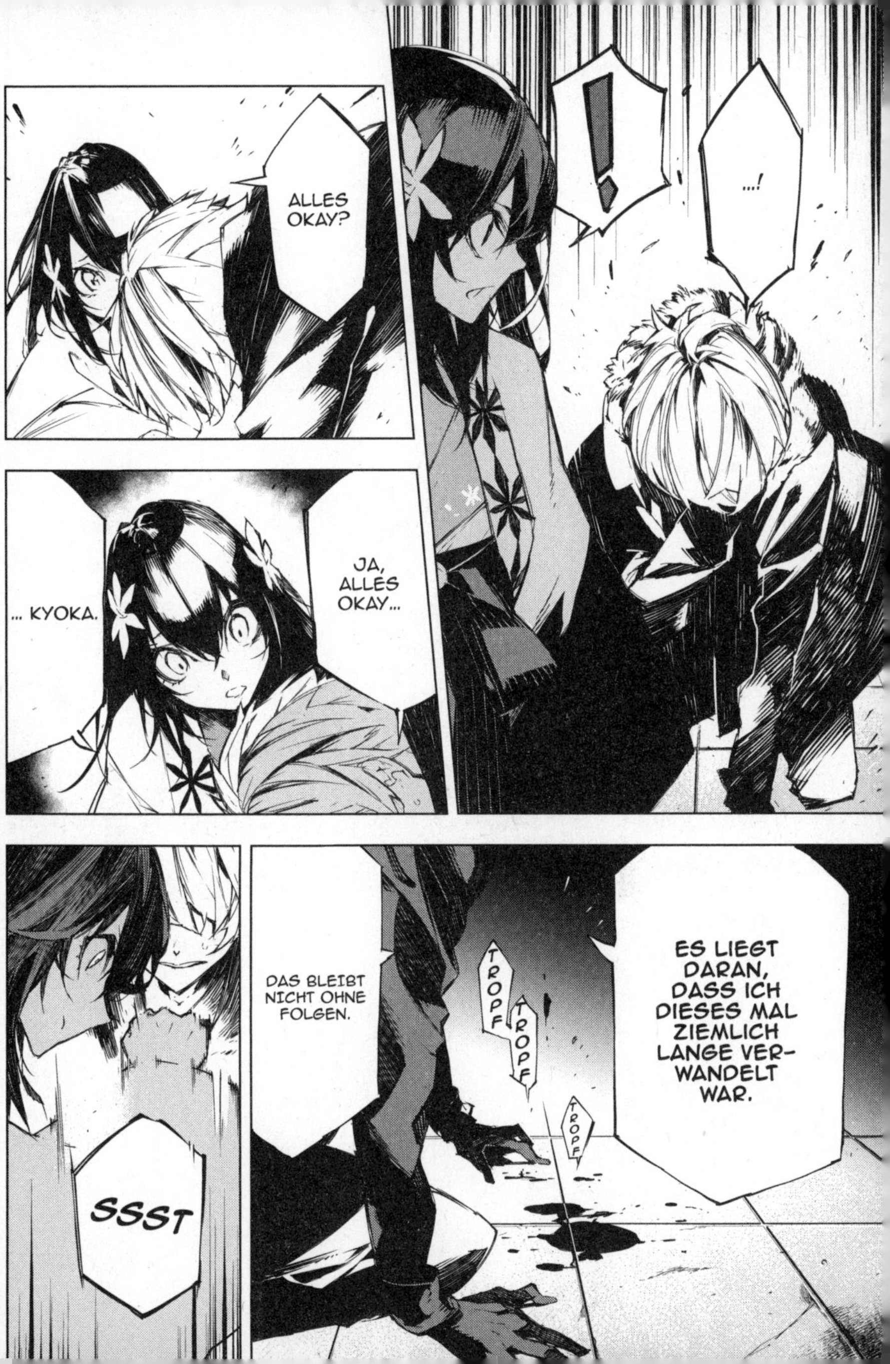
!
...!
ALLES OKAY?
JA, ALLES OKAY...
... KYOKA.
ES LIEGT DARAN, DASS ICH DIESES MAL ZIEMLICH LANGE VER-WANDELT WAR.
TROPF
TROPF
TROPF
DAS BLEIBT NICHT OHNE FOLGEN.
SSST

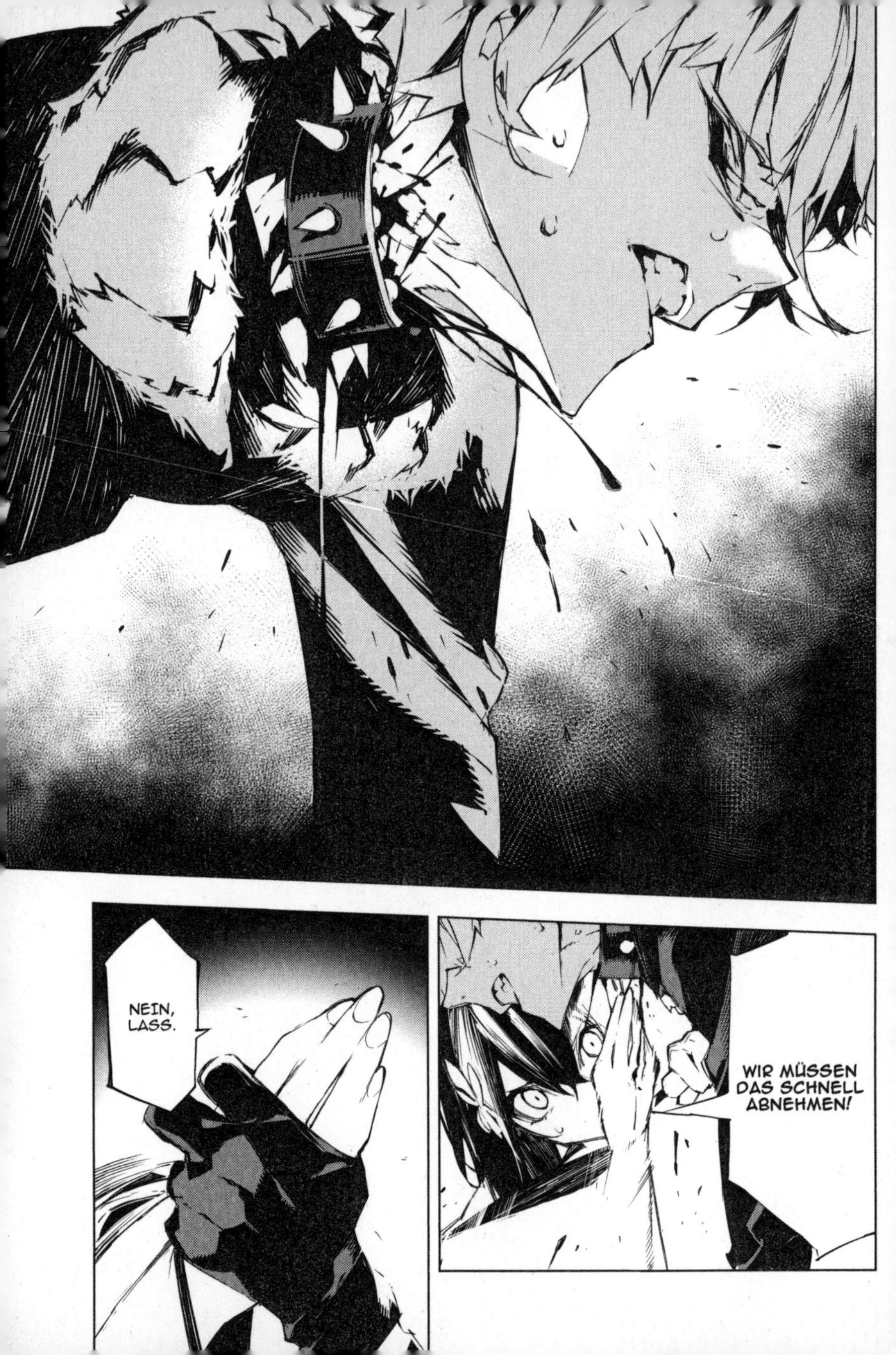
WIR MÜSSEN DAS SCHNELL ABNEHMEN!
NEIN, LASS.

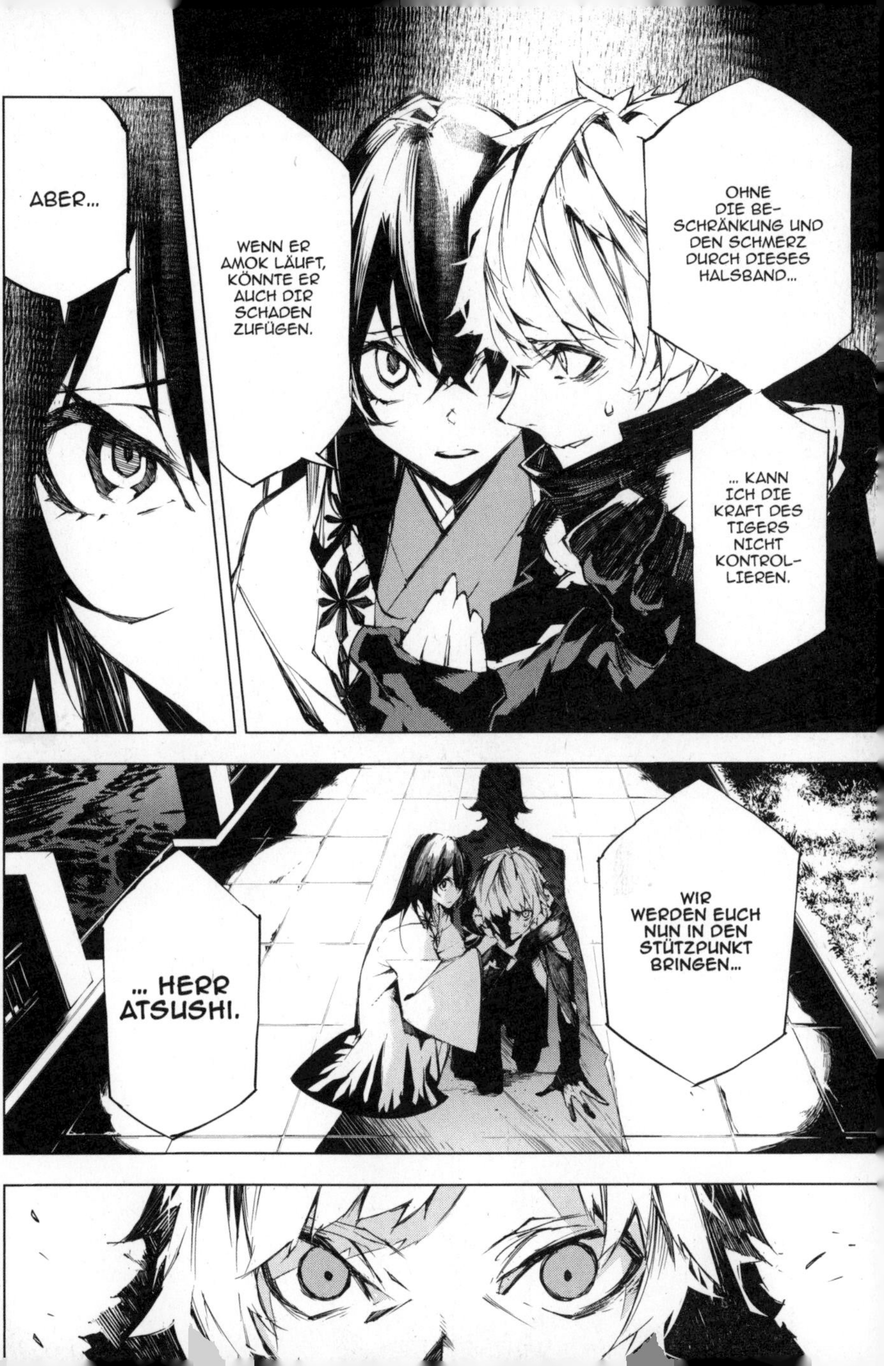
OHNE DIE BE-SCHRÄNKUNG UND DEN SCHMERZ DURCH DIESES HALSBAND...
... KANN ICH DIE KRAFT DES TIGERS NICHT KONTROL-LIEREN.
WENN ER AMOK LÄUFT, KÖNNTE ER AUCH DIR SCHADEN ZUFÜGEN.
ABER...
WIR WERDEN EUCH NUN IN DEN STÜTZPUNKT BRINGEN...
... HERR ATSUSHI.

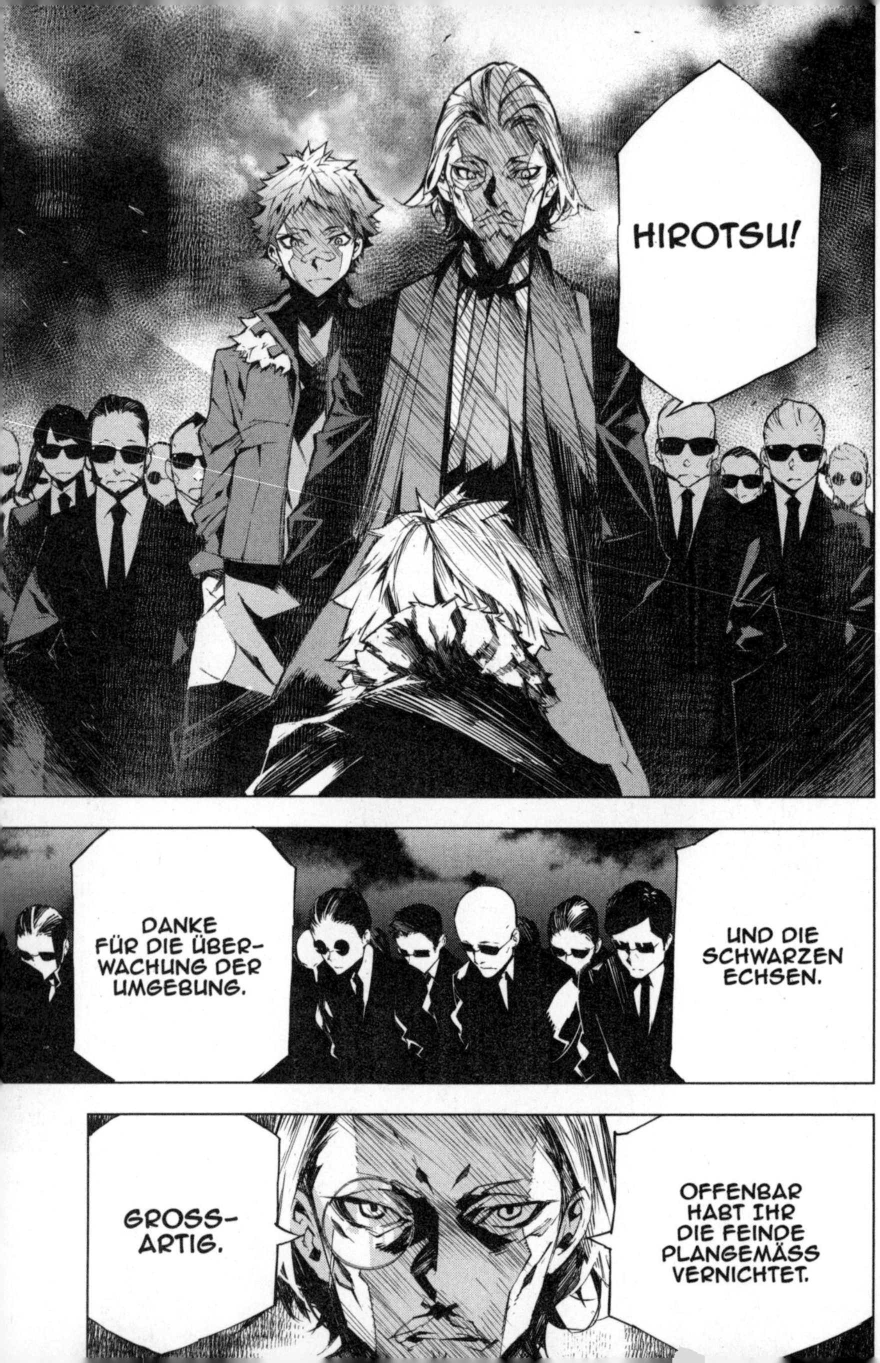
HIROTSU!
UND DIE SCHWARZEN ECHSEN.
DANKE FÜR DIE ÜBER-WACHUNG DER UMGEBUNG.
OFFENBAR HABT IHR DIE FEINDE PLANGEMÄSS VERNICHTET.
GROSS-ARTIG.

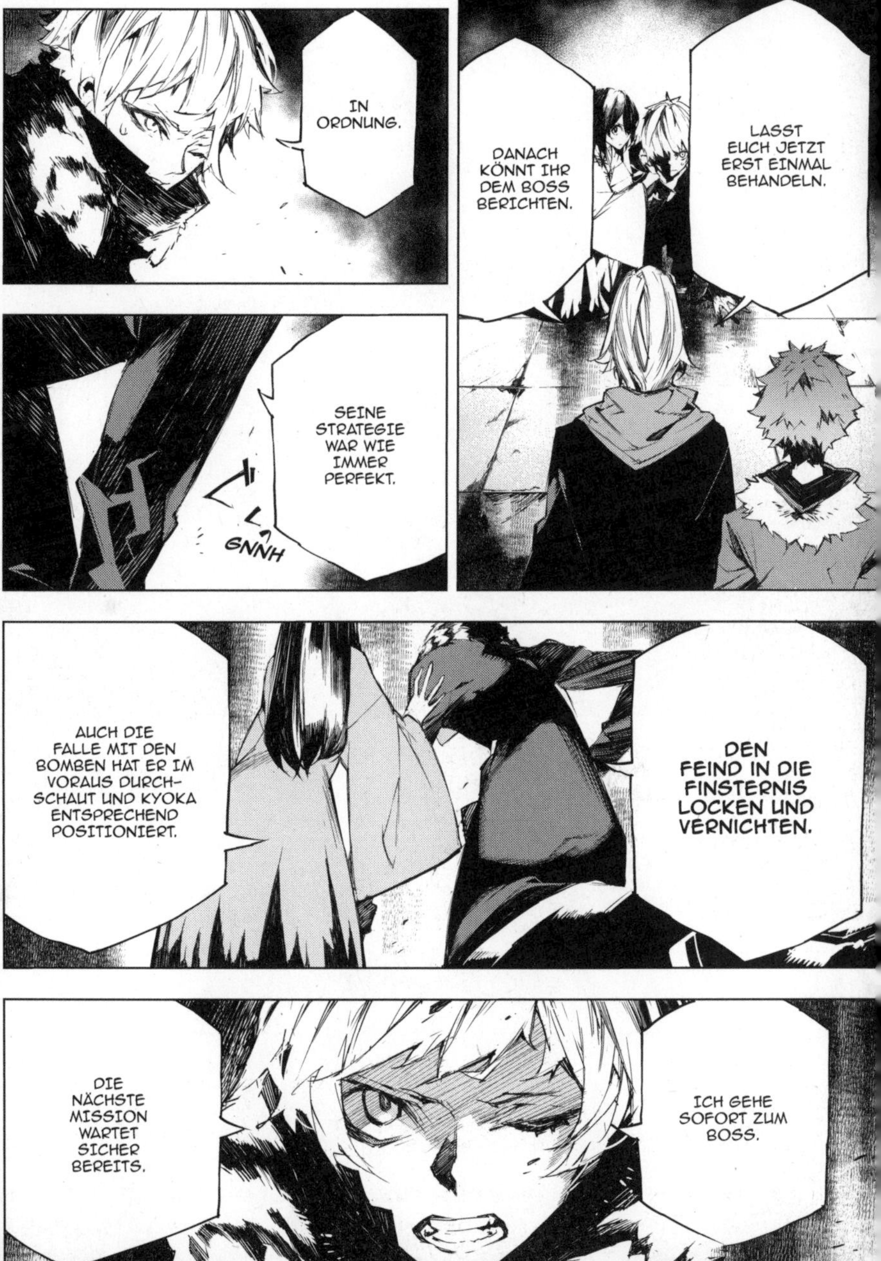
LASST EUCH JETZT ERST EINMAL BEHANDELN.
DANACH KÖNNT IHR DEM BOSS BERICHTEN.
IN ORDNUNG.
SEINE STRATEGIE WAR WIE IMMER PERFEKT.
GNNH
DEN FEIND IN DIE FINSTERNIS LOCKEN UND VERNICHTEN.
AUCH DIE FALLE MIT DEN BOMBEN HAT ER IM VORAUS DURCH-SCHAUT UND KYOKA ENTSPRECHEND POSITIONIERT.
ICH GEHE SOFORT ZUM BOSS.
DIE NÄCHSTE MISSION WARTET SICHER BEREITS.

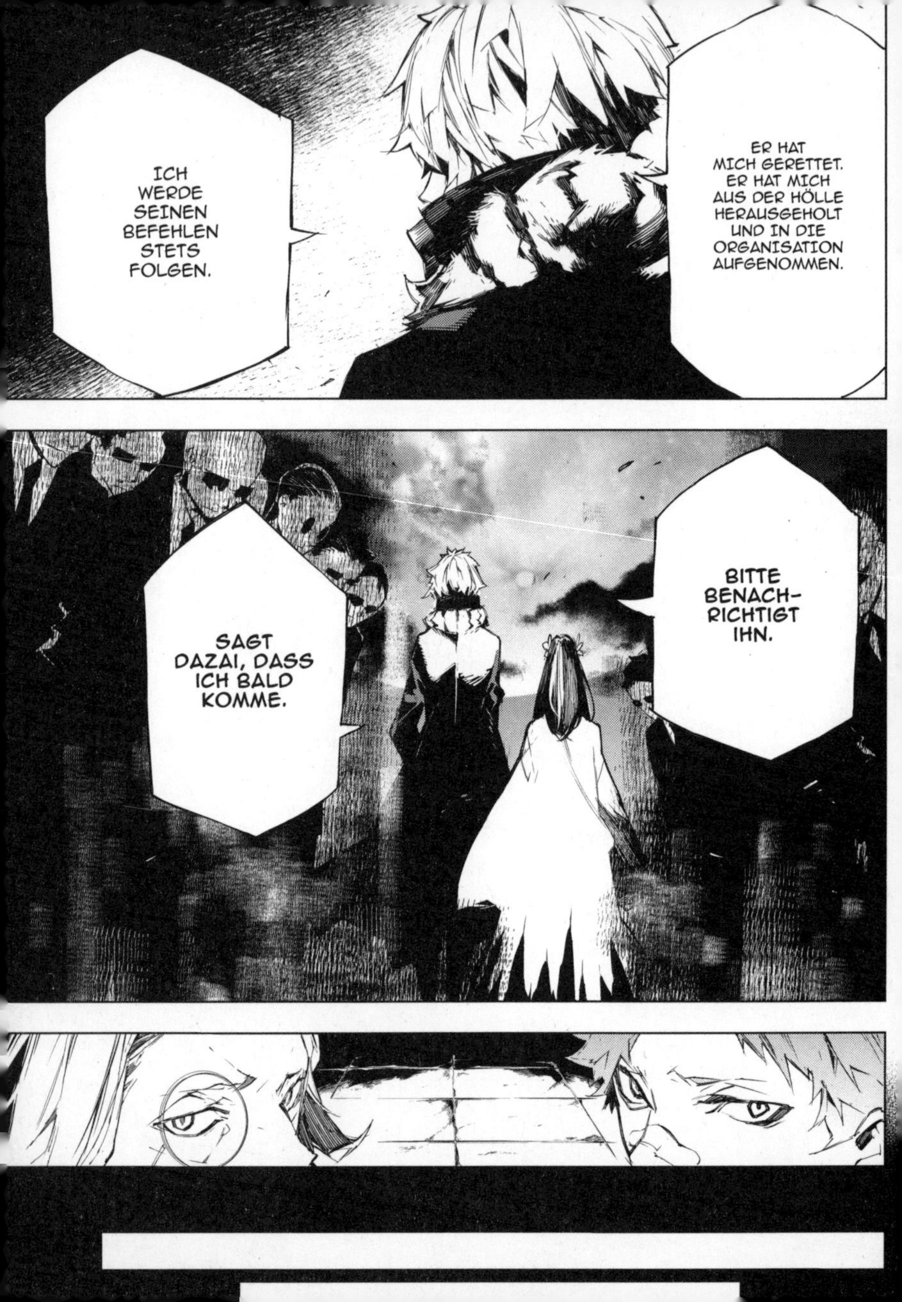
ER HAT MICH GERETTET. ER HAT MICH AUS DER HÖLLE HERAUSGEHOLT UND IN DIE ORGANISATION AUFGENOMMEN.
ICH WERDE SEINEN BEFEHLEN STETS FOLGEN.
SAGT DAZAI, DASS ICH BALD KOMME.
BITTE BENACH-RICHTIGT IHN.

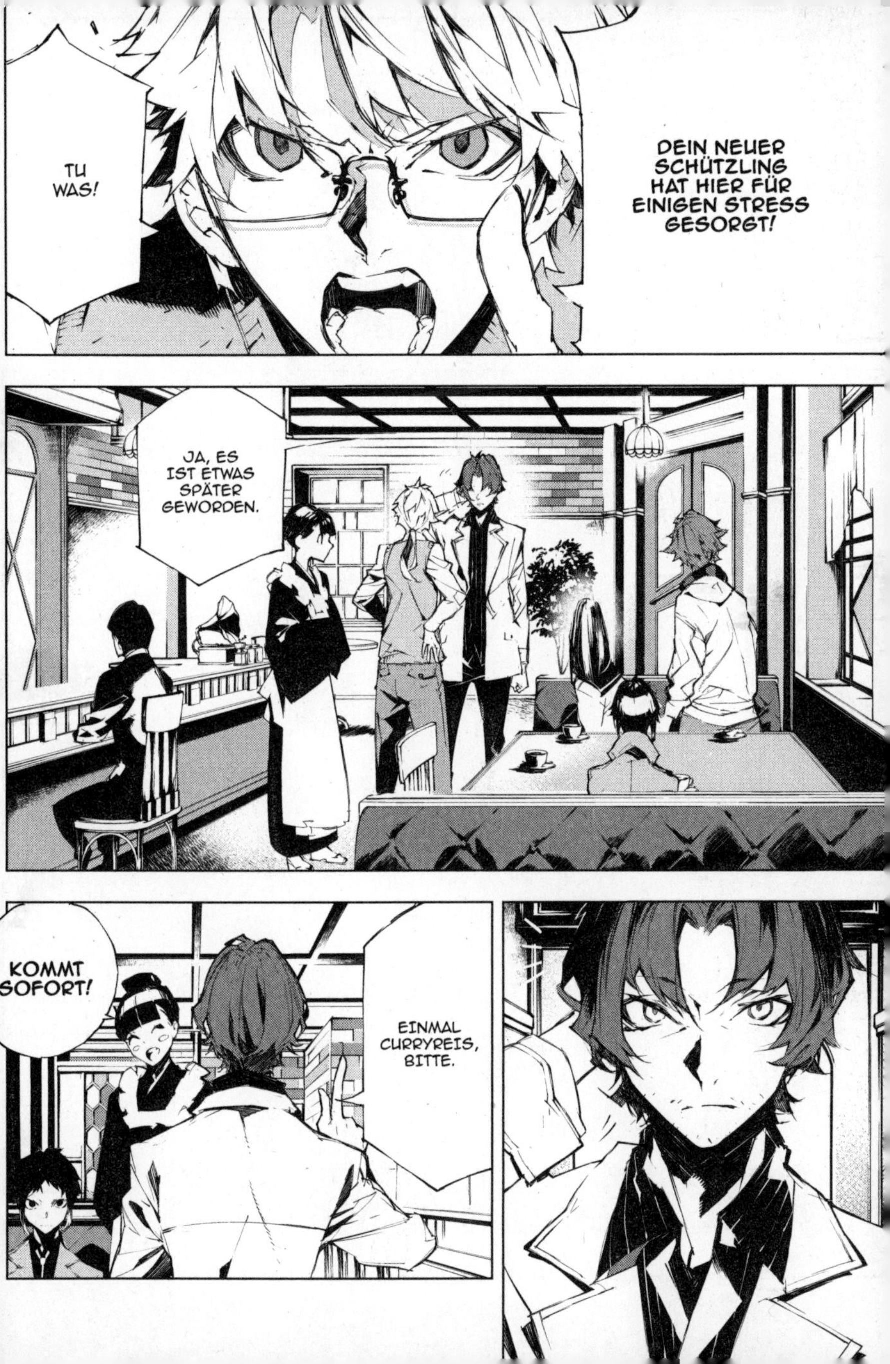
DEIN NEUER SCHÜTZLING HAT HIER FÜR EINIGEN STRESS GESORGT!
TU WAS!
JA, ES IST ETWAS SPÄTER GEWORDEN.
EINMAL CURRYREIS, BITTE.
KOMMT SOFORT!

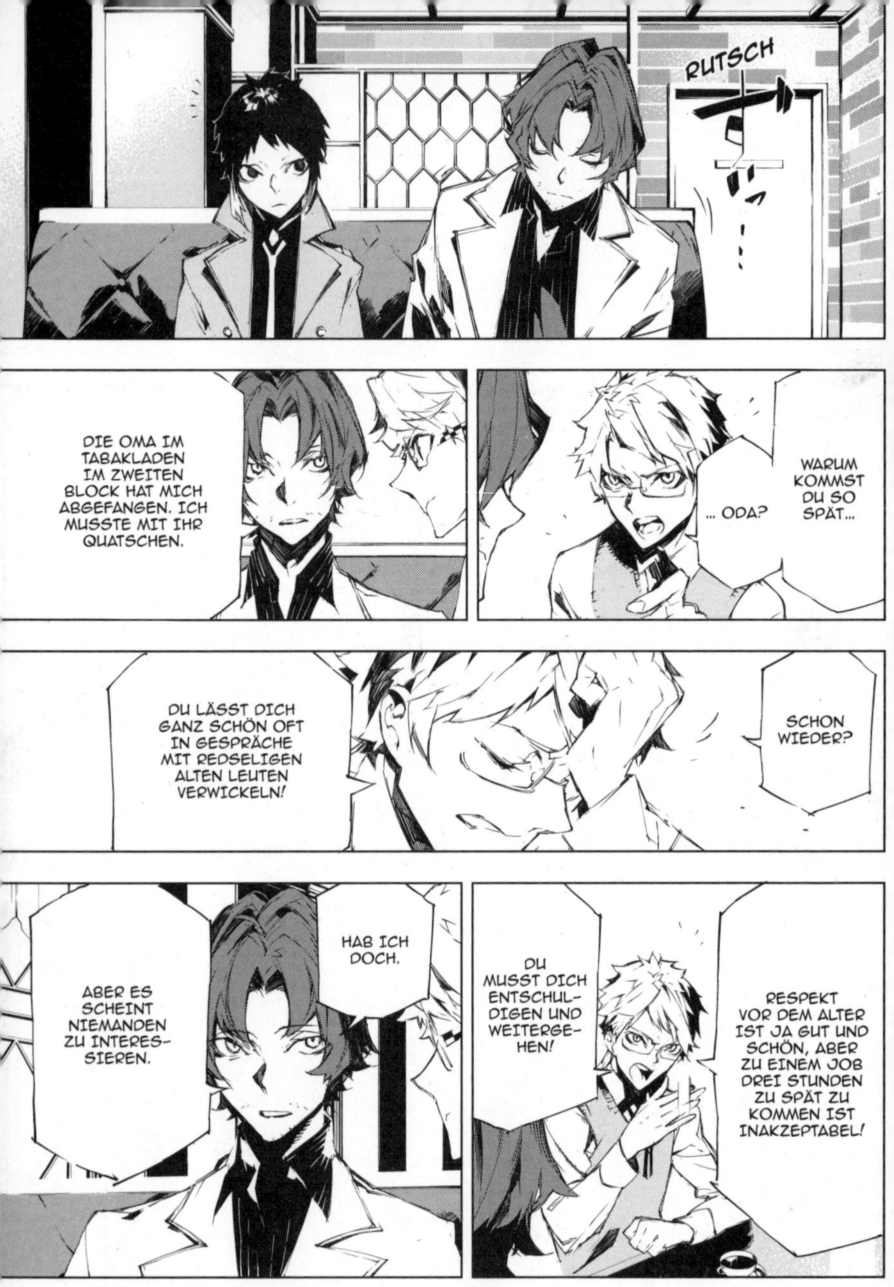
RUTSCH
WARUM KOMMST DU SO SPÄT...
... ODA?
DIE OMA IM TABAKLADEN IM ZWEITEN BLOCK HAT MICH ABGEFANGEN. ICH MUSSTE MIT IHR QUATSCHEN.
SCHON WIEDER?
DU LÄSST DICH GANZ SCHÖN OFT IN GESPRÄCHE MIT REDSELIGEN ALTEN LEUTEN VERWICKELN!
RESPEKT VOR DEM ALTER IST JA GUT UND SCHÖN, ABER ZU EINEM JOB DREI STUNDEN ZU SPÄT ZU KOMMEN IST INAKZEPTABEL!
DU MUSST DICH ENTSCHUL-DIGEN UND WEITERGE-HEN!
HAB ICH DOCH.
ABER ES SCHEINT NIEMANDEN ZU INTERES-SIEREN.

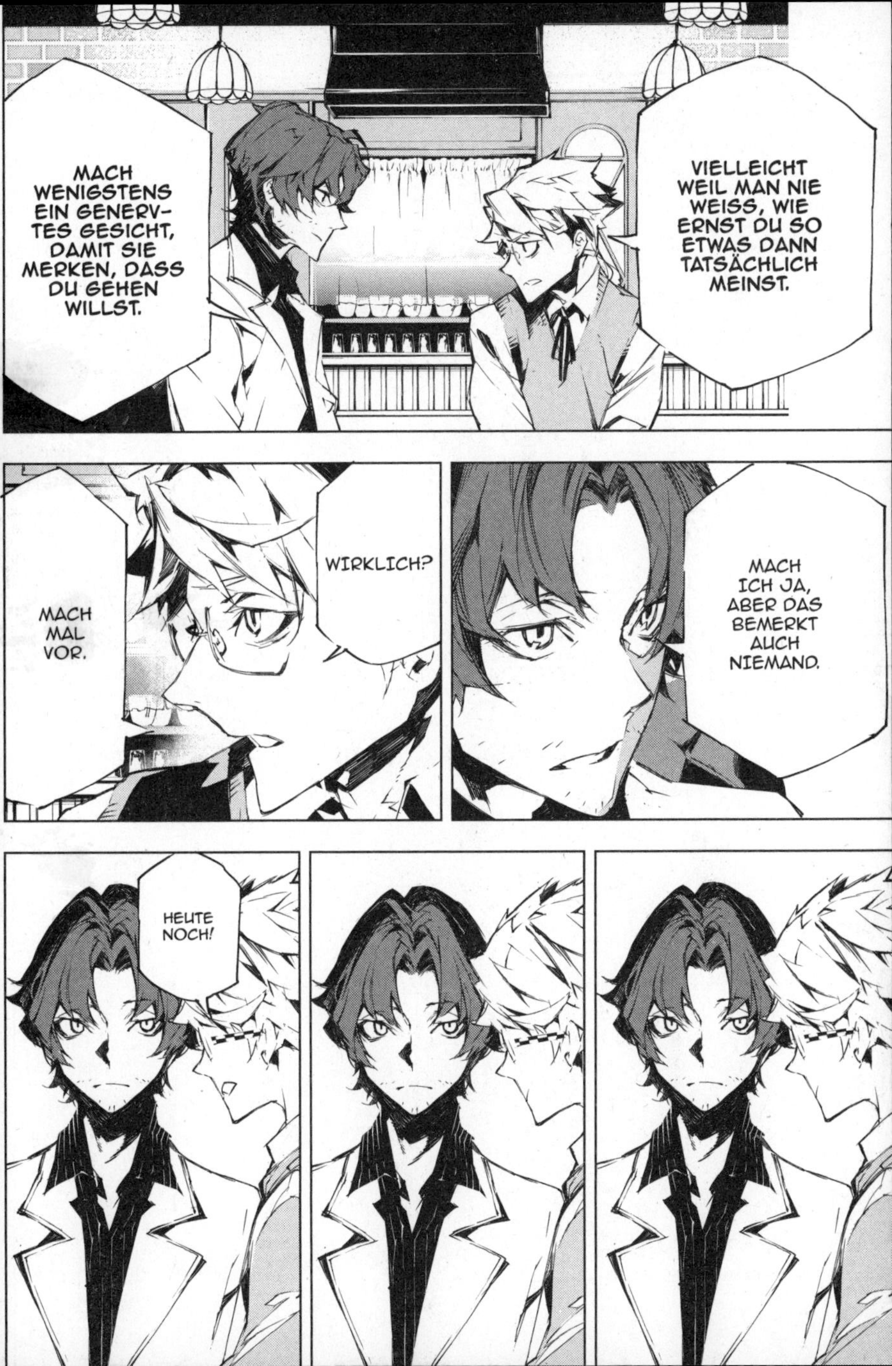
MACH WENIGSTENS EIN GENERV-TES GESICHT, DAMIT SIE MERKEN, DASS DU GEHEN WILLST.
VIELLEICHT WEIL MAN NIE WEISS, WIE ERNST DU SO ETWAS DANN TATSÄCHLICH MEINST.
MACH MAL VOR.
WIRKLICH?
MACH ICH JA, ABER DAS BEMERKT AUCH NIEMAND.
HEUTE NOCH!

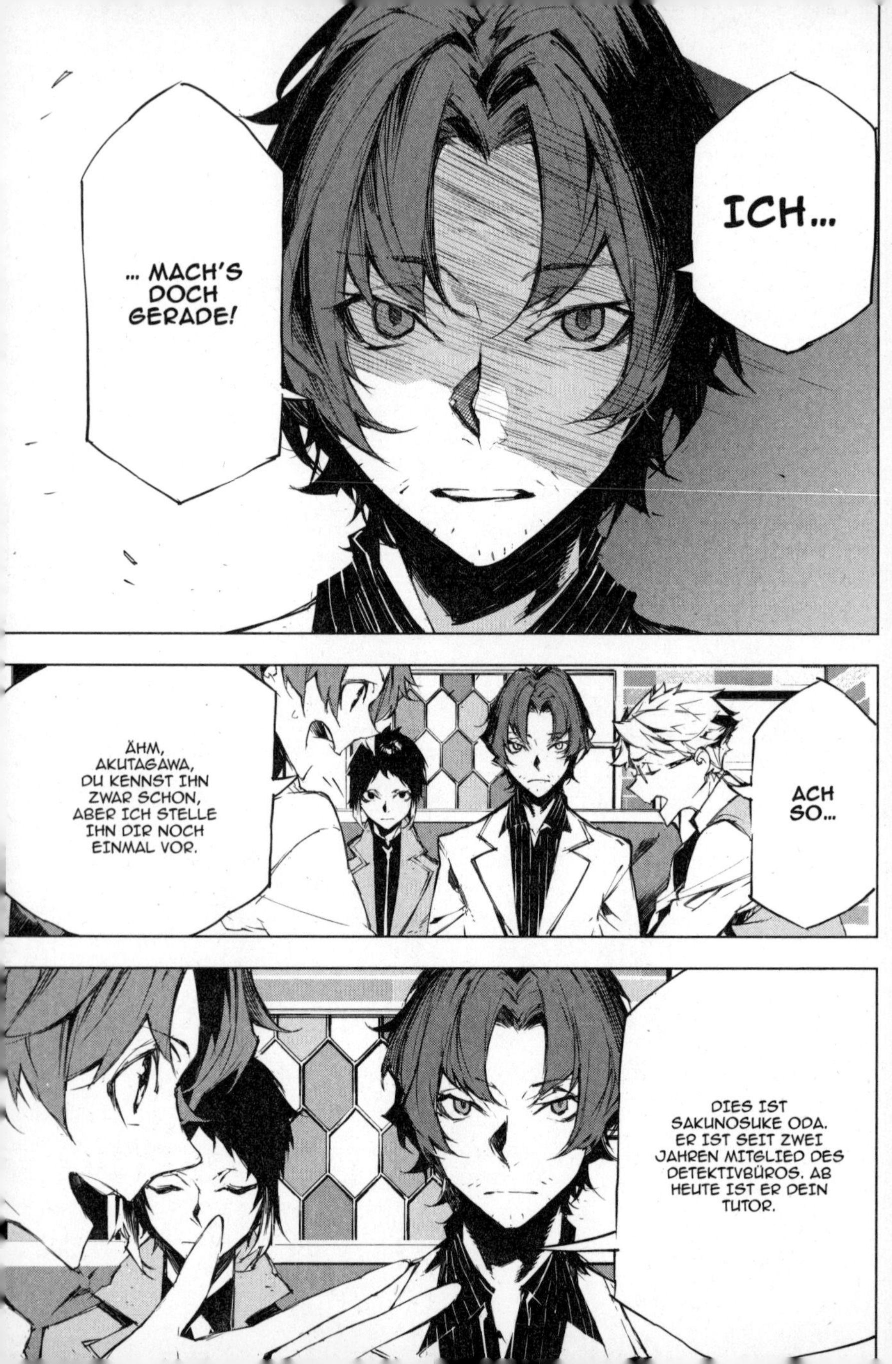
ICH...
... MACH'S DOCH GERADE!
ACH SO...
ÄHM, AKUTAGAWA, DU KENNST IHN ZWAR SCHON, ABER ICH STELLE IHN DIR NOCH EINMAL VOR.
DIES IST SAKUNOSUKE ODA. ER IST SEIT ZWEI JAHREN MITGLIED DES DETEKTIVBÜROS. AB HEUTE IST ER DEIN TUTOR.

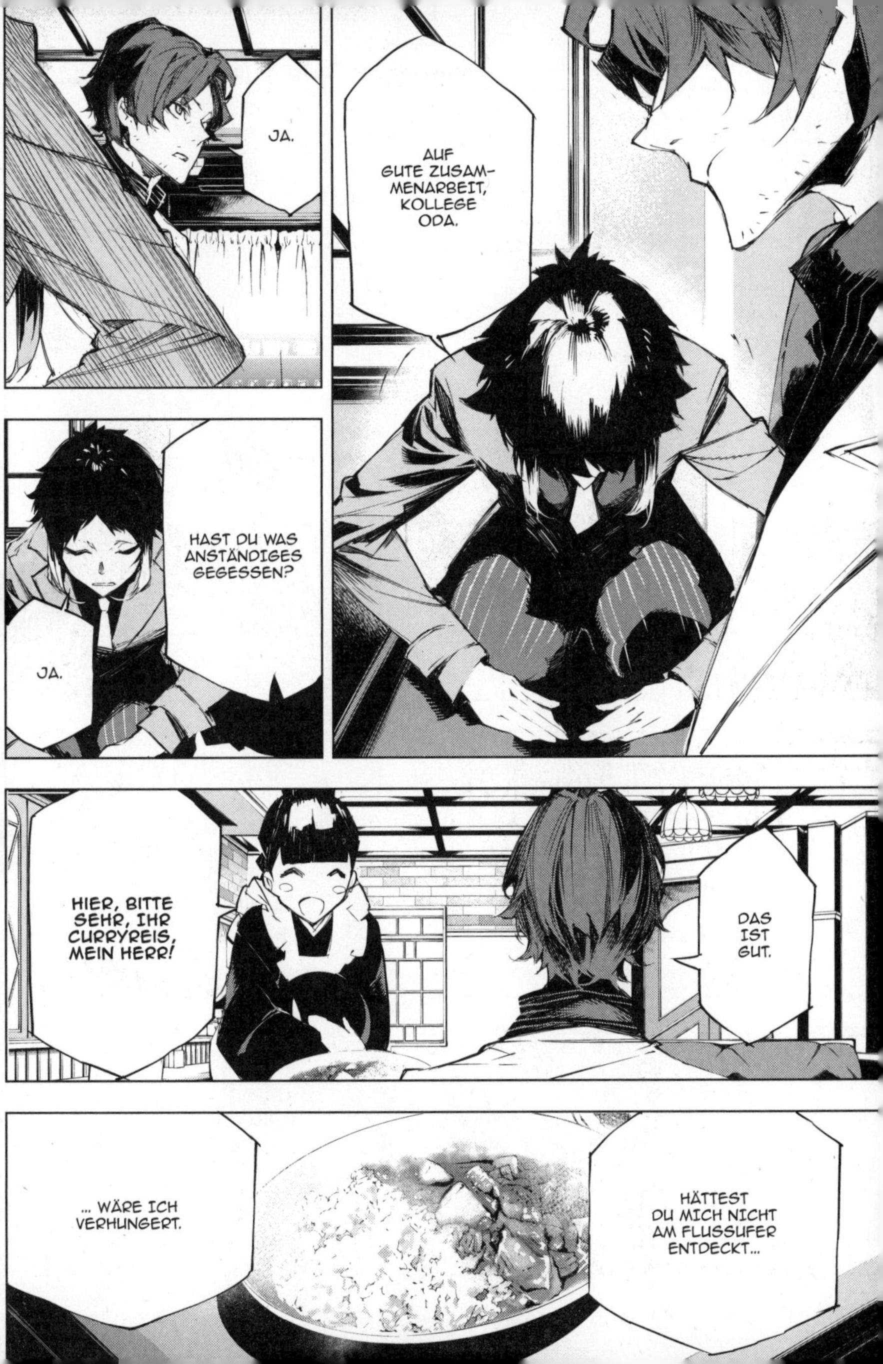
AUF GUTE ZUSAM-MENARBEIT, KOLLEGE ODA.
JA.
HAST DU WAS ANSTÄNDIGES GEGESSEN?
JA.
DAS IST GUT.
HIER, BITTE SEHR, IHR CURRYREIS, MEIN HERR!
HÄTTEST DU MICH NICHT AM FLUSSUFER ENTDECKT…
… WÄRE ICH VERHUNGERT.

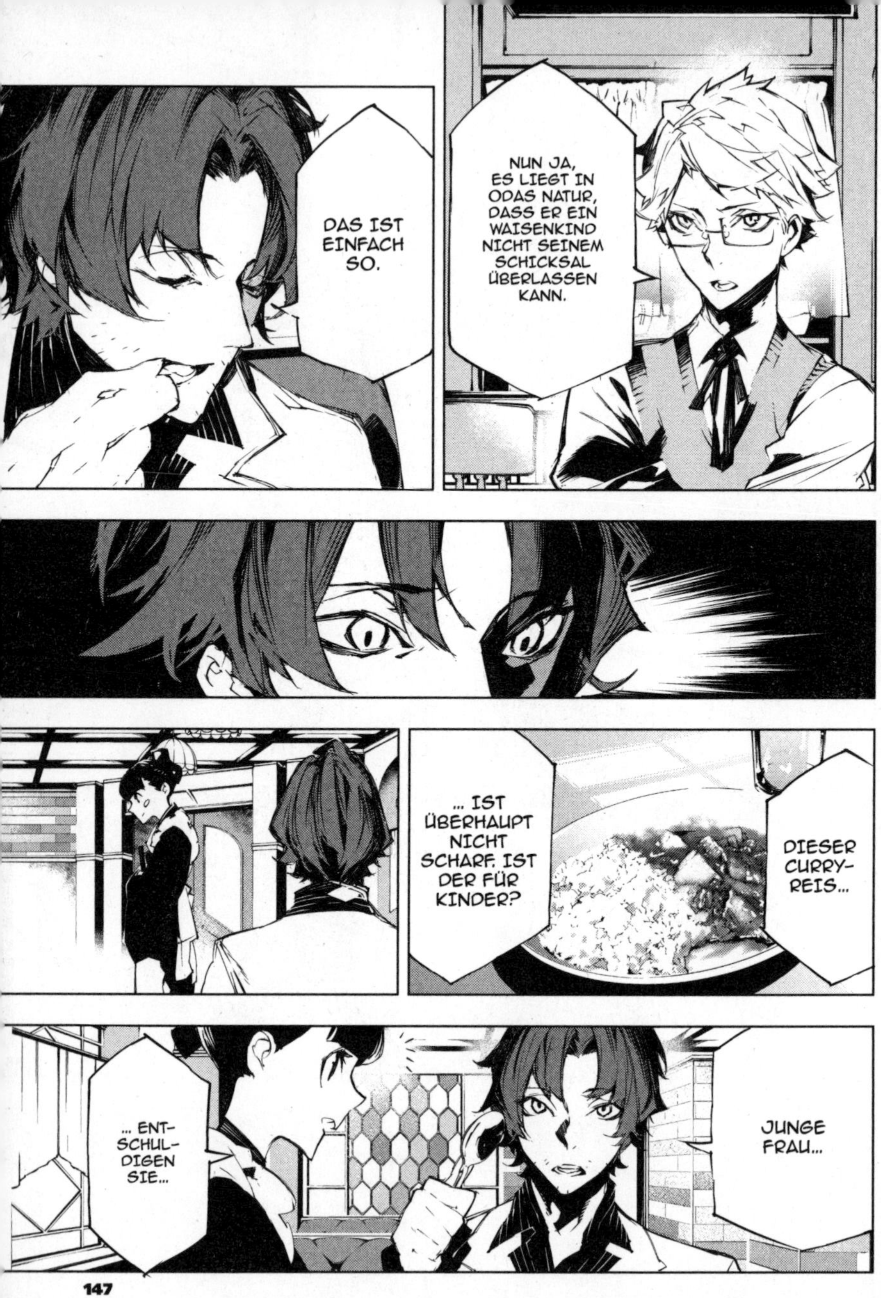
NUN JA, ES LIEGT IN ODAS NATUR, DASS ER EIN WAISENKIND NICHT SEINEM SCHICKSAL ÜBERLASSEN KANN.
DAS IST EINFACH SO.
DIESER CURRY-REIS...
... IST ÜBERHAUPT NICHT SCHARF. IST DER FÜR KINDER?
JUNGE FRAU...
... ENT-SCHUL-DIGEN SIE...

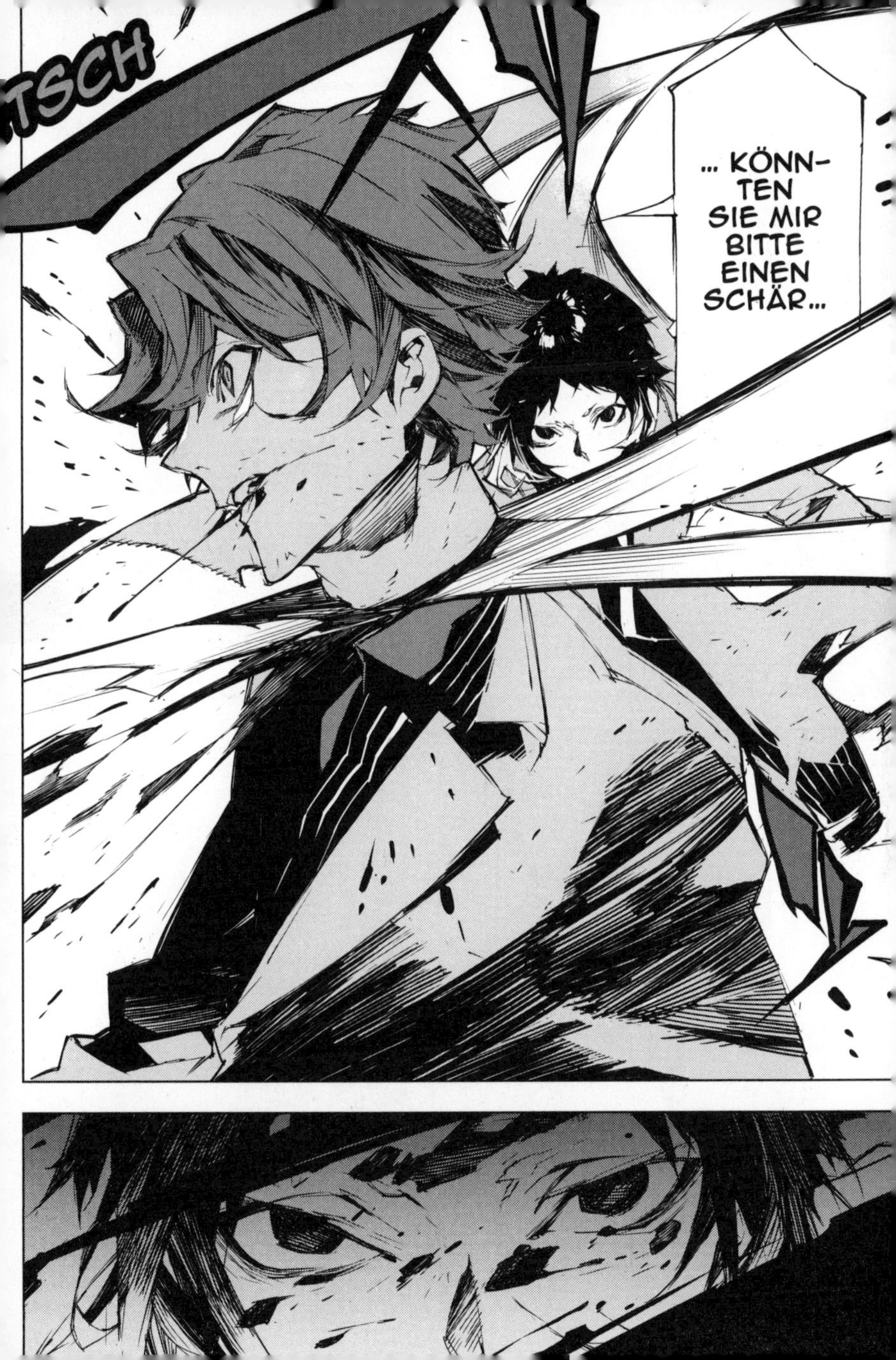
TSCH
... KÖNN-TEN SIE MIR BITTE EINEN SCHÄR...

Bungo Stray Dogs

B E A S T

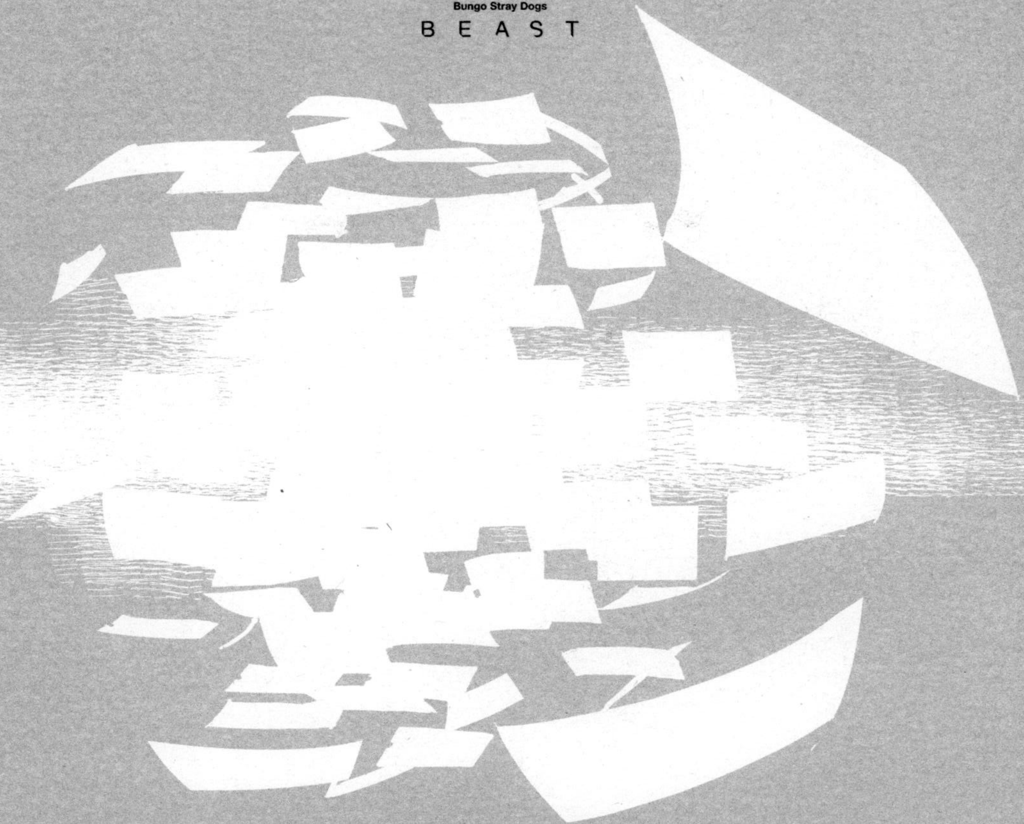

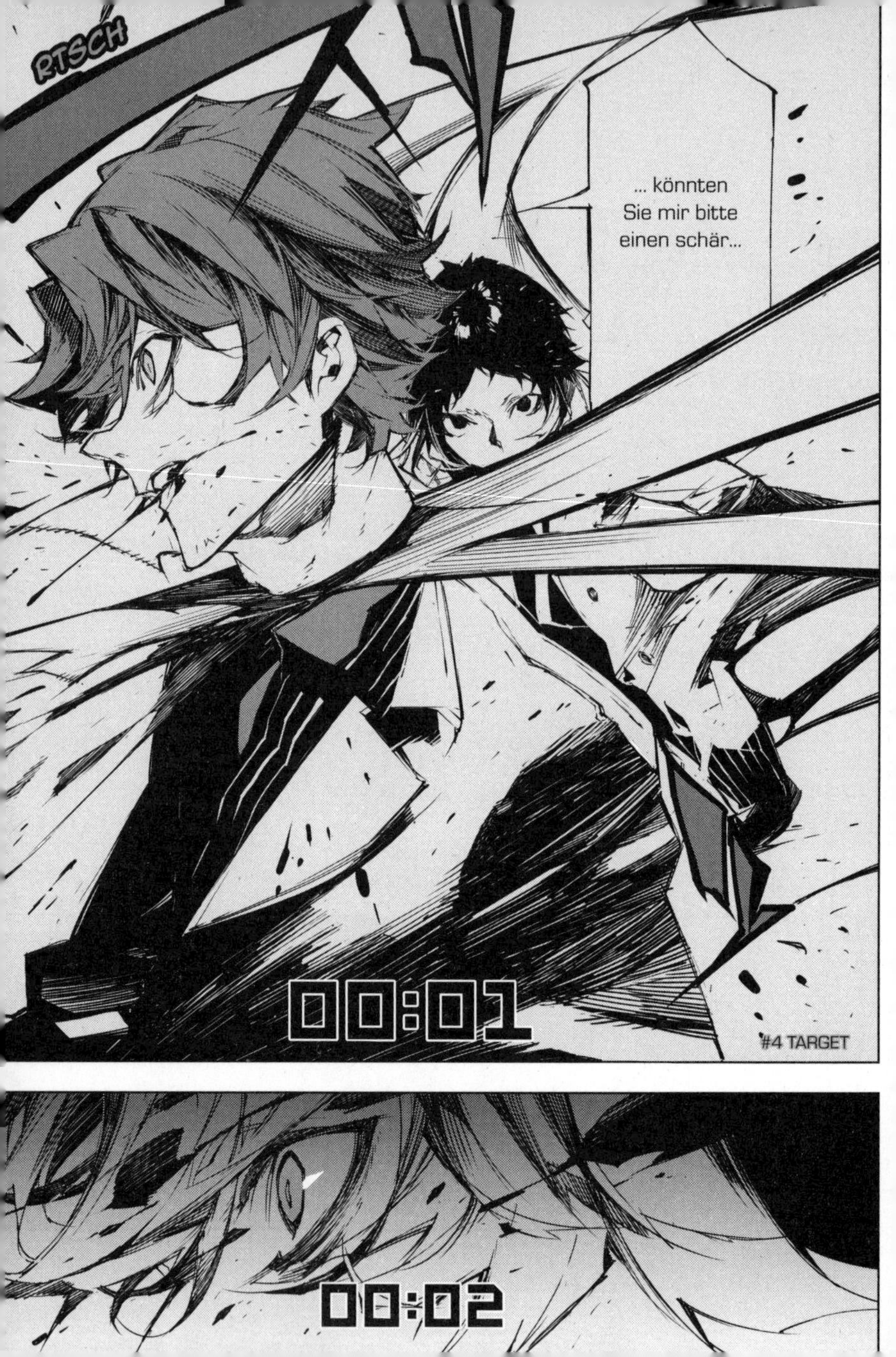
RTSCH
... könnten Sie mir bitte einen schär...
00:01
#4 TARGET
00:02

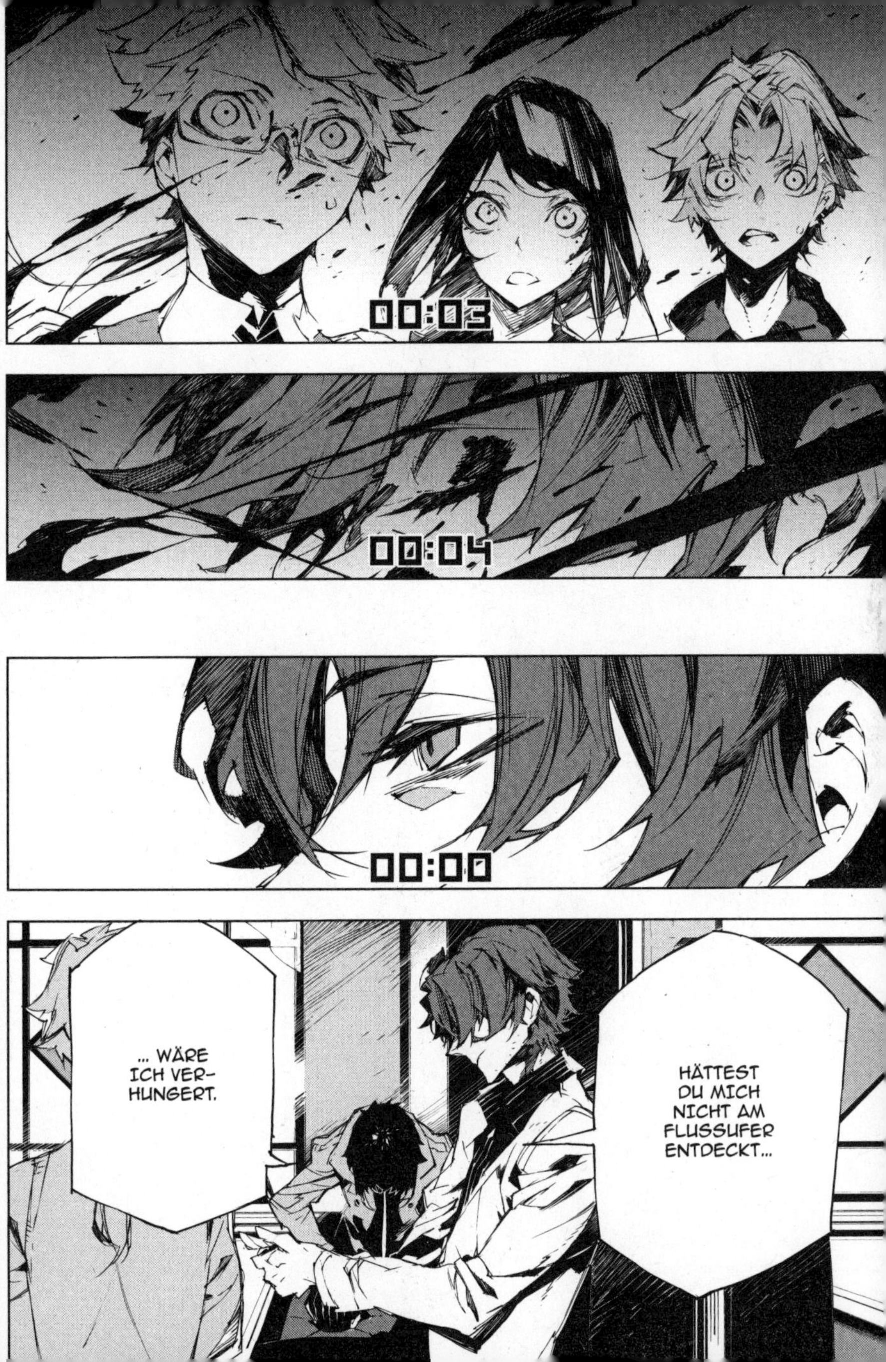

00:03
00:04
00:00
HÄTTEST DU MICH NICHT AM FLUSSUFER ENTDECKT...
... WÄRE ICH VER-HUNGERT.

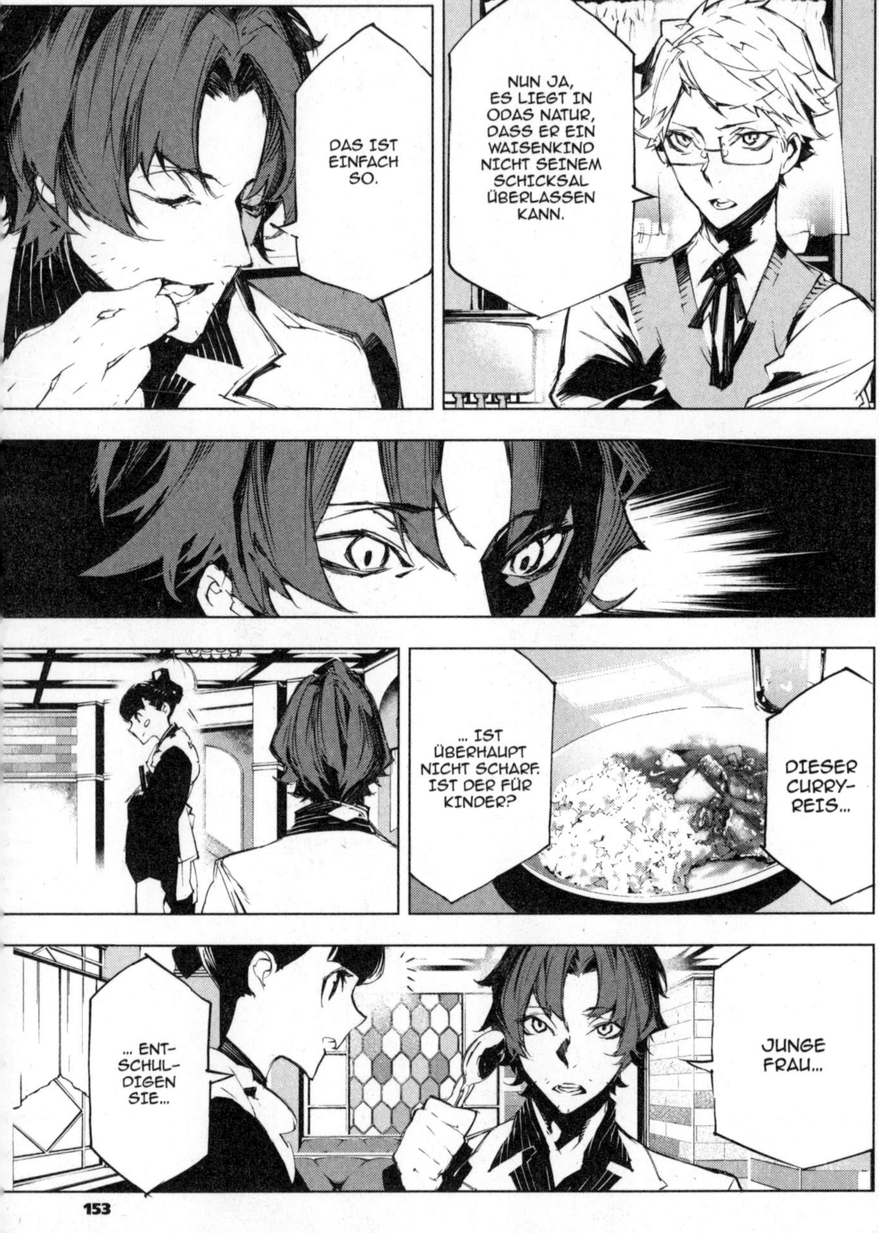
NUN JA, ES LIEGT IN ODAS NATUR, DASS ER EIN WAISENKIND NICHT SEINEM SCHICKSAL ÜBERLASSEN KANN.
DAS IST EINFACH SO.
DIESER CURRY-REIS...
... IST ÜBERHAUPT NICHT SCHARF. IST DER FÜR KINDER?
JUNGE FRAU...
... ENT-SCHUL-DIGEN SIE...

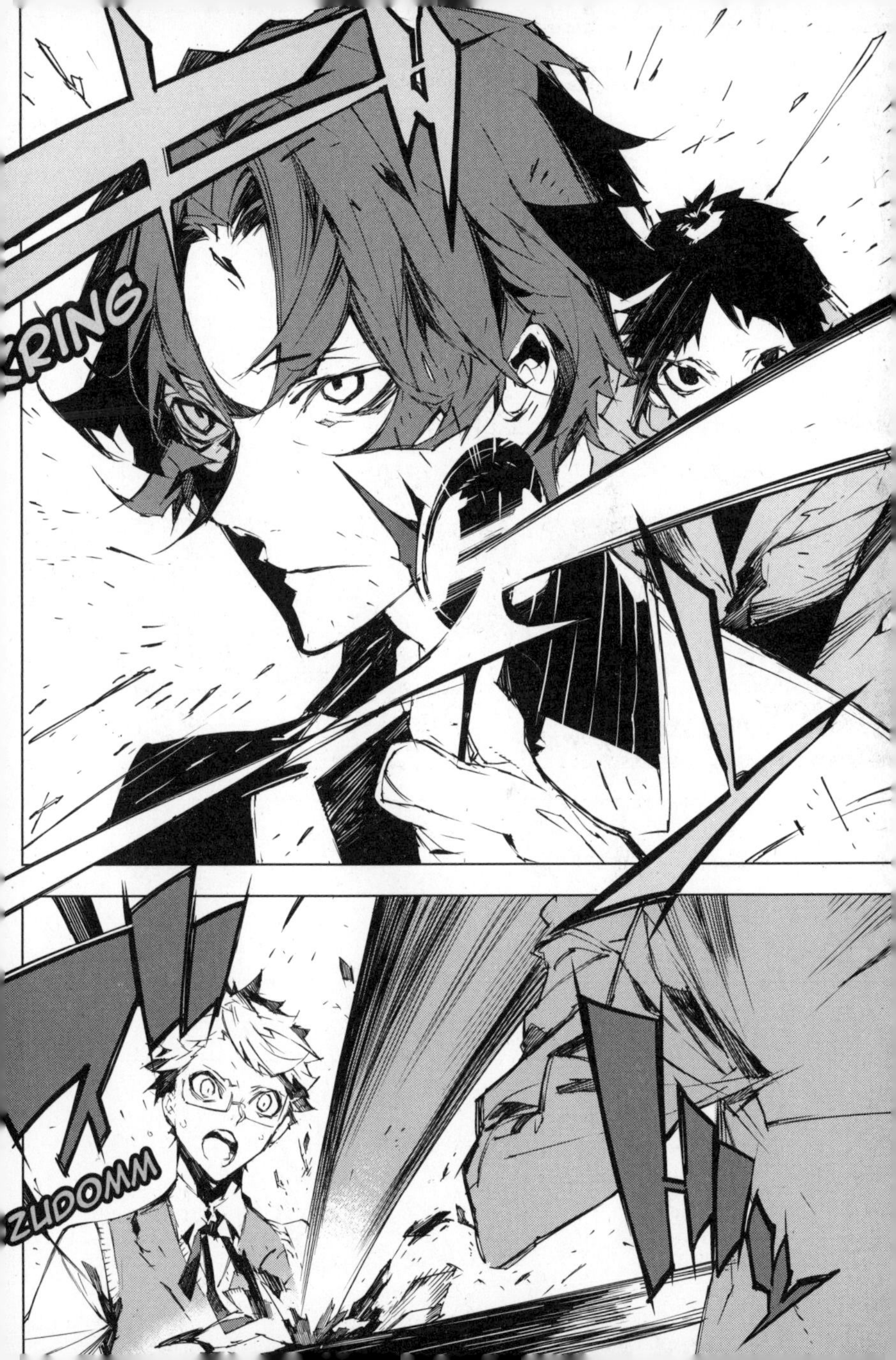
KRING
ZUDOMM

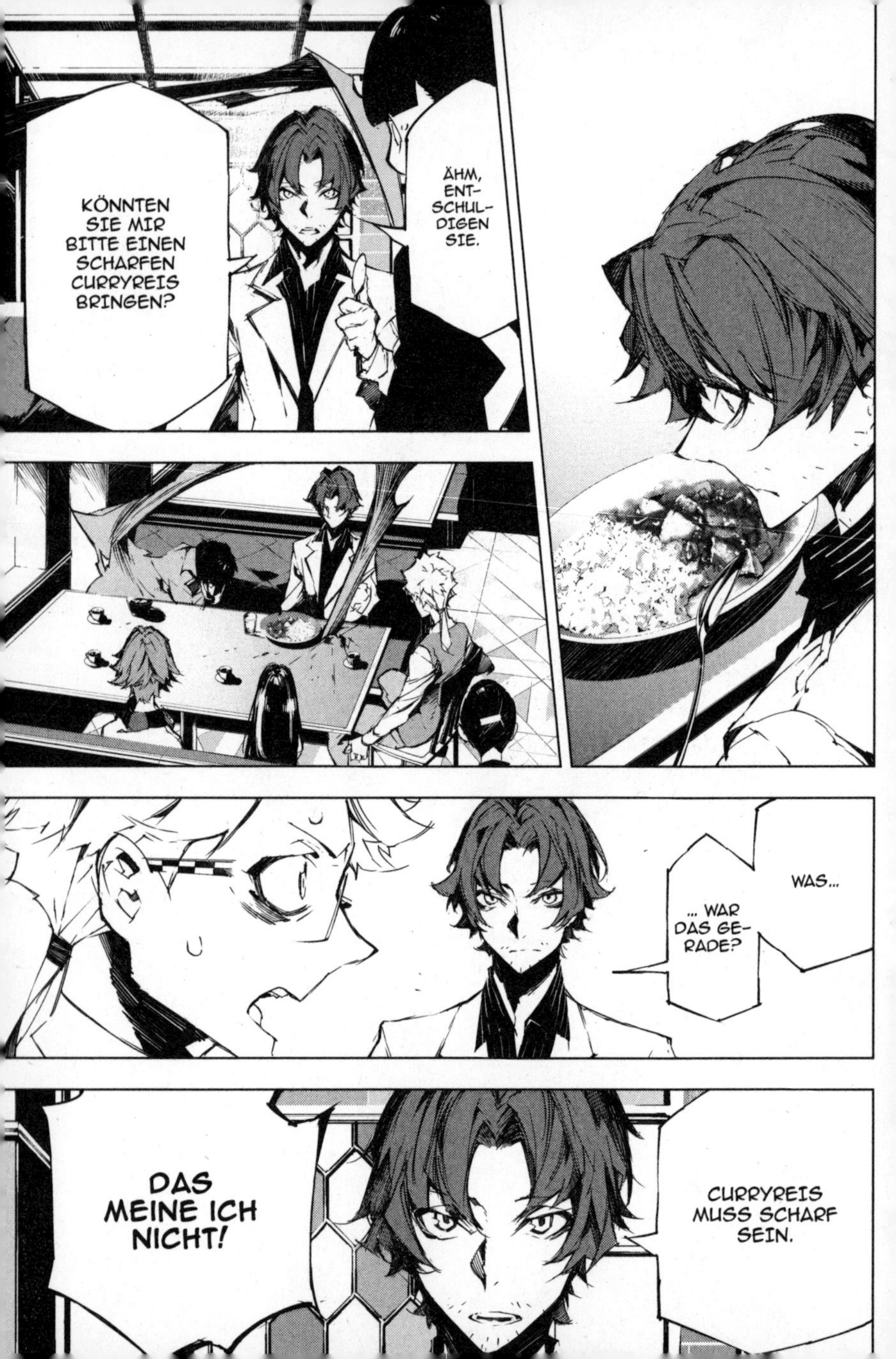
ÄHM, ENT-SCHUL-DIGEN SIE.
KÖNNTEN SIE MIR BITTE EINEN SCHARFEN CURRYREIS BRINGEN?
WAS...
... WAR DAS GE-RADE?
CURRYREIS MUSS SCHARF SEIN.
DAS MEINE ICH NICHT!

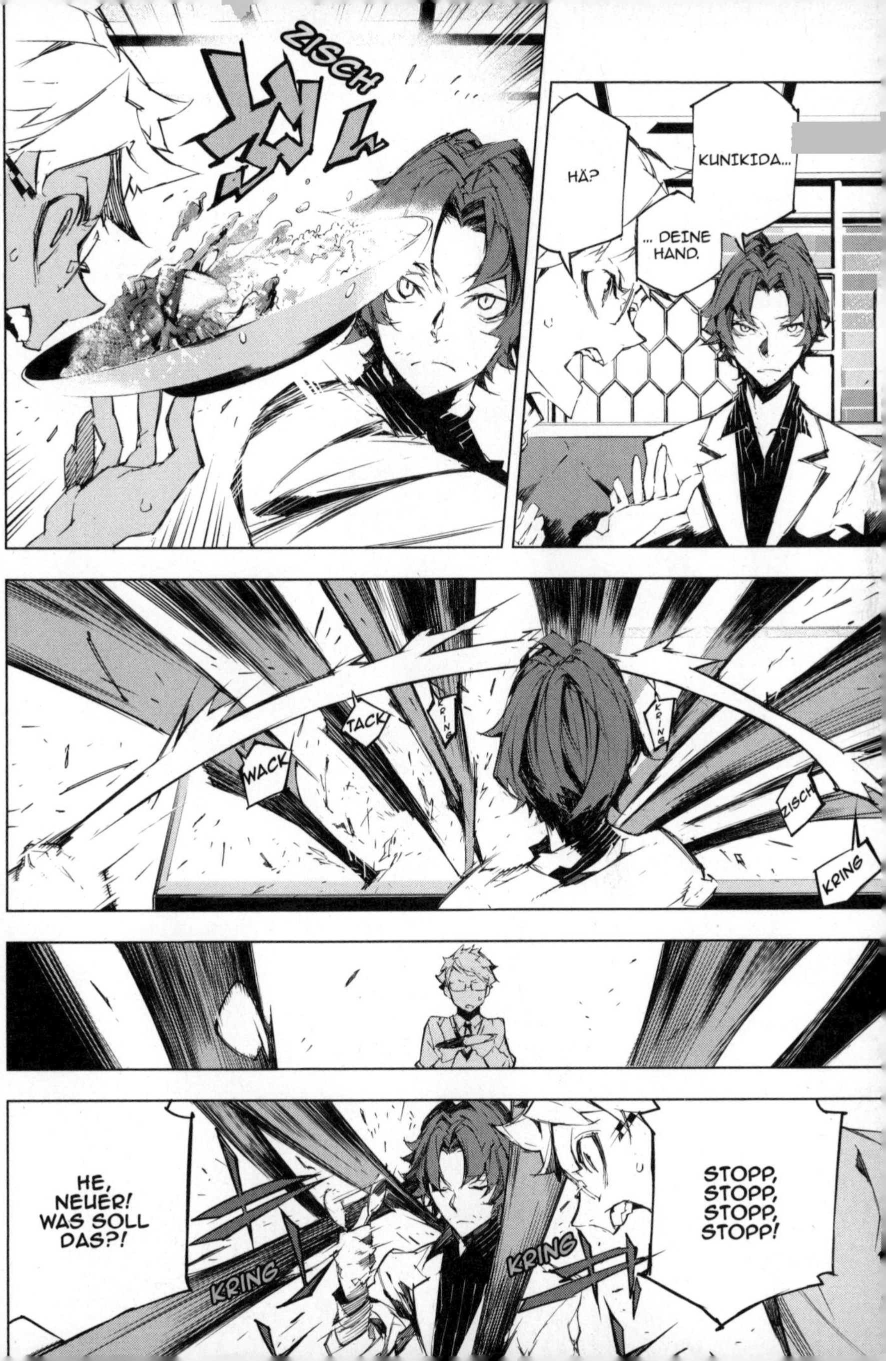
KUNIKIDA...
HÄ?
... DEINE HAND.
ZISCH
KRING
TACK
KRING
WACK
ZISCH
KRING
STOPP, STOPP, STOPP, STOPP!
HE, NEUER! WAS SOLL DAS?!
KRING
KRING

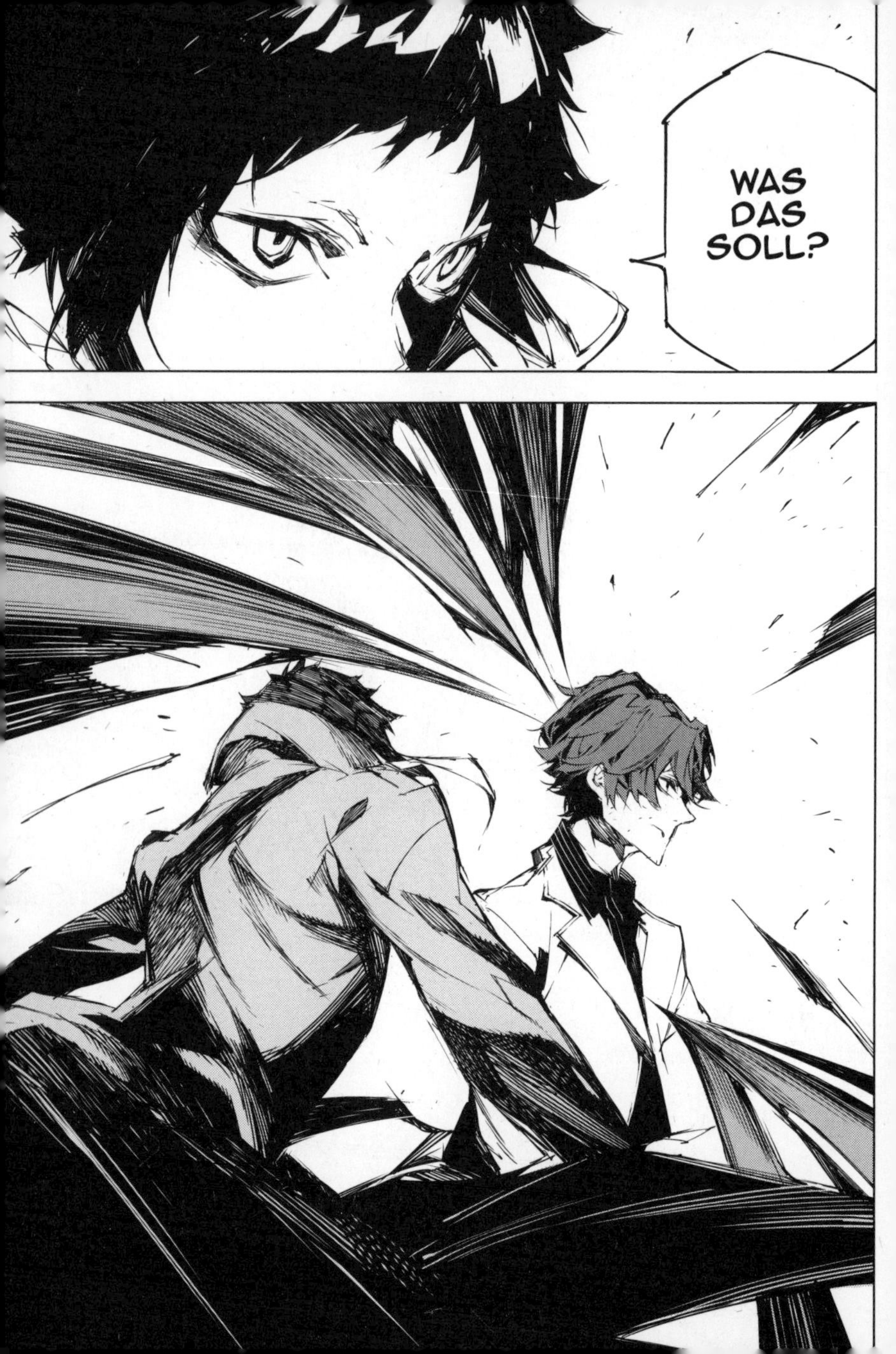
WAS DAS SOLL?

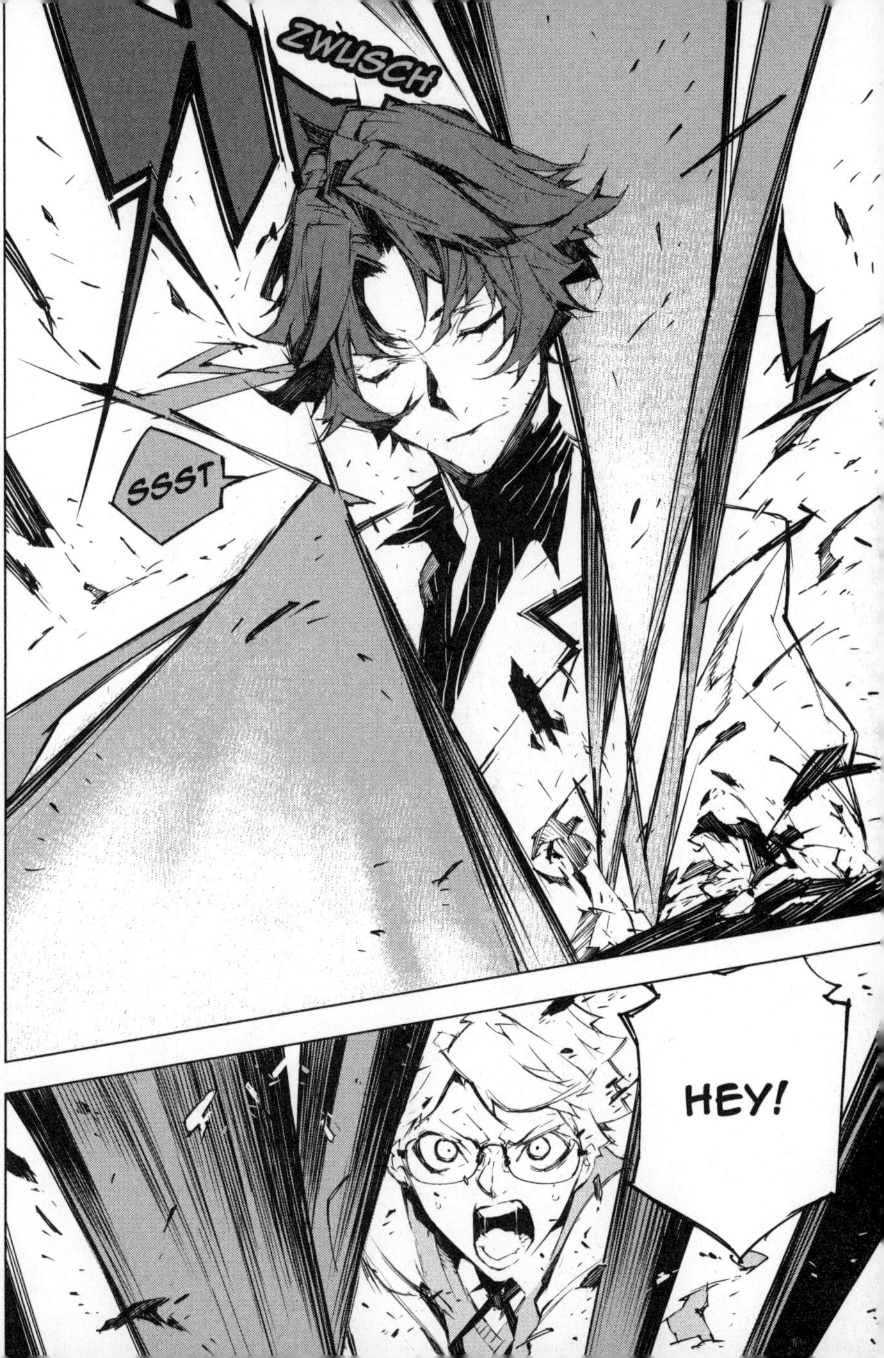
ZWUSCH
SSST
HEY!

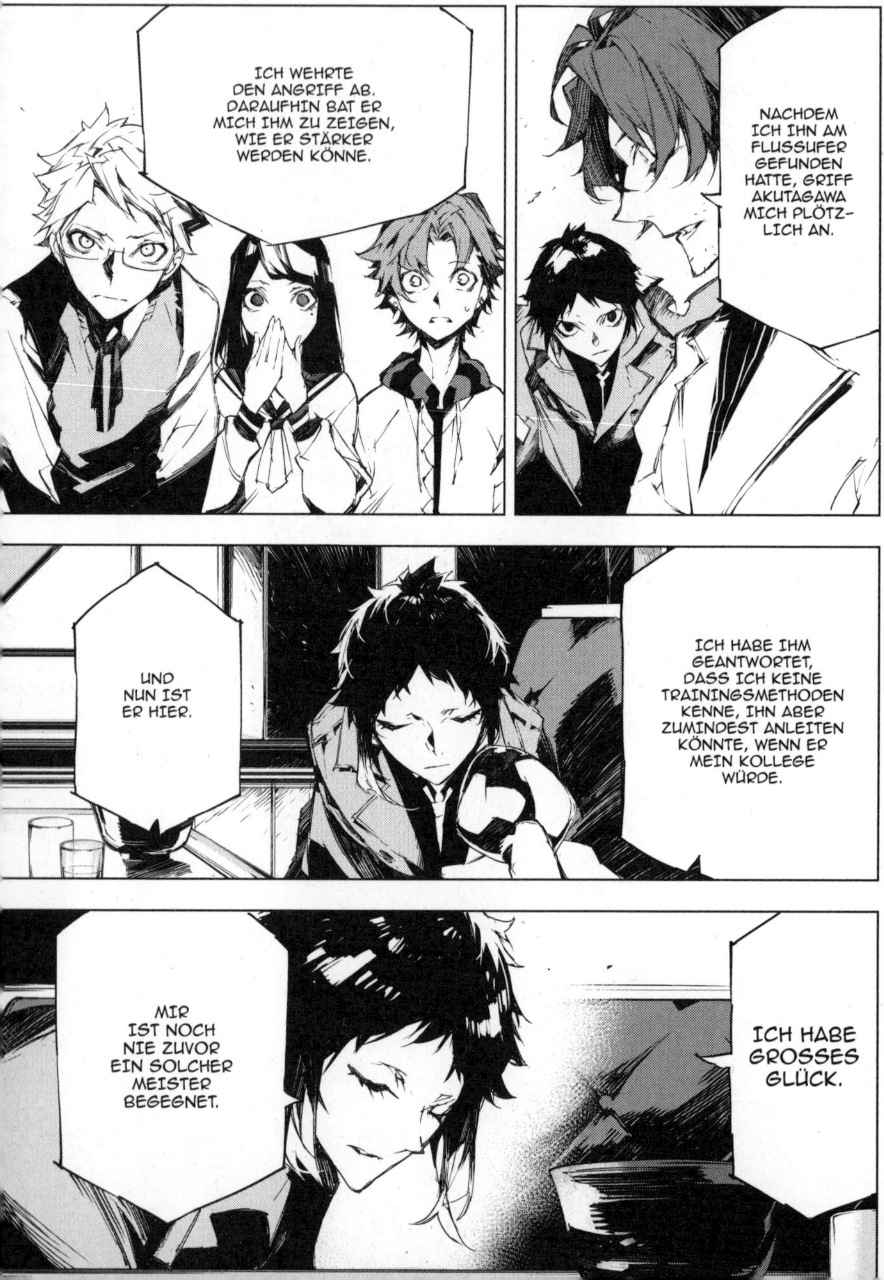
NACHDEM ICH IHN AM FLUSSUFER GEFUNDEN HATTE, GRIFF AKUTAGAWA MICH PLÖTZLICH AN.
ICH WEHRTE DEN ANGRIFF AB. DARAUFHIN BAT ER MICH IHM ZU ZEIGEN, WIE ER STÄRKER WERDEN KÖNNE.
ICH HABE IHM GEANTWORTET, DASS ICH KEINE TRAININGSMETHODEN KENNE, IHN ABER ZUMINDEST ANLEITEN KÖNNTE, WENN ER MEIN KOLLEGE WÜRDE.
UND NUN IST ER HIER.
ICH HABE GROSSES GLÜCK.
MIR IST NOCH NIE ZUVOR EIN SOLCHER MEISTER BEGEGNET.

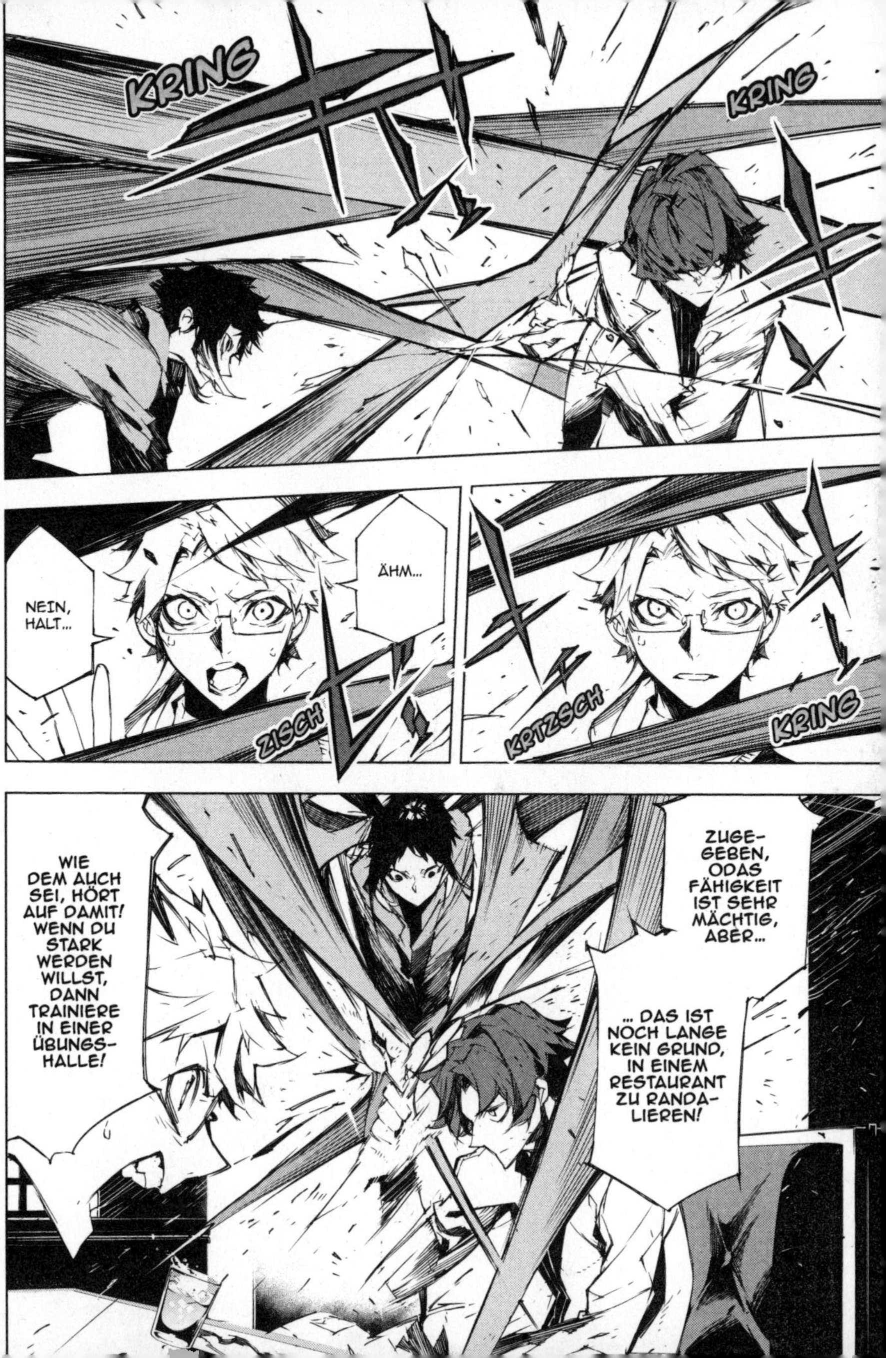
KRING
KRING
ÄHM...
NEIN, HALT...
ZISCH
KRING
KRTZSCH
ZUGE-GEBEN, ODAS FÄHIGKEIT IST SEHR MÄCHTIG, ABER...
... DAS IST NOCH LANGE KEIN GRUND, IN EINEM RESTAURANT ZU RANDA-LIEREN!
WIE DEM AUCH SEI, HÖRT AUF DAMIT! WENN DU STARK WERDEN WILLST, DANN TRAINIERE IN EINER ÜBUNGS-HALLE!

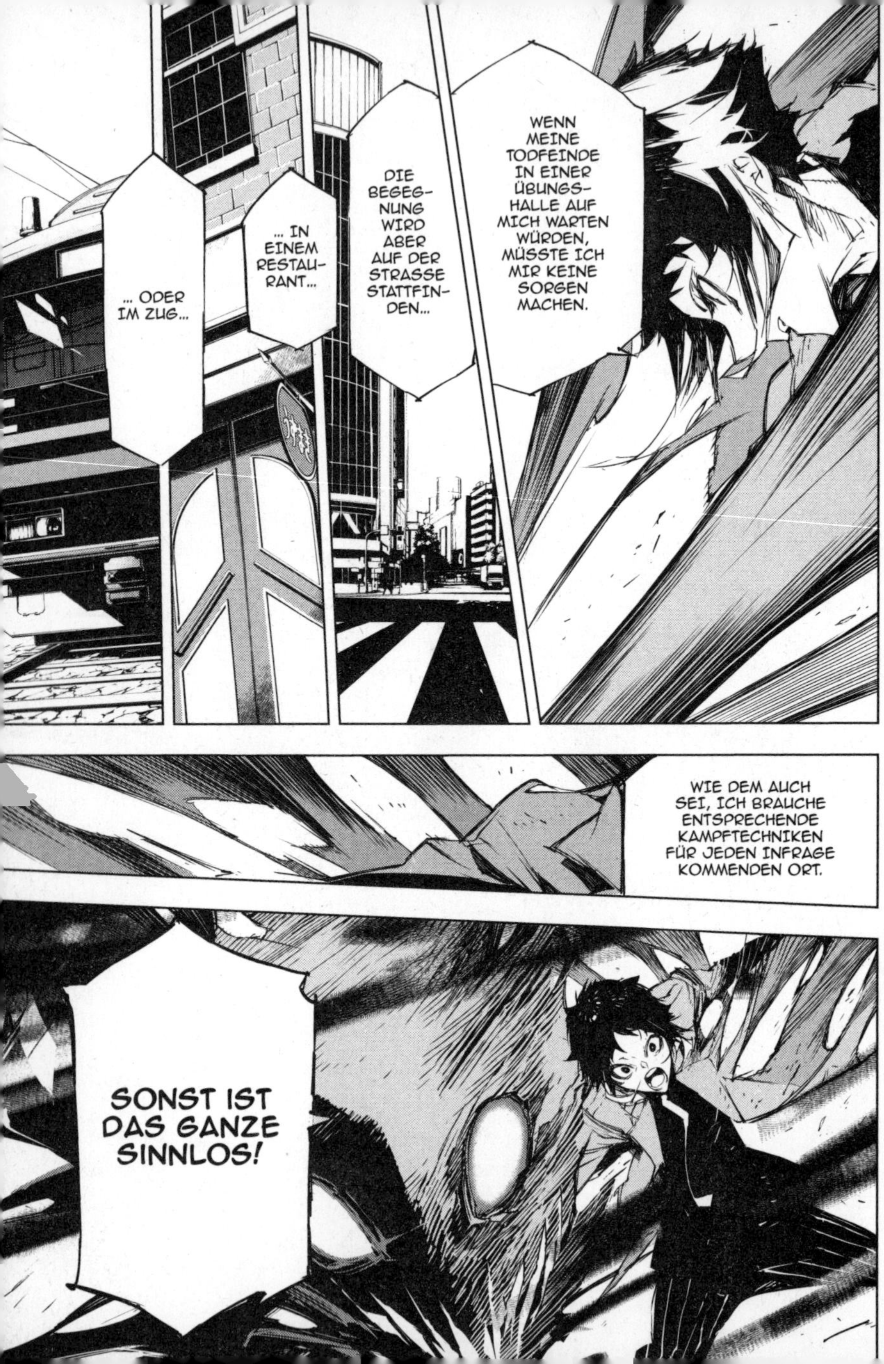
WENN MEINE TODFEINDE IN EINER ÜBUNGSHALLE AUF MICH WARTEN WÜRDEN, MÜSSTE ICH MIR KEINE SORGEN MACHEN.
DIE BEGEGNUNG WIRD ABER AUF DER STRASSE STATTFINDEN...
... IN EINEM RESTAURANT...
... ODER IM ZUG...
WIE DEM AUCH SEI, ICH BRAUCHE ENTSPRECHENDE KAMPFTECHNIKEN FÜR JEDEN INFRAGE KOMMENDEN ORT.
SONST IST DAS GANZE SINNLOS!

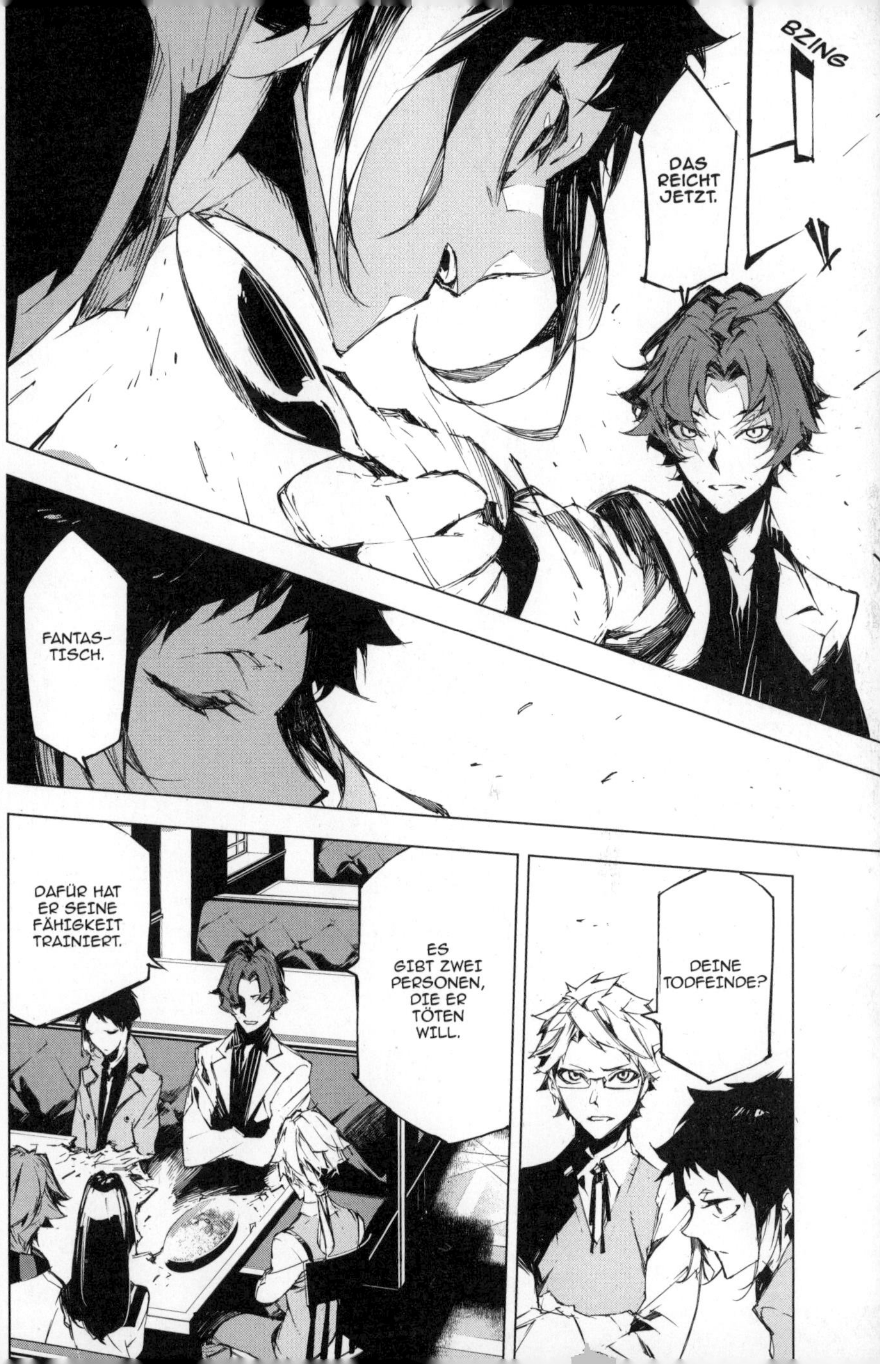

BZING
DAS REICHT JETZT.
FANTAS-TISCH.
DEINE TODFEINDE?
ES GIBT ZWEI PERSONEN, DIE ER TÖTEN WILL.
DAFÜR HAT ER SEINE FÄHIGKEIT TRAINIERT.

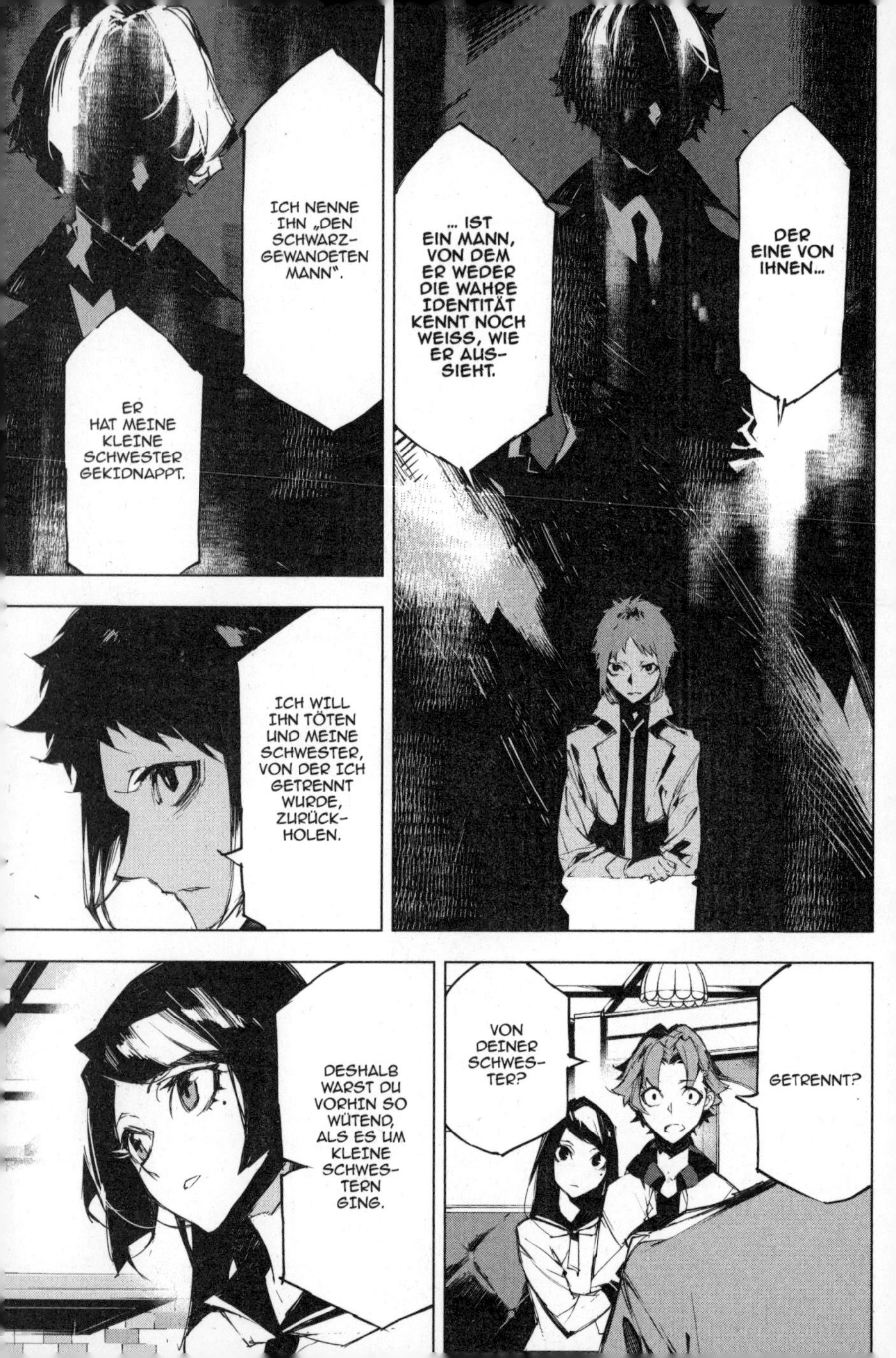
DER EINE VON IHNEN...
... IST EIN MANN, VON DEM ER WEDER DIE WAHRE IDENTITÄT KENNT NOCH WEISS, WIE ER AUS-SIEHT.
ICH NENNE IHN „DEN SCHWARZ-GEWANDETEN MANN“.
ER HAT MEINE KLEINE SCHWESTER GEKIDNAPPT.
ICH WILL IHN TÖTEN UND MEINE SCHWESTER, VON DER ICH GETRENNT WURDE, ZURÜCK-HOLEN.
VON DEINER SCHWES-TER?
GETRENNT?
DESHALB WARST DU VORHIN SO WÜTEND, ALS ES UM KLEINE SCHWES-TERN GING.

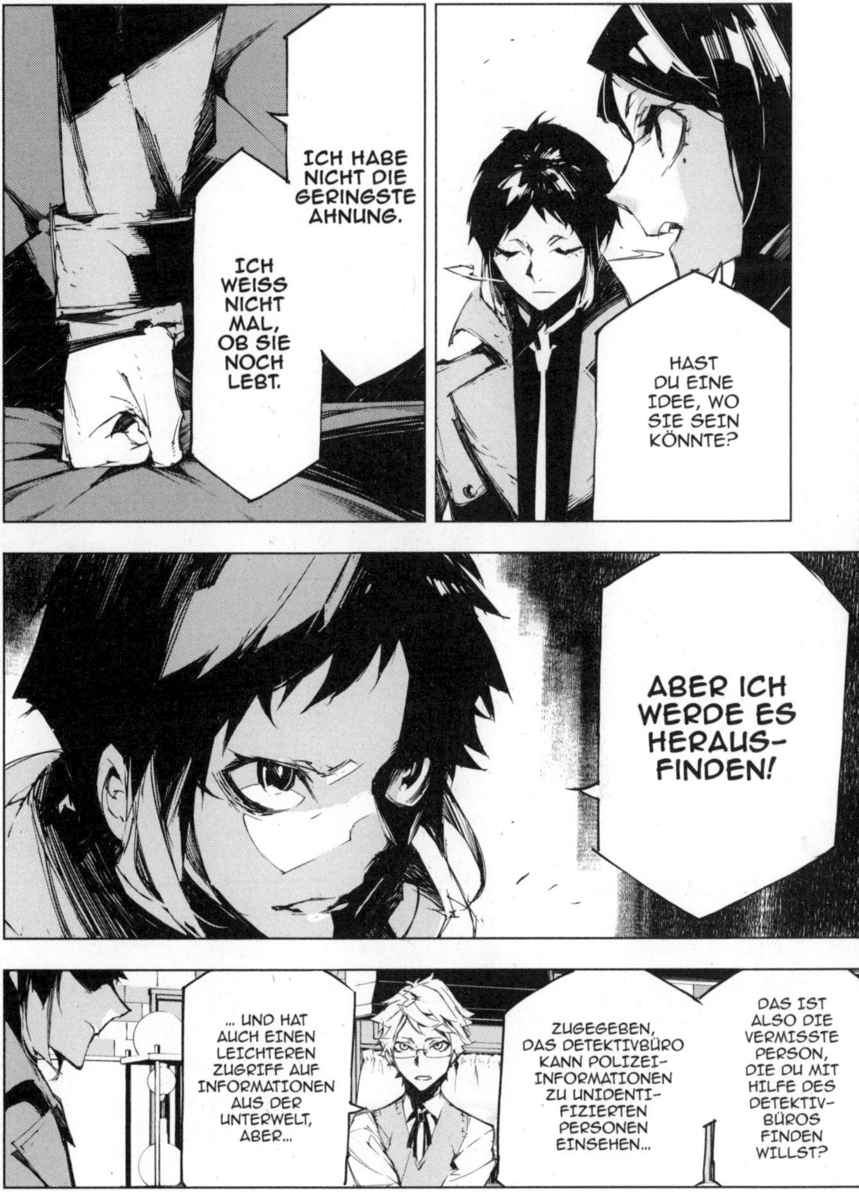
HAST DU EINE IDEE, WO SIE SEIN KÖNNTE?
ICH HABE NICHT DIE GERINGSTE AHNUNG.
ICH WEISS NICHT MAL, OB SIE NOCH LEBT.
ABER ICH WERDE ES HERAUS-FINDEN!
DAS IST ALSO DIE VERMISSTE PERSON, DIE DU MIT HILFE DES DETEKTIV-BÜROS FINDEN WILLST?
ZUGEGEBEN, DAS DETEKTIVBÜRO KANN POLIZEI-INFORMATIONEN ZU UNIDENTI-FIZIERTEN PERSONEN EINSEHEN...
... UND HAT AUCH EINEN LEICHTEREN ZUGRIFF AUF INFORMATIONEN AUS DER UNTERWELT, ABER...

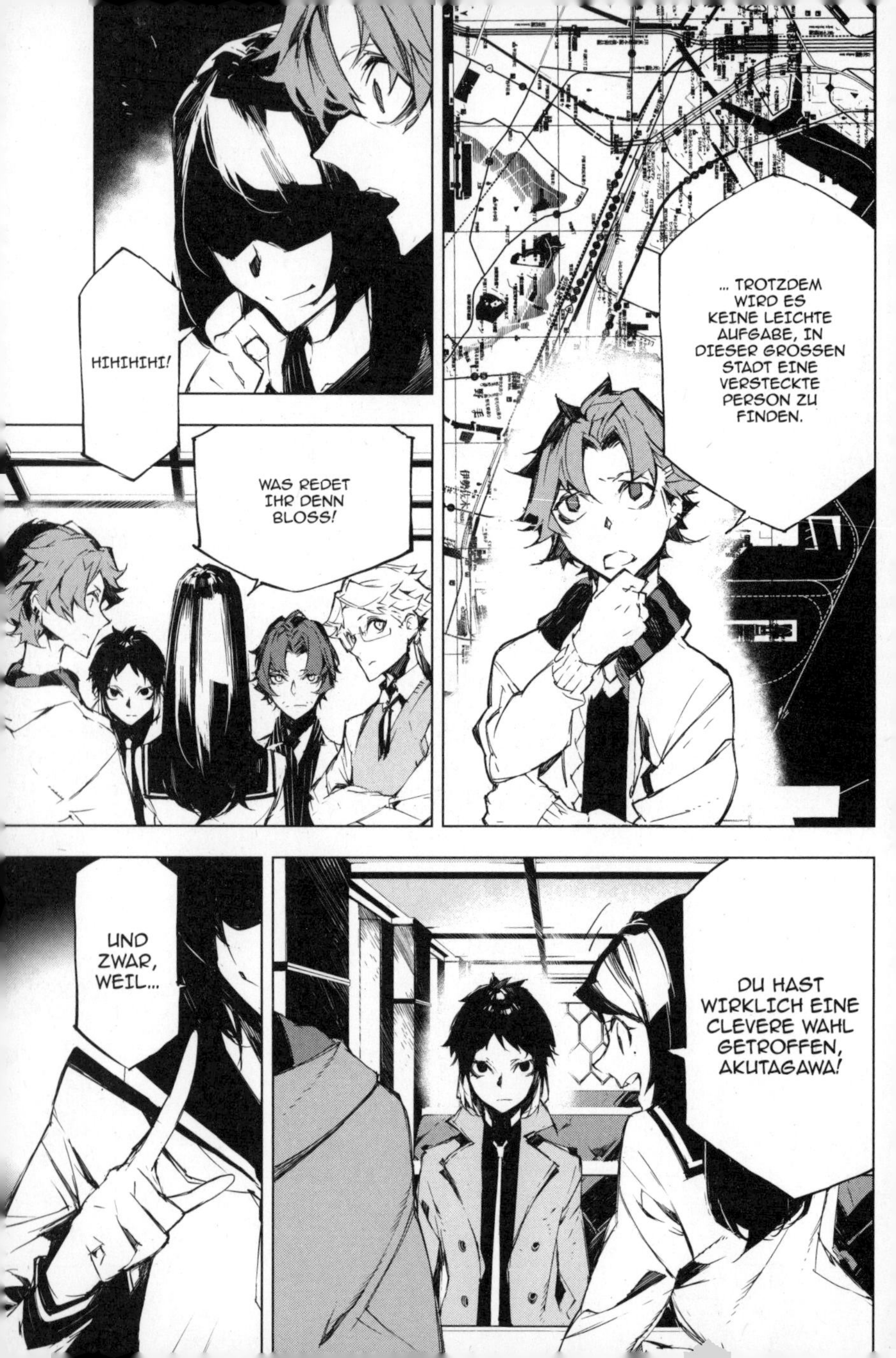

... TROTZDEM WIRD ES KEINE LEICHTE AUFGABE, IN DIESER GROSSEN STADT EINE VERSTECKTE PERSON ZU FINDEN.
HIHIHIHI!
WAS REDET IHR DENN BLOSS!
DU HAST WIRKLICH EINE CLEVERE WAHL GETROFFEN, AKUTAGAWA!
UND ZWAR, WEIL...

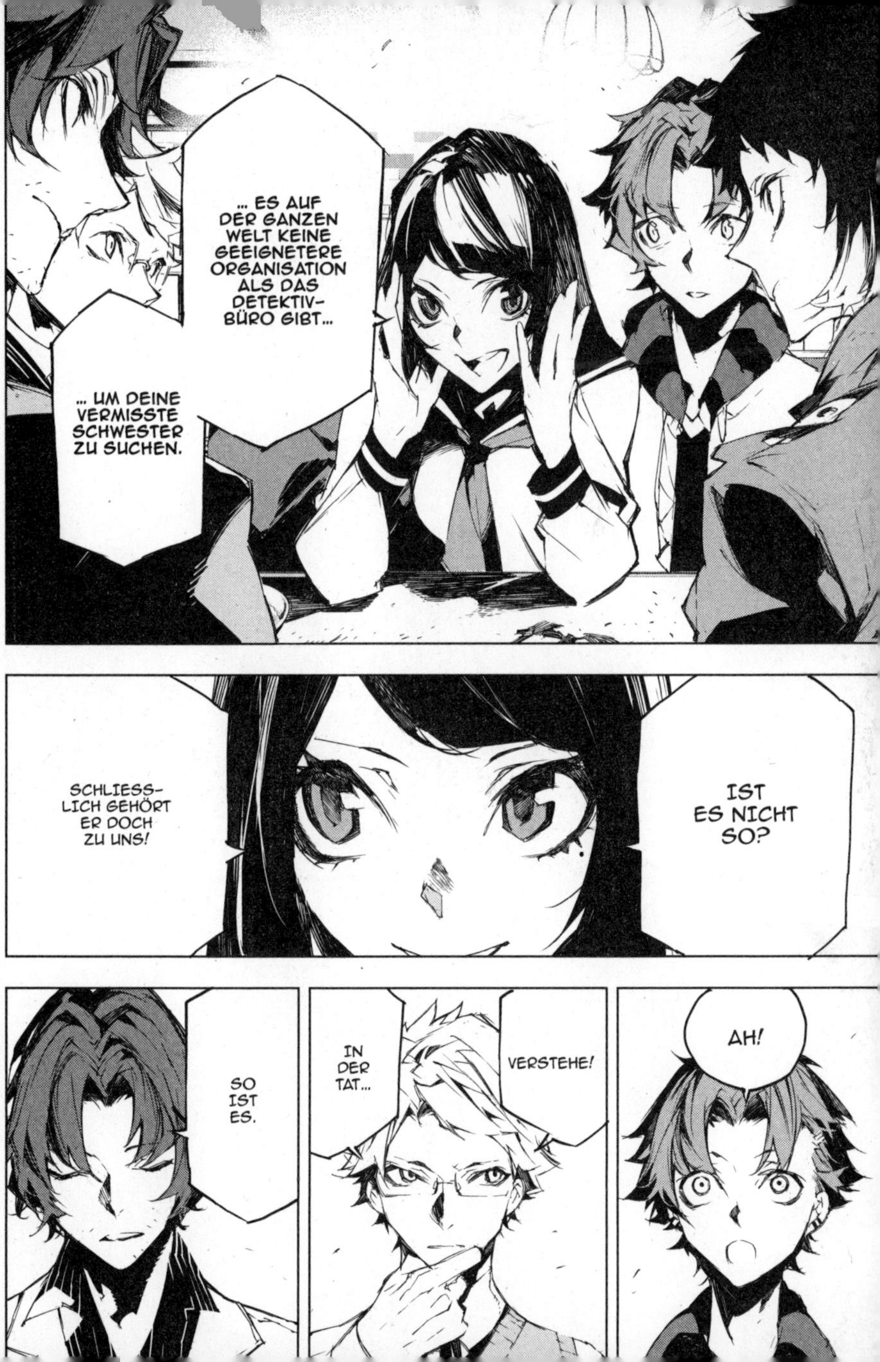
... ES AUF DER GANZEN WELT KEINE GEEIGNETERE ORGANISATION ALS DAS DETEKTIV-BÜRO GIBT...
... UM DEINE VERMISSTE SCHWESTER ZU SUCHEN.
IST ES NICHT SO?
SCHLIESS-LICH GEHÖRT ER DOCH ZU UNS!
AH!
VERSTEHE!
IN DER TAT...
SO IST ES.

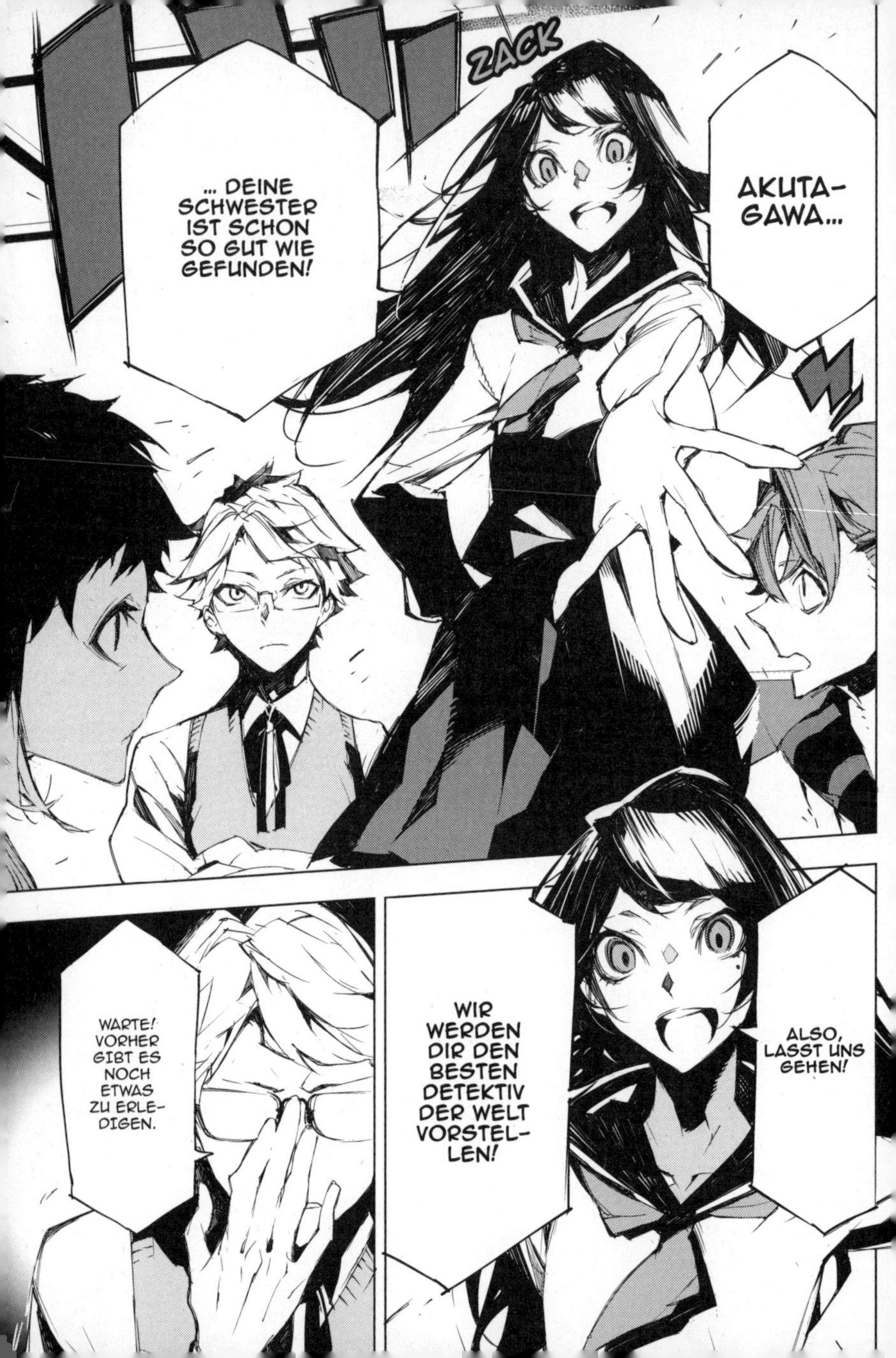
ZACK
AKUTAGAWA...
... DEINE SCHWESTER IST SCHON SO GUT WIE GEFUNDEN!
ALSO, LASST UNS GEHEN!
WIR WERDEN DIR DEN BESTEN DETEKTIV DER WELT VORSTELLEN!
WARTE! VORHER GIBT ES NOCH ETWAS ZU ERLEDIGEN.

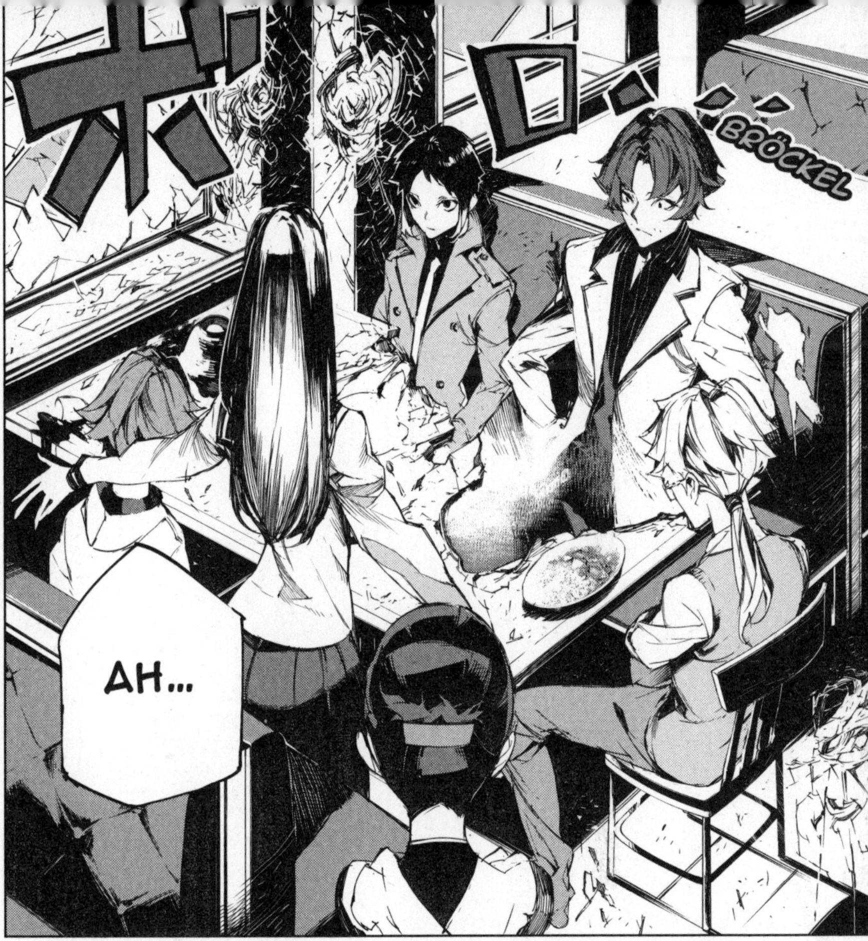
BRÖCKEL
AH...

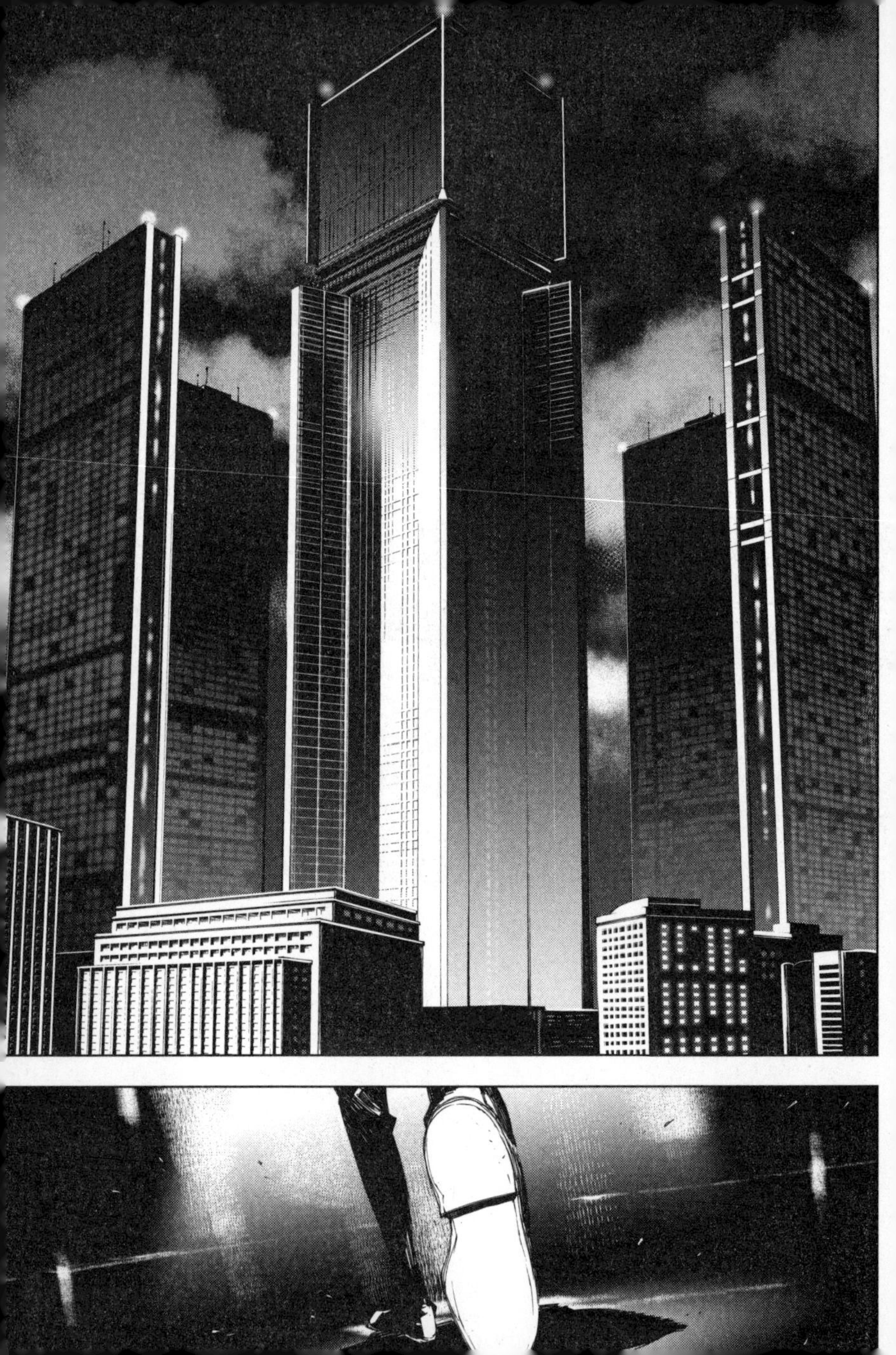

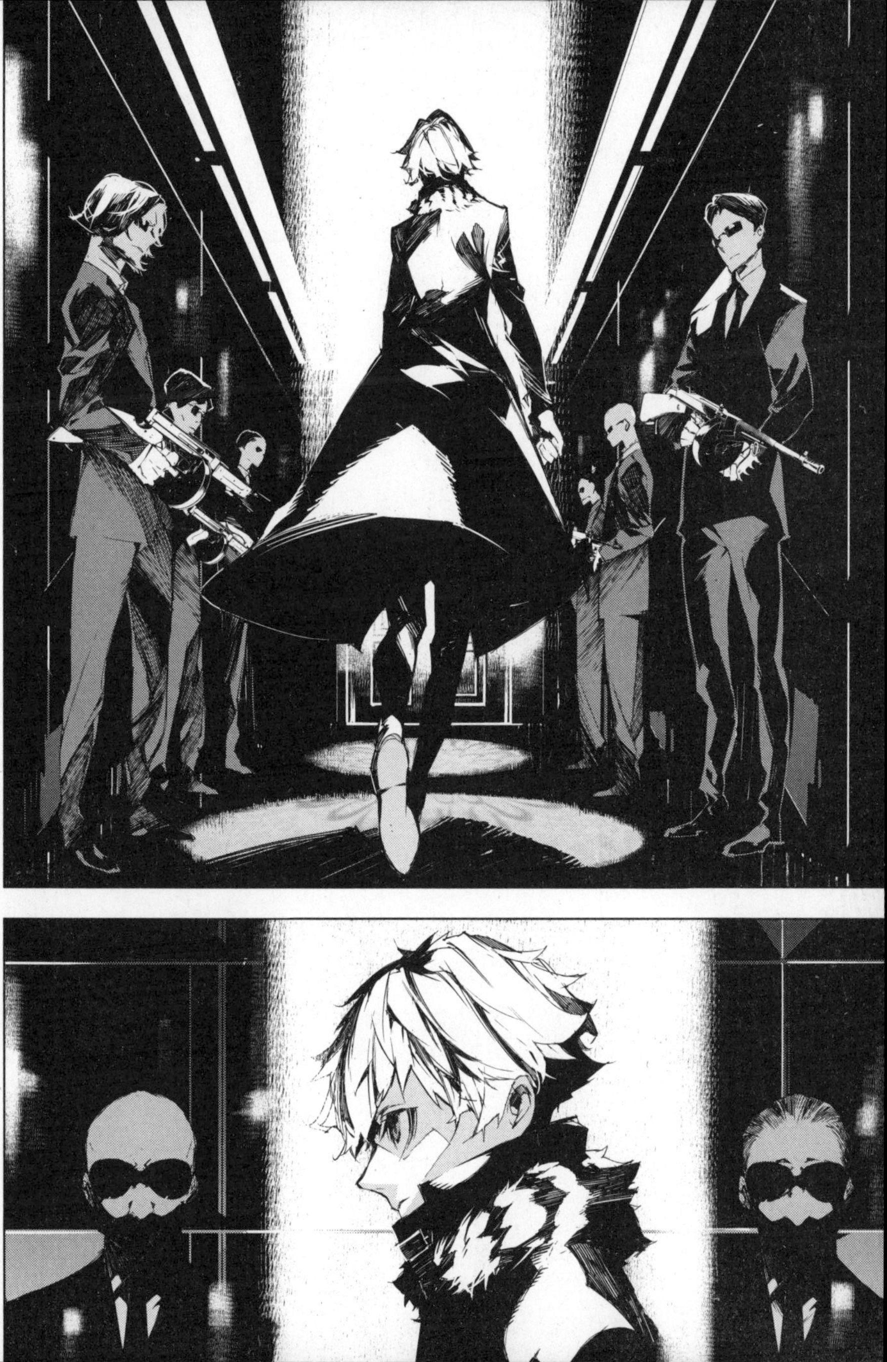

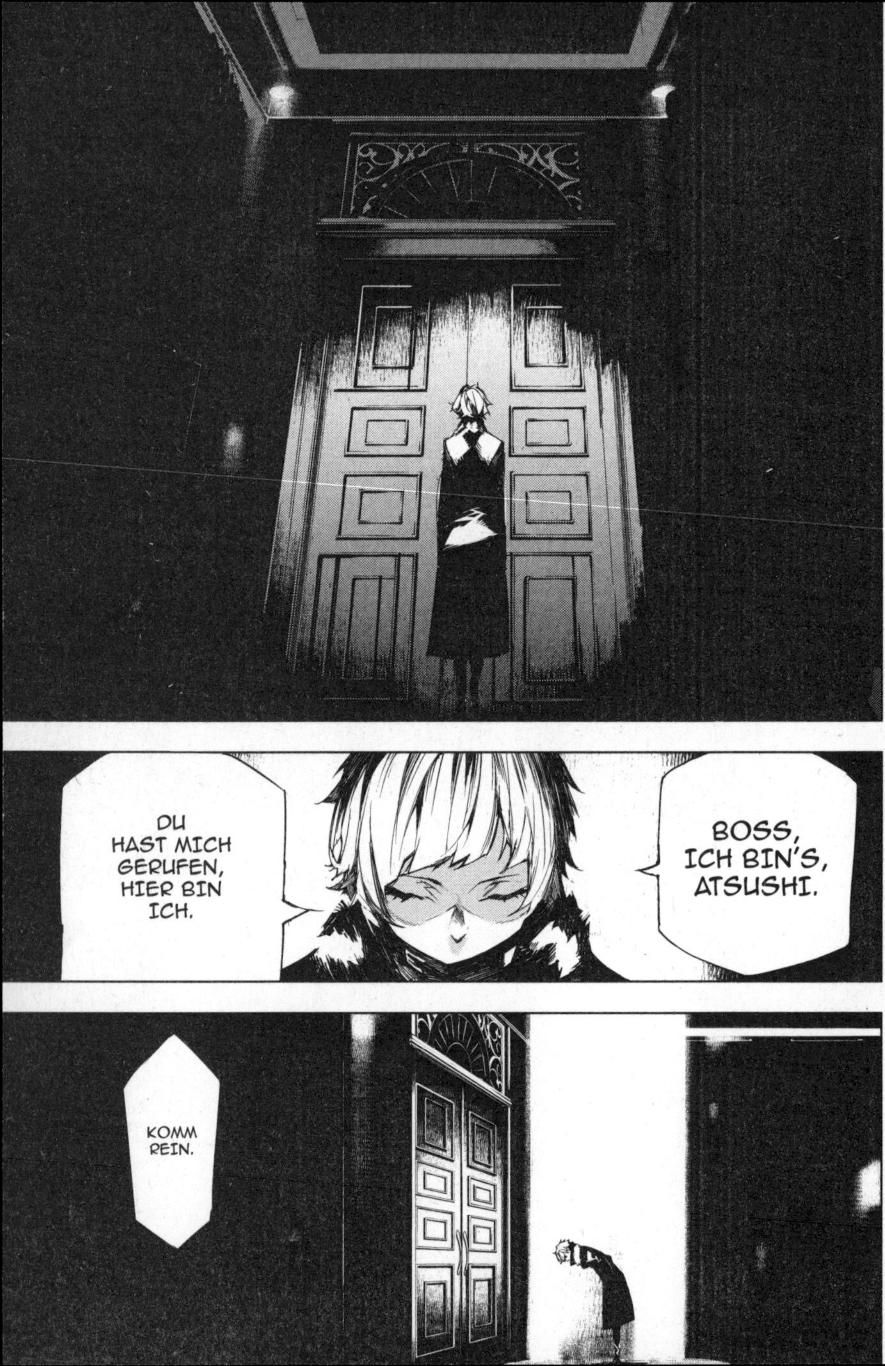
BOSS, ICH BIN'S, ATSUSHI.
DU HAST MICH GERUFEN, HIER BIN ICH.
KOMM REIN.

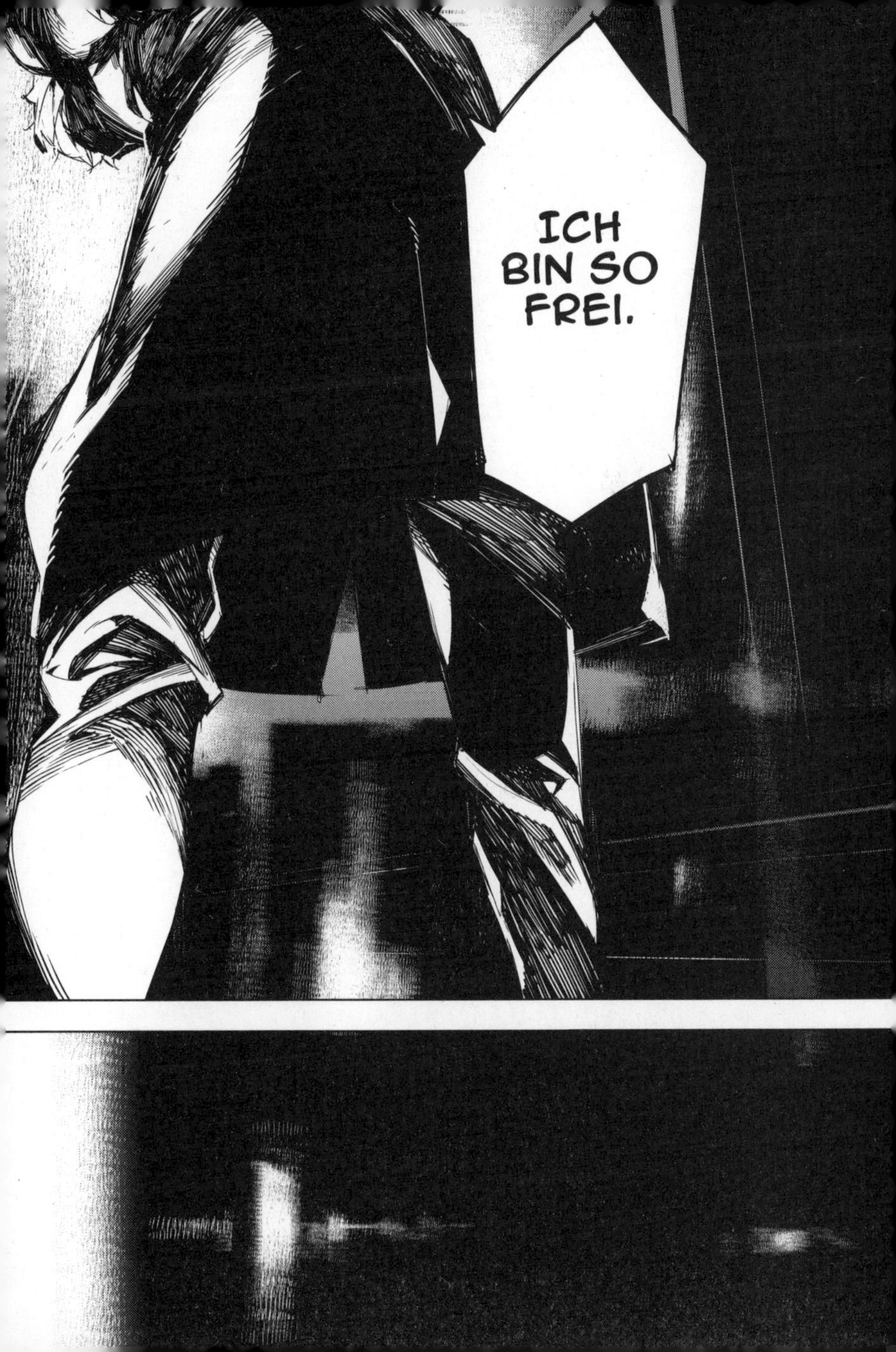
ICH BIN SO FREI.

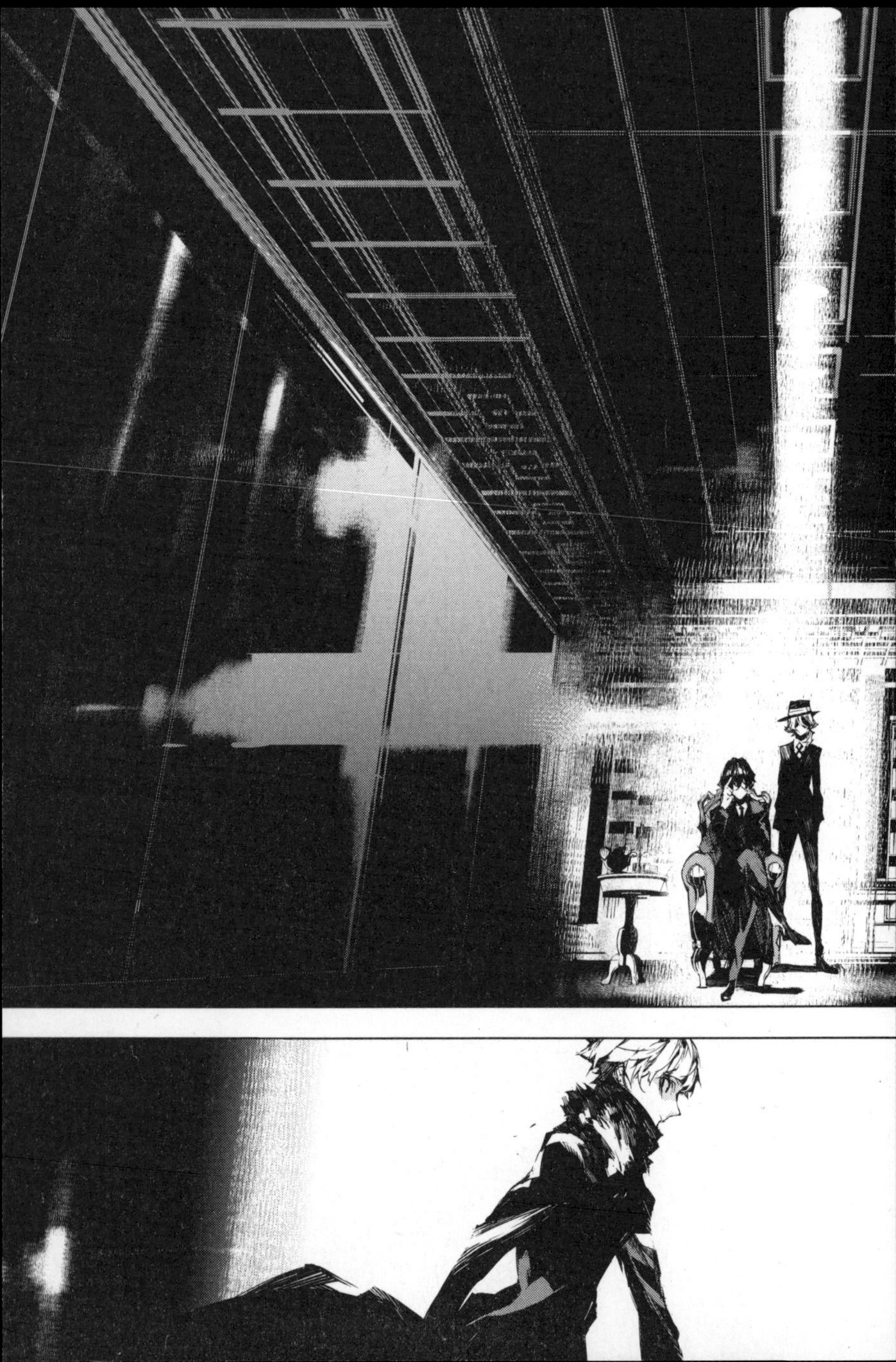

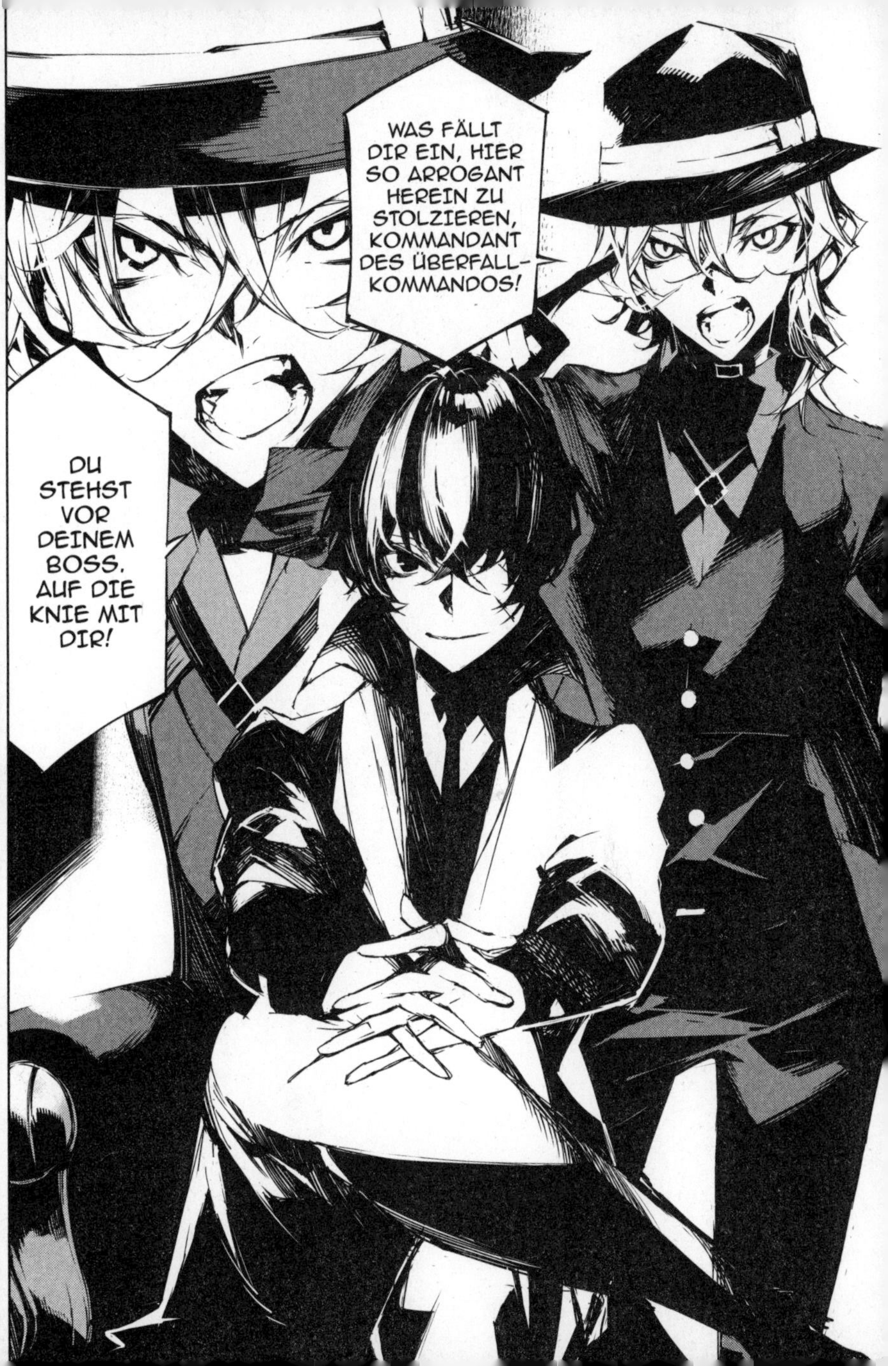
WAS FÄLLT DIR EIN, HIER SO ARROGANT HEREIN ZU STOLZIEREN, KOMMANDANT DES ÜBERFALL-KOMMANDOS!
DU STEHST VOR DEINEM BOSS. AUF DIE KNIE MIT DIR!

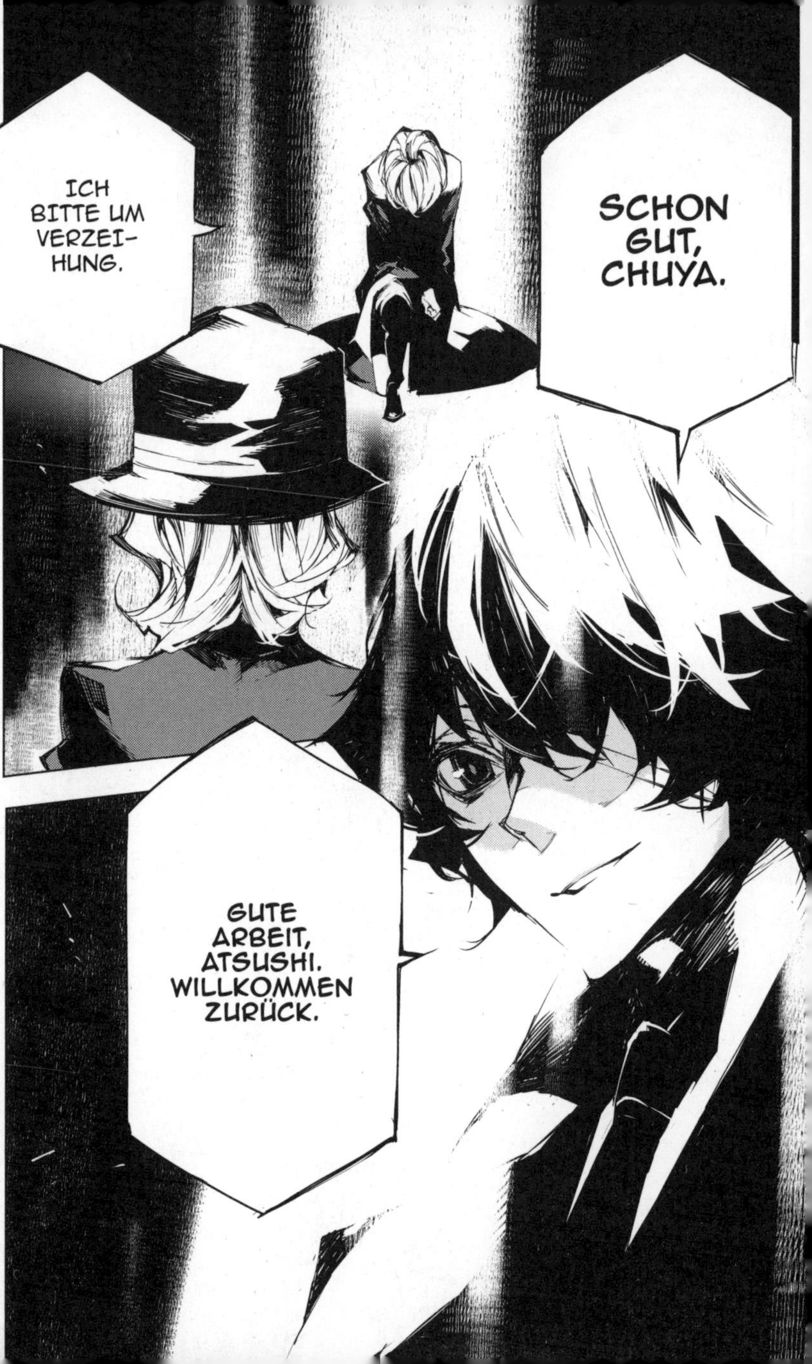
SCHON GUT, CHUYA.
ICH BITTE UM VERZEI-HUNG.
GUTE ARBEIT, ATSUSHI. WILLKOMMEN ZURÜCK.

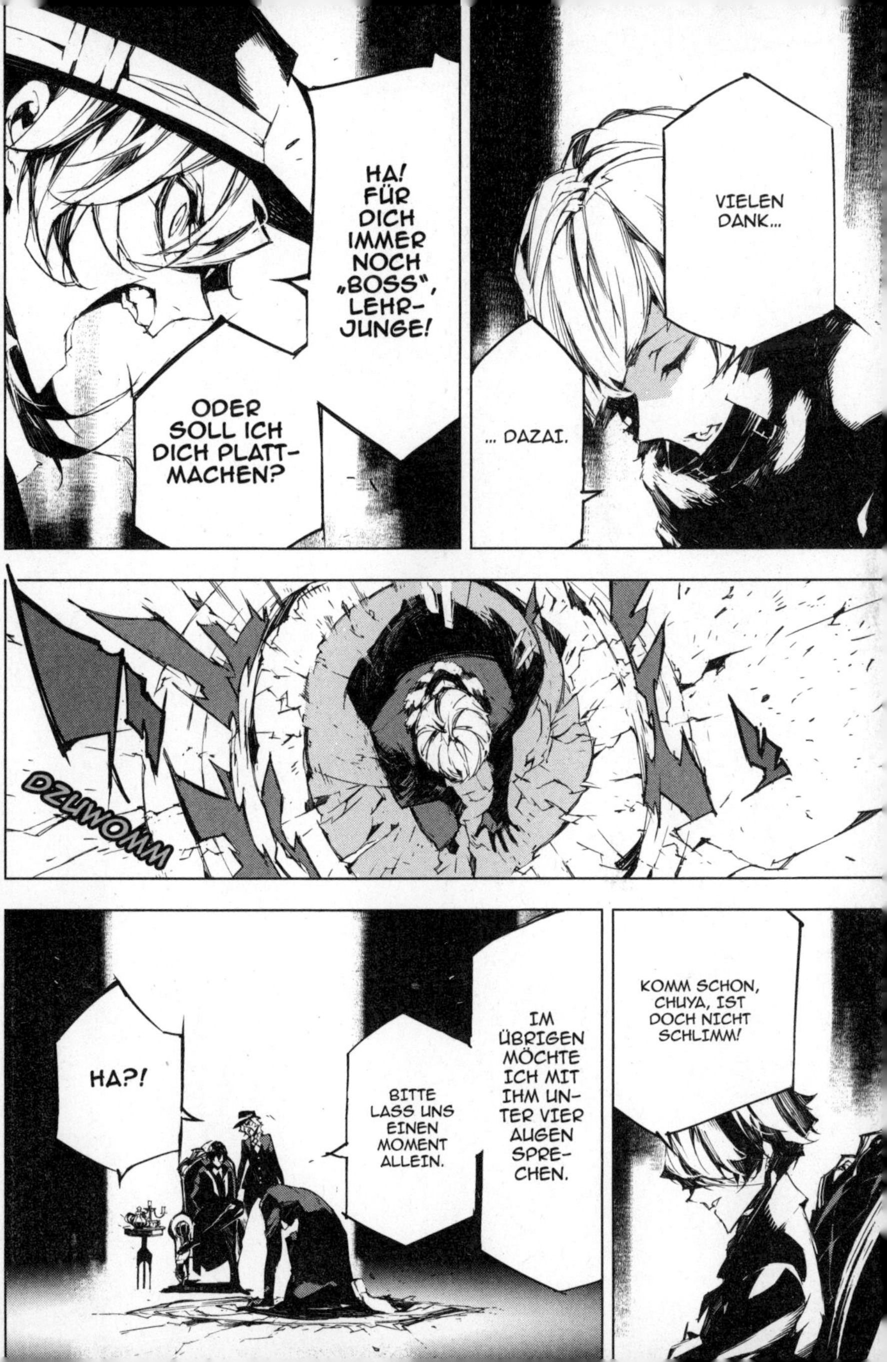
VIELEN DANK...
... DAZAI.
HA! FÜR DICH IMMER NOCH „BOSS", LEHRJUNGE!
ODER SOLL ICH DICH PLATT-MACHEN?
DZUWOMM
KOMM SCHON, CHUYA, IST DOCH NICHT SCHLIMM!
IM ÜBRIGEN MÖCHTE ICH MIT IHM UNTER VIER AUGEN SPRECHEN.
BITTE LASS UNS EINEN MOMENT ALLEIN.
HA?!

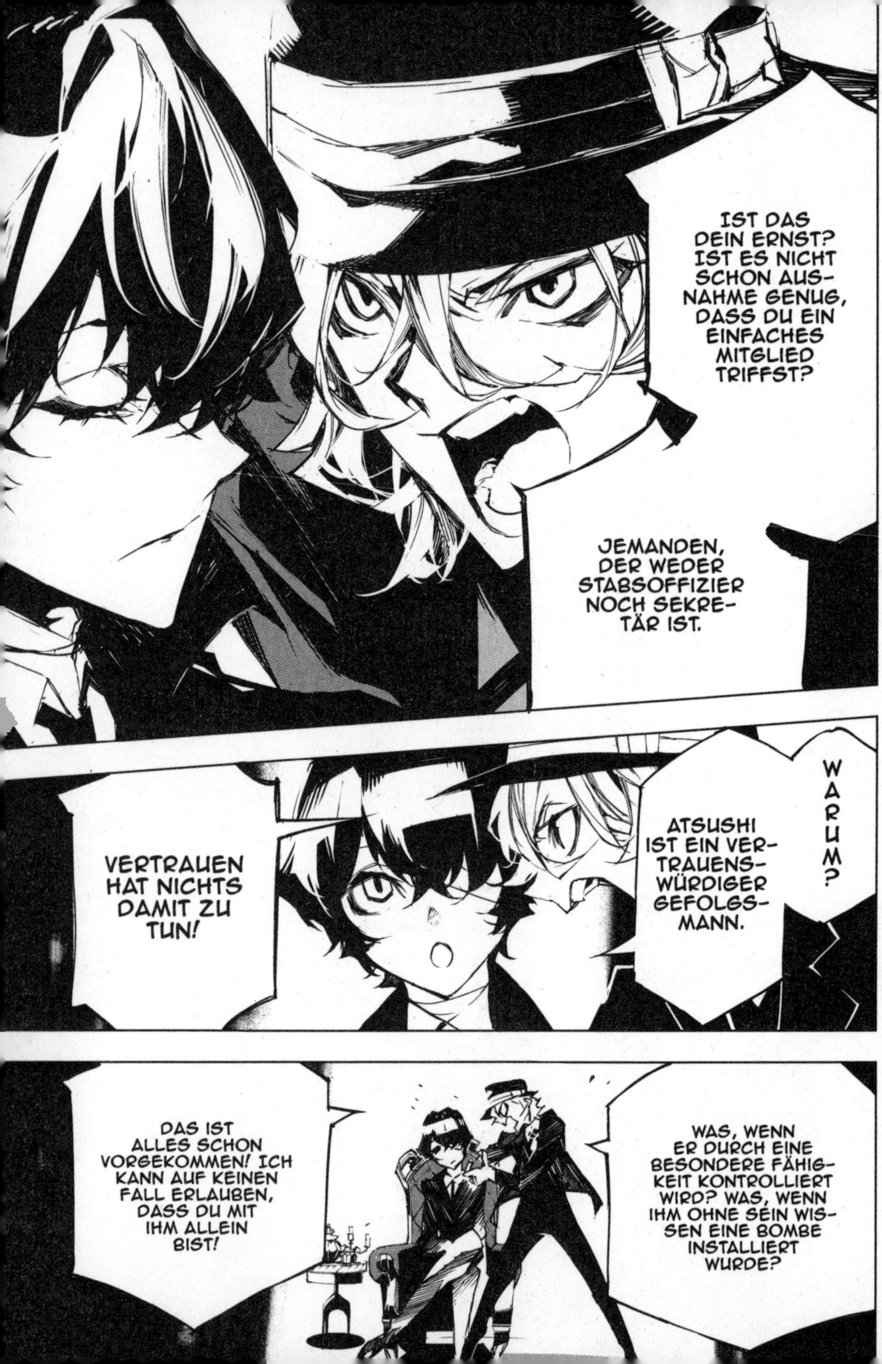
IST DAS DEIN ERNST? IST ES NICHT SCHON AUSNAHME GENUG, DASS DU EIN EINFACHES MITGLIED TRIFFST?
JEMANDEN, DER WEDER STABSOFFIZIER NOCH SEKRETÄR IST.
WARUM?
ATSUSHI IST EIN VERTRAUENSWÜRDIGER GEFOLGSMANN.
VERTRAUEN HAT NICHTS DAMIT ZU TUN!
WAS, WENN ER DURCH EINE BESONDERE FÄHIGKEIT KONTROLLIERT WIRD? WAS, WENN IHM OHNE SEIN WISSEN EINE BOMBE INSTALLIERT WURDE?
DAS IST ALLES SCHON VORGEKOMMEN! ICH KANN AUF KEINEN FALL ERLAUBEN, DASS DU MIT IHM ALLEIN BIST!

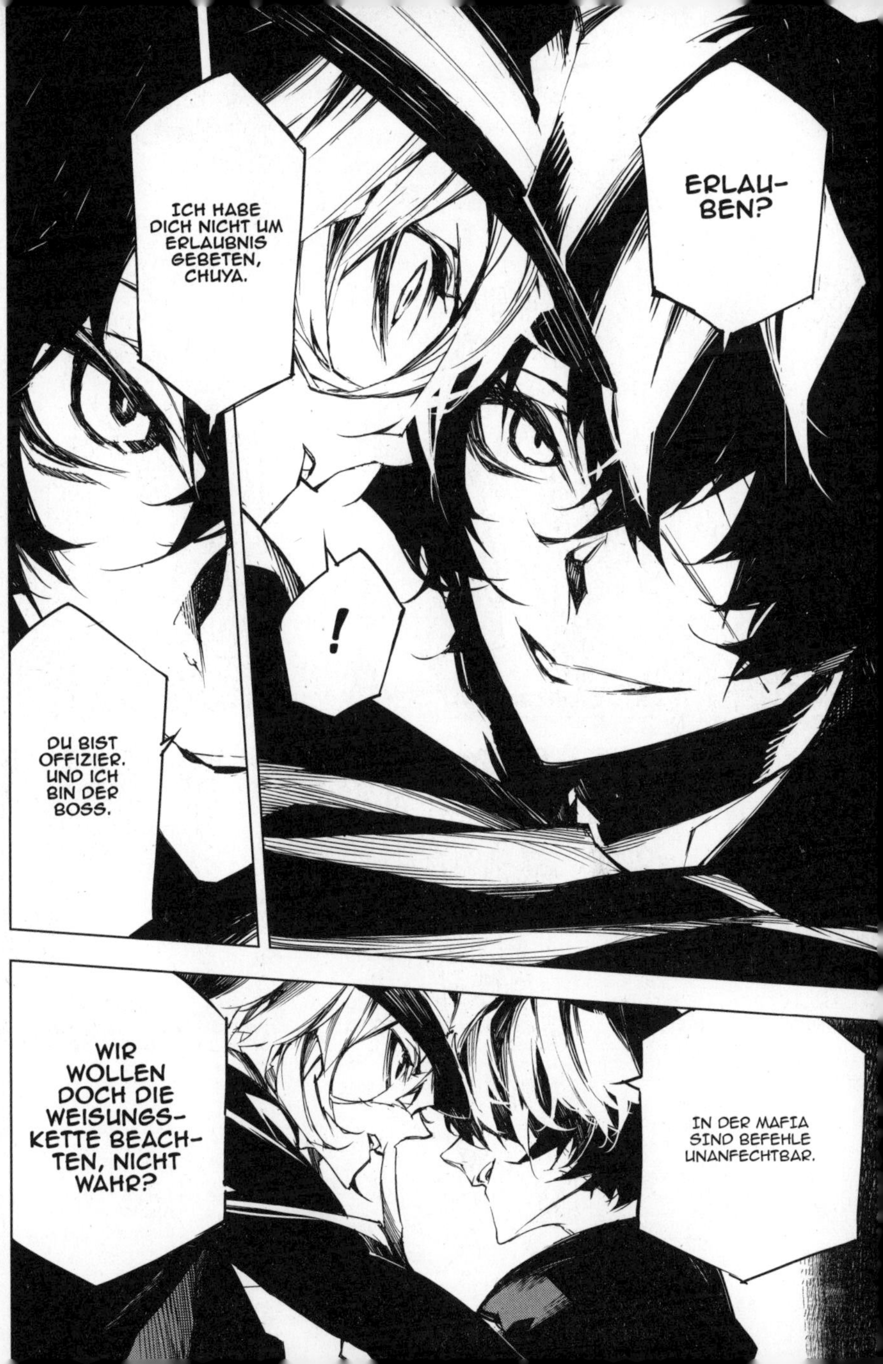
ERLAU-BEN?
ICH HABE DICH NICHT UM ERLAUBNIS GEBETEN, CHUYA.
!
DU BIST OFFIZIER. UND ICH BIN DER BOSS.
IN DER MAFIA SIND BEFEHLE UNANFECHTBAR.
WIR WOLLEN DOCH DIE WEISUNGS-KETTE BEACH-TEN, NICHT WAHR?

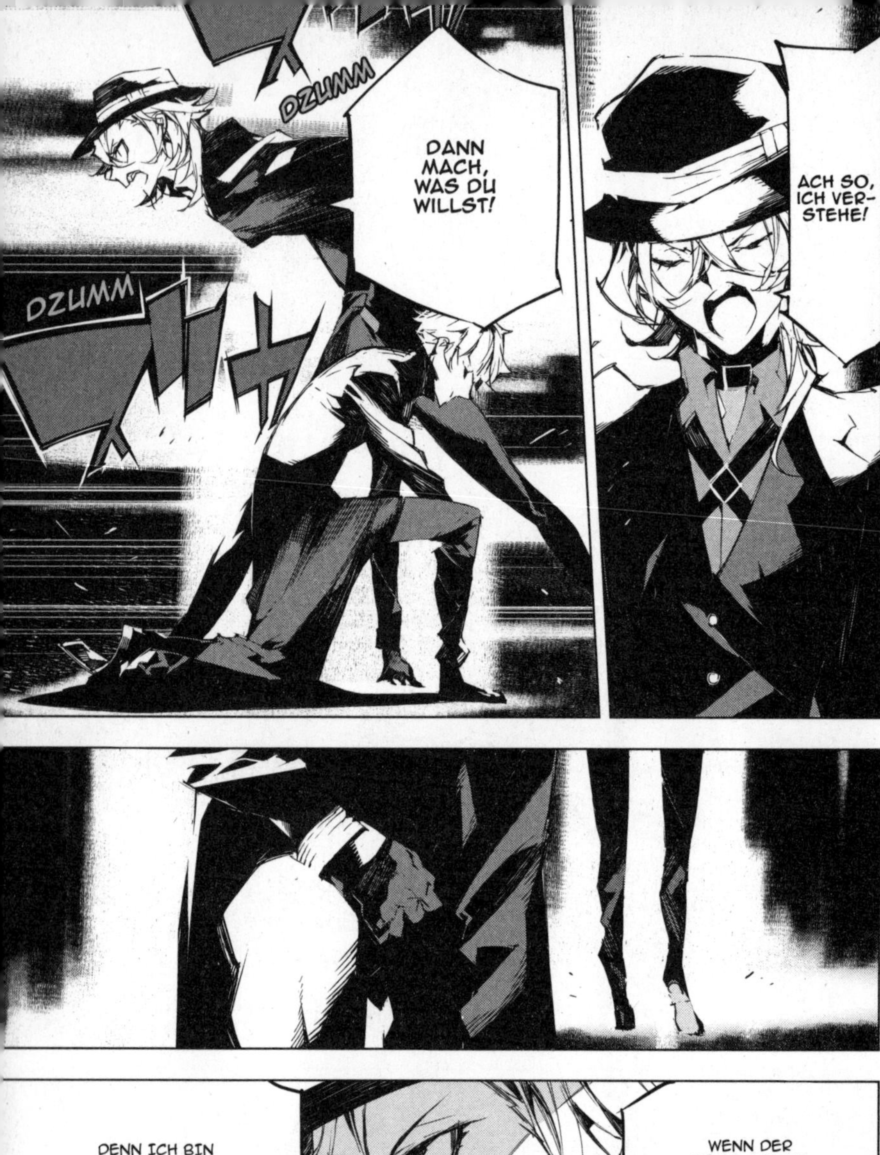
ACH SO, ICH VER-
STEHE!
DZUMM
DANN MACH, WAS DU WILLST!
DZUMM
WENN DER BOSS STIRBT, ZIEH ICH DICH ZUR RECHENSCHAFT, LEHRJUNGE!
DENN ICH BIN DERJENIGE, DER IHN IRGENDWANN TÖTEN WIRD!

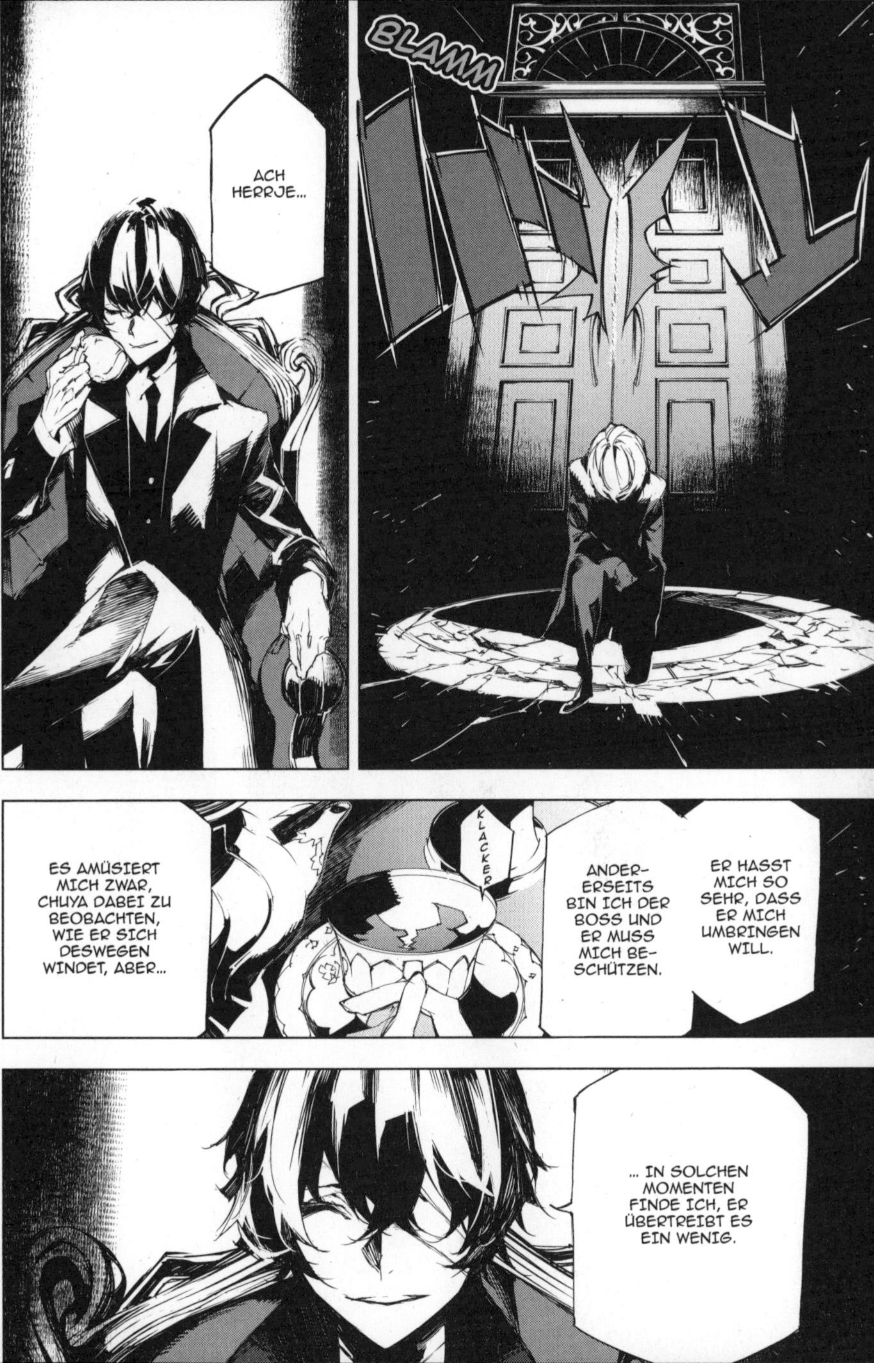
BLAMM
ACH HERRJE...
ER HASST MICH SO SEHR, DASS ER MICH UMBRINGEN WILL.
ANDERERSEITS BIN ICH DER BOSS UND ER MUSS MICH BESCHÜTZEN.
KLACKER
ES AMÜSIERT MICH ZWAR, CHUYA DABEI ZU BEOBACHTEN, WIE ER SICH DESWEGEN WINDET, ABER...
... IN SOLCHEN MOMENTEN FINDE ICH, ER ÜBERTREIBT ES EIN WENIG.

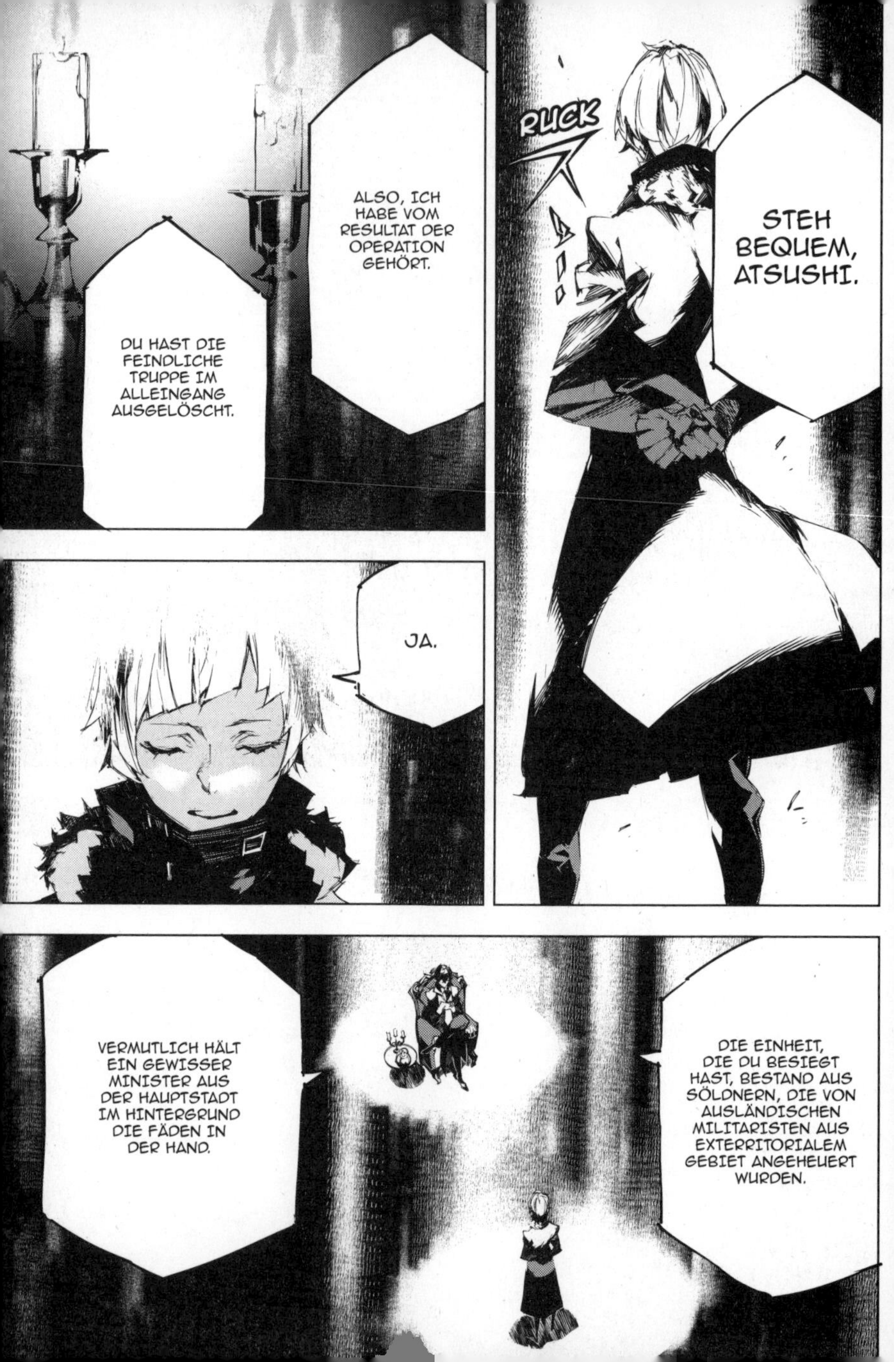
RUCK
STEH BEQUEM, ATSUSHI.
ALSO, ICH HABE VOM RESULTAT DER OPERATION GEHÖRT.
DU HAST DIE FEINDLICHE TRUPPE IM ALLEINGANG AUSGELÖSCHT.
JA.
DIE EINHEIT, DIE DU BESIEGT HAST, BESTAND AUS SÖLDNERN, DIE VON AUSLÄNDISCHEN MILITARISTEN AUS EXTERRITORIALEM GEBIET ANGEHEUERT WURDEN.
VERMUTLICH HÄLT EIN GEWISSER MINISTER AUS DER HAUPTSTADT IM HINTERGRUND DIE FÄDEN IN DER HAND.

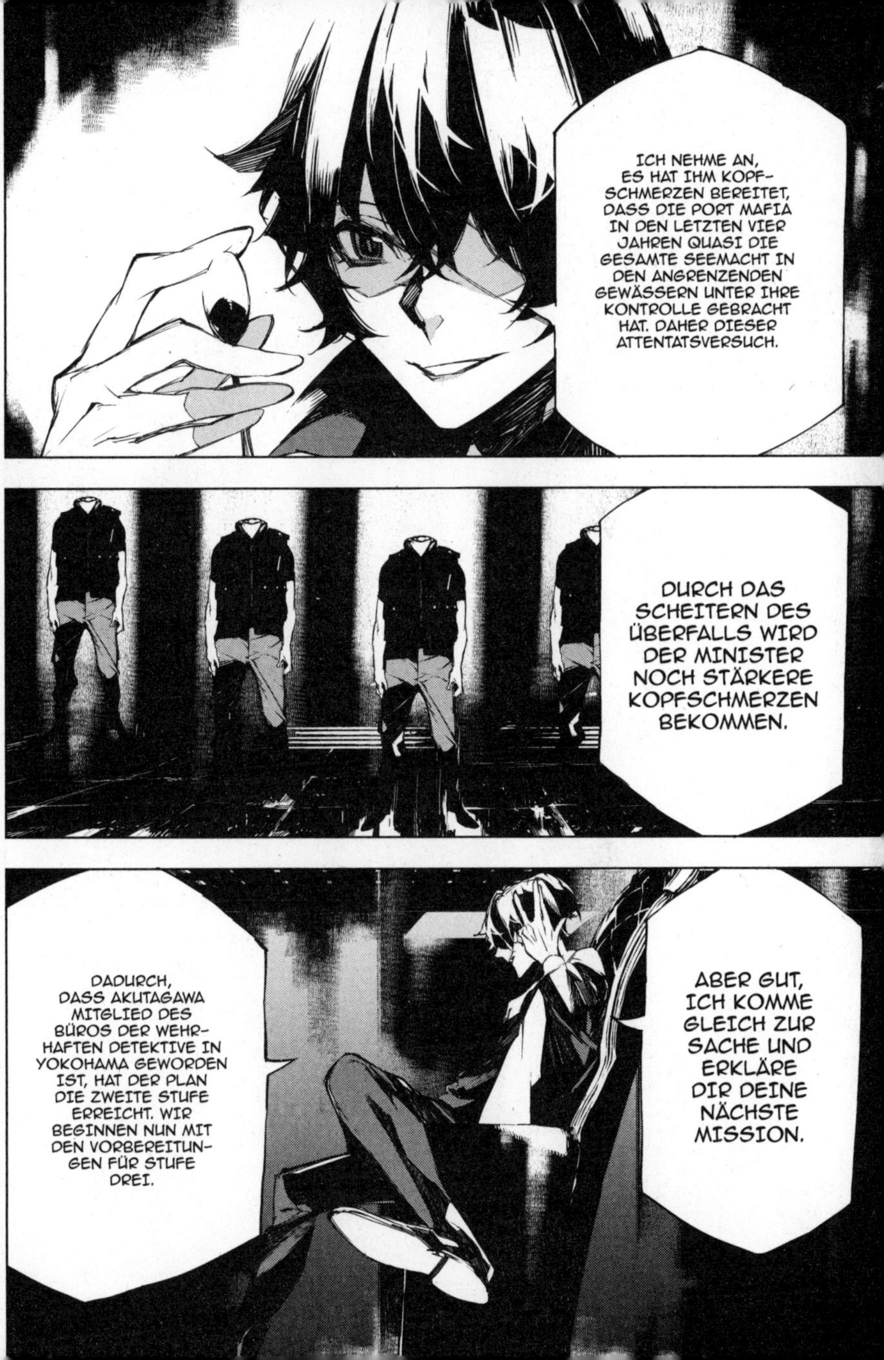
ICH NEHME AN, ES HAT IHM KOPF-SCHMERZEN BEREITET, DASS DIE PORT MAFIA IN DEN LETZTEN VIER JAHREN QUASI DIE GESAMTE SEEMACHT IN DEN ANGRENZENDEN GEWÄSSERN UNTER IHRE KONTROLLE GEBRACHT HAT. DAHER DIESER ATTENTATSVERSUCH.
DURCH DAS SCHEITERN DES ÜBERFALLS WIRD DER MINISTER NOCH STÄRKERE KOPFSCHMERZEN BEKOMMEN.
ABER GUT, ICH KOMME GLEICH ZUR SACHE UND ERKLÄRE DIR DEINE NÄCHSTE MISSION.
DADURCH, DASS AKUTAGAWA MITGLIED DES BÜROS DER WEHR-HAFTEN DETEKTIVE IN YOKOHAMA GEWORDEN IST, HAT DER PLAN DIE ZWEITE STUFE ERREICHT. WIR BEGINNEN NUN MIT DEN VORBEREITUN-GEN FÜR STUFE DREI.

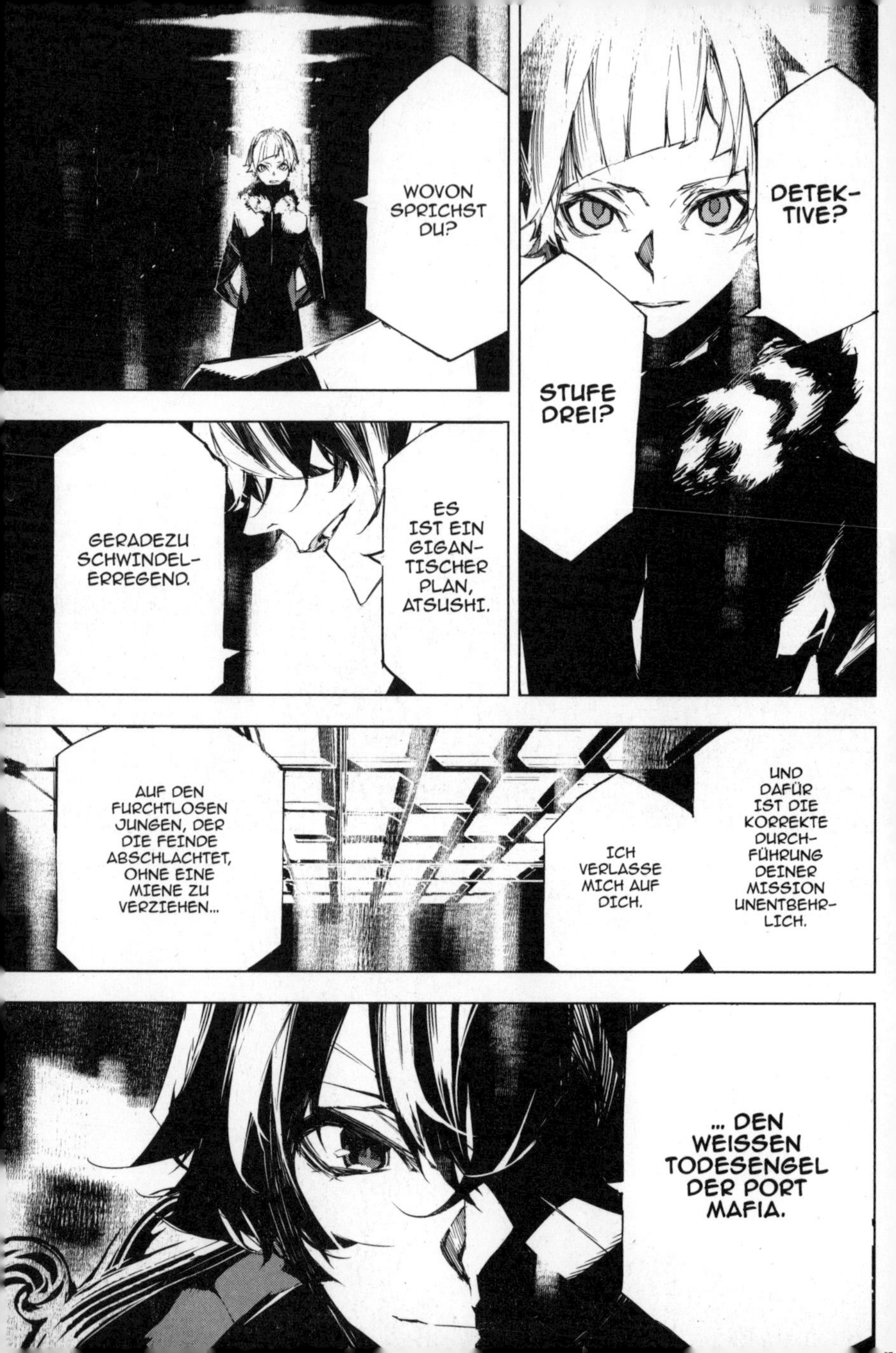
DETEK-TIVE?
STUFE DREI?
WOVON SPRICHST DU?
ES IST EIN GIGANTISCHER PLAN, ATSUSHI.
GERADEZU SCHWINDEL-ERREGEND.
UND DAFÜR IST DIE KORREKTE DURCH-FÜHRUNG DEINER MISSION UNENTBEHR-LICH.
ICH VERLASSE MICH AUF DICH.
AUF DEN FURCHTLOSEN JUNGEN, DER DIE FEINDE ABSCHLACHTET, OHNE EINE MIENE ZU VERZIEHEN…
… DEN WEISSEN TODESENGEL DER PORT MAFIA.

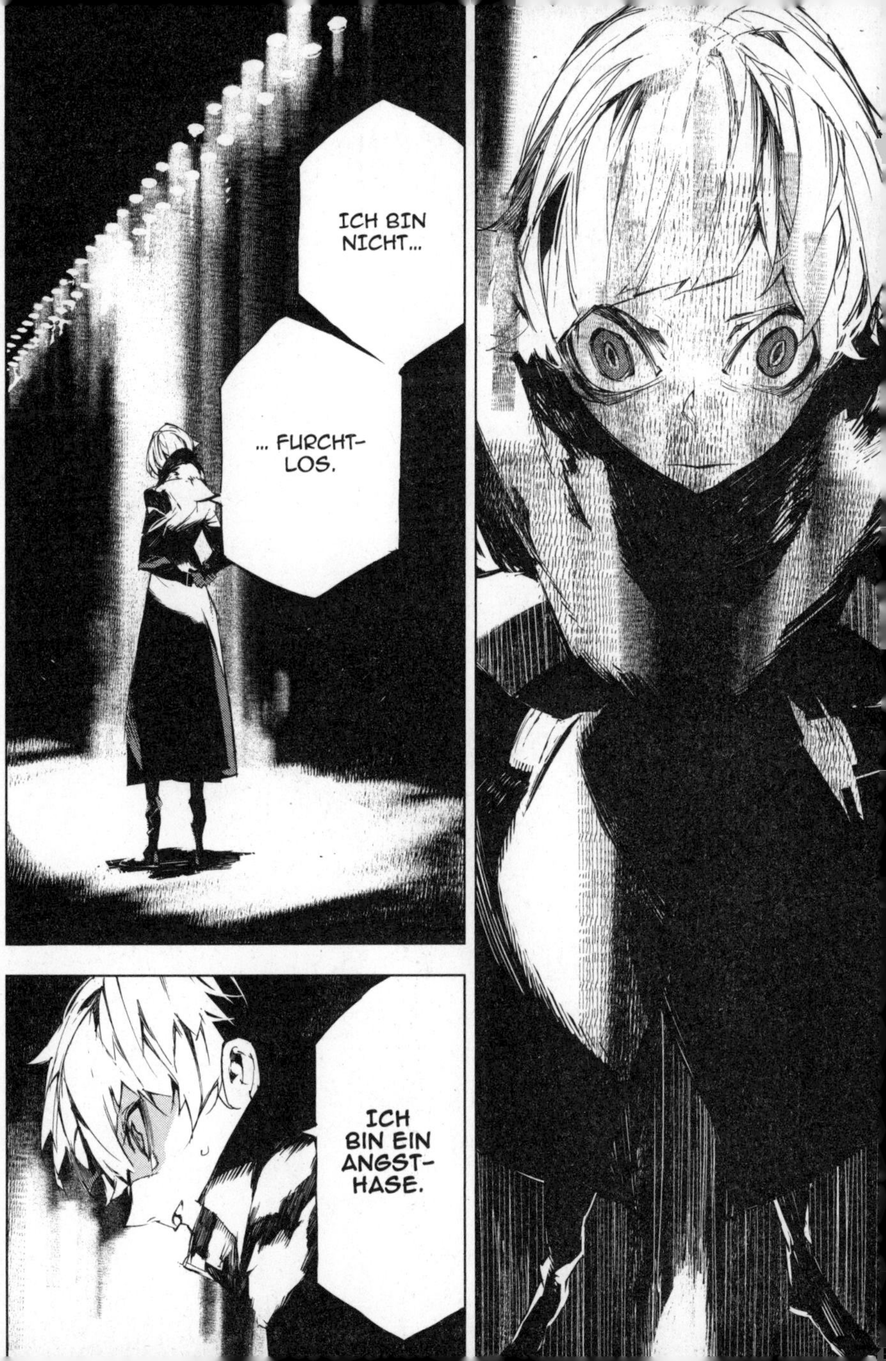
ICH BIN NICHT...
... FURCHT-LOS.
ICH BIN EIN ANGST-HASE.

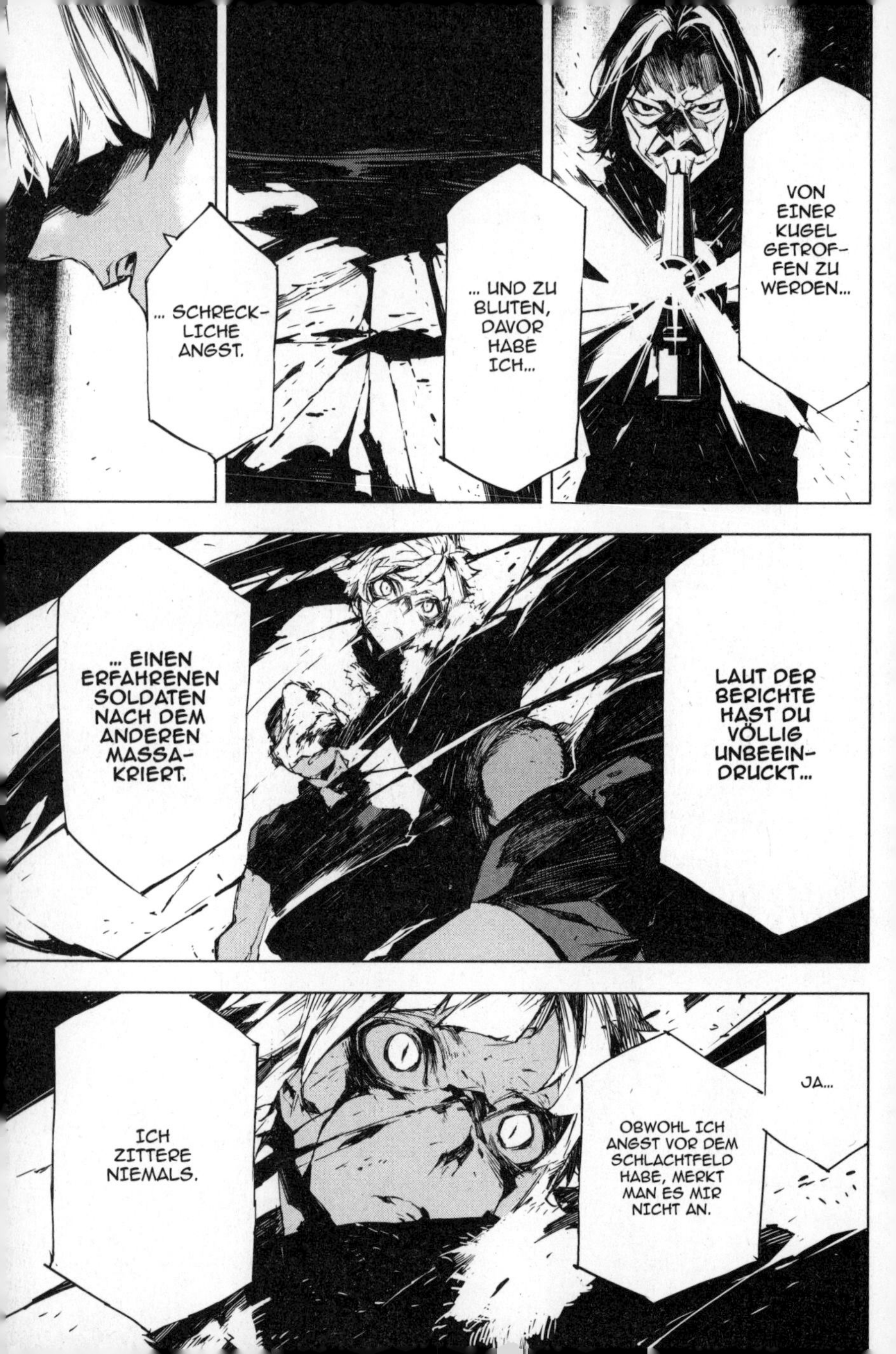
VON EINER KUGEL GETROFFEN ZU WERDEN...
... UND ZU BLUTEN, DAVOR HABE ICH...
... SCHRECKLICHE ANGST.
LAUT DER BERICHTE HAST DU VÖLLIG UNBEEINDRUCKT...
... EINEN ERFAHRENEN SOLDATEN NACH DEM ANDEREN MASSAKRIERT.
JA...
OBWOHL ICH ANGST VOR DEM SCHLACHTFELD HABE, MERKT MAN ES MIR NICHT AN.
ICH ZITTERE NIEMALS.

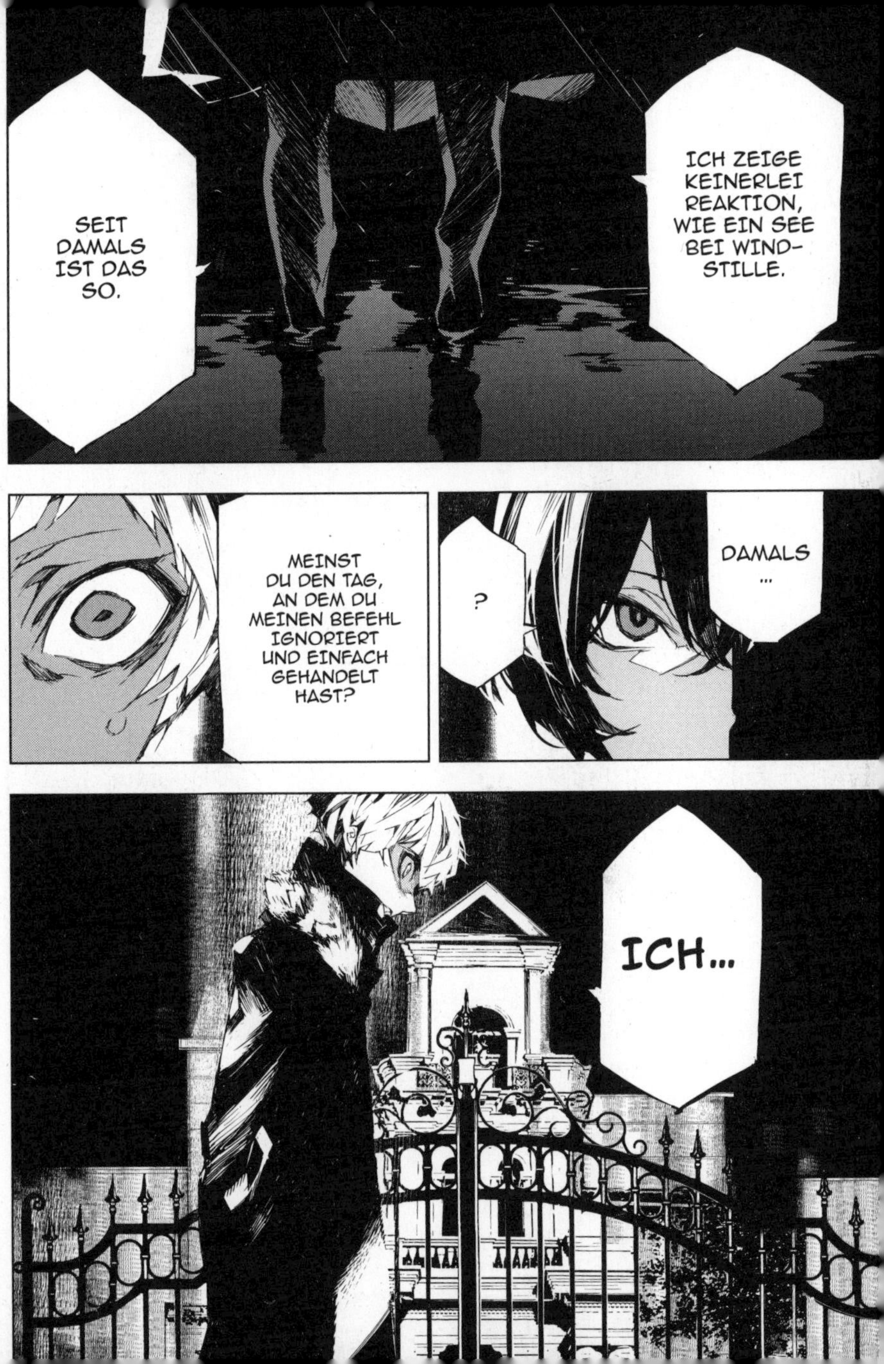
ICH ZEIGE KEINERLEI REAKTION, WIE EIN SEE BEI WIND-STILLE.
SEIT DAMALS IST DAS SO.
DAMALS ...
?
MEINST DU DEN TAG, AN DEM DU MEINEN BEFEHL IGNORIERT UND EINFACH GEHANDELT HAST?
ICH...

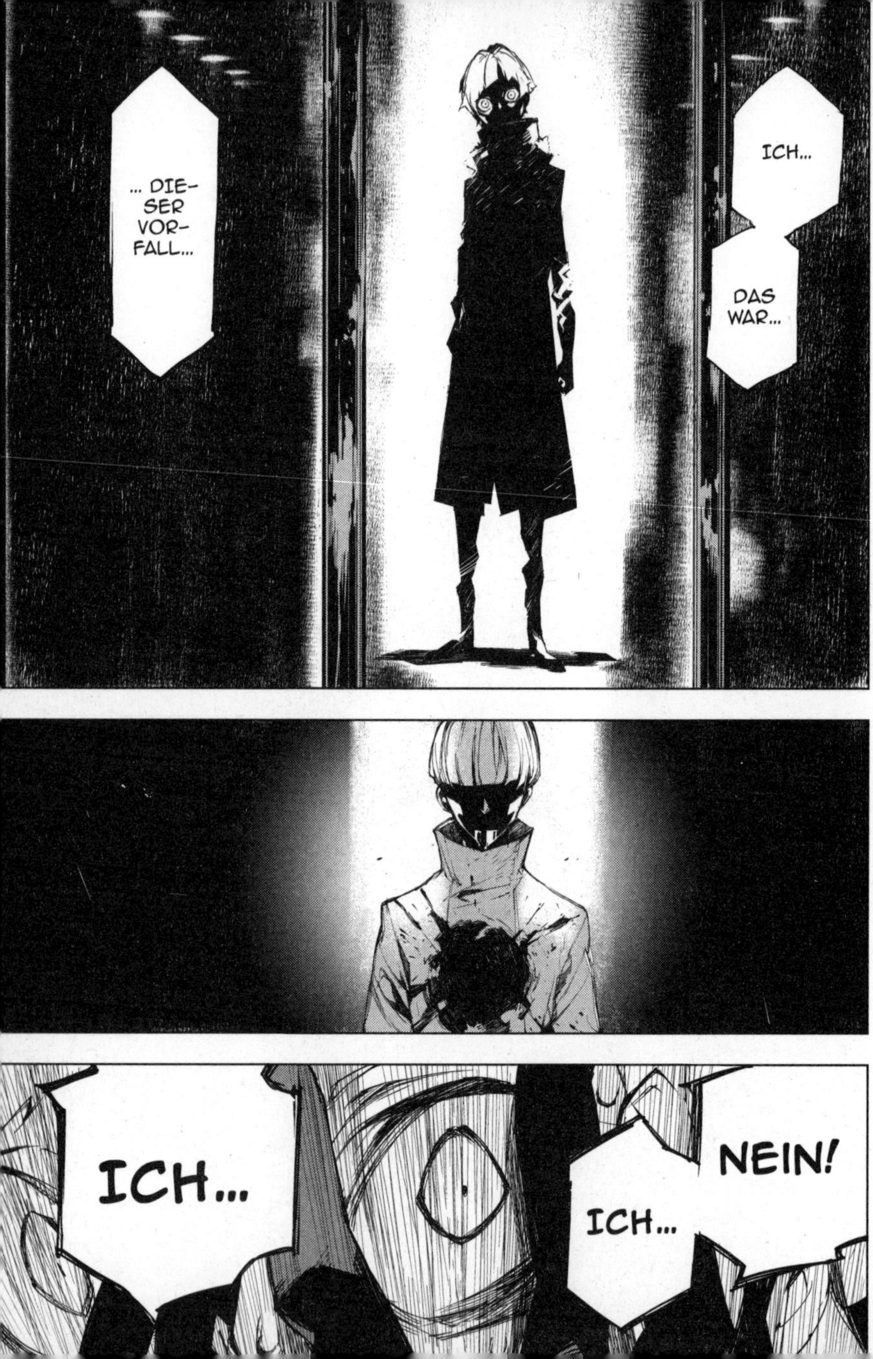
ICH...
DAS WAR...
... DIE-SER VOR-FALL...
NEIN!
ICH...
ICH...

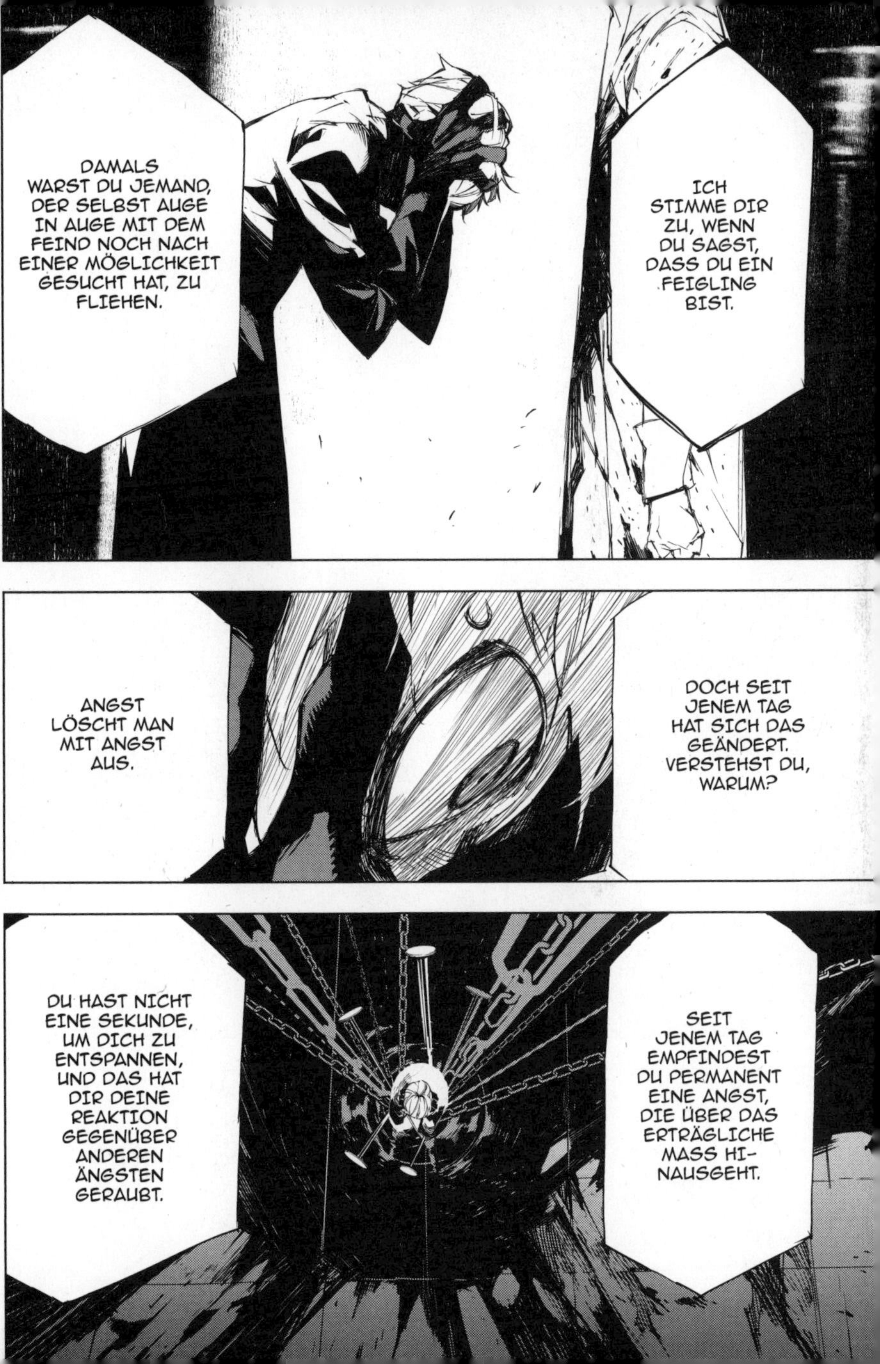
ICH STIMME DIR ZU, WENN DU SAGST, DASS DU EIN FEIGLING BIST.
DAMALS WARST DU JEMAND, DER SELBST AUGE IN AUGE MIT DEM FEIND NOCH NACH EINER MÖGLICHKEIT GESUCHT HAT, ZU FLIEHEN.
DOCH SEIT JENEM TAG HAT SICH DAS GEÄNDERT. VERSTEHST DU, WARUM?
ANGST LÖSCHT MAN MIT ANGST AUS.
SEIT JENEM TAG EMPFINDEST DU PERMANENT EINE ANGST, DIE ÜBER DAS ERTRÄGLICHE MASS HI-NAUSGEHT.
DU HAST NICHT EINE SEKUNDE, UM DICH ZU ENTSPANNEN, UND DAS HAT DIR DEINE REAKTION GEGENÜBER ANDEREN ÄNGSTEN GERAUBT.

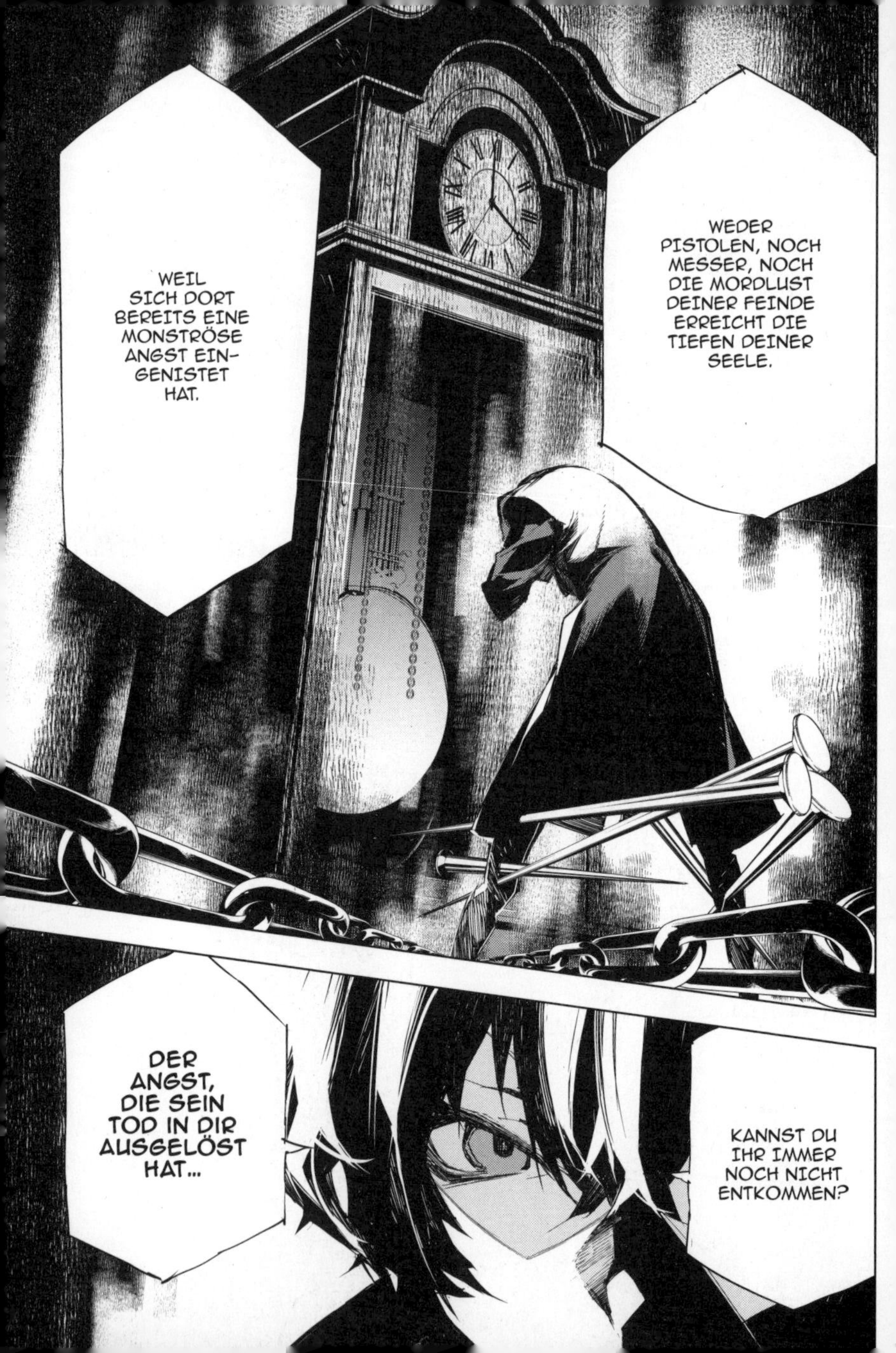
WEDER PISTOLEN, NOCH MESSER, NOCH DIE MORDLUST DEINER FEINDE ERREICHT DIE TIEFEN DEINER SEELE.
WEIL SICH DORT BEREITS EINE MONSTRÖSE ANGST EIN-GENISTET HAT.
KANNST DU IHR IMMER NOCH NICHT ENTKOMMEN?
DER ANGST, DIE SEIN TOD IN DIR AUSGELÖST HAT...

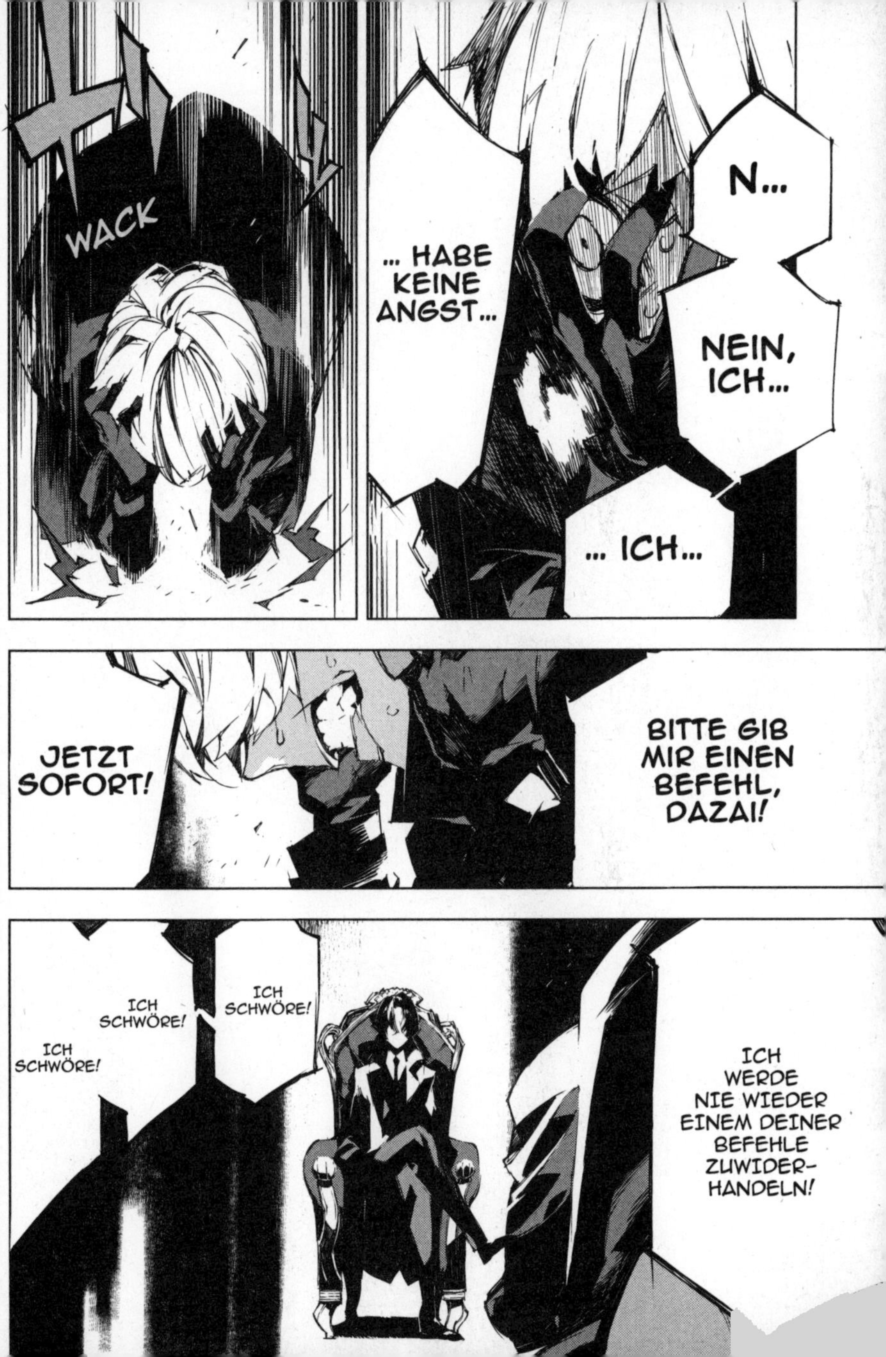
N...
NEIN, ICH...
... ICH...
... HABE KEINE ANGST...
WACK
BITTE GIB MIR EINEN BEFEHL, DAZAI!
JETZT SOFORT!
ICH WERDE NIE WIEDER EINEM DEINER BEFEHLE ZUWIDER-HANDELN!
ICH SCHWÖRE!
ICH SCHWÖRE!
ICH SCHWÖRE!

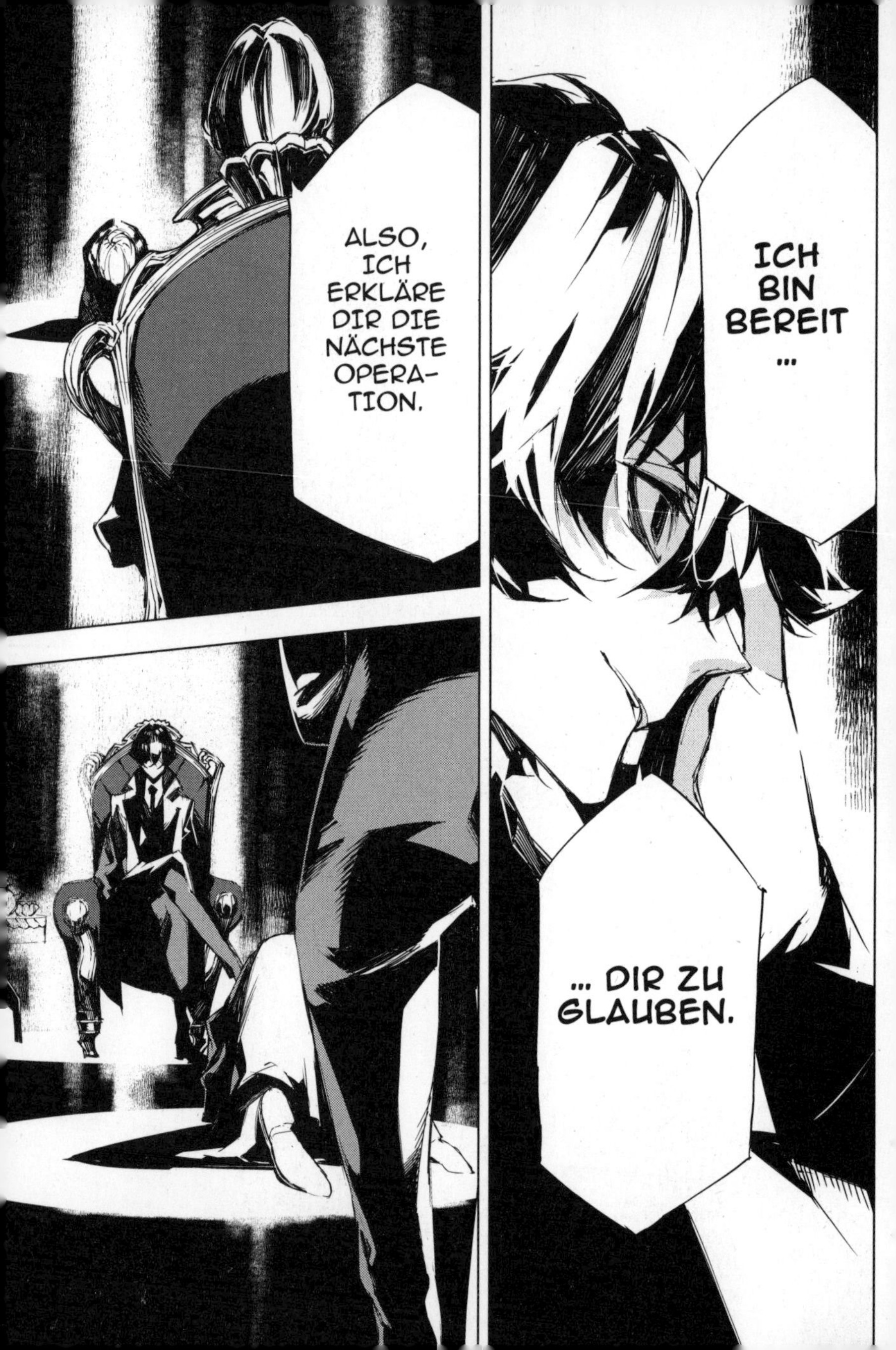

ICH BIN BEREIT ...
... DIR ZU GLAUBEN.
ALSO, ICH ERKLÄRE DIR DIE NÄCHSTE OPERA-TION.

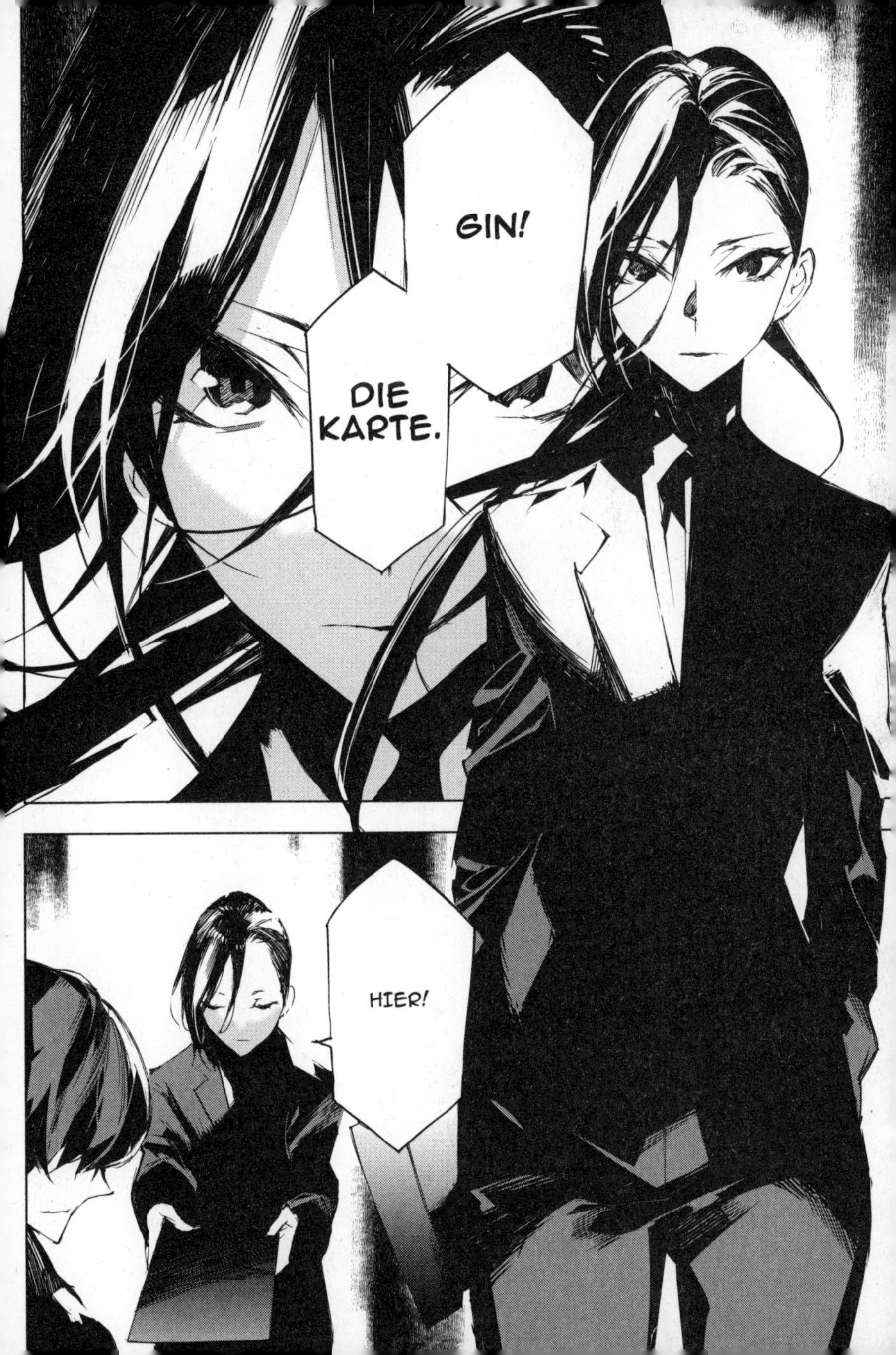
GIN!
DIE KARTE.
HIER!

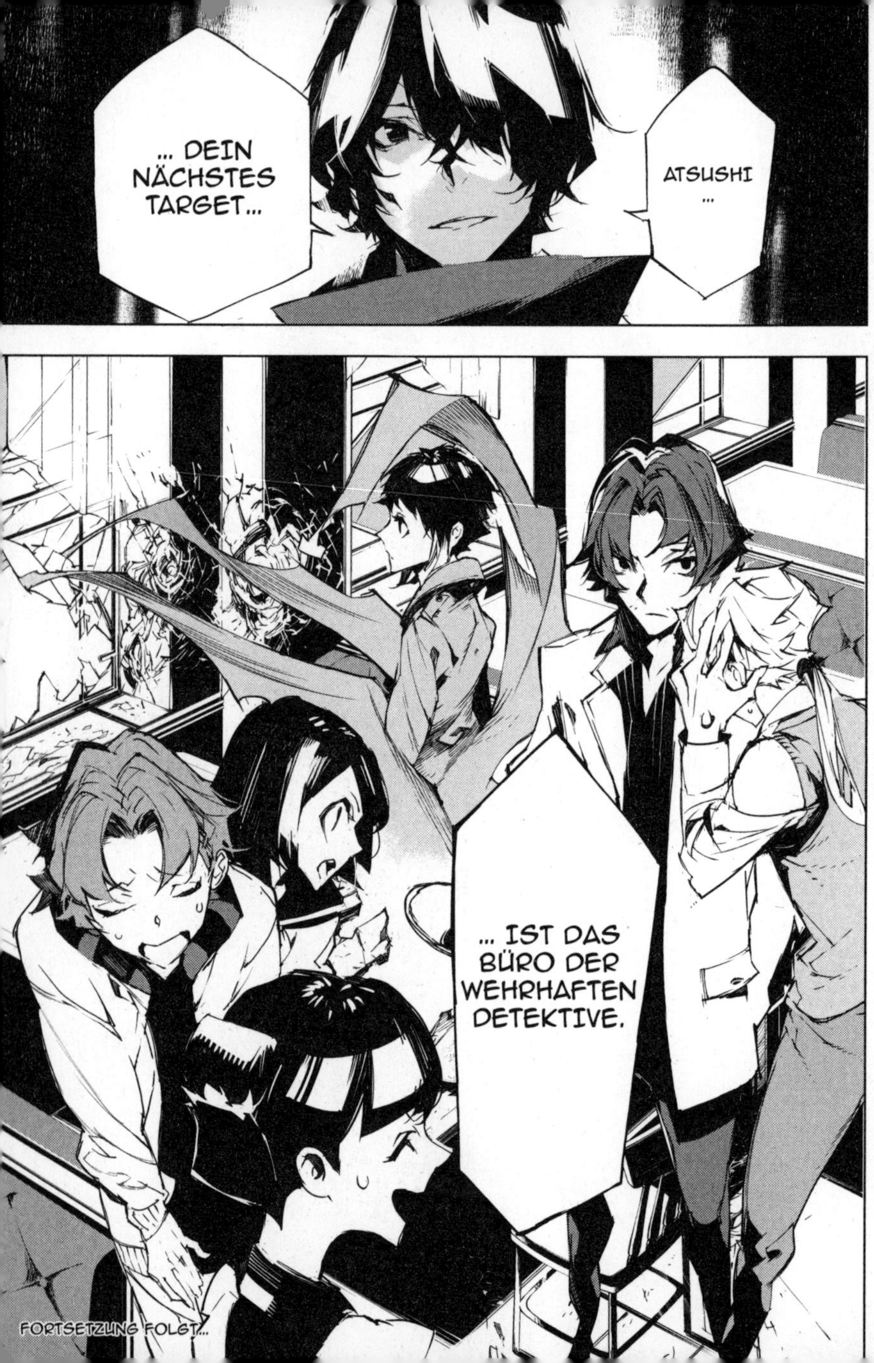
ATSUSHI …
… DEIN NÄCHSTES TARGET …
… IST DAS BÜRO DER WEHRHAFTEN DETEKTIVE.
FORTSETZUNG FOLGT …

BUNGO STRAY DOGS BEAST

VIELEN HERZLICHEN DANK, DASS DU BAND 1 GELESEN HAST!! ICH WÜRDE MICH FREUEN, WENN ER DIR GEFALLEN HAT.

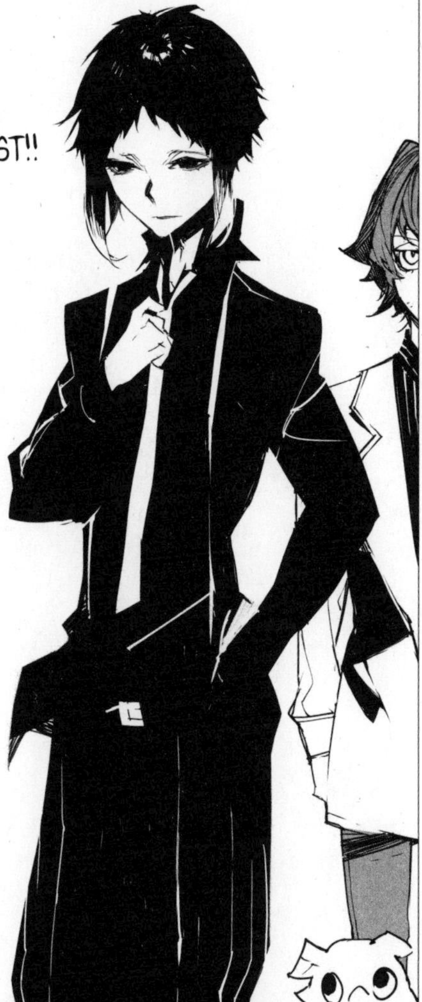

AUTOR:
KAFKA ASAGIRI

ORIGINAL CHARACTER DESIGN:
HARUKAWA 35

ZUSTÄNDIGER REDAKTEUR:
K-NAGA

ZEICHNER:
SHIWASU HOSHIKAWA

TEAM PRODUKTION:
ODA

Bungo Stray Dogs

BEAST

Fantasy

Ezogingitune / Chaco Abeno / Kitsune Tennoji

ICH KÄMPFTE ZEHN JAHRE ZWISCHEN DEN DIMENSIONEN UND KEHRTE ALS LEGENDE ZURÜCK

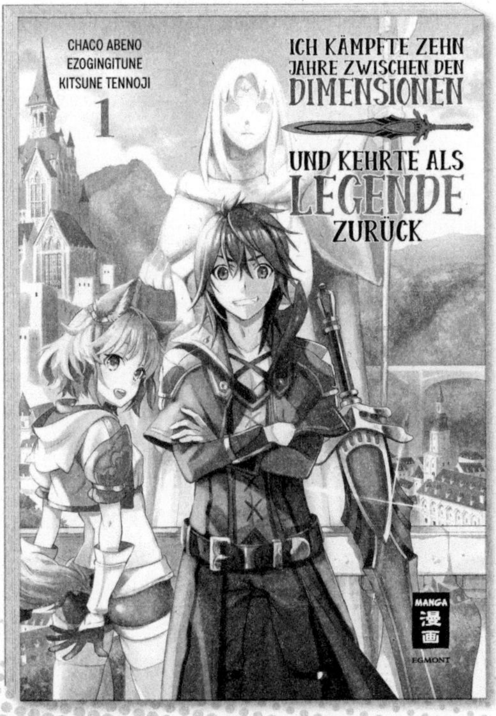

Eine epische Schlacht zwischen den Dimensionen … Als es brenzlig wird, bringt der Magier Luck seine Kameraden durch ein Portal in Sicherheit und stellt sich allein dem letzten Kampf. Nach seinem Sieg gelingt auch ihm die Rückkehr und er muss feststellen: Es sind schon 10 Jahre vergangen und er wird plötzlich als Legende verehrt!

Er allerdings ist um keinen Tag gealtert, weshalb ihn niemand für den Helden hält, der er eigentlich ist. Und dass er trotz seines jugendlichen Aussehens im Kampf den höchsten Rang erreicht hat, kauft ihm natürlich auch niemand ab.

Ich kämpfte zehn Jahre zwischen den Dimensionen und kehrte als Legende zurück 01

ISBN 978-3-7704-4270-6

€ 7,50 [D]

MANGA 漫画
EGMONT

www.egmont-manga.de

Fantasy

Adachitoka

NORAGAMI

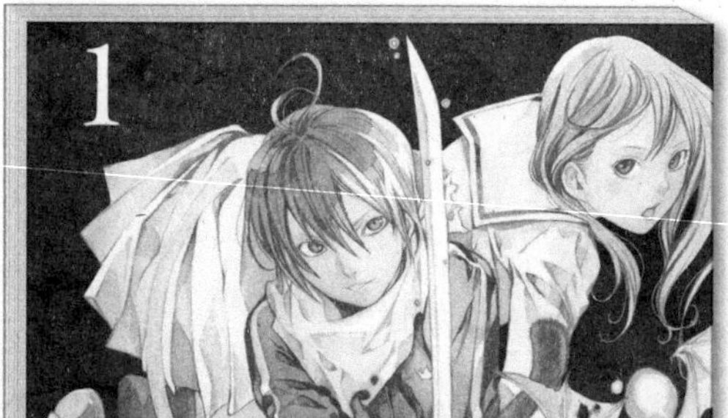

„Ob im Frühling, Sommer oder Winter – Ich löse deine Probleme!“, steht an die Wand der Schultoilette gekritzelt und die verzweifelte Mutsumi wählt die angegebene Telefonnummer. Yato, ein Junge im Jogginganzug erscheint, ohne echten Job oder festen Wohnsitz. Er ist derb, er ist frech und... hält sich für einen Gott!

So ganz weit hergeholt scheint das aber gar nicht zu sein, denn Yato kann jenen bösen Geistern, die zwischen Diesseits und Jenseits umherspuken, ganz gehörig einheizen!

Noragami

Band 1 ISBN 978-3-7704-7944-3
€ 7,50 [D]

MANGA 漫画

www.egmont-manga.de

EGMONT

Special

Tatsuki Fujimoto

17-21 - TATSUKI FUJIMOTO SHORT STORIES

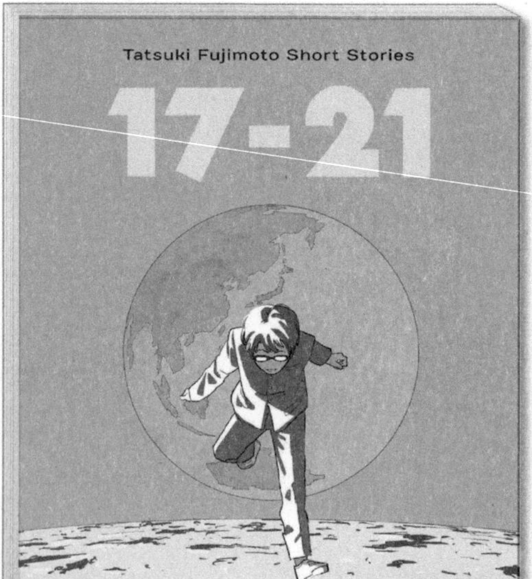

Zwei Hühner in einer Welt voller Aliens, ein Liebesgeständnis, das die Menschheit rettet, eine Auftragskillerin, die einen Unsterblichen töten soll – Tatsuki Fujimotos Kreativität kennt einfach keine Grenzen! Dieser Sammelband enthält verschiedene Kurzgeschichten aus der frühen Schaffensphase des Erfolgsautors.

17-21 - Tatsuki Fujimoto Short Stories

Einzelband ISBN 978-3-7555-0089-6

€ 12,00 [D]

MANGA 漫画

www.egmont-manga.de

EGMONT

www.egmont-manga.de
Unsere Bücher findest du im
Buch- und Fachhandel und auf

EGMONT Shop

www.egmont-shop.de

„Bungo Stray Dogs BEAST“ 01 von Kafka Asagiri,
Shiwasu Hoshikawa und Sango Harukawa
Aus dem Japanischen von Antje Bockel
Originaltitel: „Bungo Stray Dogs:Beast“ Vol. 01

Originalausgabe:
BUNGO STRAY DOGS BEAST Vol.1

First published in Japan in 2020 by KADOKAWA CORPORATION, Tokyo.
German translation rights arranged with KADOKAWA CORPORATION, Tokyo,
through TOHAN CORPORATION, Tokyo.

Deutschsprachige Ausgabe erschienen bei
2022 Egmont Manga
verlegt durch Egmont Verlagsgesellschaften mbH,
Ritterstraße 26, 10969 Berlin
safety@egmont.de

5. Auflage 2025
Verantwortliche Redakteurin: Inga Wurzbach
Textbearbeitung: Nina Fehn
Gestaltung: Wolfgang Schütte
Koordination: Angelika Schönhuber
Printed in the EU
ISBN 978-3-7555-0049-0 _1

story house
EGMONT

Die Egmont Verlagsgesellschaften gehören als Teil der Egmont-Gruppe zur **Egmont Foundation** – einer gemeinnützigen Stiftung, deren Ziel es ist, die sozialen, kulturellen und gesundheitlichen Lebensumstände von Kindern und Jugendlichen zu verbessern. Weitere ausführliche Informationen zur Egmont Foundation unter **www.egmont.com**

SUTOPPU!

Koko wa kono manga no owari dayo.
Hantaigawa kara yomihajimete ne!
Dewa omatase shimashita!
Tanoshii hitotoki wo dozo!

Egmont-Manga-Chiimu

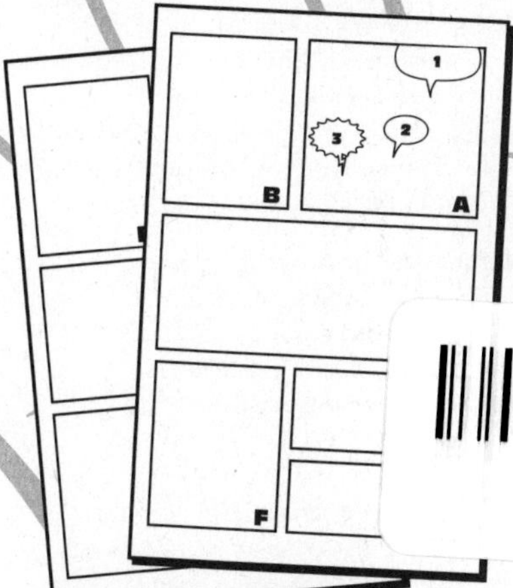

STOPP!

Das ist der Schluss des Mangas.
Fangt bitte am anderen Ende an!
Und nun genug der Vorrede,
viel Spaß beim Lesen!

Euer Egmont-Manga-Team